Reinhard Siemes

Mein Todfreund, der Alkohol.

Reinhard Siemes

Mein Todfreund, der Alkohol.

56 Episoden aus dem Leben eines Reklametexters, der auch Trinker war. Und eines Trinkers, der auch Reklametexter war.

avedition

„Normalität ist die Mitte vom Nichts."

Reinhard Siemes

Inhalt

Berlin, im Dezember 1964, und München, im Dezember 1993: Zwei unheilige Abende.

Warum kann der Kalender am Jahresende nicht zehn Tage überspringen, vom 23. Dezember direkt auf den 2. Januar? Ich hasse die Zeit dazwischen, vor allem den 24. Dezember, und bin glücklich, wenn alle Weihnachtsbäume und Silvesterböller teurer Müll geworden sind. Das Einzige, was mich über diese Tage hinwegtröstet, ist Bachs Weihnachtsoratorium. Aber bitte nicht an einem der Festtage mit Weihnachtsbaum. Am liebsten höre ich es in der ersten Dezemberwoche, wenn die Menschen um mich herum noch einigermaßen normal sind.

Den denkwürdigsten Heiligen Abend erlebte ich mutterseelenallein 1964 in Berlin auf der Wielandstraße in der Pension Dittberner. Ich war bereits aus meinem Untermieter-Apartment ausgezogen, und meine beiden Umzugskartons befanden sich auf dem Weg nach Düsseldorf, wo ich ab Januar wieder bei der Troost Werbeagentur arbeiten würde. Nach Berlin hatte ich mich nur vorübergehend abgesetzt, um meinen Personalausweis zu erneuern, der mich vor der Musterung für die Bundeswehr bewahrte.

Das Pensionszimmer hatte Groß-Berliner Ausmaße und war mit schweren alten Möbeln und einem harten, durchgelegenen Bett bestückt. Dazu gab es ein Waschbecken und einen großen Sims vor dem Fenster, auf dem ich meine Bierflaschen zur Kühlung lagerte. Mehr konnte ich für 20 Mark pro Nacht nicht verlangen.

An diesem Abend wäre das Christkind in Berlin bestimmt erfroren, denn die Außentemperatur lag irgendwo zwischen 10 und 15 Grad minus. Die Kälte war leider auch schlecht für meinen Biervorrat. Als ich gegen neun eine der vier Flaschen ins Warme holen wollte, war sie wie alle anderen nur noch geplatztes Glas, aus dem eine gelblich weiße Eismasse hervorquoll.

Was nun? Nüchtern Trauer schieben war nicht das, was ich mir unter einem gepflegten „Heiligen Soloabend" vorstellte. Die Pension hatte keinen Getränkevorrat und war außerdem menschenleer. Ich musste irgendeine Flaschenbierquelle finden. Oder noch besser ein Lokal, in dem einsame Säufer mit dem Segen der Heiligen Familie bewirtet wurden. Der Ku'damm war tot wie eine Siedlung in Hohengatow. Vielleicht hatte ich in einer der Seitenstraßen Glück. Hier gab es noch echte Berliner Kneipen mit allein lebenden Wirten. Die würden lieber hinter der Theke stehen als vor einem selbst geschmückten Nadelbaum. Aber nirgendwo leuchtete ein Berliner Kindl- oder Schultheiss-Reklameschild. Die Wirte betranken sich offenbar allein.

Dann aber sah ich in einer Puff-Bar auf der Bleibtreustraße, vielleicht war es auch die Knesebeckstraße, ein Licht hinter dem Fenster. Ob sie Eve, Lido oder Erotica hieß, weiß ich nicht mehr. Auf jeden Fall waren Menschen darin und mit den Menschen vermutlich Getränke, vielleicht sogar ein schönes Bier. Ich klopfte an die verschlossene Tür und wollte mich schon enttäuscht zurückziehen, als sie langsam aufging und ein leicht grimmiges weibliches Gesicht erschien: „Wir haben geschlossen, sehen Sie das nicht?" „Ja, aber ich brauche was zu trinken. Ich hocke allein in der Pension Dittberner und die schönen Bierflaschen, die ich im Freien gelagert hatte, sind alle geplatzt."

Das Gesicht wurde etwas weniger grimmig, und ich hatte den Eindruck, dass sich Verständnis, vielleicht sogar Mitgefühl auf ihm breitmachte. Sie musterte mich von oben bis unten, taxierte meine Kleidung, meine Figur, mein Gesicht – angeblich sah ich damals einigermaßen gut aus. „Na, dann komm mal rein, aber nur ausnahmsweise, weil heute Heiligabend ist." Langsam führte sie mich in einen plüschigen Gastraum, dessen Beleuchtung für diesen Abend nicht feierlich gedämpft werden musste. Sie war das ganze Jahr über weihnachtlich. Nach und nach erkannte ich fünf überraschte Gesichter, die zu festlich gekleideten und etwas grell geschminkten Damen gehörten. Das jüngste in meinem Alter, das älteste vielleicht um die vierzig.

„Ja, wen bringst du denn da an? Ist das dein Sohn?", fragte eine der Damen, obwohl meine Begleiterin allenfalls Ende zwanzig war. „Er ist so etwas wie ein verlorener Sohn, der allein in seinem Pensionszimmer hockt und nichts mehr zu trinken hat." „Na, dann wollen wir mal", sagte die Älteste, vermutlich die Chefin. Sie schob mir ein Sektglas hin und goss es randvoll mit der dubiosen Hausmarke, die Bars dieser Art für Gäste mit kleinen Scheinen bereithalten. „Wenn es möglich ist, hätte ich lieber ein Bier. Ich kann es auch bezahlen, wenn es nicht fünf Mark kostet." „Ines, haben wir ein Bier für den jungen Herrn? Unser Sekt ist ihm nicht gut genug." „Haben wir, für Janines Sohn tue ich doch alles."

„Was machst du denn in einem Pensionszimmer? Hast du kein Zuhause? Oder bist du zu Besuch in Berlin?", wollte die Hübscheste von allen wissen. „Ich bin Student", log ich, „und vor zwei Tagen aus meinem Zimmer rausgeflogen, weil mich die Wirtin mit ihrer Tochter erwischt hat. Sie war völlig außer sich. Ein Untermieter treibt es mit ihrer Tochter. Und das auch noch im von ihr vermieteten Zimmer, obwohl nach 22 Uhr Damenbesuch absolut verboten ist." „Da haben wir uns aber ein schönes Früchtchen eingehandelt. Was studierst du denn?" „Werbung an der HdK." „Werbung an der HdK, was soll das denn sein? Und wer ist HdK?" „HdK ist die Hochschule der Künste. Und Werbung ist ein Fachstudium, wo ich Grafik lerne und Texten und Werbepsychologie und hundert andere Dinge." „Ein Künstler, er ist ein armer, brotloser Künstler!", rief die etwas üppige Platinblonde mit einem vermutlich ungarischen Akzent.

„Nun lass ihn doch sein Bier trinken. Wir können froh sein, dass wir jemanden haben, der uns ablenkt. Sonst würden wir uns nur bemitleiden. Wir werden noch früh genug heulen, weil wir keinen vernünftigen Kerl haben oder eine Familie, mit der wir feiern können." Damit hatte Janine etwas Wahres gesagt. Nach und nach ging die Stimmung von Frotzelei in weihnachtliche Sentimentalität über.

Jede von ihnen hätte liebend gern studiert, wenn sie nicht durch widrige Umstände daran gehindert worden wäre. Lediglich Janine und die Älteste waren zufrieden mit dem, was sie taten. Sagten sie jedenfalls. Die Hübscheste hatte sogar in Würzburg Abitur gemacht. Doch gleich danach wurde sie schwanger und Mutter einer Tochter. In Berlin hätte sie mit einem unehelichen Kind vielleicht unbehelligt leben können, aber in der Bischofsstadt Würzburg war sie eine Schande für das gesamte Gemeinwesen. Darum durfte sie erst nach Weihnachten zu ihrer Tochter, die bei den Großeltern lebte. Der Heilige Abend wäre durch ihre Anwesenheit unheilig geworden. Vor allem für die Nachbarn. Ob diese Geschichte der Wahrheit entsprach, war mir egal. Auf jeden Fall hörte sie sich schön tragisch an.

„Lass dich umarmen", sagte Janine plötzlich, „du bist der einzig Vernünftige hier." „Und gebt ihm noch ein Bier", rief die Platinblonde. Nacheinander legten alle sechs verlorenen Schafe Gottes die Arme um mich, wobei die Älteste mehrere, vermutlich mütterliche Tränen vergoss. Damit leitete sie ein halbstündiges Schluchzen ein, das von einer hysterischen Fröhlichkeit abgelöst wurde. Irgendwann waren alle mehr oder weniger besoffen. Ich mehr als weniger. Trotzdem schaffte ich den Weg zurück in die Pension ohne größere Probleme. Heiligabend kann schön sein, allein ohne Familie.

Heute, am 24. Dezember 1993, steht mir ein vermutlich trockener, aber auch stressiger Heiliger Abend bevor. Claudia ist erst bei ihren Eltern und geht danach zu ihrer Freundin Beate. Gegen sieben wird sie zurückkommen, um mit mir bis Mitternacht über die zweifelhafte Bedeutung der deutschen Weihnacht und den Sinn des Lebens zu diskutieren. Und wehe, ich erzähle irgendetwas von meiner Mutter. Etwa, dass ich mir als Zwölfjähriger eine Klarinette wünschte und von ihr eine Geige bekam, weil das ein Musikinstrument ist, mit dem man keinen scheußlichen Jazz machen kann.

Wahrscheinlich wird Claudia aus ihrem Lieblingsbuch „Grundformen der Angst" von Fritz Riemann zitieren. Und ich werde zu einer schizoiden, hysterischen, depressiven und vor allem zwanghaften Persönlichkeit, gehöre mithin zu allen Typen, die sich der verwirrte Psychologe und Astrologe in seinem Kämmerlein ausgedacht hat.

Das habe ich nicht verdient, sage ich mir und rufe die Auskunft an. „Können Sie für mich eine Telefonnummer in Slowenien herausfinden?" „Das wird schwierig. Es sei denn, es handelt sich um ein Hotel oder eine amtliche Stelle. Wen suchen Sie denn?" „Den Anschluss von Bratuscha im Ort, ich buchstabiere, Kostrivnica, das liegt in der Nähe von, ich buchstabiere, Rogaška Slatina. Suchen tue ich eine Ika oder Darinka. Aber wahrscheinlich hat der Teilnehmer einen männlichen Vornamen. Ich glaube Heinrich." „Ich werde mich bemühen, vielleicht gibt es eine Möglichkeit", sagt die freundliche Stimme, „aber große Hoffnungen kann ich Ihnen nicht machen. Und es wird einige Zeit dauern."

Der Tag hatte damit begonnen, dass ich gegen elf zum Kaufhaus Beck am Rathauseck ging, um noch ein Geschenk für Claudia zu kaufen. Wir haben zwar vereinbart, die Schenkerei zu lassen, aber ganz ohne wollte ich trotzdem nicht dastehen. Zunächst dachte ich an einen Hut. So konnte ich mich in Zukunft weigern, mit ihr spazieren zu gehen. Die Auswahl war aber so schrecklich, dass ich ihr keins der Teile antun wollte. Weil auf der gleichen Etage die Dessousabteilung war, sah ich mich nach einem Set aus BH und Höschen um und fand sogar etwas, das mir gefiel. Ohne Spitzen oder Blümchen in Bordeauxrot und aus Seide.

Ich ging weiter zum Kaufhof am Marienplatz, um einen Forellenkaviar für mich und eine Flasche Taittinger für sie zu kaufen. Wir hatten noch nicht viel Geschichte zusammen, aber das hatte ich schon beim Kennenlernen gemerkt: Sobald Claudia Champagner sieht, geht ihr Puls nach oben. Wenn sie ihn trinkt Gott sei Dank wieder runter.

Auf dem Viktualienmarkt wollte ich nur kurz zu einem der Käsestände – für den berühmt-berüchtigten Epoisses, mit dem man an warmen Tagen ganze Mehrfamilienhäuser entmieten kann. Als ich am Zeltvorbau des Nymphenburger Sekthäusels vorbeikam, klopfte jemand von innen an die Plastikscheibe und winkte mich hektisch herein. Der lange Thomas, einer der „Herry"-Stammgäste, mit dem ich am Abend vorher noch ein paar Biere getrunken hatte. Er war in Gesellschaft anderer Stammgäste, so dass ich nicht umhin kam, die Einladung zur süßen Nymphenburger Weinbrause anzunehmen.

Inzwischen habe ich mich bei der Deutschen Bundesbahn erkundigt, ob und wie ich an diesem Tag noch nach Graz komme. Von dort würde ich ein Taxi ins 100 Kilometer entfernte Kostrivnica nehmen. Die Auskunft des Beamten klingt gut: Um 15.23 Uhr kann ich bis Salzburg fahren und zehn Minuten später weiter nach Graz.

Nach etwa einer halben Stunde klingelt das Telefon: „Hier ist die Telefonauskunft. Ich habe einen Hinko Bratuscha in Smarje gefunden, das ganz in der Nähe von Rogaška Slatina beziehungsweise Kostrivnica liegt. Vielleicht ist das der Anschluss, den Sie suchen." „Danke, danke, vielen herzlichen Dank. Und ein schönes Weihnachtsfest. Auch wenn Sie den Abend in einer finsteren Telefonzentrale verbringen müssen." „Das macht mir gar nichts. Gerade jetzt am Heiligen Abend helfe ich gern. Außerdem habe ich um acht Feierabend." Soll noch mal jemand etwas gegen die Bundespost sagen.

Ich rufe die angegebene Nummer an, und nach wenigen Signaltönen meldet sich sehr entfernt eine weibliche Stimme. „Hier ist die Widenmayerstraße in München. Bist du es, Ika?" „Nein, ich bin ihre Mutter", antwortet die Stimme in fast klarem Deutsch. „Meine Tochter ist noch unterwegs und kommt in zwei oder drei Stunden hier an." „Sagen Sie ihr bitte, dass ich nach Kostrivnica komme, um sie zu besuchen. Ich werde am Abend gegen elf Uhr da sein, rufe aber noch einmal an, wenn ich unterwegs bin."

Ich bin mir nicht sicher, ob sich Ika überhaupt freuen wird, mich zu sehen. Im März war sie als Mieterin in den großen Mittelraum meines Büros eingezogen. Vorher hatte sich hier der Grafiker Georg Pfaff ausgebreitet, indem er den Besprechungsraum und den großen Flur gleich mitbelegte. Nach seinem Auszug ließ ich das gesamte Büro renovieren und den mittleren Raum frei zum Durchatmen. Ika war von ihrer Freundin über den Leerstand informiert worden, was diese wiederum von meiner in Düsseldorf lebenden Frau Heike erfahren hatte, mit der ich noch regelmäßig telefoniere.

Die beiden wollten mit einem möglichen Mietverhältnis nicht nur Ika einen Gefallen tun, sondern auch mir. Vielleicht würde ich mich in die hübsche Mieterin verlieben und wäre so aus den komplizierten Verhältnissen meiner Affären befreit. Wenn Frauen eine Intrige planen, führt sie auch zum Erfolg, bei Männern eher ins Chaos. Ika und ich verliebten uns ineinander. Dann aber wurde ich wieder zu dem feigen Arschloch, das ich schon bei der Trennung von Heike gewesen war. Ich taktierte und lavierte so lange herum, bis Ika die Schnauze voll hatte und sich im Oktober ein eigenes Büro in Schwabing suchte. Wir trafen uns noch ab und an, weil wir einen gemeinsamen Kunden hatten, verstanden uns auch ansonsten gut. Aber von einem Pendler zwischen zwei Frauen wollte sie nichts wissen.

Meine Flucht nach Slowenien statt nach Bethlehem kommt einer Entscheidung gleich, denke ich, und Ika wird sie hoffentlich so verstehen. Ich packe meinen alten Koffer voll mit dem Nötigsten. Dazu auch den schwarzen Leinenanzug für den Fall, dass ich über Silvester bleibe. Bargeld habe ich noch genug. Mein Ausflug in die Spielbank Bad Wiessee vor einer Woche endete ausnahmsweise nicht mit einem GAU. Das Christkind war vorzeitig gekommen, hatte sich neben den Roulettetisch gestellt und die Kugel häufiger auf Finale eins und vier, 23 und 28 fallen gelassen. Für Claudia, die einen Schlüssel hat, schreibe ich einen Zettel „Ich musste weg!" und lege ihn neben die Dessousteile und den Champagner.

Es schneit wieder, als mich das Taxi zum Bahnhof bringt, und ich hoffe, dass sowohl der EC nach Salzburg als auch der Anschlusszug nicht irgendwo in eine Schneeverwehung rasen. Der Zug steht zur pünktlichen Abfahrt bereit und ist bis auf zehn oder zwanzig Fahrgäste und das Personal leer wie ein Münchener Programmkino. Am leersten ist es im Speisewagen, weshalb ich Mitleid habe mit den Kellnern und einen Platz im Barbereich besetze, samt Koffer.

Weil ich auf dem Viktualienmarkt mit Sekt angefangen habe, mache ich mit Champagner in Piccoloflaschen weiter. Andere gibt es auch gar nicht. Ab Rosenheim fühle ich mich so weihnachtlich, dass ich die gesamte Zugbesatzung einlade, die ohnehin nichts zu tun hat. Nach leichten Bedenken wegen Dienst und so, lassen sich die pflichtbewussten Bahnler überreden. Mein Argument „Heiligabend" setzt die Vorschriften vorübergehend außer Kraft. Der Zugführer und der Kontrolleur halten sich zurück, aber die beiden Schaffnerinnen betrachten den Champagner als kleine Bescherung und sprechen von der fröhlichsten Fahrt, die sie je gemacht haben. Rechtzeitig vor Salzburg ist der Umtrunk zu Ende. Im EC-Kühlschrank befindet sich kein einziges Champagnerfläschchen mehr.

Im Speisewagen nach Graz gibt es entweder Wein oder Bier. Die ÖBB führt nur Schlumberger-Sekt, und die einzige Flasche wurde bereits von einem Kollegen ausgetrunken. Ich nehme ein Viertel Weißen, bin aber zu satt, um noch etwas nachzulegen. „Können Sie mich bitte kurz vor Graz wecken", bitte ich den Schaffner, nachdem ich mich in einem Abteil breitgemacht habe. Er verspricht, es zu tun. Der Fahrgast aus Deutschland ist zwar betrunken, fährt aber in der ersten Klasse. Und das ist in der Alpenrepublik immer noch etwas Besonderes.

Kurz nach zehn stehe ich auf dem Grazer Bahnhofsvorplatz und suche ihn durch die dichten Schneeflocken nach einem Taxi ab. Es gibt sogar mehrere. Dem ersten Fahrer ist die Tour nach Slowenien wegen des Schnees zu gefährlich und zu weit, zumal er den Namen Rogaška Slatina noch nie gehört hat. Der zweite will in einer Stunde zu Hause sein, bei seiner Mutti vermutlich. Fahrer Nummer drei hat keinen Pass, ist aber bereit, ihn zu holen und in zehn Minuten zurück zu sein. Bevor mir der vierte und letzte Fahrer erzählt, dass er nur Grazer und keinen angetrunkenen Deutschen fährt, warte ich lieber auf den dritten.

Er kommt tatsächlich nach zehn Minuten zurück, und wir machen uns auf eine für beide ungewisse Fahrt in die Schneenacht. Nach einer knappen Stunde, vielleicht auch weniger, sind wir kurz vor der Grenzstation Spielfeld und die Lichter einer Raststätte dringen durch den Schneevorhang. „Halten Sie bitte hier, ich muss in Slowenien anrufen, zur Toilette und brauche etwas zu trinken."

Bevor ich nach unten zum Pinkeln gehe, bestelle ich ein Bier und eine kleine Flasche mit fünf Zentiliter Weinbrand. Das Bier trinke ich sofort, den Weinbrand auch, aber nur zur Hälfte. Es gibt sogar ein Telefon, aber irgendwie klappt die Verbindung nach Slowenien nicht. Ich lege zehn Deutsche Mark auf die Theke: „Kann ich bitte kurz nach Slowenien telefonieren? Mehr als zwei Minuten brauche ich nicht. Und das Geld dürfte genug sein." Das hört der Pächter gerne, reicht mir den Hörer seines Geschäftstelefons und wählt sogar die zehnstellige Nummer.

Am anderen Ende meldet sich sofort Ika. Als ihre Mutter von meinem Anruf erzählt hatte, wusste sie zunächst nicht, ob ich derjenige bin, der sie heimsuchen würde. Es hätte auch ihr neuer Verehrer „Uri" sein können, ein betuchter Münchener Urologe, den sie vor einem Monat kennengelernt hat. Doch die Bemerkung, dass der Anrufer etwas betrunken wirkte, schaffte sofort Klarheit. „Der Taxifahrer soll bitte zum Hotel Donat kommen, dort warte ich auf dich. Der Weg dahin ist ausgeschildert, er wird den Eingang bestimmt finden."

Sie hat den dichten Schneefall nicht berücksichtigt. Nach Rogaška Slatina reinzukommen, ist kein Problem. Aber wo im Schneetreiben versteckt sich das Hotel Donat? Irgendwann bin ich die Suche leid, bezahle die Fahrt, nehme meinen Koffer und laufe auf ein diffuses Licht zu. Wo um diese Zeit noch Licht ist, da gibt es auch etwas zu trinken, sagt mir meine Erfahrung. Man hätte mich in Novosibirsk aussetzen können, und ich wäre, meinem inneren Kompass folgend, auf direktem Weg im nächsten *Ресторан* gelandet.

Die schlechte Sicht lässt mich allerdings etwas vom Kurs abkommen, zumal ich mich nicht auf einer Straße befinde, sondern auf einem Freigelände ohne erkennbare Wege, aber mit Bäumen. Der Kurgarten vermutlich. Endlich stehe ich vor einer großen Glastür mit einem Licht im Hintergrund. Weil sie nicht nachgibt, klopfe ich. Weil sich nichts rührt, klopfe ich noch einmal, jetzt aber deutlicher. Weil immer noch nichts passiert, poltere ich mit meinem Koffer gegen das Glas – mit Erfolg. Ein genervter Portier erscheint und macht mit dem Finger eine Kreisbewegung, was wohl zu bedeuten hat, dass ich um das Hotel herumlaufen soll zu einer anderen Glastür. Ich halte mich an die Vorgabe und habe das Gefühl, dass ich einen riesigen Hotelkomplex umkreisen muss, finde aber endlich einen Vorhof, der zum angedeuteten Eingang führt.

Der Portier erwartet mich bereits und schließt auf. Kaum habe ich mich mit dem Koffer in die Halle geschoben, höre ich von oben eine Stimme: „Drago, endlich, da bist du ja!" Ika steht auf dem Treppenabsatz der Hochetage. Sie winkt und läuft die Stufen herunter, um noch einmal zu sagen: „Endlich, da bist du ja." Ich weiß, dass in Slowenien nur gültig ist, was mindestens einmal wiederholt wird.

Wir befinden uns nicht im Hotel Donat. Ich bin durch den Schnee ins 100 Meter gegenüberliegende „Sava" geirrt. Der Taxifahrer hatte aus Sorge um mein Wohl seinen Wagen verlassen, den Weg zum „Donat" gefunden und war dort auf Ika getroffen. Sie vermutete richtig, dass ich das nächste Licht ansteuern würde. Und weil vom Taxi aus das schwach erleuchtete „Sava" zu sehen war, musste ich dort zu finden sein.

Wir beziehen das letzte freie Hotelzimmer, das Ika gegen eine kleine Zuwendung bekommen hat, aber an Schlaf ist nicht zu denken. Die Kälte hat mich um mindestens 1,5 Promille zurückgeworfen. Ich brauche einen ordentlichen Nachschlag, um in die ersehnte Ohnmacht zu fallen. Ika hofft auf Hilfe von der Rezeption. Und tatsächlich, sie bringt eine Portion Slivovic an, die sie gegen eine großzügige Gebühr aus dem Privatbesitz des Nachtportiers erworben hat. Das Zeug riecht schrecklich, schmeckt schrecklich, aber es wirkt.

Am nächsten Morgen tritt bei mir ein bekanntes Phänomen ein. Kein

Kater, wie bei einem Menschen, der etwas zu viel getrunken hat. Sondern sofort böse Entzugserscheinungen. Trotzdem bemühe ich mich zu frühstücken. Es bleibt beim guten Willen. Mitten im großen Frühstücks- und Speiseraum des „Sava" werden Eier gebraten, ohne Dunstabzug. Dafür mit einem Fett oder Öl, vor dem selbst einem Traktor grauen würde. Ich muss raus in die Lobby, wo in Korbstühlen dicke Österreicher in grellen Trainingsanzügen sitzen und einen frisch gemachten Espresso aus der Maschine trinken, um den Geschmack des Frühstückskaffees zu vertreiben.

Ich bestelle einen Tee mit doppeltem Rum, kurz darauf noch einen Tee mit dreifachem Rum und bin allmählich wieder bei den Menschen. Ika will mit mir nach Maribor zu ihrer Tante Marta und ihrem Onkel Drago fahren. Sie haben eine Kaffeebar, eine chemische Reinigung und ein kleines Hotel, wo wir übernachten können. Marta kennt eine Ärztin im dortigen Krankenhaus, die vielleicht ein paar Tabletten gegen meinen Entzug besorgen kann. Wenn nicht, hat die Kaffeebar nicht nur Kaffee.

Die Autofahrt nach Maribor ist der weiße Wahnsinn. Es hat bis zum Morgen geschneit, und geräumte Straßen sind in dieser ländlichen Gegend nicht zu erwarten. Außerdem ist Ikas Peugeot 104 ein Leichtgewicht, und sie hat sich erst im Oktober nach mehreren Jahren Pause wieder ans Steuer gesetzt. Trotzdem fahren wir los. Auf den ersten Kilometern hat die Straße zumindest eine breitere Spur. Doch als es die Pecica hochgeht, mit engeren Kehren als auf dem St.-Gotthardt-Pass, wird die Fahrt zum Vabanquespiel. Die Hangseite der Straße hat der Wind mit einer meterbreiten weißen Wand zugeweht und die Begrenzungspfosten, vielleicht gibt es sogar Leitplanken, verbergen sich unter einer Schneehügelkette. Immerhin hat ein Traktor so etwas wie eine Straßenmitte vorgegeben.

Während Ika ohne Rücksicht auf ihre Ängste durch den Schnee steuert, bekomme ich die ersten Panikschübe. Nicht vom Blick nach unten in die Tiefe, sondern vom Gedanken an die ungewisse nächste Alkoholportion. Seit dem Kofferpacken, Auschecken, Freischaufeln des Wagens, diversen Telefonaten und den bisher zurückgelegten Kilometern sind gut zwei Stunden vergangen. Ob und wann wir Maribor erreichen, ist ungewiss. Und sollten wir tatsächlich in einen Ort mit einer Gostilna kommen, ist die Frage, ob sie am ersten Weihnachtstag um die Mittagszeit geöffnet hat.

Ika versucht mich zu beruhigen: „Wir sind bald in Slovenska Bistrica. Da gibt es bestimmt etwas zu trinken." „Schneemänner der Welt, schaut auf diesen Mann!", sage ich zu mir. Nach einer halben Stunde haben wir uns tatsächlich bis nach Slovenska Bistrica vorgearbeitet und ich bin sicher, dass irgendwo ein Licht etwas Trinkbares anzeigt. Der Ortsname klingt schließlich nach Bistro. Wir fahren langsam durch die Hauptstraße – nichts. Wir suchen mehrere Nebenstraßen ab – auch nichts. „Ich bin sicher, wir haben etwas übersehen", sagt Ika und kehrt zurück auf die Hauptstraße. Tatsächlich, zehn Meter nach hinten versetzt in einer Häusernische hat sich eine Kavarna versteckt. In der gibt es nicht nur den für mich ungenießbaren Kava, sondern auch Tee, wie ich ihn brauche. Also mit Rum. Ruhe kehrt ein in Kopf und Körper. Jetzt sind es nur noch ein paar Kilometer bis zur Schnellstraße nach Maribor, und die dürfte durch die Sonne, die inzwischen scheint, und vom rollenden Verkehr relativ befahrbar sein. Genauso ist es und schon bald erheben sich die Hallen eines Industriegeländes aus dem Schnee.

Martas Hotel Bajt liegt ein wenig außerhalb, nicht weit entfernt vom Skigebiet Pohorje, wo Anfang Januar die Slalomrennen der Damen um den Skiweltcup stattfinden. Vor zwei Jahren mussten sie wegen Schneemangels abgesagt werden. In diesem Winter dürfte die Austragung kein Problem sein. Marta kann uns darum nur für zwei Nächte aufnehmen. Danach gehört das Hotel dem Wintersport. Tee mit Rum hat sie aber für mehrere Wochen. Vor Jahren war auch sie auf dem Weg zum Alkoholismus und hat sich mit Arbeit und autogenem Training wieder in die Realität zurückgeholt. Geblieben ist Verständnis für den Säufer, den ihre Nichte aus München angekarrt hat. Sobald Ika, inzwischen etwas gereizt, zu mir sagt: „Mach doch mal eine Pause, wenigstens für eine halbe Stunde", erwidert Marta, die wie ihr Mann gut Deutsch spricht: „Nun lass ihn doch. Er wird schon wissen, wann er aufhören muss." Ich halte bis elf Uhr am Abend meinen Pegel ohne abzurutschen, glaube ich jedenfalls, und wir ziehen uns in eins der einfachen, aber pieksauberen Hotelzimmer zurück. Ich schlafe wie ein Bär und, oh Wunder, am Morgen habe ich viel weniger Unruhe und Zittern. Sogar eine kleine Semmel und einen Kaffee verträgt mein seit München leerer Magen. Einen Tee mit Rum brauche ich trotzdem, zur Sicherheit.

Wir fahren rein nach Maribor zu einer kurzen Ortsbesichtigung. Bisher habe ich immer gedacht, die Städte in Slowenien seien vom Kommunismus ähnlich kaputtgewirtschaftet wie die in der DDR. Maribor ist zwar keine Perle, aber längst nicht so trist wie zum Beispiel Zwickau, das in etwa die gleiche Einwohnerzahl hat. Die Stadt wirkt lebendig und ist weitgehend intakt. Zwar gibt es auch hier Häuser mit leeren Fensterhöhlen, aber überall wird fleißig gebaut – ohne Geldflüsse aus dem Westen. Wir laufen durch den Einkaufsbereich mit vielen kleinen Geschäften, die längst ein westliches Angebot haben. Mehrere davon mit Holzfassaden, die mich an alte Geschäfte in England erinnern. Am großen Platz mit der Pestsäule brauchen einige Häuser noch etwas Putz und Farbe, aber alles wirkt solide und fast besenrein. Um die Oper herum gibt sich Maribor sogar ein bisschen weltstädtisch, was den Österreichern zu verdanken ist, die hier bis 1918 regierten und ihre k.-u.-k.-Bauten hinterließen. Das historische Lent-Viertel auf der anderen Seite der Drava lassen wir aus, zugunsten einer Kavarna. So verpassen wir den ältesten Rebstock der Welt und den größten Weinkeller Europas. Ich wäre ohnehin nicht in das Labyrinth runtergestiegen. Wein ist nicht Tee mit Rum. Es sei denn, man trinkt ihn als Kuhano Vino, was ein weißer Glühwein ist.

Am Nachmittag hat Marta tatsächlich 20 Distraneurin besorgt. Schon die Gewissheit, dass ich jederzeit auf die Kapseln zurückgreifen kann, macht mich ruhiger und gelassener. Ich glaube, bei uns Säufern ist die Angst vor der Angst mindestens so fatal wie die Angstzustände selbst. Es gibt aber kein Mittel dagegen. Ich habe es mal mit autogenem Training versucht, wobei ich mich ständig fragte, was sein wird, wenn das Training nicht wirkt. Keine gute Voraussetzung für einen Erfolg, der darum auch in meinen Zweifeln steckenblieb.

Am nächsten Morgen, nach zwei Kapseln zur Nacht, fühle ich mich fast normal. Wir fahren zurück nach Rogaška Slatina und quartieren uns diesmal im Hotel Donat ein. Zimmer und Essen sind zwar kaum besser als im „Sava". Aber es gibt eine saubere und relativ geräumige Sauna, und das Publikum ist angenehmer. Die meisten Gäste kommen aus Norditalien und wechseln ihre Trainingsanzüge gegen manierliche Kleidung, bevor sie in den Speisesaal gehen. Ein paar Österreicher stehen trotzdem in signalfarbenen Kunststoff-Outfits am Buffet und beklagen das mäßige Essen, das ihnen ihre ehemalige Kolonie zu bieten wagt. Ika lässt die Sauna erst einmal aus, besucht mich aber in der kleinen Saunabar, wo ich nach den Schwitzgängen eine Cola trinke. Die Chefin begrüßt mich am zweiten Tag so, als sei ich schon zwanzigmal hier gewesen. Bei meinem dritten Besuch nickt sie mir wohlwollend zu: „Sie haben gutes Frau." Wenn eine slowenische Sauna-Oberin das sagt, muss wohl etwas Wahres dran sein.

Am nächsten Tag kommt „gutes Frau" mit in die Hitze. Die beiden Finnischen Saunen sind ziemlich besetzt, und wir hocken uns auf die erste Stufe zwischen eine schlanke Italienerin und einen massigen Österreicher. Ika ist völlig fasziniert von seinen Körpermassen, umso mehr, als er eine Glatze mit rotem Haarkranz hat und Schamhaar in der gleichen Farbe. Aus dem roten Rasen lugt ein kleiner Zipfel hervor, der durch das umliegende Fett noch winziger wirkt, als er tatsächlich ist. Ika starrt und starrt den armen Mann an, der genau weiß, was ihn zum Objekt ihrer Blicke macht. Mir ist die Situation höchst peinlich, doch würde ich sagen: „Ika, nun schau doch endlich woanders hin", wäre sie noch hundertmal peinlicher. Als Österreicher versteht er schließlich Deutsch.

Ika will immer dicke Menschen malen, je fließender die Massen, desto besser. Doch nicht wie der kolumbianische Maler Fernando Botero, bei dem alle Figuren wie von Botero aussehen. Sondern individueller, jeder Dicke ein Unikat. Zur Strafe für ihr Glotzen muss sie im abgedunkelten Ruheraum miterleben, wie sich ein junger italienischer Kurgast selbst befriedigt und sie dabei unentwegt fixiert, obwohl sie züchtig unter einer Decke liegt. Phantasie ist alles.

Den schwarzen Leinenanzug habe ich nicht umsonst eingepackt. Im Restaurant Posta findet eine größere Silvesterparty statt, für die Marta mit List, Tücke und Beziehungen die letzten Karten besorgt hat. Wahrscheinlich ein rauschendes Fest mit der gesamten Ortsprominenz und wunderschönen Frauen. Der Festsaal sieht allerdings sehr nach einem mühsam geschmückten Wartesaal der Bundesbahn aus. Immerhin, auf den langen Tischen liegt weißes Leinen und die Gedecke mit den Stanzbestecken sind sorgsam arrangiert. Dazu gibt es im Abstand von zwei Metern festliche Blumengestecke, die aussehen, als seien sie von den Gräbern des drei Kilometer entfernten Friedhofs ausgeliehen. Slowenien ist nicht Deutschland. Darum kann ich meinen Geschmack nicht zum Maßstab machen.

Eine Band verspricht sogar Live-Unterhaltung. Nur sehen die Musiker nicht nach Silvesterparty aus, sondern eher wie eine Combo, die auf den tödlichen Herzinfarkt eines Gastes wartet. In Wirklichkeit sind sie Brüder im Geiste von Slavko Avsenik, der mit seinen Oberkrainern in Deutschland über drei Millionen Platten verkauft hat, vor allem südlich des Mains.

Sie beginnen auch gleich mit einer Polka, zu der an den Tischen eine bunte Vorspeise serviert wird. Sie besteht aus französischem Salat, einem Gemüsegemisch mit viel Majonäse, aus Scheiben von einem depressiven Schwein, aus Paprikastreifen (nicht aus der Dose!), Gewürzgurkenschnitzen, zwei Tomatenvierteln und einem kleinen Petersilienzweig zum Sattwerden.

Uns gegenüber sitzen zwei jüngere Italiener im Smoking. Marta hat sie aus dem Hotel Bajt mitgebracht, damit sie endlich einen stilvollen Jahreswechsel miterleben können. Die Vorspeise gibt ihnen zwar Rätsel auf, doch als gebildete Trentiner sehen sie nur den Reiz des Bodenständigen und essen die kleinen Scheußlichkeiten bis auf die Gurkenscheiben ohne Widerspruch auf. Die Polkaklänge helfen ihnen dabei, weil sie laut genug sind, um nichts mehr zu schmecken. Außerdem wird gutes Wasser serviert und ein recht trinkbarer Weißwein zum Runterspülen.

Zum Hauptgang, einer gemischten Fleischplatte, gibt es Walzer. Das Dessert, eine Sahnepuddingcreme mit Fruchtsirup, wird wiederum von einer Polka begleitet. Nach einer sehr kurzen Pause legen die Musiker noch ein Brikett drauf, und endlich begeben sich die wunderschönen Frauen mit ihren Männern auf die Tanzfläche. Leider sind sie überwiegend zwischen vierzig und sechzig und wie ihre Männer etwas beleibt. Sie haben sich aber für den Abend sorgsam fein gemacht, tragen dunkle Kleider mit Pailletten und frische Dauerwellen, die nicht voneinander zu unterscheiden sind. Entweder gibt es nur einen Friseur in Rogaška Slatina. Oder alle Friseure haben die gleiche Vorstellung von modernen Silvesterfrisuren. Die Männer nehmen die Kleiderfrage etwas lockerer. Sofern sie ein Jackett haben, hängen sie es auf die Stuhllehne und beweisen, dass ihre Hosenträger sogar einen schnellen Foxtrott (oder ist es Rock and Roll?) aushalten.

Am 2. Januar fahren wir mit dem kleinen schwarzen Peugeot zurück nach München und beschließen zusammenzubleiben.

Berlin, 1998: „Glauben Sie mir, es gibt nichts Unwichtigeres als Werbung."

Die Wochenendseminare für die GWK-Studenten der Hochschule der Künste habe ich aufgegeben. Sechsmal pro Semester reiste ich aus München an. Und immer gab es in der HdK-Zweigstelle am Mierendorff-platz mittleres Chaos. Entweder wusste nicht einmal der Hausmeister, in welchem Seminarraum ich den Lehrer machen sollte. Oder der Seminarraum war unaufgeräumt und vollgestellt mit Gegenständen aus der Musikabteilung. Oder wir mussten in den Keller ausweichen, in dem alte Polstermöbel für kleinere Studentenpartys herumstanden. Den schweren Diaprojektor, ein Kodak-Karussell, schleppte ich aus München an. Wenn in der HdK zufällig einer greifbar war, funktionierte er nicht.

Mein Vorschlag, den kranken Numerus clausus von 1,4 durch eine Aufnahmeprüfung zu ersetzen, drang erst gar nicht zum Institutsleiter vor. Der Einzige, der mit mir konform ging, war Professor Wember. Der stand aber auf der Abschussliste, weil er sich öffentlich gegen den musealen Hochschulbetrieb in Deutschland geäußert hatte, und damit auch gegen die morschen Strukturen der HdK.

Manchmal nahm ich die Studenten raus mit ins Leben. Im April 1996 zum Beispiel in die Ausstellung zum Lucky Strike Designer Award. Zuletzt hatte ihn Professor Kurtchen Weidemann gewonnen, einer der besten und witzigsten Designer Deutschlands. Am Freitagabend traf ich ihn an der Hallen-Bar meines Stammhotels Esplanade, und er erklärte sich sofort bereit, am nächsten Vormittag die Studenten durch die Ausstellung seiner gesammelten Werke zu führen.

Der Abend war sehr lustig. Auf einem Tisch in der Halle lagen noch bunte Werbestifte und Schriften einer Ärzte-Tagung für ein neues Prostatamittel. Nach ein paar Bieren kamen wir auf die Idee, die Teile großzügig an die Hotelgäste zu verteilen, vorzugsweise an Damen in männlicher Begleitung: „Dürfen wie Ihnen ein Geschenk und die wissenschaftliche Abhandlung zu einem neuen Prostatamittel übergeben? Das kostet nichts und kann eines Tages von großem Nutzen sein." Weil Kurtchen schon 73 war, nahm uns das keine der Damen übel. Die meisten waren sogar amüsiert, im Gegensatz zu ihren Begleitern.

Die Führung durch seine Ausstellung im Design-Zentrum war nicht weniger lustig, vor allem hinterher, als wir alle im nahen Restaurant zusammensaßen. Kurtchen, ich nenne ihn so, weil er höchstens 60 Kilo wiegt, trinkt zu solchen Anlässen nicht nur Bier, sondern auch den einen oder anderen Schnaps, wird aber nie besoffen. Dafür umso unterhaltsamer. Er kann die herrlichsten Geschichten erzählen, was bei seinem Lebenslauf nicht weiter verwundert. Die Frage ist nicht, wen er kennt. Sondern wen er nicht kennt.

Manchmal, wenn wieder kein sauberer Raum frei war, lud ich die Studenten in ein Café ein, was ich über den Art Directors Club (ADC) abrechnete, der auch die Reisen bezahlte. Die HdK konnte für meine Tätigkeit gerade mal 380 Mark pro Semester erübrigen. Die Tutorin meiner Seminare machte mir im Auftrag der Institutsleitung das Angebot, gegen den Titel eines Honorarprofessors auf das Geld zu verzichten. Ich sagte ihr, lieber das Honorar als den Professor.

Mein wichtigster Rat an die Studenten war die These: „Erst wenn Sie begriffen haben, dass Sie Dinge produzieren, die niemand sehen oder hören will, und das für Produkte, die niemand braucht, erst dann sind Sie in der Lage, gute Werbung zu machen." Ich hätte es auch so sagen können: „Wenn Sie die Reklame ernst nehmen, haben Sie schon verloren." Dazu erzählte ich Geschichten von Ideen, mit denen ich mich gegen den tierischen Ernst in der Werbung zur Wehr gesetzt hatte.

Für o.b.-Tampons wollte ich einen Funkspot machen, der mit dem Einleitungschor des Weihnachtoratoriums von Bach beginnen sollte. Der Kundenberater dachte, er müsse die Männer mit den weißen Schuhen rufen. Dann klärte ich ihn auf: „Wissen Sie denn nicht, was der Chor singt?" „Nein, wieso?" „Der Text lautet: ‚Jauchzet, frohlocket, auf, preiset die Tage.'" Keine Reaktion. „Dazu muss nur noch ein Sprecher sagen: ‚Das können Sie mit den Tampons von o.b. jetzt auch singen.'" Erst recht keine Reaktion.

Als der Burda-Verlag für die Zeitschrift „Holiday" ein New-York-Special plante, machte ich den Vorschlag, den Heften einen Sieben-Dollar-Schein als Werbegeschenk beizulegen: „Für Ihren nächtlichen Spaziergang durch Harlem und die Bronx." Weil der Werbeleiter den Witz nicht verstehen wollte, schob ich die Idee zu einem Gutschein nach: „Einmal kostenlos Baden im Hudson River."

Meinem genialen Fitness-Chip für ein Wellness-Heft konnte er auch nichts abgewinnen: Ein rundes Plastikplättchen, dass beim Joggen oder Schwimmen in einem kleinen Beutel um den Hals getragen wurde. Sobald man sich in Bewegung setzte, begann der Chip zu wirken. Und je schneller man joggte oder schwamm, desto intensiver wirkte er. Mein letzter Versuch war wieder ein Gutschein, diesmal für ein Probeheft. Und zwar als 3,5-mal-2,5-Meter-Großflächenplakat mit dem Text: „Wenn es Ihnen zu anstrengend ist, diesen Gutschein mit nach Hause zu nehmen, können Sie uns auch gerne anrufen."

Einige Ideen wurden auch verwirklicht oder ich setzte sie selbst in die Tat um. Zum Bundestagswahlkampf 1994 ließ ich 500 Textiltragetaschen drucken mit dem Text: „Tragetasche für die schönen Wahlversprechen der CDU/CSU". Darunter in kleiner Schrift: „Von der Initiative Helmut zurück an den Wolfgangsee." Wer die Tragetasche benutzen wollte, hatte Pech: Sie war unten nicht zugenäht.

Ich erklärte den Studenten: „Wenn ich 35 Jahre in der Werbung ohne nennenswerte geistige Schäden überstanden habe, abgesehen davon, dass ich zu viel trinke, liegt das vor allem an dem Unsinn, den ich abgelassen oder produziert habe. Er befreit von dem Druck, dem Sie ausgesetzt sein werden, sollten Sie später in einer Werbeagentur arbeiten. Vor Kurzem habe ich für die Zeitschrift ‚Max' junge Kreative der Hamburger Werbeagentur Jung von Matt interviewt. Die armen Schweine lassen sich auspressen wie eine Zitrone. Vor lauter Überstunden bleibt für erbaulichen Blödsinn keine Sekunde Zeit. Wer ein bisschen sensibel ist, hält das nicht länger als drei Jahre durch. Er landet als menschlicher Sondermüll beim Sozialamt."

Ein besonders gelungener Unsinn ist leider nicht von mir, sondern von meinem Kollegen Reinhold Scheer. Der Farbenhersteller Sigma hatte seine Lackdosen neu gestaltet und wollte das allen Händlern und Malern mitteilen. Dazu schickte er ihnen eins der neuen Exemplare, allerdings nicht mit einem Deckel zum Öffnen, sondern als verschlossene Konservendose: „Hier drin finden Sie alles, was Sie über unsere neue Produktausstattung wissen müssen."

Wer die Dose in die Hand nahm, hörte das Scheppern eines festen Gegenstands. Natürlich suchte der Empfänger sofort irgendein Werkzeug, um an das Geheimnis des Inhalts zu kommen. Nachdem er den Deckel mühsam aufgeritzt hatte, fand er außer dem Prospekt einen elektrischen Dosenöffner.

New York, im Dezember 1982: Die schönsten Puffzimmer gibt es im Waldorf Astoria.

Der Taxifahrer legt sofort los: „Zum Waldorf wollen Sie? Endlich kann ich mal reiche Leute fahren. Bei mir steigen sonst nie reiche Leute ein." Wir sind vom Kennedy Airport mit dem Bus zur Central Station gefahren und hier in das Taxi umgestiegen. „Ich muss Sie enttäuschen, wir sind nicht reich. Wir kommen aus Deutschland und haben die Übernachtung im Waldorf Astoria und die Reise im Preisausschreiben gewonnen." „Sie wollen mich auf dem Arm nehmen, ich sehe Ihnen doch an, dass Sie reiche Leute sind. Ich rieche das." Das Gespräch geht noch einige Male hin und her, ohne dass er mir den nicht vorhandenen Reichtum glaubt. Als wir am Hotel angekommen sind, mache ich einen letzten Versuch: „Wenn wir reiche Leute wären, würde ich Ihnen jetzt 30 Cent Trinkgeld geben. Reiche Leute sind deshalb reich, weil sie ihr Geld zusammenhalten. Ich gebe Ihnen 2,30 Dollar. Daran sehen Sie, dass wir arm sind." Drei Sekunden lang sagt er nichts, was für einen New Yorker Taxifahrer äußerst ungewöhnlich ist. Dann grinst er und murmelt: „Das ist wahr."

Das Preisausschreiben war eine Lüge. Die Reise nach New York für Heike und mich habe ich vom Ersparten bezahlt. Oder besser, vom Geld, das in diesem Jahr von meinen Honoraren übrig geblieben ist. Ich habe viel für Adidas gearbeitet beziehungsweise deren Nürnberger Hausagentur, etwas weniger für Siemens und IBM, für kleine Kunden in Basel und Wien und für verschiedene Agenturen. Keine Brocken, wie der Milde-Sorte-Etat, den ich nicht mehr machen wollte. Doch es läppert sich. Spaßkunden waren leider nicht dabei. Ich konnte mich mit ein paar Beiträgen für den „Playboy" trösten.

Rainer Wörtmann, der leitende Art Director, möchte das Magazin aus der reinen Titten-Ecke holen und legt Wert auf Autoren, die einen Namen haben. Ich gehöre nicht dazu, darf als ADC-Kollege trotzdem für ihn arbeiten. Unter anderem habe ich ihm den Beitrag „Wenn Ärzte werben würden" geliefert. Was würden sich Sprechstundenhilfen einfallen lassen, wenn es ihren Doktoren erlaubt wäre, wie ein Bäcker oder Optiker Reklame zu machen?

Zum Beispiel Straßenschildwerbung. Erst kommt ein Warnschild: „Steinschlag, 2,5 km". Dann folgt nach etwa 100 Metern ein Werbeschild: „Dr. med. E. O. Nessak, 3,5 km". Oder: „Medizinische Werbewochen: Urinprobe DM 19,50. Ab drei Proben nur noch DM 15,90". Auch zwei Kino-Dias waren dabei. Erstes Dia: „Nach dem Kino in die Erotica-Bar". Zweites Dia: „Nach der Erotica-Bar zu Dr. med. E. O. Nessak". Als absoluter Kalauer ein Streichholzbriefchen mit dem Text: „Wenn Ihre Augen wie Feuer brennen – Dr. med. E. O. Nessak, Augenarzt".

Von der „Playboy"-Redaktion auf der Karlstraße sind es nur zwei Minuten zum neuen und einzigen Laster, das ich habe: Flippern im schmuddeligen Spielsalon auf der Dachauer Straße. Das aber mit maximal zwei Bieren pro Besuch, weil ich mit meinem schwarzen Vélosolex anschließend nach Laim fahren muss. Dank dieser Lebensweise ist das Gesparte für New York zusammengekommen. Der Dollar hat zwar wieder 2,40 DM erreicht, dennoch ist New York nicht teurer als München. Außerdem habe ich die Reise vom 28. Dezember bis 2. Januar günstig bei Airtours gebucht.

Im Waldorf bekommen wir ein Zimmer in der 21. Etage mit Blick auf die Park Avenue, von der alle zehn Minuten das langgezogene Heulen der Polizeisirenen hochsteigt. Die Einrichtung ist ein bisschen angestaubt, aber wunderbar kitschig: Tapete, Teppich, Vorhänge, Sessel, Bettüberdecke – alles ist dunkelrot. Ein eleganter Puff könnte nicht konsequenter durchgestylt sein.

Warum wir hier Silvester verbringen wollen, wissen weder Heike noch ich. Vielleicht ist es der Wahn: „Einmal im Leben im Waldorf Astoria übernachten." So, wie andere sich sagen: „Einmal im Leben den Ärmelkanal durchschwimmen." Wir haben nichts geplant, wollen aber auf jeden Fall ins Guggenheim und ins Museum of Modern Art. Ich möchte Heike die Pelztasse von Meret Oppenheim zeigen.

Das Hotelfrühstück lassen wir uns nur einmal bieten. Eine grimmige Platzanweiserin setzte uns an einen Katzentisch. Und beim lange vorgebrühten Kaffee mussten wir uns fragen, woher die braune Flüssigkeit die Kraft nahm, aus der Kanne zu kommen. Auf der Third Avenue gibt es einen Frühstücks-Italiener mit echtem Cappuccino und Spiegeleiern à la seconde. Der Meister brät sie für alle Passanten sichtbar auf einer heißen Platte. Normalerweise nichts Besonderes. Er aber schlägt die Eier so elegant auf und schabt sie so behutsam vom Blech, als handele sich um das Gelege aus dem Privatstall der Medici.

Das Guggenheim Museum ist eine mittlere Enttäuschung. Sowohl die konzeptionslos zusammengestellten Bilder als auch die besucherfeindliche Architektur. Die kreisförmig aufsteigenden Betonwege mögen abwärts für Rollschuhfahrer interessant sein. Den Exponaten nehmen sie die Wirkung, und den Besuchern machen sie müde Füße. Der Bau ist von außen interessant, mehr nicht.

Nach knapp einer Stunde gehen wir zum 500 Meter entfernten Metropolitan Museum. Hier gibt es im Costume Institut eine Belle-Époque-Ausstellung mit prächtigen Kleidern und Roben, was Heike wesentlich mehr interessiert als die blauen Flächen eines Yves Klein. Es war immer ihr Wunsch, schöne Sachen zu nähen. Darum hat sie mit 39 Jahren eine späte Schneiderlehre gemacht und vor einem halben Jahr abgeschlossen.

Am nächsten Tag nehmen wir uns die Kaufhäuser vor: Bloomingdales, Saks, Macy's, Brooks Brothers. Wenn ich in einer fremden Stadt bin, sind Kaufhäuser und Märkte Pflicht. Sie sagen viel mehr über das Leben aus als Museen mit historischen Monumentalgemälden oder Trümmern aus vergangenen Jahrtausenden. Im Metropolitan haben wir die geklauten Artefakte aus der Antike bewusst ausgelassen. Es ist ohnehin nicht möglich, alle Abteilungen an einem Nachmittag zu schaffen.

Bei Macy's haben wir ein kleines Problem. Ich muss mir neue Socken kaufen. Die, die ich angezogen habe, jucken wie der Teufel. Vermutlich sind sie nicht für die trockene Kälte gemacht oder der Sockenmacher Falke hat Baumwollsamen mit eingestrickt. Ich suche und finde ein Paar, knielang in Schwarz für 6,80 Dollar, habe aber nur Bares, weil ich meine Amex-Karte in Städten wie New York ungern mit mir herumtrage. „Wir nehmen nur Kreditkarten“, sagt die Verkäuferin leicht ungehalten. „Habe ich, aber sie ist im Hotel.“ „Dann kann ich Ihnen nicht helfen.“ Bin ich im Münchener Kaufhof? Ich dachte immer, das Personal wird in den USA extra auf höfliches Verhalten geschult. „Natürlich können Sie mir helfen. Sie müssen nur wollen.“ Mein deutscher Akzent kommt verschärfend hinzu. Nach einer längeren Rücksprache hat sie das Bargeld angenommen. Die 20 Cent, die sie sich von einer anderen Kasse hätte besorgen müssen, darf Mister Macy verprassen. So viel zum Service-Wunderland USA.

Am Silvesternachmittag möchte ich Heike unbedingt die „Broomstreet Bar“ zeigen, wo ich vor sechs Jahren den besten Hamburger meines Lebens gegessen habe. Wir fahren mit der U-Bahn zur Prince Station, gehen hoch zum Broadway und laufen in Richtung Financial District. Irgendwann muss die Broomstreet kommen, die zum West Broadway und zur Bar mit dem legendären Hackstück führt. Der Broadway ist leer, sehr leer. Nicht die Fahrbahn, sondern die Bürgersteige auf beiden Seiten. Es dämmert bereits, und wir fragen uns, ob wir nicht lieber in ein Taxi steigen und zurückfahren sollen. Die gelben Droschken befinden sich leider alle in Midtown. Wir gehen mit einem mulmigen Gefühl weiter. An der nächsten Straßenecke bietet ein großer Farbiger lächelnd Schneidwerkzeuge an. Dabei auch Messer mit Klingen ab 30 Zentimeter.

Die „Broomstreet Bar“ ist vergessen. Irgendwo links muss die Mulberry Street sein mit vielen italienischen Lokalen, also mit Leben und Menschen ohne Messer. Und wenn doch mit Messern, dann haben sie zumindest kürzere Klingen. Es ist inzwischen dunkel geworden, aber wir finden die gesuchte Straße. Nach wenigen Minuten kommen wir in einen Abschnitt mit vielen Leuchtschriften und wählen das „Casa Bella“, weil ein schönes Haus vielleicht auch innen schön ist. Der Gastraum wird gerade für die Silvesterparty dekoriert, und wir sind die einzigen Gäste. Trotzdem serviert uns ein original italienischer Kellner zwei original italienische Cappuccini, eine Wohltat nach dem kalten leeren Broadway.

Beim Bezahlen frage ich: „Sie bereiten eine Silvesterparty vor. Was wird da passieren?“ „Es gibt ein italienisches Dinner, eine italienische Combo und um Mitternacht italienischen Champagner. Die meisten Gäste kommen aus der Umgebung, von Soho, NoLita und der East Side." „Hätten Sie vielleicht noch zwei Plätze für Touristen aus München? Wir sind im Waldorf Astoria, aber da ist uns die Feier zu fein und zu teuer." „Daniele, hier sind zwei Freunde aus München für heute Abend. Können wir die noch reinnehmen?" Daniele schaut in einer wichtigen Liste nach. „Ja, aber nur die zwei. Dann geht nichts mehr." Wir zahlen je zehn Dollar für die Reservierung und sind glücklich, dass wir Silvester nicht am Times Square im Freien feiern müssen. Die Kälte in New York ist leichter zu ertragen als in München. Aber fünf Grad unter Null bleiben fünf Grad unter Null.

Nachdem wir uns im Hotel etwas fein gemacht haben, werden wir unschlüssig: Raus nach Little Italy ist kein Problem. Aber wie kommen wir um zwei oder drei Uhr früh zurück? Es gibt zwar eine U-Bahn-Station in der Canal Street, und vielleicht sind die Züge voll mit normalen Silvestergästen. Aber wissen wir das vorher? Taxis werden vermutlich noch schwerer zu bekommen sein als in München.

Wir lassen das „Casa Bella " erst einmal in Reserve und machen uns auf den Weg zur Third Avenue. Hier gibt es eventuell auch Lokale, die noch arme Touristen aufnehmen. Richtung Uptown sehen wir nur wenige, und die wenigen werden immer fragwürdiger. Also drehen wir um. Für Heike alles andere als ein Vergnügen in ihren halbhohen Pumps. Sie ist nur 1,58 Meter groß und braucht ein paar Zentimeter unter den Fersen. Nach etwa zehn Minuten sehen wir ein Restaurantschild „Oyster Bar". Darunter eine Art Schaufenster und in diesem eine Band aus Musikern, keiner ist unter siebzig, und ich sage zu Heike: „Das Quintett sieht aus, als habe es schon auf vielen Beerdigungen gespielt. Da gehen wir rein." Sie findet meine Bemerkung makaber: „Du bist unmöglich. Und wenn du tatsächlich da rein willst, dann ohne mich." Wir laufen weiter Richtung 42nd Street, ohne ein Lokal zu finden, das uns gefallen würde. Nach fünf Minuten sind ihre Füße so gefroren, dass sie sagt: „Also gut, ich gehe mit in das Lokal. Aber nur, wenn du keine dummen Sprüche machst."

Es gibt weder einen Türsteher noch eine Platzanweiserin. Wir schauen uns kurz um. Dunkle Holzdecken und Wandverkleidungen, Tische und Stühle aus den Zwanzigerjahren und die Band spielt gerade „Puttin' on the Ritz". Das gefällt uns. Wir legen die Mäntel ab, und ein Kellner kommt auf uns zu, der so gar nicht zum Eindruck passt, den die Musiker von draußen gemacht haben: Ein gut 1,90 Meter großer blonder Siegfried, der uns sofort als Deutsche erkennt, jedoch ohne viel Begeisterung.

Einige Gäste kommen offenbar später. Jetzt, um halb zehn, sind noch mehrere Plätze frei, und er setzt uns an einen Vierertisch im offenen Seitenbereich. Heike bestellt einen Whisky-Cola, ich ein Bier, für das ich mich höflich entschuldige. Siegfried nimmt es gelassen hin, er hat wohl nichts anderes erwartet. Gegen elf ist das Lokal aufgefüllt, und eine Dame um die fünfzig hat sich mit ihrem etwas jüngeren Begleiter zu uns an den Tisch gesetzt.

Sie ist Theaterschauspielerin, ihr Anhang aufstrebender Fotograf. Wie wir im Laufe unseres Gesprächs erfahren, kommen heute Abend die meisten Gäste aus der Kunst- und Theaterszene. Wir sind demnach in ein gutes Nest geraten, zumal ich fast nur interessante Gesichter sehe. Der aufstrebende Fotograf ist überrascht, dass ich als Deutscher die Fotos von Diane Arbus kenne. Das ist Zufall. Ich habe bei Pierre Mendell einen Fotoband von ihr gesehen mit Freaks, die gleichermaßen abstoßend und faszinierend waren.

Kurz vor zwölf verteilen Siegfried und seine Kollegen goldene Pappkrönchen für die Damen und Hütchen für die Herren. Ich bin der Einzige, der kein Hütchen bekommt. Seltsamerweise hat er Heike persönlich das Krönchen aufgesetzt. Vielleicht, weil sie blond ist wie er, und das verbindet.

Wir bejubeln die letzten Sekunden des Jahres 1982 mit Champagner, den ich für unseren Tisch bestellt habe. Siegfried war von der Bestellung genauso unbeeindruckt wie von meinem Bierwunsch. Er hat wohl nichts anderes erwartet. Gegen eins schlägt uns der junge Fotograf vor, mit auf die Party eines Kollegen zu gehen. Diesmal habe ich meine Amex-Karte dabei und setze ein gutes Trinkgeld mit auf die Rechnung. Siegfried lächelt. Er hat wohl etwas anderes erwartet.

Die Party ist ganz in der Nähe, so dass wir hinlaufen können. Die kalte Luft tut gut, denn wir haben beide mehr getrunken, als wir hätten trinken sollen. Angekommen geraten wir in ein Gewusel von schönen jungen Frauen und sehr von sich überzeugten Männern. Vermutlich sind alle kleine Richard Avedons. Einige bemühen sich sogar, mit uns zu reden. Nicht ganz einfach, denn es gibt recht laute Musik und bösartige Mixgetränke. Nach einer Stunde sind wir platt. Den Fußweg zum Hotel schaffen wir trotzdem ohne nennenswerte Probleme.

Am nächsten Morgen, der gegen elf beginnt, geht es uns schlecht wie selten. Vor allem mir. Was tun? Wir müssen etwas essen. Also bestelle ich beim Zimmerservice ein Frühstück mit allem Drum und Dran: Orangensaft, Kaffee, Rührei, Schinken, Lachs, Toast, eine Fruchtschüssel und zur Sicherheit zwei Heineken. Amerikanisches Budweiser hat nur 3,0 oder 3,5 Prozent Alkohol. Nach 20 Minuten wird ein Servierwagen hereingefahren, der beladen ist wie für eine Großfamilie. Fünf riesige Hauben und ein Sektkübel mit klimpernden Eisstückchen. Dazu diverse Teller, Bestecke, Gläser, hier ein Leinen, da ein Leinen und eine Vase mit einer roten Rose, passend zum Interieur.

Ich schiebe den Fernseher ans Fußende unseres überdimensionierten Doppelbettes und stelle eine jugendfreie Vormittagsaction ein. So habe ich mir das Frühstück immer gewünscht. Alles ist frisch, alles schmeckt. Sogar der Kaffee bietet passend zur Farbe echtes Aroma. Ich ersetze ihn aber schon bald durch das nobel gekühlte Heineken. Von dem Fernsehfilm bekommen wir kaum etwas mit. Alle fünf Minuten werden Shampoos, Fleckenvertilger oder Schokoriegel eingeschoben, die „new, exiting, incredible, unbelievable" sind. Das erinnert mich an eine Anzeige aus den Geburtsjahren der deutschen Reklame. Oben drüber stand dick: „Hingerichtet!" Und dann ging es in kleiner Schrift weiter: „ ... sind alle Blicke auf Männer mit der wunderbaren Haarpomade von Dr. Schlotterbeck."

Auf internationalen Werbefilmfestivals räumen Spots aus den USA gemeinsam mit den englischen fast alle großen Preise ab. Mit dem amerikanischen Werbealltag haben sie so viel gemeinsam wie das Burda-Bambi mit dem Grimme-Preis. Fachzeitschriften, die das schlechte Abschneiden der deutschen Spots bejammern, sollten eins nicht vergessen: In den USA werden pro Jahr schätzungsweise 10 000 Kino- und Fernsehwerbefilme produziert. In Deutschland sind er gerade mal 700.

Am Nachmittag wollten wir endlich ins Museum of Modern Art gehen. Doch nach den beiden Silvesterfeiern ist uns das zu anstrengend. In der Nähe läuft der Thriller „Still of the Night" mit Meryl Streep und Roy Scheider. Beide sind Schauspieler, die wir gern sehen, und ein bequemer Sessel in einem abgedunkelten Kino kommt unserem Zustand sehr entgegen. Der Film ist ein Hitchcock-Abklatsch und hat eine verbogene Story –

soweit wir sie verstehen. Aber Meryl Streep macht ihn mehr als sehenswert.

Am nächsten Tag fliegen wir abends zurück nach München. Die Zeit bis zum Abflug vertrödeln wir mit ziellosem Herumlaufen. Es ist wärmer geworden, der Wind hat nachgelassen und die Sonne scheint. Wir gehen zum Chrysler Building, zum IBM Building mit dem Wintergarten im Atrium und zum Trump Tower, an dem noch gebastelt wird. Selbst wenn er eine sensationelle Architektur hätte, könnte ich dem Turm nichts abgewinnen. Ich muss dabei immer an Donald Trump denken, für mich der typische amerikanische Kotzbrocken.

Nach einem köstlichen Pastrami-Sandwich holen wir im Hotel unsere Koffer ab und fahren wieder mit Taxi und Bus zum Flughafen. Im Flieger sind wie uns einig: New York ist eine faszinierenden Stadt, aber im Winter einfach zu kalt für uns. Dafür im Sommer zu heiß, angeblich. Ed Koch, der Bürgermeister, hat zwar die Finanzen der Stadt saniert, doch das Touristenwetter bekommt er nicht in den Griff.

Herdecke, im September 1972: Drei Möwen durchfliegen eine Glasscheibe, ohne dass sie splittert.

Das Gemeinschaftskrankenhaus Witten/Herdecke liegt drei Kilometer entfernt vom Herdecker Zentrum auf einer leichten Anhöhe im Ortsteil Westende. Es ist das erste große Krankenhaus in Deutschland, das der anthroposophischen Medizin folgt. Worin die genau besteht, kann ich nach meiner halbanthroposophischen Jugend nur vermuten: Einheit von Körper, Geist und Seele. Nach Möglichkeit wenig Chemie und Skalpell. Und im Idealfall viel Zuwendung und Hilfe zur Selbsthilfe.

Seine Gründung wurde 1966 vom jetzigen Klinikdirektor Dr. Gerhard Kienle angeschoben. 1968 war Grundsteinlegung, Ende 1969 nahm es die ersten Patienten auf. Für die rechteckig ausgerichteten Eigenheimbesitzer in den Umgebung ist der Gebäudekomplex ein Fremdkörper: Schräge Dächer, unregelmäßige Balkone und ein völlig verbogener Vorbau am Eingang. Mich wundert ohnehin, dass die Stadtväter von Herdecke sowohl dem Bau als auch dem Konzept zugestimmt haben. Für die meisten Deutschen sind Anthroposophen immer noch Spinner in der Ecke der Zeugen Jehovas, nur nicht so verbohrt.

Dass ich hier gelandet bin, habe ich meiner Mutter zu verdanken. (Endlich mal was Vernünftiges.) Erst hat sie auf Heike eingeredet. Dann hat Heike auf mich eingeredet. Und schließlich habe ich mir selbst gesagt, dass ich ja mal einen Versuch machen kann. Allerdings erst nach zwei Monaten Anlaufzeit.

Die Vorstellung, ein Leben ohne Alkohol zu führen, war noch im Juli der blanke Horror. Ungefähr so, als würde ich mir selbst die Luft abdrehen. Zwar gab es Momente der Einsicht, besonders morgens, wenn ich die beiden ersten Biere auskotzen musste. Aber die ließen nach, sobald mir Heike von Dr. Sperling eine neue Packung Distraneurin-Tabletten besorgt hatte. Die Angst legte sich, das Zittern auch, und die Biere blieben drin.

Mindestens fünfmal habe ich Dr. Kienle angerufen. Entweder, um zu fragen, wann ich kommen kann. Oder, um zu wissen, was ich tun muss, damit ich nicht in den nächsten Minuten sterbe. Jedes Mal hörte er mir geduldig zu und bot mir Hilfe in Herdecke an, ohne auch nur den geringsten Druck auszuüben. Und jedes Mal versprach ich, mit dem Klinikbüro einen Aufnahmetermin zu vereinbaren. Und zwar sofort am übernächsten Tag. Am 10. September aber gab es kein Zurück mehr. Ich packte einen größeren Koffer, besorgte mir noch schnell ein Transistorradio und nahm meine kleine Schreibmaschine und zwei Bücher mit – als Beweis, dass in meinem Kopf noch alles in Ordnung war.

Einer der leitenden Ärzte ist Achim Hellmann. Obwohl oder weil er anthroposophischer Gesinnung ist, habe ich das Gefühl, er hält mich für eine Schmeißfliege, für medizinischen Dreck, der in diesem feingeistigen Gemäuer nichts zu suchen hat. Wann immer ich ihm begegne, grinst er mich erst mitleidig, dann spöttisch und schließlich angewidert an. Ich frage mich, ob mein Alkoholismus der Grund für seine Verachtung ist. Immerhin wird Alkoholsucht erst seit zehn Jahren von den Krankenkassen als Krankheit anerkannt. Oder mehr noch Dr. Kienle?

Ich stelle mir vor, dass Hellmann vielleicht glaubt, von Rechts wegen müsse er Klinikchef sein. Schließlich hätte er als 40-Jähriger erheblich mehr Drive als der fast 50-jährige Kienle. Jetzt würde er bis zu dessen Pensionierung warten müssen, um der große Zampano der Klinik Witten/ Herdecke zu werden. Und so erkläre ich mir, dass Hellmann, wenn er mich sieht, wahrscheinlich denken muss: Ausgerechnet dieser ungeliebte Vorgesetzte schickt mir so ein versoffenes Stück Scheiße in meine Abteilung. Rudolf Steiner würde sich in seiner biologisch-dynamisch gedüngten Erde umdrehen, wenn er das wüsste.

Zum Glück habe ich fast nur mit dem Stationsarzt zu tun. Er kennt den Suff aus seiner Familie. Von ihm weiß ich zum Beispiel, was mir manchmal sehr von Nutzen gewesen wäre: Warum die Berliner Arbeiter in früheren Jahren am Sonntagvormittag immer eine Krawatte zum Latzhemd trugen. Es war die einzige Möglichkeit, in der Destille die beiden ersten Schnäpse nicht zu verschütten. Mit der zitternden linken Hand hoben sie die Krawatte an, legten die zitternde rechte mit dem Glas hinein und zogen Arm und Glas zum Mund.

Dieser Arzt ist Pragmatiker und nicht sonderlich beseelt von den sphärischen Lehren Rudolf Steiners. Bösartig wie ich bin, sage ich manchmal zu ihm: „Wir, die Deutschen, haben offenbar eine Schwäche für Prediger aus der Alpenrepublik. Steiner wurde zwar im heutigen Kroatien geboren, aber das gehörte bis 1918 genauso zum Kaiserreich wie Braunau." Wir sprechen häufiger über die medizinischen Folgen des Alkoholismus, etwa über das Korsakow-Syndrom. Er ist überrascht, dass ich mich trotz meines Wissens bis zum medizinischen Entzug gesoffen habe. „Das Wissen ist nicht mein Problem, die Schwierigkeit besteht darin, es anzuwenden."

Von Zeit zu Zeit macht eine freundliche Assistenzärztin ein bisschen Gestaltungstherapie mit mir. Mein erstes Werk ist ein kleines Tetraeder aus Ton. Es folgt ein Oktaeder, das mir in der Entzugssituation schon einiges abverlangt. Danach breitet sich wieder der Größenwahnsinn in mir aus und ich will unbedingt einen Dodekaeder, also einen Zwölfflächler machen, der aussieht wie ein nicht ganz aufgepumpter Fußball. Das Werk nimmt die Form eines heruntergefallenen Tonklumpens an, auch bei den zwei folgenden Versuchen. Ich werde bockig, lasse den Ton verärgert links liegen und setze mich in mein Zimmer an die Schreibmaschine, um meine Selbstfindung für die Nachwelt festzuhalten.

Weil nur wirres Zeug rauskommt, renne ich ständig den Flur auf und ab, der die Psychiatrische mit der Geriatrischen verbindet. So lange, bis mich die Assistenzärztin mit zu den Alten nimmt. Ich weiß nicht, ob sie mich schocken oder Mitgefühl in mir erzeugen will. Beides gelingt ihr: „Viele dieser Patienten werden von anderen Krankenhäusern gar nicht mehr aufgenommen. Entweder sie sterben ohne ärztliche Versorgung zu

Hause. Oder sie werden, wenn sie in Altersheimen liegen, zum Dahinsiechen in irgendein Zimmer geschoben."

Mir graust. Zum ersten Mal in meinem Leben werde ich mit dem Sterben konfrontiert. Vom Tod meines Vaters 1952 hatte ich nur die Nachricht und die Beerdigung mitbekommen. Hier sehe ich auf einmal Menschen, die aussehen, als lägen sie bereits im Sarg statt im Bett. Ausgerechnet vor einer gelbhäutigen Patientin, die nur noch durch einen milchigen Schlauch röcheln kann, macht mir die junge Ärztin den Vorschlag, den Alten das Essen zu bringen und wieder wegzuräumen. Aber keine Sorge, gefüttert würden sie von einer Schwester. Was soll ich tun? Mich auf meinen Entzug berufen? Behaupten, ich sei seelisch viel zu schwach, um die alten Menschen zu ertragen? Die junge Ärztin hat mich richtig eingeschätzt. Ich werde Essensausträger. Alles andere wäre Feigheit gewesen.

Meistens sitze ich in meinem Zimmer am kleinen Tisch vor dem Fenster und schaue raus auf die herbstlichen Wiesen. Zwischendurch versuche ich zu lesen oder etwas in die Maschine zu tippen, drehe dann aber orientierungslos am kleinen Radio und schaue wieder auf die Wiesen. Heute ist der siebte Tag meiner Entgiftung, gestern war demnach der sechste, nach dem normalerweise nicht mehr viel passieren kann, wie ich mir habe sagen lassen. Es kommt aber anders. Ich brauche Geld für Zigaretten, Zeitungen und Eventualitäten. Also fahre ich mit dem Bus runter nach Herdecke, hebe von der Commerzbank 200 Mark ab und setze mich in ein Café.

Ich will mal wieder für eine Stunde unter normalen Menschen sein. Mein Einzelzimmer hat zwar den Vorteil, dass im Bett neben mir niemand jammert, röchelt oder schnarcht. Aber es bietet auch keine Ablenkung, weil neben mir niemand jammert, röchelt oder schnarcht.

Im dem Cafe sitzen fast nur alte Frauen mit Hüten, vereinzelt auch mit Männern. Es riecht nach gutem Kaffee, künstlicher Vanille und billigem Kölnisch Wasser. An einem Tisch mit drei besonders dicken Kuchenesserinnen versucht ein einzelner Mann, mit einer 60-Pfennig-Zigarre gegen die Duftmischung anzurauchen. Alles wirkt unwirklich, wie in einem Film aus den Fünfziger Jahren, und langsam legt sich ein dünner Schleier auf meine Wahrnehmung. Die Stimmen um mich herum bekommen einen seltsamen Nachhall und das Scheppern der Kännchen und Tassen aus der Kaffeeküche klingt dicht an meinen Ohren. Irgendwas passiert mit mir, aber ich weiß nicht was.

Weil die Sonne scheint, lasse ich den Bus stehen und gehe zu Fuß zurück zur Klinik, hoffend, dass der Schleier vom frühen Herbstwind weggeweht wird. Es ist ein ziemliches Stück bis zu den Schrägdachgebäuden, und als ich sie endlich erreiche, verspüre ich schrecklichen Durst. Ich gehe in die Kneipe hinter der Bushaltestelle, bestelle nach acht Jahren wieder eine Cola, rauche ersatzsüchtig zwei Zigaretten, und der Schleier ist wieder da. Jetzt dichter, auch mit größerem Grauanteil. Zum dünnen Gewebe kommt ein Summen in den Ohren. Nicht aufdringlich wie bei Tinnitus, aber beunruhigend. Ich gehe rasch zur Theke, um zu zahlen, und während ich mit seltsam staksigen Schritten den Gastraum verlasse, höre ich einen Säufer hinter mir her sagen: „Wer nichts verträgt, sollte auch nichts trinken."

Als ich zurück bin in meinem Krankenhauszimmer, fühle ich mich etwas besser, weil sicherer. Das Abendessen ist schon hingestellt worden und besteht aus dem üblichen Schlackwurst-, Blattkäse- und Graubrotgebinde. Auch in einem anthroposophisch geführten Krankenhaus muss die Klinikleitung mit dem Zehntelpfennig rechnen.

Die Schwester kommt rein, aber nicht, um das Tablett abzuräumen, sondern mit einer Frage: „Hätten sie etwas dagegen, wenn meine Kollegin in Ihrem Zimmer ihr Abendgebet macht. Sie kommt aus den Philippinen und ist Mohammedanerin. Und weil dieses Zimmer nach Mekka liegt und ein Einzelzimmer ist, wo sie niemanden stört, würde sie gern hier beten. Es dauert auch nicht lange."

Ich bin etwas verwundert. Soweit ich weiß, sind die Bewohner der Philippinen zu 90 Prozent katholisch, zumindest aber der überwiegende Teil. Aber warum soll ich das Gebet der frommen Schwester verhindern? Mein Zimmer ist ohnehin angefüllt mit Gegrübel und Einsamkeit. Ich mache meinen Moscheeraum frei, gehe auf den Flur und laufe mehrere Minuten lang den eingeübten Weg von der Psychiatrie zur Geriatrie und wieder zurück. Als ich die Tür zu meinem Zimmer öffne, wird noch gebetet, und ich laufe weiter.

Irgendwann sitze ich wieder am kleinen Tisch vor dem Fenster und schaue in den dunkler werdenden Himmel. Aus der linken Ferne kommt eine Möwe, fliegt zielbewusst auf mich zu, als wolle sie das Glas durchstoßen, geht aber rechtzeitig in den Steigflug. Eine Möwe? Wie gelangt sie ins westfälische Herdecke? Vielleicht den Rhein hinauf und die Ruhr entlang?

Und wo kommen die anderen drei her, die kurz darauf folgen? Sie nehmen die gleiche Route wie ihre Vorgängerin, fliegen aber noch dichter am Fenster vorbei.

Kaum dass sie abgedreht haben, senkt sich ein ganzer Schwarm aus dem Himmel. Zwanzig, vielleicht auch dreißig schneeweiße, kompakte Papierflieger, die ohne einen Ton und ohne Flügelschlag vor meinem Fenster kreisen und dabei wie Bienen eine Acht fliegen. Plötzlich löst sich ein Vogel aus dem Schwarm, durchstößt das Glas des Fensters als sei es Luft und hebt zu einem Rundflug unter der Decke meines Zimmers an. Zwei ihrer Kolleginnen haben sie offenbar beobachtet und folgen ihr durch das gegenstandslose Glas. Schweigend ziehen sie Runde um Runde. Wenn sie einer Wand zu nahe kommen, wölbt diese sich nach außen, so dass sie nirgendwo anstoßen können. Eine der Möwen durchschwebt die Decke hinauf ins obere Zimmer, kehrt aber nach wenigen Sekunden zu den anderen zurück. Obwohl ich die Vögel sehe und auch spüre, ist mir bewusst, dass sie nicht real sein können. Trotzdem fürchte ich mich. Nicht vor den Schnäbeln und möglichen Attacken, sondern vor der Frage, was passiert, wenn ich Halluzination und Wirklichkeit nicht mehr unterscheiden kann? Wenn es mir ergeht wie den Säufern in Billy Wilders Film „Das Verlorene Wochenende" und andere, grässliche Tiere in mein Zimmer eindringen – Schlangen, glotzende Lurche, Käfer oder Riesenspinnen?

Meine Angst vor der Angst wächst, und ich sage mir, wenn dieser Alptraum noch ein paar Minuten andauert, werde ich verrückt. Dann geht die Zimmertür auf, Heike kommt rein, und der Schwarm wird von den Wänden verschluckt. Sie setzt sich mir gegenüber auf den zweiten Stuhl mit den gelben Polstern, und ich beginne sofort, mich von den erlebten Bildern freizureden. Ohne ihren Kommentar abzuwarten, liefere ich eine Erklärung: „Das ist vermutlich ein Delir oder ein Prädelir – wie in dem Film von Billy Wilder, den wir vor ein paar Jahren gesehen haben. Immerhin, ich habe noch Glück gehabt, weil es Möwen waren und keine Schlangen, Kopffische oder Ratten."

Während ich das sage, passiert etwas Seltsames. Vor mir steht plötzlich ein bedrohlich leerer Stuhl mit gelbem Polster. Ich will nach vorn greifen, um herauszufinden, ob ich erneut Opfer einer Täuschung geworden bin – und Heike sitzt wieder im Polsterstuhl. Ich erzähle ihr weiter von den

Möwen, und dass sie fliegen konnten, ohne die Flügel zu bewegen – und der Stuhl ist wieder leer. Ich stehe auf, und laufe im Zimmer herum, versuche mich zu beruhigen, setze mich – Heike ist zurückgekommen. Oder sie war nie weg.

„Ich glaube, meine Halluzinationen werden stärker. Vor einer Minute warst du plötzlich verschwunden. Danach hast du wieder auf dem Stuhl gesessen. Dann warst du wieder weg. Jetzt sitzt du hier, ich rede mit dir und weiß genau, das alles ist ein böses Spiel meiner Gehirnzellen. Sie gieren nach Alkohol, und damit sie ihn endlich bekommen, quälen sie mich mit Ängsten, die ich saufend vertreiben soll. Sie wissen aus der Zeit in Düsseldorf, dass sie damit Erfolg haben. Vor allem dann, wenn morgens ab sieben mein Alkoholpegel stark zurückgegangen war, und ich das erste Bier trinken musste, weil ich sonst im Traum auf der kleinen Insel landete, im Teich mit den widerlichen Fischen, Eidechsen und Krokodilen.“

Der Stuhl ist wieder leer. Du musst weiterreden, sage ich mir, dann bleibt sie hier und hört mir zu. Also erzähle ich von den armen Alten, denen ich das Essen bringe, von der freundlichen jungen Assistenzärztin, vom geduldigen Dr. Kienle, und dass er mir genügend Tabletten gibt und mich so davor bewahrt, verrückt zu werden.

Irgendwann fällt mir nichts mehr ein. Ich bin auch ermattet von den Erlebnissen am Nachmittag und stiere auf den leeren Stuhl. Heike hat das Zimmer endgültig verlassen, um nach Düsseldorf zurückzufahren. Nun gut, es ist bereits gegen acht Uhr, und sie muss noch bei ihren Eltern vorbeischauen.

Auf dem Gang ertönen Stimmen, vermutlich von den Schwestern, und ich schaue auf die Tür, um zu hören, worüber sie reden. Was folgt, ist die reine Panik: Die Tür ist durchgehend weiß, ohne Klinke und Schlüsselloch und Schlüsselschild. Irgendjemand hatte das Türblatt ausgetauscht. Auch das Fenster ist durch ein griffloses ersetzt worden. Sogar die Tür zum Kleiderschrank hat kein Schloss mehr. Ich bin gefangen.

Was soll ich tun? Schreien wie die Deliranten in Billy Wilders Film? Unters Bett kriechen, bis der Spuk vorbei ist? Nein, ich muss raus. Raus aus dem Alptraum, der vielleicht zur immerwährenden Hölle wird, raus aus meiner Rolle als Gregor. Dem erging es in Kafkas „Verwandlung“ zwar wesentlich schlimmer, weil er als Käfer erwachte und die Tür mit Klauen öffnen musste. Mein Ausgeliefertsein unterscheidet sich aber nur wenig von der Situation eines Menschen, der plötzlich in einem Chitinpanzer lebt.

Krankenpfleger von psychiatrischen Anstalten erzählen häufig von Patienten, die unglaubliche Kräfte entwickeln, wenn sie durchdrehen. Die habe ich auch, als ich die Zimmertür aus den Angeln hebe und polternd an den Schrank lehne, um nach draußen zu kommen. Eine Schwester, die den Kraftakt mitbekommen hat, informiert sofort den Stationsarzt. Obwohl er die Situation richtig einschätzt, fühlt er sich überfordert und telefoniert mit Dr. Kienle. Ich verstehe jedes Wort, das vom anderen Ende der Telefonleitung kommt: „Geben Sie ihm 20 Milligramm Valium." Und dann noch einmal: „20 Milligramm Valium. Er hat ein Delir." Der Stationsarzt redet noch eine Zeitlang beruhigend auf mich ein, während ich mich mit Hemd und Hose ins Bett lege. Die Schuhe streife ich noch irgendwie ab, dann tauche ich weg.

Zwei Stunden später bin ich zurück aus dem todähnlichen Schlaf, grübele vor mich hin und versuche eine Erklärung zu finden für den gestrigen Horror. Für den Schleier im Café, das Summen in der Kneipe, die Möwen und den leeren gelben Stuhl. Wie süchtig muss mein Gehirn sein, wenn es sich solche Szenarien einfallen lässt, um mich wieder zum Saufen zu bringen?

Plötzlich kommt Heike ins Zimmer. Vermutlich ist sie von der Station angerufen worden, wegen Delir, Halluzinose oder Schlimmeren, und hat sich gleich ins Auto gesetzt, um noch einmal herzufahren. „Nachdem du gestern Abend gegangen warst, ging es erst richtig los", sage ich sofort, um sie über meinen Zustand zu informieren, „die Zimmertür, die Schranktür, das Fenster, alle hatten plötzlich keine Klinke mehr." Heike sieht mich erst erstaunt, dann ungläubig an: „Gestern Abend? Gestern Abend war ich doch gar nicht hier."

Wien, im September 1981:
Das Casino auf der Kärntnerstraße bezahlt drei Flaschen Champagner. Ausnahmsweise.

Ich fliege mit Dr. Freiberger, dem Marketingleiter der Austria Tabakwerke München, zu einem Milde-Sorte-Rettungsversuch nach Wien. Hier giftet der kleine hinterhältige Werbemagister seit einem Jahr gegen unsere Kampagne „Milde Sorte. Das Leben ist hart genug". Inzwischen mit Erfolg. Ein Krisengespräch steht an. Sein größter Aufreger ist unser Sujet „Karnevalsprinz". Wir haben den Mann extra aus Neuss kommen lassen und im „Löwenbräukeller" auf eine lange Bierbank gesetzt, wo er im Prinzengewand ausgestreckt und entspannt eine Milde Sorte raucht. Zu entspannt. Er war vor den Aufnahmen schrecklich aufgeregt und brauchte erst ein paar Weißbiere als Relaxans. Darum sieht er auf dem Anzeigenfoto etwas kaputt aus.

Mir gefällts, weil alles so echt wirkt. Doch der Werbemagister rief sofort seine Marktforschungsfreundin aus der großen Wiener Agentur auf den Plan: „Das Foto ist unmöglich. Der Mann hat eine absolut negative Ausstrahlung auf die Marke." Jetzt will Austria-Chef Beppo Mauhart mit uns besprechen, ob und wie es weitergehen soll. Die Verkaufszahlen sind nach wie vor wenig berauschend.

Zwei Reihen vor uns auf der linken Seite sitzt der Sänger Ricardo Nero und wir haben das Glück, ihn nicht kennenlernen zu müssen. Er hat schon beim Einsteigen den Pfau gemacht. Jetzt schleimt er mit den Stewardessen rum, steht aus irgendeinem Grund auf, um sich zu zeigen, setzt sich wieder hin und steht erneut auf, weil er anscheinend zur Toilette muss. Das alles auf einem 40-Minuten-Flug. Für mich ist der Mensch so peinlich wie sein Gesang. Etwas weiter hinten sitzen die Schauspielerin Erika Pluhar und ihr Kollege Romuald Pekny. Tolle Frau, toller Mann, die sich genauso verhalten.

Dr. Freiberger hat die Hoffnung, dass wir dem kleinen hinterhältigen Werbemagister was auf den Palatschinken geben können. Mir werden seine Intrigen allmählich zu viel. Sollte er so weitermachen, kann er den Werbeetat seiner geliebten Marktforscherin zu Füßen legen. Das Gespräch verläuft dank Beppo Mauhart sachlich und konstruktiv. Wir werden die nächsten Motive mit dem kleinen hinterhältigen Werbemagister abstimmen, damit sie auch der österreichischen Raucherseele entsprechen. Notfalls machen wir spezielle Wienerwald-Fotos.

Wann immer ich in Wien bin, besuche ich die Spielbank auf der Kärntnerstraße. Der Chef der Casinos Austria, Leo Wallner, hat sich von meinen Verlusten bestimmt schon zehn Paar Maßschuhe bei Georg Materna machen lassen. Vor dem Ausflug ins Casino treffe ich noch meinen alten Freund Bruno, ein ehemals guter Auftraggeber von mir. Er gehört zu den Menschen, denen Glücksspiele suspekt sind. Obwohl Österreicher, war er immer preußisch korrekt und erwartete von mir weder größere Geschenke noch Umschläge, was in der Werbung keineswegs üblich ist. Ich war einmal kurz bei ihm zu Hause, um eine dringende Kundenaktion absegnen zu lassen. Er hat drei wohlerzogene Kinder und eine Frau, die mich an eine der weiblichen Kontaktanzeigen in der Kronenzeitung erinnerte: „Strenge Kammer". Ein Abend wie dieser mit mir muss für ihn ähnlich erholsam sein wie das freie Wochenende für einen Wehrpflichtigen.

Vielleicht ist das der Grund, warum er trotz seiner Bedenken zum ersten Mal mit ins Casino geht. Er borgt sich von mir 500 Mark in Form von 3500 Schilling, die er am Roulettetisch in relativ kurzer Zeit zu einem neuen Paar Schuhe für Leo Wallner macht. Das schlägt auf seine Stimmung, und er möchte sich in einer Bar in der Johannesgasse ein bisschen trösten lassen. Ich sitze am Black-Jack-Tisch und habe ausnahmsweise eine gute Serie: „In spätestens einer Stunde komme ich nach, bei mir läuft es gerade so gut." Nach eineinhalb Stunden habe ich fast alles wieder verloren und setze im Rausgehen am Roulette 1000 Schilling auf Transversale 16 bis 18. Es kommt die 17, und der Croupier zahlt 11 000 Schilling, wovon ich 300 „für das Sozialwerk des Casinos" abgebe. Beim nächsten Lauf fällt die Kugel auf die 23, die ich zusammen mit der 28 setze, wenn ich Finale eins und vier spiele.

Die Bar, in der ich Bruno suche, hat eine unmissverständliche Neonbeleuchtung und befindet sich im Kellergeschoss eines k. u. k.-Gebäudes. Jetzt um Mitternacht ist sie mäßig besucht, macht aber einen gepflegten Eindruck. Auch die Mädchen sehen passabel aus, was in solchen Etablissements nicht zuletzt auf die Beleuchtung zurückzuführen ist. Bruno sitzt auf einem der Barhocker, trinkt Champagner, der vermutlich Sekt ist, und hat verträumt glasige Augen. Er unterhält sich mit einer asiatischen Schönheit, die ihm gegenüber hinter dem Tresen steht. Die Dame ist von relativ hohem Wuchs und ihre Gesichtszüge wirken trotz einer gewissen Ebenmäßigkeit leicht männlich, auf mich jedenfalls. Sie spricht mich an: „Wie geht es Ihnen?" „Gut, sehr gut." „Den Eindruck habe ich auch." „Wie war es im Casino? Haben Sie noch gewonnen?" „Leider nein, verloren aber auch nicht." Spieler sprechen nie über ihre Gewinne oder Verluste. „Darf ich Ihnen auch ein Glas anbieten?" Die Dame hat eine weiche, für Asiatinnen etwas zu dunkle Stimme. „Gern." „Ein netter Mensch, Ihr Freund." „Ja, das ist er."

Plötzlich beugt sich Bruno zu mir rüber und flüstert: „Vorhin war ich mit ihr im Separee, und sie hat mich mit der Hand befriedigt, wunderbar!" „Das glaube ich gern. Männer können das besonders gut." „Wie meinst du das?" „Die Dame ist ein Herr." „Aber wieso, sie hat doch einen Busen!" „Lieber Bruno, was bedeutet heute schon ein Busen? In Casablanca kannst du dich zu einer perfekten Frau umoperieren lassen. Mit allem Drum und Dran, nein, mit allem, was du nicht mehr brauchst."

Auf seinen Schreck hin bestelle ich noch eine Flasche Champagner, und die Dame grinst mich vielsagend an. Offenbar hat sie ein extrem feines Gehör. Gegen drei bleiben von meinem Gewinn noch 2000 Schilling übrig. Doch ich kann es verschmerzen. Für jedes neue Milde-Sorte-Foto bekommt mein Büro 5000 Mark Honorar. Allerdings nur, wenn es gedruckt wird. Wenn nicht, hat sich vor allem Helma, meine Grafikpartnerin, die Laienmodelle und drei bis vier Lokalitäten umsonst angesehen. Bruno gibt mir die 500 Mark bei meinem nächsten Besuch in Wien brav zurück.

Nach meiner Rückkehr erwartet mich Dr. Freiberger in München mit schlechten Nachrichten. „Ich bin von Wien gezwungen worden, die Münchener Werbeagentur Brauch & Hube mit einer Alternativkampagne zu beauftragen. Ihr Freund, der Magister, lässt ebenfalls neue Anzeigen und Plakate entwickeln. Sie können sich denken, von wem." Er zeigt mir das Foto von einem Pärchen, das unter einem Baum lächelnd Milde Sorte raucht. Macht Sinn, die erste Zigarette für die Leute von der „Alternativen Liste".

Ich fahre in mein Büro, überlege, gehe rüber in die „Mühle im Lehel" und trinke drei Wutbier. Eine Stunde später rufe ich in Wien an und lasse mich mit Beppo Mauhart verbinden: „Ich möchte unsere Zusammenarbeit beenden. Oder einfacher gesagt, ich kündige den Etat." Er ist perplex. Dass eine Werbeagentur einem Kunden sagt: „Danke, das wars", ist in Österreich undenkbar. Dass sie so etwas zur großen Austria Tabak sagt, ist noch undenkbarer. Wenn aber ein Münchener Zweimannbüro von sich aus die Zusammenarbeit beendet, ist das ein Sakrileg. „Warum kommen Sie nicht nach Wien, und wir sprechen noch einmal in Ruhe über alles?" „Danke für das Angebot, aber das bringt nichts. Der Karren ist in den Wiener Graben gefahren. Selbst wenn Sie Ihren Herrn Werbemagister auf einen anderen Posten abschieben, entlassen geht wohl nicht, hilft uns das nicht weiter. Er wird erst recht intrigieren. Und diesmal nicht nur gegen mich, sondern auch gegen Sie."

Ein halbes Jahr später lässt er mich nach Wien kommen, weil er meine Meinung zur neuen Austria-Marke „Casablanca" hören möchte. „Beim Siemes weiß ich, dass er die Wahrheit sagt", hatte er vorher Dr. Freiberger gegenüber geäußert. Ein schönes, aber teures Kompliment.

München, im August 1996: Ein Gespräch mit meinem Todfreund, bei dem ich keine besonders gute Figur mache.

„Ich möchte mit dir über den Tod sprechen." „Wie bitte?" „Ich möchte mit dir über den Tod sprechen. Er ist schließlich ein wesentlicher Teil des Namens, den du mir gegeben hast." „Das stimmt, aber nicht, wie du ihn verstehst. Nicht als Ableben, sondern als Abscheu vor einem Freund, der in Wahrheit falsch, hinterhältig und bösartig ist." „Du bist semantisch nicht auf dem Laufenden. Tod als Vorsilbe betont die folgende Eigenschaft, zum Beispiel todsicher, todmüde, todernst, todschick." „Du vergisst todunglücklich." „Keineswegs, es folgt dem gleichen Prinzip. Aber lassen wir die Wortspielereien und gehen wir zurück zum Thema Tod als solchem."

„Dann muss ich die beiden Wörter umstellen. Du bist kein Todfreund, sondern ein Freund des Todes. Und zwar einer seiner besten." „Das sind auch Autos, Zucker, Raubtiere, Krankheiten, Aufzüge, Fleisch, Sport. Alles, was wie ich zum Leben gehört, führt irgendwann in den Tod. Der Mensch kann nur bestimmen, ob früher oder später, glaubt er. Und es ist wichtig, dass er es glaubt. Du wärst schon hundertmal gestorben, wenn ich es gewollt hätte. Zum Beispiel vor fünf Jahren, als du mit der blutenden

Speiseröhre im Klinikum Bogenhausen lagst." „Wie nett von dir, dass du dich zurückgehalten hast." „Das war nicht meine Entscheidung. Aber ich weiß, du hast Angst vor dem Tod." „Haben die nicht alle Menschen?" „Keineswegs. Das hängt von ihrem Glauben ab. Wenn sie wie du an nichts glauben und alles zu verlieren haben, sogar mich, empfinden sie den Tod als Leere, die sie in Schrecken versetzt. Glauben sie aber an die Wiedergeburt oder an ein Himmelreich, sehen sie ihrem Ende gelassen entgegen. Sie leben und arbeiten sogar darauf hin." „Das wunderschöne Himmelreich. Mit dem Rauschebart im weißen Eames Chair und neben dran sein Sohn als Althippie. Oder ein neues Leben als Forelle in einem Zuchtbecken. Dann lieber Zackenbarsch im Aquarium des Berliner Zoos. Da habe ich wenigstens Publikum." „Mach dich ruhig lustig. Du hast selbst zu mir gesagt: ‚Ich bin, was ich glaube. Und ich werde sein, was ich glaube.'" „Damit meinte ich aber weder ein christliches Altenheim über den Wolken noch eine Reinkarnation als alkoholabhängige Bisamratte, wie mir der Hinduismus verheißt." „Ich weiß, Tochter eines Weingutbesitzers wäre dir lieber."

„Ich bin alt genug, um zu wissen, dass die Existenz, wie wir sie kennen, nur eine von vielen ist. Genauso ist unsere Materie, also sind Atome und Moleküle kein Einzelfall im Universum. Mein Gehirn ist nur nicht in der Lage, sich andere Existenzformen vorzustellen. Ich bin fixiert auf das, was ich mit meinen Sinnen wahrnehmen kann." „Bist du so sicher, dass deine Seele, ich darf sie mal so nennen, in fremden Galaxien umherschweben wird? Du sagst: ‚Ich bin, was ich glaube.' Trotz deiner Selbstzweifel hast du immer geglaubt, du seiest ein guter Reklametexter. Also warst du es auch. Du hast behauptet, wunderbar ohne mich leben zu können, aber tief in deinem Inneren nie daran geglaubt. Darum bin ich immer an deiner Seite. Du sagst weiter: ‚Ich werde sein, was ich glaube.' Du fühlst oder glaubst, dass du nach deinem Tod in irgendeiner Form fortbestehen wirst. Vielleicht so, wie es der Buddhismus sagt, ohne irdisches Ich-Bewusstsein, aber fortwährend. Also wird genau das eintreten. Dagegen glaubst du nicht an ein Himmelreich, das von erlösten Seelen bevölkert wird. Folgerichtig gibt es das nicht für dich. Würdest du aber davon träumen und im Bewusstsein leben, eines Tages dorthin zu gelangen, wäre es für dich existent und es würde nach deinem Tod zu einer übersinnlichen Realität werden. Das jedenfalls besagt deine These: ‚Ich werde sein, was ich glaube.'"

„Das hast du schön gesagt. Nur bleibst du bei dieser Argumentation auf der Strecke, dem Himmel sei Dank. Ich kann mir nicht vorstellen, dass es in meiner Nachwelt Kneipen wie ‚Herry‘ oder ‚Spiro‘ gibt." „Du weißt genau, dass ich nur die irdische Form einer Verheißung, manchmal auch Prüfung bin. Nenne es steuernde Macht, nenne es Gott oder Evolution – sie hat die Menschen befähigt, mich zu entdecken, zu optimieren und für sich zu nutzen. Weit bevor sie das Rad erfanden und früher als jede Religion. Ich war die Religion und bin es heute noch. Doch wie alles, was von Menschen erschaffen wurde, habe ich eine gute und eine böse Seite. Nicht in mir selbst, sondern durch diejenigen, die mich nutzen oder missbrauchen. Nimm als Beispiel ein Messer. In der einen Hand ist es Werkzeug, in der anderen wird es zur Waffe."

Das Gefährliche an den Gesprächen mit meinem Todfreund ist nicht seine Art, mir die Worte im Mund herumzudrehen. Er nimmt sie mir raus.

München, im Oktober 1998: Wie gut, dass Menuhin keinen BMW fährt und nicht mit Claudia Schiffer verwandt ist.

Gestern lief ein Film über und mit Yehudi Menuhin im Fernsehen. Schauspieler benutzen in Gesprächen über Kollegen gern die Formulierung: „Er ist ein wunderbarer Mensch." Mir geht ein solcher Schleim gegen den Strich. Doch bei Menuhin habe ich keine Scheu, die gleichen Worte zu benutzen: „Er ist ein wunderbarer Mensch." Damit meine ich nicht nur seine bescheidene Klugheit, sondern vor allem sein grandioses Können. Er behauptete zwar, dass er an Jascha Heifetz nicht heranreiche, doch das ist in meinen Augen falsche Bescheidenheit. Das Spiel von Heifetz mag noch ein bisschen perfekter gewesen sein, aber längst nicht so gefühl- und hingebungsvoll. Besonders was J.S. Bach angeht, ist Menuhin für mich der Meister aller Meister.

Normalerweise höre ich Bachs Violinkonzerte am liebsten so mathematisch und linear, wie er sie geschrieben hat. Etwa von Nathan Milstein. Aber Menuhin darf sie für mich mit Seele spielen. Er sprach in dem Interview unter anderem über das Violinsolo, mit dem die Arie „Erbarme dich, mein Gott" in der Matthäuspassion eingeleitet wird, und sagte sinngemäß: „Niemand weiß, wer Gott ist und ob er, in welcher Form auch immer, überhaupt existiert. Doch wenn ich dieses Stück spiele, dann spüre ich: Es gibt ihn. Eine solche Musik kann nicht von dieser Welt sein. Die Inspiration dazu ist von einer höheren Macht gekommen." Zum Beweis brachte der Sender eine Erbarme-dich-Einspielung aus den Fünfzigerjahren. Obwohl sie längst nicht die Tonqualität hatte wie heutige Aufnahmen, konnte ich hören, was Menuhin mit „nicht von dieser Welt" meinte.

Es ist kein Widerspruch, aber ein Phänomen, dass jüdische Geiger zu den besten Interpreten des christlichen Komponisten Bach zählen. Überhaupt hatten oder haben die größten Violinvirtuosen jüdische Wurzeln, vor allem in Osteuropa. Außer den drei genannten fallen mir David und Igor Oistrach ein, Isaac Stern, Mischa Elman, Fritz Kreisler und Gidon Kremer. Vermutlich gehen die Begabungen auf die Klezmermusik zurück, speziell in der Ukraine mit ihrer berühmten Violinschule in Odessa. Der dänisch-israelische Geiger Nikolaj Znaider hat eine pragmatische Erklärung. Jüdische Familien mussten wegen drohender Pogrome beweglich bleiben und konnten darum ihren Kindern kein Klavier kaufen. Mit einer Geige waren Ortswechsel problemlos möglich. Abgesehen davon hatten sie selten das nötige Geld für ein Piano.

Was die Dirigenten betrifft, höre ich Bachs Passionen und Oratorien am liebsten von Nikolaus Harnoncourt, seine Instrumentalwerke aber von Trevor Pinnock. Die Münchner Bachsolisten – wer sie dirigiert, weiß ich bis heute nicht – zähle ich auch zu den guten Bach-Spielern, während mir Helmut Rilling und der süßliche Klang seines Bach-Collegiums an beiden Ohren vorbeigehen.

Im Sommer war ich mit Ika in einem Konzert der Münchner Bachsolisten im Brunnenhof der Residenz, und es gefiel ihr sogar. Das lag allerdings nicht an Bach, der nur ein Mal vertreten war. Sondern an Vivaldi und seinem Flötenkonzert „Tempesta di Mare", von András Adorján wunderbar vorgetragen.

Vorher gab es eine größere Lachnummer. BMW wollte etwa 80 Händlern und Werkstattbesitzern aus Bayern etwas Gutes tun und hatte sie zu den feinen Tönen in den Brunnenhof eingeladen. Ich kann mir das nur so erklären, dass der Vorsitzende des Münchner Bach-Vereins den Autobauern eine größere Spende abgetrotzt und als Gegenleistung 80 Karten geboten hatte. Die mussten irgendwo hin. Warum also nicht aufs Land zu den getreuen Vertragshändlern? Denen wären die Wildecker Herzbuben zwar lieber gewesen. Aber es gab im Brunnenhof einen sorgfältig eingezäunten Weißbierstand von Paulaner, der in das Gebäudeensemble passte wie eine Disco in eine ägyptische Grabkammer. Hier konnten sich die Autoverkäufer bis zum Beginn des Konzerts auf ungewohnte Klänge eintrinken.

Um einen schönen Sitzplatz mussten sie sich keine Sorgen machen. BMW hatte die Stühle der ersten drei Reihen mit weißen A4-Blättern belegt „Reserviert für BMW". Fast alle Besucher mit Karten für den ersten Block empfanden das als mittlere Unverschämtheit, begnügten sich aber brav mit den Reihen dahinter. Mir was das zu blöd. Ich ging mit Ika zur ersten Reihe, nahm demonstrativ die Zettel von zwei Stühlen, und wir setzten uns hin. Eine Minute lang waren wir zwei Figuren inmitten von leeren Stuhlreihen. Dann wagten sich auch die anderen Besucher nach vorn, und die von BMW teuer bezahlten Reservierungen wurden bedeutungslos. Den Trinkern am Weißbierstand war es sogar recht. In der fremden Umgebung mochten sie sich nicht an vorderster Front aufhalten.

Die Bachsolisten begannen mit dem Concerto Nummer fünf aus Vivaldis „L'Estro Armonico", das aus drei Sätzen besteht, was zwei kurze Spielpausen für die Musiker zur Folge hat. Darum gab es nach dem ersten Allegro bereits artigen Beifall von 80 Zuhörern. Die Bachsolisten waren ein wenig verwundert, weil man sie nicht über die Anwesenheit der BMWler informiert hatte, gingen aber unverdrossen zum Largo über. Vor dem zweiten Allegro gab es dummerweise wieder eine kleine Pause. Diesmal wurde der Applaus vom Gelächter mehrerer Zuschauer begleitet, und auch die Musiker mussten feixen. Beim nächsten Stück, ich glaube, es war ein Concerto Grosso von Händel, klatschten zwischen den Sätzen nur noch zwei oder drei Zuhörer. Bayerische BMW-Händler sind lernfähig.

Das Bayernland und seine Hauptstadt werden für mich immer unerträglicher. Nach außen ist alles Moshammer, aber in den Köpfen, auch in denen der Zugereisten, regiert der Stammtisch. Stoiber macht es in seinen Bierzeltreden vor. Als vor einem Jahr im Münchener Rathaus die Ausstellung über die Verbrechen der deutschen Wehrmacht gezeigt wurde, lag gleichzeitig eine Unterschriftenliste aus, auf der Altnazis gegen die gezeigten Fotos protestieren konnten. Stoibers Spezi Gauweiler stärkte ihnen den Rücken, indem er behauptete, Jan Philipp Reemtsma, der Initiator der Ausstellung, habe „durch die jahrelange Finanzierung des Mobs aus der Hamburger Hafenstraße sein demokratisches Grundbewusstsein nicht unter Beweis gestellt".[1]

Mit dieser verbalen Jauche hatte Gauweiler sogar bei mir Erfolg. Am 5. April, dem vorletzten Tag der Ausstellung, ging ich zum Rathaus und reihte ich mich in eine zehn Meter lange Protestschlange ein, die zu 95 Prozent aus Rentnern und zu fünf Prozent aus jungen Glatzen bestand. Dabei auch vereinzelte ältere Damen. Zwei von ihnen sahen so aus, als hätten sie in Birkenau zumindest in der Materialverwaltung gearbeitet. Einige der alten Herren brauchten etwas länger für ihre Unterschrift. Vermutlich krümmte sich beim Namenszug der Zeigefinger zum Abzug, so dass sie neu ansetzen mussten. Nach gut einer halben Stunde hatte ich mich bis zur Liste vorgewartet und schrieb als Namen „Heinrich Himmler" rein. Als Adresse gab ich „Braunes Haus, Brienner Straße" an.

Normalweise hätte ich diese Aktion mit einem Bier abgeschlossen. Doch nach meinem Absturz im Februar 1997 wurde ich trocken und bin es heute noch einigermaßen. Das heißt, zwei Besuche pro Woche bei „Herry" auf der Pfarrstraße müssen sein. Es bleibt aber bei drei bis vier „Bierchen", weil ich unbedingt mein teures Peugeot-Fahrrad für die Fahrt zu Ika nach Schwabing nutzen möchte. Es musste allerdings schon einige Male über Nacht alleine zurückbleiben.

Was meine Arbeit angeht, war das Jahr bisher gnädig zu mir. Ich durfte wieder 25 Textanzeigen für den Klinkenhersteller FSB schreiben, eine Arbeit, die mir großes Vergnügen macht. Das liegt nicht zuletzt am FSB-Geschäftsführer Jürgen W. Braun, der ein völlig untypischer Auftraggeber ist. Statt Einreden schickt er mir für die langen Textspalten im „Spiegel" (1/3-Seite) Informationen und Anregungen. Die Reaktionen auf die 105 Anzeigen, die bisher erschienen sind, geben ihm recht. Er bekommt nicht nur viele Prospektanfragen, sondern ständig Briefe von Lesern: „Eigentlich beachte ich Werbung nicht … Rein zufällig stieß ich auf Ihren Text … Genau diese Klinke habe ich bereits 1956 gekauft … Beiliegendes Gedicht über Ihre Klinken können Sie gern veröffentlichen."

Die Texte wurden in Sprachseminaren zum Forschungsgegenstand, und ein Jugendpfarrer nahm sie sogar zum Anlass für eine Predigt: „Johannes

---

1 siehe Bundestagsdrucksache Deutscher Bundestag: Drucksache 13/7311 vom 17. 03. 1997, http://dipbt.bundestag.de/doc/btd/13/073/1307311.asc

der Täufer, ein Mensch wie eine Klinke: einfach da und Garant für Bewegung." Ich bezweifle, ob die Gläubigen verstanden haben, was der fromme Mann sagen wollte. Aber mir als Reklametexter tut es gut. Schließlich gehöre ich zu einer Branche, die in der Wertschätzung der Berufe gleich hinter den Politikern rangiert, aber noch vor dem Immobilienmaklern. Ich befinde mich demnach zwischen den besten Lügnern und den besten Betrügern.

Trotzdem ließ sich das Goethe-Institut nicht davon abhalten, mich vor fünf Monaten in den Beirat Sprache aufzunehmen – als Paradiesvogel zwischen feinspitzigen Professoren aus Deutschland und Österreich. (Spricht man dort überhaupt Deutsch?) Eine Professorin aus Bochum nannte meine Aufnahme in die Runde eine Bereicherung, sie kannte sogar meine Klinkentexte, doch ihre männlichen Kollegen sahen in mir einen sprachlichen Straßenmusikanten. Inzwischen bekomme ich regelmäßig Institut-Schriftsätze, in denen Themen abgehandelt werden, die ich nicht begreife, in einem Deutsch, das ich nicht verstehe. Vor zwei Monaten habe ich den Text für einen kleinen Werbeprospekt geschrieben, den wiederum die Professoren nicht verstanden. Im erklärenden Begleitbrief hatte ich die Kommunikatoren und Rezipienten schlicht Absender und Empfänger genannt.

Erstaunlicherweise will das Institut einen schnöden Werbefilm machen, der in mindestens zehn Ländern zum Deutschlernen anregen soll. Die Initiative geht auf den Leiter der Werbekommission Uwe Rau zurück, einen der wenigen auf der oberen Goethe-Ebene mit der Nase am Atem der Normalität. Auf meinen Rat hin hat sich auch Thilo von Büren Gedanken über den Film gemacht und eine Idee geliefert, die leider besser ist als das, was ich bisher vorgeschlagen habe. Thilo ist eins von vielleicht fünf Ausnahmetalenten in der großen deutschen Werbung. Demnächst will er mit zwei Partnern eine eigene Agentur gründen. Gut für ihn, aber auch gefährlich. Weil er kein Charakterschwein ist, muss er aufpassen, dass ihn die anderen beiden nicht an die Wand fahren. Dreierbündnisse sind in der Agenturszene bisher immer kaputtgegangen, indem sich die beiden Kopfschlächter gegen den menschlichen, also „zu weichen" Dritten zusammentaten.

Thilos Idee, die ich etwas modifiziert habe: In einem südlichen Land wartet eine große Menschenmenge vor dem Eingang eines feinen Hotels auf irgendeine Berühmtheit. Ein etwa 30-jähriger Mann, seiner Kleidung nach Landarbeiter, drängt sich durch die Menge nach vorn. Claudia Schiffer tritt mit zwei Bodyguards aus dem Hotel, und der Mann geht auf sie zu. Die Bodyguards wollen ihn wegdrängen, aber Claudia hält sie zurück und lächelt den Mann an. Der sagt zu ihr etwas auf Portugiesisch, was sie leider nicht versteht: „Bitte Frau Schiffer, meine kleine Tochter würde sich furchtbar über ein Foto mit Ihrem Autogramm freuen." (Text als Unterzeile in der Sprache des Landes, in dem der Film gezeigt wird.) Claudia lächelt wieder und spricht kurz mit einem ihrer Bodyguards. Der holt ein Geldstück aus seiner Hosentasche und reicht es Claudia, die es dem Mann freundlich nickend übergibt. Das Signet des Goethe-Instituts erscheint und dazu die Zeile: „Lernen Sie Deutsch mit dem Goethe-Institut." (Wieder in der Landessprache.)

Ich war davon ausgegangen, dass Claudia Schiffer, die Tagesgagen zwischen 25 000 und 75 000 Mark kassiert, ihre Rolle umsonst spielen würde, zumindest aber für ein angemessen kleines Honorar. Das Goethe-Institut steht schließlich für die deutsche Kultur, und der Film würde ihr Puppengesicht rund um den Globus tragen. Seine Anfrage wurde von Schiffers Agentin in etwa so beantwortet: kein Honorar, aber Erster-Klasse-Flug von New York nach Portugal oder Spanien, wo der Film geplant war. Hotelsuite am Drehort. Und das gleiche Paket jeweils für den eigenen Stylisten und Friseur auch aus New York, die sie für den Film herrichten sollten. Das war immer noch unbezahlbar. Ich glaube, die Agentin oder Schiffer, vermutlich beide, halten das Goethe-Institut für eine Partnervermittlung oder für eine Mehlspeise zum Umhängen.

Leider kann ich mir für die Ehre, Harlekin im Beirat Sprache zu sein, nichts kaufen. Für die Seminare an der HdK Berlin und die Auftritte an anderen Hoch- und Fachhochschulen gibt es auch nur einen warmen Händedruck und verhaltene Zustimmung der Studenten. Aber sie machen mir Spaß.

Als ich vor zwölf Jahren am Institut für Kommunikationswissenschaften der Münchener LMU mit meiner Nachwuchsarbeit begann, hatte ich wenig Ahnung vom aktuellen studentischen Betrieb. Mein Seminar über „Kreatives Denken und Schreiben in der Werbung" war im Vorlesungsverzeichnis für maximal 25 Teilnehmer angekündigt worden, die sich auch rasch einschrieben. Zur ersten Seminarstunde erschienen aber über 80.

Einige hatten vergessen sich rechtzeitig anzumelden, die meisten kamen aus purer Neugierde. Auch der Hund, den eine Studentin mitbrachte, weil das Tier sonst an Vereinsamung gestorben wäre. Weil ich vorgewarnt worden war, hatte ich mir die Cannes-Rolle besorgt.

„Ich schicke jetzt keinen von Ihnen nach Hause und zeige eine Stunde lang preisgekrönte Werbefilme. Am nächsten Freitag will ich aber bitte nur die 25 sehen, die sich angemeldet haben. Mehr geht nicht. Ich möchte Ihnen nicht ständig etwas vorsingen, sondern wir werden zusammen an kleinen Projekten arbeiten. Das ist mit 40 oder 50 Leuten unmöglich. Außerdem beginne ich um 17.00 Uhr. Ich weiß, dass Sie die berühmte Viertelstunde Zugabe brauchen. Aber das ist hier ein Praxisseminar. Und so soll es auch ablaufen."

Natürlich kamen beim nächsten Mal wieder zehn Figuren zu viel. Der Hund war inzwischen in psychiatrischer Behandlung, aber drei Studentinnen packten ihr Strickzeug aus, um nordische Pullover zusammenzuklappern. „Stricken Sie die Teile für Ihre Freunde? Der Erbonkel wäre sinnvoller." „Wir können uns so besser auf die Vorlesung konzentrieren." „Aber ich nicht." Sie machten trotzdem weiter und legten die Nadeln erst weg, als sie die Texte von „Spiegel"-Anzeigen auf die tatsächlichen Informationen zusammenstreichen mussten.

Die meisten waren einigermaßen pünktlich gewesen, so dass ich um 17.10 Uhr beginnen konnte. Nach einer halben Stunde ging plötzlich die Tür am Ende des Seminarraums auf, ein grinsender Student erschien und setzte sich an einen der hinteren Tische. „Ich habe Ihnen vor einer Woche gesagt, dass ich dieses Seminar pünktlich beginne. Bitte gehen Sie." „Ich bin unterwegs aufgehalten worden, das war nicht meine Schuld." „Bitte gehen Sie." Er legte seine Mappe auf den Tisch und holte demonstrativ einen Schreibblock hervor. „Wenn Sie nicht gehen wollen, habe ich eine einfache Lösung." Ich packte meine Blätter zusammen und steckte sie in die große Tüte mit den „Spiegel"-Heften. „Dann gehe ich."

Sofort drehten sich alle Köpfe zu ihm um. Sogar die Stricknadeln ruhten. Die Blicke müssen nicht sehr angenehm gewesen sein. Er machte eine Handbewegung, die sagte „dann bleibe ich eben nicht", nahm seine Sachen und verschwand. Die nächsten sechs Seminarstunden begannen pünktlich und blieben hunde- und auch nadelfrei. Zwar schrumpfte die Zahl der Teilnehmer auf 18, die aber waren überwiegend zufrieden mit dem bärbeißigen Dozenten. Das lag vor allem an den Übungen, die ich mit ihnen machte.

Das Studium der Kommunikationswissenschaften ist näher betrachtet eine rhetorische Nullnummer. Es besteht zu 90 Prozent aus kruden Theorien und eleganten Fachwörtern, die nur versteht, wer Kommunikationswissenschaftler ist. Seltsam, eine Lehre, die der Verständigung dienen soll, kann sich anderen Menschen nicht mitteilen.

An der Hochschule der Künste in Berlin ist das Studienfach Gesellschafts- und Wirtschaftskommunikation, kurz GWK, etwas weniger abgehoben. Auch die Teilnehmer meiner Seminare sitzen mit dem Hintern fester auf der Realität, obwohl der Numerus clausus von 1,4 das genaue Gegenteil bewirken müsste. Er holt Lernidioten ins Fach, wie ich behaupte. Gebraucht wird aber bewegliches und kreatives Denken, denn GWK ist genau genommen Werbung, jedoch fein umschrieben.

Zum Glück sind in meinen Seminaren immer drei oder vier Ossi-Mädchen, die den Wessi-Kerlen Dampf machen. Sie sind flexibler, weil sie als Kinder nicht alles in den Hintern geschoben bekamen, mutiger und vor allem ehrgeiziger. Darum liegen sie bei fast allen Übungsarbeiten mit ihren Ideen vorn. Eine von ihnen ist Gesine Wulf, die im Hauptstudium studiert. Manchmal macht sie für mich sogar den Libero. Als ich im letzten Jahr längeren Besuch von meinem Todfreund hatte, leistete sie sich ein Glanzstück. Ich musste wieder einen Beitrag für die Zeitschrift „Max" abliefern, Teil der Serie „Kampagneros" über das wundersame Innenleben der deutschen Werbeagenturen. Gesine hatte zwar schon mehrere Agenturleute für mich interviewt, das Schreiben war aber mein Ding gewesen. Jetzt musste sie selbst in die Tasten greifen. Bis zur Hälfte hatte ich mich durchgequält, danach ging nichts mehr.

Als der Beitrag erschien, war ich beim Durchlesen einigermaßen zufrieden mit mir. Erst allmählich fiel mir ein, dass der größere Teil gar nicht von mir stammte. Gesine hatte meine locker flockige Art zu schreiben so perfekt aufgegriffen, dass der Eindruck entstand, der Autor habe sich zum Ende noch um einiges gesteigert.

Von Zeit zu Zeit gebe ich auch Seminare für Kollegen. Oder für Werbeleiter, die wissen möchten, wie ihre Kampagnen aussehen würden, wenn sie den Mut hätten, der ihnen fehlt. Unter anderem für die Bereichswerbeleiter von Siemens. Bis vor zwei Jahren war der Konzern mein wichtigster

Geldkunde. Dr. Trautner, der in München zuständige Hauptwerbeleiter, beauftragte mich gelegentlich damit, Alternativ-Vorschläge zu den Kampagnen der Siemens-Hausagentur zu entwickeln, quasi als Sparringspartner. Vereinzelt wurden sie sogar gedruckt, aber meistens war der Kommentar: „Ja, ja, wieder ein typischer Siemes, aber das können wir unmöglich unserem Vorstand zeigen."

Manchmal legte ich es auch darauf an, die Werbebeauftragten zu provozieren. Ein Beispiel: Nachdem sich Siemens die Nixdorf AG einverleibt hatte, gab es größere Probleme mit dem Zusammenwachsen. Nach außen hin war zwar alles „Synergy at work", wie der fußkranke „Schlogan" der neuen Siemens-Nixdorf AG verhieß, aber intern trafen zwei unterschiedliche Unternehmenskulturen aufeinander. Beide Seiten waren verunsichert und wenig motiviert. Eine sogenannte „Inhouse-Kampagne" sollte mit freundlichen Worten und Taten ein neues schönes Klima schaffen, wobei auch die Taten aus Worten bestanden.

Unter anderem plante der neue dynamische Vorstand, allen Mitarbeitern eine Audio-Kassette fürs Autoradio zu schenken, auf der die Vorteile der neuen AG mit viel Musik und eingestreuten Argumenten rübergebracht werden sollten. Statt des Medleys schlug ich vor, ein Gespräch zwischen einem Siemens-Mann und einer Nixdorf-Frau beim Mittagessen in der Betriebskantine zu belauschen. Anfänglich sind beide stinksauer auf den diktierten Zusammenschluss, doch nach und nach finden sie die Verbindung gar nicht so schlecht. Am Ende bieten sie sich sogar das Du an.

Als der Vorstand die fertige Kassette hörte, die inzwischen 7000-mal produziert worden war, fegte er die Aktion vom Tisch. Wo waren die fetzigen US-Songs, die er sich vorgestellt hatte? Wo die griffigen Parolen? Die Kassetten wurden eingestampft, ich tröstete mich mit 5000 Mark Honorar und leistete mir eine fröhliche Rache.

Mit meinem damaligen Grafikpartner Georg Pfaff entwickelte ich eine Serie von Plakatstellern, die überall dort postiert werden sollten, wo viele Mitarbeiter zusammenkamen. Etwa in den Vorräumen der Aufzüge oder den Kreuzpunkten der Gänge. Dazu auch mehrere Großplakate auf dem Werksgelände. Alle in weißer Schrift auf schönem Siemens-Petrol:

Französische Wochen bei Siemens-Nixdorf:
Jeder liebt jeden.

Italienische Wochen bei Siemens-Nixdorf:
Jeder redet mit jedem.

Christliche Wochen bei Siemens-Nixdorf:
Jeder hilft jedem.

Bayerische Wochen bei Siemens-Nixdorf:
Jeder darf über jeden meckern.

Amerikanische Wochen bei Siemens-Nixdorf:
Jeder lobt jeden.

Japanische Wochen bei Siemens-Nixdorf:
Jeder tut ein bisschen mehr als sonst.

Als wir das erste Plakat präsentierten, dachten die Siemens-Leute an einen schlechten Scherz. Die nächsten vier Texte ließen sie geduldig, wenn auch leicht kopfschüttelnd über sich ergehen. Doch bei Japan war Schluss mit lustig. „Was glauben Sie, was wir von unserem Betriebsrat zu hören bekommen, wenn wir dieses Plakat aushängen. Der informiert sofort seine Gewerkschaft. Und dann geht es erst richtig los!"

Den finalen Selbstschuss gab ich mir mit einem Seminar, zu dem 18 Siemens-Werbeleiter ihre gesammelten Anzeigen mitgebracht hatten, die meisten aus Erlangen. Ein Konglomerat der typischen deutschen Industriewerbung: ideenlos, überladen und mit sinnleeren Texten. Bei der Analyse der Elaborate fraß ich jede Menge Kreide und konzentrierte mich auf mögliche Verbesserungen. Dann legte mir eine Teilnehmerin eine Anzeige für den neuen ICE vor, an dem Siemens maßgeblich mitgewirkt hatte: Das Foto von einem zementartig retuschierten ICE-Triebkopf, über dem eine Daunenfeder schwebte. Dazu die Ein-Wort-Überschrift „Federleicht".

Das war zu viel des Schlechten. „Ich stelle mir zwei Leser dieser Anzeige vor. Erstens einen Siemens-Ingenieur, der jahrelang an diesem Milliardenprojekt mitgearbeitet hat und wahnsinnig stolz auf das Ergebnis ist. Zweitens den Direktor einer großen ausländischen Eisenbahngesellschaft, der plant, neue Züge zu kaufen. Beide sehen eine technische Höchstleistung, die mit einer Bettfeder in Verbindung gebracht wird. Ich denke, mehr muss ich zu dieser Anzeige nicht sagen." „Sie haben die Anzeige nicht verstanden. Es geht darum, die Fahreigenschaften, das Dahingleiten deutlich zu machen. Für die Passagiere ist das ein Gefühl, als würden sie schweben." „Warum haben Sie dann nicht den schwebenden Engel von Ernst Barlach abgebildet?"

Diese Bemerkung war nicht unbedingt taktvoll, aber retten konnte ich das Seminar ohnehin nicht mehr. Auch Siemens als Kunde war weg.

Düsseldorf, im Dezember 1968: Verrückt in der Werbung ist nur, wer glaubt, er sei normal.

Die Arbeit bei der DDB Werbeagentur wäre wunderbar, wenn ich mich nicht allmählich in die Ecke eines begabten, aber unzuverlässigen Außenseiters saufen würde. Die Agentur kann es sich leisten, Kampagnen zu machen, die sie für richtig hält – statt den Auftraggebern mit Vorschlägen zum Aussuchen in den Hintern zu kriechen. Unsere Kundenberater mischen sich nicht in die kreative Arbeit ein, sondern versuchen, die Ergebnisse ohne Änderungen zu verkaufen. Ist ein Kunde störrisch, was selten vorkommt, hat er Pech gehabt, nicht die Agentur. Wir, die Art Directoren und Texter, haben keine vier oder fünf Obermuftis, die allesamt mitreden, sondern nur einen Kreativchef, der beratend entscheidet.

Mit meinem Alkoholkonsum bin ich keineswegs allein. Aber meine Kollegen können besser damit umgehen, verhalten sich auch geschickter. Außerdem bevorzugen einige von ihnen Hasch, weshalb sie keine Fahne haben und nicht für ein Zitterbier runter in die „Ritterstuben" schleichen müssen.

Mein Einstieg war wie bei Troost vielversprechend, obwohl die Textkollegen von einem anderen Kaliber sind. Vor allem Werner Butter, an dessen klare und humorvolle Art zu schreiben meine Texte selten heranreichen. Ich arbeite für den VW Transporter, den VW 1600, Karmann Ghia und C & A. Wie Werner, der unter anderem die sensationellen Käfer-Anzeigen macht, habe ich keinen Führerschein, was demnach nicht als Ausrede dafür gelten kann, dass meine Sprüche matter ausfallen. Es kratzt aber gewaltig an meinem Ego. Galt ich bei Troost trotz einiger Eskapaden als Ausnahmetalent, so bin ich jetzt einer von sieben mindestens gleichwertigen Textern.

Hin und wieder gelingt mir ein halbgenialer Ausrutscher, doch das meiste ist Mittelmaß. Zwar sind 80 Prozent der DDB-Kampagnen eher guter Durchschnitt, die restlichen 20 Prozent aber bringen die Branche zum Staunen. Und nicht nur die. Auch Normalbürger, die sich bisher nie für Werbung interessiert haben, sie sogar als lästig empfanden, reden plötzlich über den VW-Werbefilm „Er läuft und läuft und läuft …“. Oder über den Tschibo-Kaffee-Experten, der sich, gewandet wie ein englischer Gentleman, im äthiopischen Hochland herumtreibt, um die besten Bohnen ausfindig zu machen. Die Kampagnen mit meinen Texten werden höchstens freundlich abgenickt.

Den Frust bekämpfe ich mit Alkohol. Im ersten Jahr in Maßen, seit fünf Monaten heftiger. An einem stickigen Juli-Vormittag bekam ich in der Straßenbahn auf der Ulmenstraße plötzlich eine Panikattacke. Am Tag vorher hatte ich Heike im Krankenhaus besucht und danach bis weit nach Mitternacht in der Altstadt den glücklichen Ausgang ihrer Operation gefeiert.

Die Gesichter in der Straßenbahn begannen zu verschwimmen, die Haltestangen verbogen sich, und die Fenster saßen in trapezförmigen Rahmen. Ich wusste nicht, dass es sich um ein leichtes Prädelir handelte, sondern dachte an eine vorübergehende Klaustrophobie. Trotzdem war ich mir sicher, Bier würde die Angst mildern, vielleicht sogar aufheben. Also verließ ich die Straßenbahn, fand eine geöffnete Gaststätte und trank zwei Altbier, die sofort gezapft wurden, während Pils unerträglich lange gedauert hätte.

Schon bald fühlte ich mich besser und legte das letzte Stück zur Agentur mit dem Taxi zurück. Seitdem fahre ich nur noch mit den Mietfunkwagen von Petsch zur Schadowstraße. So kann ich die nächste Kneipe ansteuern lassen, sollte ich noch einmal eine Attacke bekommen. Die blieb aber seither aus. Lediglich gegen elf werde ich manchmal unruhig, und dagegen hilft ein kurzer Besuch der „Ritterstuben". Mittags gehe ich ohnehin zum Essen, das auch Trinken bedeutet. Meistens mit Helmut Schmitz, Werner Butter und mit Kollegen, die sich abwechseln. Ich hingegen sage niemals Nein, wenn ich gefragt werde: „Kommst du mit?"

Unser Stammrestaurant, das „Grand Italia", liegt vielleicht zehn Gehminuten entfernt auf der Hüttenstraße, Ecke Oststraße. Zu viel für eine Mittagspause, die nur anderthalb Stunden dauert, weshalb wir den Weg mit murrenden Taxifahrern zurücklegen. Von einer Werbeagentur erhoffen sie sich „Stiche" nach Frankfurt oder wenigstens nach Köln.

Das Essen im „Grand Italia" übersteigt oft meine finanziellen Möglichkeiten, trotz 2500 Mark netto im Monat. Nicht die Speisen gehen ins Geld, sondern der anschließende Grappa. Er wird rundenmäßig mit Streichhölzern ausgeknobelt. Und sollte ich zwei der fünf bis sechs Runden verlieren, kommen zum Tagesgericht 24 Mark dazu. Meine drei Knobelhölzer sind darum die mit den feuchtesten Köpfen.

Unsere Gespräche beim Essen drehen sich selten um Werbung. Meistens versuchen wir, uns gegenseitig mit Wortspielen zu übertreffen. Zum Beispiel kategorische Imperative, wie wir sie verstehen: Rote bete! Schiller denk mal! Goethe Platz! Cow Boy! Beliebt ist auch das heitere Beruferaten, frei nach der Fernsehsendung von Robert Lembke: Leisetreter beim Minensuchkommando. Speichellecker in der Lungenheilanstalt. Heimatdichter bei der Grenzpolizei. Hellseher in der Brauerei.

Helmut Schmitz, seit Herbst 1966 oberster Kreativchef, verliert noch öfter als ich, ist aber, was die Wirkung des Grappa angeht, ein Phänomen. Bei 168 Zentimeter Größe und einem Gewicht von vielleicht 60 Kilogramm steckt er die Schnäpse weg wie ein Eisenbieger. Ihm habe ich es zu verdanken, dass ich seit Juli weitgehend unbehelligt meinen Pegel halten kann. Jetzt, vor Weihnachten, bin ich Heike zuliebe zwar etwas gemäßigt, von Nüchternheit kann aber keine Rede sein.

Helmut ist mit Ute Bermann verheiratet, die mit mir die Meisterschule für Grafik, Druck und Werbung in Berlin besucht hat und seit eineinhalb Jahren ebenfalls bei DDB arbeitet. Durch sie sind Heike und ich manchmal privat mit Helmut zusammen.

Ute, mit der ich bereits zu meiner Studienzeit einiges erlebt habe, oder sie mit mir, war immer eine Art Kumpel und legt vermutlich mehrere gute

Worte für mich ein. Weil Helmut auch nicht ungern trinkt, entwickelt er ein gewisses Mitgefühl für den Kollegen im Weingeiste, und Utes Worte wirken. Noch. Zwar hat er mich schon einmal auf meinen Alkoholkonsum angesprochen. Aber nicht drohend, sondern mit einem Hinweis auf seine eigene Disziplin: „Ja, Dragomir", so nennt er mich, weil Ute diesen Namen aus meiner Berliner Zeit in der Agentur verbreitet hat, „du weißt, dass ich auch gern etwas trinke. Zwar kein Bier, sondern Scotch. Aber nie vor 18 Uhr. Und immer nur ein Glas." Atze, einer unserer Oberkundenberater mit echt Berliner Schnauze, nennt dieses eine Whiskyglas Helmuts „Swimmingpool", was nicht ganz abwegig ist. Es sieht aus wie ein Gefäß aus einem Geschäft für Medizinbedarf und hat ein Fassungsvermögen von etwa 0,5 Liter.

Nicht nur ich habe Helmut manches zu verdanken, sondern die ganze Düsseldorfer DDB. Er ist zwar nicht kreativ im eigentlichen Sinn, also Texter oder Layouter. Aber er hat ein Gespür für gute Ideen, die er sofort erkennt und notfalls anschiebt.

In der letzten Zeit wird sein Büro häufiger zum Casino. Fünf oder sechs Leute, meistens die Runde aus dem „Grand Italia", setzen sich nach 18 Uhr zu einer Zockerpartie zusammen. Wir spielen 17 und 4 um Beträge, bei denen jedem Bauarbeiter schwindelig würde. Manchmal liegen Summen auf dem Tisch, die für einen halben VW-Käfer reichen würden. Zwar in Schuldscheinen, aber es ist ehernes Gesetz, dass sie bei Bedarf in Bares eingelöst werden müssen. Helmut und Werner Butter sind die wildesten Spieler, während ich vorsichtig genug bleibe, um meine Verluste und damit auch die Gewinne in überschaubaren Grenzen zu halten. Manchmal, wenn ich Bankhalter bin, sammeln sich auch bei mir zwei- oder dreitausend Mark an. Es gibt aber eine unausgesprochene Regel, dass der Gewinner einen Großteil des Geldes einsetzt, wenn er wieder die Bank hält.

Das Ganze läuft natürlich nicht ohne Alkohol ab. So erscheint wenige Minuten nachdem wir Platz genommen haben Helmuts Sekretärin Siggi mit dem berühmten Swimmingpool. Gerd Böge, der Art Director mit dem ich meistens zusammenarbeite, trinkt Sekt oder Most. Ich mein Bier und die anderen, was gerade der Kühlschrank in Helmuts Vorzimmer hergibt. Lediglich Werner Butter hält sich zurück, was ihn nicht daran hindert, sich mit waghalsigen Aktionen kaputtzukaufen. Weil wir aber alle in etwa gleich gut sind, treibt das Spiel keinen von uns in den Ruin. Lediglich die Ausschläge nach oben und unten sind unterschiedlich stark.

Meistens enden die Abende zwischen elf und zwölf. Es kann aber auch sein, dass wir erst um drei Uhr früh ermattet aufgeben. Trotzdem schaffen wir am nächsten Tag unser kreatives Pensum, sogar ich, wenn auch mit Hängen und Würgen. Das liegt am Freiraum, den wir haben, und an der Arbeitsweise. Im Gegensatz zu anderen Agenturen, etwa Troost, müssen wir unsere Vorschläge nicht perfekt ausmalen und durchtexten. Sie werden flüchtig skizziert und wir sagen, welche Produktgeschichte wir dazu erzählen wollen. Wenn eine Idee großes Brimborium braucht, um erkennbar zu werden, ist sie keine. So kommt es, dass wir vielleicht halb so viel arbeiten wie Kreative in anderen Agenturen, der Ausstoß aber doppelt so groß ist.

Es bleibt sogar noch Zeit zur persönlichen Entfaltung. Marty, einer der Art Directoren, hat sein Büro mit schwarzen Tüchern ausgehängt und hört zu selbst gedrehten Zigarettchen fortwährend Jimi Hendrix. Vor Kurzem brachte er aus den USA einen Pornofilm mit, den er für 20 Mark pro Tag ausleiht. Ein ziemlich ramponierter Acht-Millimeter-Streifen, aber mit allem drauf. Zur Werbevorführung in seiner Dunkelkammer lud er auch zwei hübsche Mädchen aus dem Kontakt ein. Sie waren entsetzt bis zur letzten Szene.

Bernd malt in seinen Arbeitspausen grellbunte weibliche Geschlechtsteile und hängt die 80 mal 50 Zentimeter großen Labialwerke zur eigenen Erbauung vor und hinter sich an die Wand. Gerd Böge portraitiert auf Wunsch Kollegen aus zusammengesetzten Flächen, und zwar besser als viele „Künstler", die in der Galerie René/Mayer ausgestellt werden. Dieter hat sein Büro lediglich mit einem Schreibtisch und einer Gitarre möbliert. Meistens spielt er irgendetwas Spanisches, Flamenco vermutlich, wobei mir bisher unbekannt war, dass es davon nur einen einzigen gibt. In meinem Büro hängt auf einer großen rosaroten Holzplatte ein Schulplakat mit dem deutschen Hausschwein. Darunter liegt auf einem Altarvorsprung ein Kochbuch aus dem Jahr 1854, die Seiten „Vom Schwein" aufgeschlagen zum kulinarischen Gebet.

Ein Sonderfall ist der Texter Claus Malden, arrogant bis in den Enddarm, aber mit aufgeräumtem Büro. Er versucht ständig, uns IOS-Aktien zu verkaufen, ein dubioses Konstrukt des amerikanischen Finanzjongleurs

Bernie Cornfeld. Als er mich einmal mehr zum Kauf der Papiere überreden wollte, erdreistete ich mich zu bemerken: „Schon der Name sagt mir, dass hier etwas nicht koscher ist." Am liebsten hätte er mir was auf die Schnauze gegeben. Vor einem Monat wurde Cornfeld in der Schweiz verhaftet.

Wenn prospektive Kunden die Agentur besuchen und einen Rundgang machen wollen, werden die vierte und fünfte Etage tunlichst ausgelassen. „Tut uns leid, aber unsere Kreativen stecken mitten in einer wichtigen Präsentation. Da wollen wir sie lieber nicht stören." Manchmal übertreiben wir allerdings ein bisschen. Vor einigen Tagen schickte uns die Firma Hakle eine größere Sendung mit ihren Toilettenpapieren ins Haus. Wir sollten sie offenbar ausprobieren, was wir als Zumutung empfanden. Darum schafften wir die Rollen hoch zur Dachterrasse auf der siebten Etage und warfen sie, das vordere Ende festhaltend, im weiten Bogen über die Schadowstraße. Leider landeten die weißen Bahnen nicht auf der Fahrbahn, sondern sie verfingen sich in den Oberleitungen der Straßenbahn. Die Folge war ein kleiner Verkehrsstau, weil die Bahnfahrer glaubten, mit wehenden Papierstreifen nicht weiterfahren zu können.

Die fällige Anzeige landete bei Dr. Schürholz, unserem kaufmännischen Geschäftsführer. Er ist Probleme dieser Art gewohnt. Bald wartet ein neues auf ihn, denn unsere berühmt-berüchtigte Weihnachtsfeier steht auf dem Programm. 1966 und 1967 fand sie im Hotel Breidenbacher Hof statt. Aber nachdem jedes Mal kostbare Sammlerstücke der Besitzerin zu Bruch gingen, hat DDB dort jetzt Feierverbot. Ich erinnere mich noch an den Schuh, den im letzten Jahr ein Kollege nach einem anderen Kollegen warf, über den er sich mächtig geärgert hatte. Wer an der Aktion beteiligt war, konnte später nicht mehr ermittelt werden. Jedenfalls machte die Zielperson einen großen Fehler, indem sie sich duckte. So landete der Schuh auf einer etwa 1,50 Meter hohen Vase von beträchtlichem Wert. Alles in allem musste Dr. Schürholz Schäden in Höhe von 16 000 Mark bezahlen.

In diesem Jahr ist „Schloss Hugenpoet" im 30 Kilometer entfernten Essen-Kettwig Ort der Austragung. Gitti, unsere süße Art Buyerin, hat mir versprochen, mich in ihrem Mini zu dem feinen Gemäuer mitzunehmen und holt mich um 19 Uhr von der Agentur ab. Die Fahrt bis Kettwig ist kein Problem, dann aber kurven wir orientierungslos im Kreis herum und wissen nicht weiter. Wir halten an und fragen einen älteren Herrn: „Entschuldigen, können Sie uns bitte sagen, wie wir von hier zum Schloss Hugenpoet kommen?"

Er blickt auf den Mini und geht einen Schritt vor, um zu sehen, wer außer mir drin sitzt. Gitti ist nur drei Jahre jünger als ich, wirkt aber wie gerade Anfang zwanzig. „Ihr müsst umdrehen, über die Brücke fahren und gleich rechts in die August-Thyssen-Straße. Dann einen Kilometer geradeaus bis zu einem Schild auf der rechten Seite. Das führt direkt zum Schloss." Er macht eine kurze Pause, als würde er nachdenken. „Ich glaube aber nicht, dass ihr euch das leisten könnt."

Die Geschäftsleitung von „Schloss Hugenpoet" hat sich alle erdenkliche Mühe gegeben, der Werbeagentur, über die schon im „Spiegel" geschrieben wurde, eine würdige Weihnachtsfeier zu bieten. Wir haben uns allesamt gut angezogen, viele der Sekretärinnen aus dem Kontakt waren sogar extra beim Friseur, doch gegen die feierlich gewandeten Ober kommen wir nicht an. Zudem haben sie, ob eingeübt oder nicht, die berühmte zuckende Augenbraue. Der noble Rahmen bleibt nicht ohne Einfluss auf uns. Es wird eine ruhige und manierliche Feier, zunächst. Die ersten Gläser fallen gegen 23 Uhr um, und auch nur vereinzelt. Ich hatte zwischendurch ein kleines Problem. Nirgendwo war ein Schild, das mir den Weg zur Toilette wies. Darum begab ich mich nach draußen, stellte mich auf die Mauer der Steinbrücke und pinkelte im eleganten Bogen in den zugefrorenen Burggraben. Gäste, die mich dabei beobachten konnten, musste ich nicht befürchten. Wir waren eine geschlossene Gesellschaft.

„Also bitte mein Herr, das können Sie hier nicht machen." Einer der feinen Ober war mir gefolgt, weil er mich offenbar dabei beobachtet hatte, wie ich umherirrte und dann im Ausgang verschwand. Vielleicht trieb ihn auch die Sorge, denn es war mindestens fünf Grad unter null. „Sie sehen doch, dass ich das machen kann." „Wir haben zwei Toiletten. Und beide sind bestens ausgeschildert." „Aber so, dass ich sie nicht gefunden habe." „Ich führe Sie gern hin." „Das ist jetzt nicht mehr nötig."

Im Vergleich zum Buffet mit den Desserts, das um Mitternacht umkippt, weil zwei Kollegen im Streit dagegenprallen, ist mein Auftritt eher gemäßigt. Es passieren noch etliche Missgeschicke. Den Höhepunkt aber erlebe ich am Tisch mit Atze. Rechts von ihm sitzt Bernd, einer unserer Kundenberater, und zu seiner Linken der Texter Peter. In Wahrheit heißen sie anders. Ich habe die Namen ein bisschen geändert, weil dieser Bericht vielleicht irgendwann in meinem Schreibtisch gefunden wird.

Also Peter sitzt Ulrich gegenüber, und ich befinde mich zwischen beiden auf der anderen Seite. Ulrich ist an sich ein harmloser Zeitgenosse, aber er schleimt. Das mögen wir nicht, am wenigsten aber kann Atze serviles Verhalten ausstehen, weil es im Fall Ulrich noch eine gewisse Hinterhältigkeit beinhaltet. Peter ist genauso harmlos, nur verträgt er keinen Alkohol, und bis jetzt hat er sehr viel nicht vertragen. Um sich davon zu befreien, kotzt er im vollen Bogen über den Tisch und trifft zwangsläufig das schwarze Cashmere-Sakko von Ulrich. Daraufhin lässt Atze einen Satz ab, der selbst mir als Texter nicht eingefallen wäre: „Siehste, Ulrich, der Peter findet dir ooch zum Kotzen!" Werbeleute, besonders die aus der Kreation, sollten nicht Weihnachten feiern. Der Anlass geht schrecklich aufs Gemüt. Dr. Schürholz bekommt Anfang Januar nur eine Nachforderung von knapp 3000 Mark.

Düsseldorf, im Januar 1973: Das vermeintliche Gelage der Ordens- schwestern.

Ich liege in einem kleinen Einzelzimmer (Sterbezimmer?), das Dr. Reisland, der Chef vom Düsseldorfer Martinus-Krankenhaus, extra für mich hat frei machen lassen. Sein Stationsarzt kennt mich als Autor vom Düsseldorfer Röggelchen und hat sogar meine Serie „Die kleinen und großen Könige der Düsseldorfer Altstadt" gelesen. Darum legte er bei Dr. Reisland mehrere gute Worte für mich ein, als ich aufgenommen wurde. Und weil der Chefarzt eine Ader für erfolglose Schreiber hat, schmore ich in dem kleinen Einzelstimmer, das sogar ein eigenes Waschbecken mit kaltem Wasser hat. Dieser Luxus ist aber das einzig Gute an meiner Situation.

Seit fünf Tagen bin ich auf Entzug, der so grausam ist, dass ich mir manchmal wünsche, man möge mir stattdessen bei vollem Bewusstsein ein Bein absägen. Das wäre ein Schmerz, auf den ich mich konzentrieren könnte – und nicht die undefinierbare Qual in jeder Körperzelle, verstärkt von einer brutalen, unablässigen Angst. Als ich vor zwei Tagen in der Nacht kurz vor dem Wahnsinn war und nach Hilfe klingelte, erschien ein gelangweilter Pfleger und meinte nur: „Nehmen Sie sich doch zusammen." In Herdecke bekam ich so viel Distraneurin, dass ich sogar einige Kapseln horten konnte. Hier bekomme ich Atosil, das rein gar nichts bewirkt. Ich hänge an einer Infusion mit irgendeiner Natriumlösung und kann darum nur auf dem Rücken liegen, was mir ein Gefühl der Hilflosigkeit gibt. Offenbar ist die Infusion nötig, denn ich bin körperlich in einer wesentlich schlechteren Verfassung als vor vier Monaten in Herdecke. Bevor ich hierherkam, musste ich morgens bereits drei Flaschen Bier trinken. Tatsächlich waren es vier, weil ich ich die erste im hohen Bogen auskotzte. Aber auch die anderen halfen nicht mehr. Erst als ich zusätzlich zwei Kapseln Distraneurin geschluckt hatte, die mir mein Hausarzt – Gott sei Dank – verschrieb, fühlte ich mich halbwegs als Mensch.

Von Zeit zu Zeit wird in die kleine Schraube am Infusionsschlauch eine Ladung Vitamin B gespritzt, das durchschlägt bis auf meine Zunge und mich an meine erste Mangofrucht erinnert. Heute Morgen habe ich mich mit dem freien rechten Arm rasiert, nass, kalt und etwas blutig. Ich konnte die Stoppeln nicht mehr ertragen. Weil an Duschen oder Baden nicht zu denken ist, möchte ich wenigsten im Gesicht sauber sein. Die Schwester, die mir das Mittagessen brachte, das ich nicht anrühre, weil ich so die Bettpfanne nicht brauche, war überrascht: „Wer hat Sie denn heute rasiert? Außer mir kommt doch niemand in Ihr Zimmer?"

Manchmal schaue ich in ein Buch, das mir Heike mitgegeben hat, begreife aber nichts: „Angst vorm Fliegen" von Erica Jong. Die Schwester, die irgendeinem strengen christlichen Orden angehört, war leicht aufgebracht, als sie den Umschlagtitel sah mit dem gesofteten Busen einer nackte Frau: „Das ist aber gar nicht gut für Sie."

Gestern war Heike zu Besuch. Sie stand mit Dr. Reisland an meinem Bett, und er sagte ihr, dass ich den Entzug rein körperlich gut überstehen würde. Er sagte noch etwas anderes, das ich aber nicht mehr hörte. Mir wurde grau oder blau vor Augen, und ich tauchte ab in eine tiefe Bewusstlosigkeit. Als ich wieder aufwachte, drückte mir Dr. Reisland ein Zäpfchen in den Hintern: „Sie hatten gerade einen Krampfanfall. Ich gebe Ihnen jetzt rektal zehn Milligramm Valium und dazu Atosil. Nachdem er gegangen war, erzählte mir Heike von meinen Zuckungen und Verrenkungen, die ihr große Angst gemacht hatten. Ich konnte mich an nichts erinnern. Nicht einmal an Traumfetzen.

Jetzt höre ich zwei Stimmen aus dem Nebenzimmer. Eine ist eindeutig die von Martin, Grafiker bei DDB. Er leidet unter einer Herzschwäche und ist vermutlich aus diesem Grund im Krankenhaus. Die andere Stimme kommt von Ursula, Texterin bei DDB, die ihn offenbar besucht. Beide sprechen über mich und wie bedauernswert es sei, dass ich ein Säufer bin und nebenan im Zimmer liege. Seltsam, Ende März 1970 habe ich DDB verlassen, bevor ich rausgeschmissen wurde. Warum reden die ausgerechnet über mich?

Am Nachmittag erzähle ich Heike von den Stimmen. Sie schaut mich ungläubig an, verspricht aber, sich zu erkundigen, ob es tatsächlich Martin ist und wie es ihm geht. Am späten Abend höre ich wieder Stimmen. Diesmal kommen sie aus dem Schwesternzimmer, das etwa 20 Meter entfernt am Ende des Gangs liegt. Die Schwestern, allesamt in Ordenstracht, trinken Alkohol, lachen und lästern über den Schnapspatienten im Sterbezimmer. Ich reiße mir die Kanüle vom Arm, drücke mit einem Waschlappen auf das ausfließende Blut und laufe barfuß vor zu den Stimmen, um ihr Lachen und Lästern zu unterbinden. In diesem Moment tritt die junge französische Assistenzärztin aus einem Krankenzimmer und stellt sich mir in den Weg: „Was machen Sie hier? Wo wollen hin? Gehen Sie bitte sofort zurück in Ihr Bett!" „Ich muss vorher mit den Schwestern sprechen. Sie feiern, trinken Alkohol und machen sich über mich lustig." „Wie kommen Sie auf diese Idee? Wer hat Ihnen das gesagt?" „Niemand. Ich habe ihre Stimmen gehört." „Wissen Sie, wo Sie hier sind?" „Ja, im Martinus-Krankenhaus." „Und welcher Tag ist heute?" „Das weiß ich nicht. Vielleicht Samstag. Da ist es ruhig hier auf der Station, und darum feiern die Schwestern." „Wie heißen Sie?" Die Ärztin wird immer unsicherer. „Reinhard Siemes." „Wann sind Sie geboren?" „Am 29. August 1940. Aber was sollen diese Fragen? Hören Sie nicht, wie die Schwestern trinken und lachen?" „Ich bringe Sie jetzt in Ihr Zimmer." „Nein, Sie verstehen mich nicht, weil Sie keine Ahnung von Patienten haben, die einen Alkoholentzug durchmachen. Ich möchte hier raus, nach Grafenberg, in die Nervenklinik. Dort wird man mich verstehen." In der Stimme der Ärztin klingt Panik mit. „Wir gehen jetzt ins Arztzimmer. Ich werde Dr. Reisland anrufen. Er entscheidet dann, was mit Ihnen passieren soll." Ich gehe mit. Der Chefarzt hat mich bisher verstanden und wird mich auch jetzt verstehen.

Sie spricht mit Dr. Reisland, der wahrscheinlich einen ruhigen Samstagabend verbringen möchte, und schildert ihm die Situation. Dann gibt sie mir den Hörer: „Herr Siemes, vertrauen Sie mir? Glauben Sie mir, was ich Ihnen jetzt sage?"

„Ja, das tue ich." „Sie hatten gestern einen Krampfanfall und jetzt sind Sie mitten in einer Halluzinose. Im Gegensatz zu einem Delir sehen Sie keine Schreckensbilder. Sondern alles, was um Sie herum passiert, ist absolut real. Aber nur für Sie. In Ihren Hirnzellen ist immer noch reichlich Alkohol. Er hat sich dort festgesetzt und ist erst nach vier bis sechs Wochen endgültig raus. In der ersten Zeit, auch nach dem fünf bis sieben Tage dauernden Entzug, spielt Ihr Gehirn manchmal verrückt. Es lässt Sie Dinge hören und sehen, die auf Sie wirken, als würden sie tatsächlich passieren." „Ich verstehe", sage ich, ohne ihm und mir zu glauben. „Sie haben jetzt das Telefon in der Hand und sprechen mit mir. Ist das für Sie real?" „Ja, das ist es." „Und Sie haben mir bisher immer vertraut?" „Ja, das habe ich." „Wem glauben Sie mehr, meiner Stimme oder den Stimmen der Schwestern, die lachen und feiern?" Ich erinnere mich an Heikes Besuch in Herdecke, als sie immer wieder verschwand und auftauchte. Dr. Reisland hat recht und ich glaube ihm. Erst zweifelnd, aber nach ein paar Minuten bin ich mir sicher, dass mir mein Gehirn einen Streich gespielt hat.

Die Assistenzärztin bringt mich zurück ins Sterbezimmer, schließt mich wieder an den Schlauch an und gibt mir auf Anweisung von Dr. Reisland noch eine Tablette. Ich schlafe zum ersten Mal ein ohne Panik und wirre Gedanken. Genauso wache ich am Morgen auf. Der Alptraum der letzten Tage ist verflogen. Mir schmeckt sogar das Brötchen und der hellbraune Kaffee. Ich fühle mich frei und werde befreit: Die Schwester nimmt mir die Kanüle ab, ich darf aufstehen und in das Raucherzimmer gehen. Hier beherrscht mich nur ein Gedanke: Duschen, runter mit dem Dreck, der an mir haftet. Am liebsten aber Baden.

Es gibt ein Zimmer mit zwei großen Wannen, die vermutlich nie benutzt werden, denn die fromme Schwester empfindet meinen Wunsch nach einem Bad zunächst als ein übertriebenes Ansinnen. Dann aber bringt sie mir widerwillig ein Handtuch und eine Seifenlösung. Die große Wanne, in der ich mich ausstrecken kann, das warme Wasser, die verschwundenen Ängste – das alles grenzt an ein paradiesisches Wunder, wenn ich an die Tage und die Wochen davor denke.

Am nächsten Vormittag geht es mir so gut wie in den ersten zwei Monaten nach Herdecke. Ich darf raus, um mir die Haare schneiden zu lassen und eine Creme für meine trockene Haut zu kaufen. Als ich beim Friseur in den Spiegel schaue, sehe ich ein Gesicht ohne schwammige Poren, ohne gerötete Nase, ohne sabbernden Mund und beginne, mich wieder zu mögen. Anschließend gehe ich zwei Läden weiter zu Tchibo und trinke für 40 Pfennig den wunderbarsten Kaffee meines Lebens.

Cannes, im Juni 1986: Wo Werber das Geld lassen, das übrig bleibt, nachdem sie sich einen schwarzen Porsche gekauft haben.

Wenn nach den großen Filmfestspielen in Cannes die kleinen mit den Werbefilmen stattfinden, zeigt auch der Art Directors Club für Deutschland seine Flagge mit dem magentaroten Stern. Jeweils am Freitag vor der Preisverleihung lädt er im Strandrestaurant „Cannes Beach" etwa 200 Gäste ein zum fröhlichen Umtrunk mit Champagner und kleinen Schweinereien, auch Fingerfood genannt. Die größere Hälfte der Gäste sind ADC-Mitglieder, die sich den Besuch des einwöchigen Reklamefestivals leisten können, schätzungsweise 4000 Mark. Die kleinere, aber wichtigere Gruppe bilden die Geladenen aus Unternehmen, meistens Marketingleute, die normalerweise zu meinen Feinden gehören. Jetzt aber scheint die Sonne, wenn auch eingetrübt, der Champagner stimmt milde, und weil ich als ADC-Präsident schon an den Vortagen mehrere Empfänge hinter mich gebracht habe, gibt es nur noch Freunde um mich herum.

Otti Severin, der bis vor zwei Jahren ADC-Oberer war, ist tatsächlich einer, auch wenn er 400 Kilometer entfernt in Frankfurt lebt. Wie im Vorjahr nutzen wir die Anwesenheit von ungefähr 200 bis 300 Werbemillionen zu einer konzertierten Aktion. Der Empfang kostet schließlich einiges, und ein Teil des Geldes soll bitte in die Vereinskasse zurückfließen. Wir suchen uns Opfer aus, die für mindestens 2000 Mark pro Jahr Fördermitglied werden sollen. Nicht sofort, sondern erst nach unserer gezielten Überzeugungsarbeit. Sofern wir die Kandidaten nicht kennen, lassen wir uns von unserer Düsseldorfer Clubsekretärin Ingeborg Reese zeigen, wer was ist und wo er steht. Sie hat nicht nur die Gästeliste, sondern auch ein ausgezeichnetes Personengedächtnis, während unseres in den letzten Tagen etwas verblichen ist. Dann wählen wir die Aspiranten mit den dicksten Werbeetats aus und beobachten eine Zeit lang ihre Champagnergläser. Behalten sie über längere Zeit den gleichen Pegel, können wir den Glashalter vergessen.

Wer sich jedoch von den hübschen jungen Französinnen häufiger ein Schlückchen nachgießen lässt, wird zu unserer Zielperson. Der heutige Spätnachmittag ist sehr schwül, und eine diffuse Hochnebeldecke liegt über Cannes. Pralle Sonne wäre besser, denn sie wird in Verbindung mit dem Champagner zum Katalysator. Unsere Drückeraktion beginnt mit einem Glücksfall. Der Marketingleiter der August Oetker KG kommt auf mich zu. Wir haben ihn bisher nicht beachtet, er trinkt Orangensaft. „Wahrscheinlich erinnern Sie sich nicht mehr an mich. Fahrenson & Fehse vor sieben Jahren, die Agfa-Anzeigen." Und ob ich mich erinnere. Nicht an sein Gesicht, auch nicht an seinen Namen, aber an die Agfa-Anzeigen.

Klaus Fehse, sein Chef mit Tendenz zu origineller Werbung, hatte mich häufiger als Texter engagiert und schätzte meine zickige Art zu schreiben. Besonders nachdem ich für ihn sechs Chivas-Regal-Anzeigen aus dem Amerikanischen ins Deutsche übersetzte und dabei einen Text in meinem Sinn modifizierte. Wortwörtlich hätte die Übersetzung lauten müssen: „Sie können auch ohne Chivas Regal leben. Fragt sich nur, wie?" Aufgrund meiner feuchten Vergangenheit machte ich daraus: „Sie können auch ohne Chivas Regal leben. Aber ist das ein Leben?"

Fehses Begeisterung für diese Version kam nicht von ungefähr. Er trank gern sehr guten Rotwein und zwischendurch einen 20 Jahre alten Whisky. Außerdem rauchte er Pfeife, aß mindestens so gern wie gut und fuhr einen bordeauxroten 170er Mercedes aus den Fünfzigerjahren, natürlich gepflegt bis in die Reifenprofile. Kurzum, er war das, was man einen Genießer nennt. Darum entsprach meine Chivas-Regal-Version weit mehr seinen Intentionen als die amerikanische Vorlage.

Wie viele Agenturchefs mit kreativen Ambitionen hatte er mehrere pflichtbewusste Kundenberater, die ihm Auseinandersetzungen mit schwierigen Auftraggebern abnahmen. Der jetzige Oetker-Mann war ein solcher gewesen. Eines Tages besuchte er mich in meinem Büro, um über Textänderungen zu sprechen, die Agfa für eine Reihe von Anzeigen gefordert hatte. Es waren allesamt Verschlimmbesserungen, die mir blaue Zehen machten. Im Laufe des Gesprächs lieferte ich ihm immer neue Alternativen, die das gewünschte Reklamedeutsch verhindern würden. Aber Herr André – der Name ist mir wieder eingefallen – blieb bei seiner „Der Kunde hat immer recht"-Haltung. Nach einer Stunde stand ich auf, sagte: „Sie und Herr Agfa können mich mal kreuzweise!" und verließ mein Büro, um im Café Wünsche am Annaplatz einen Beruhigungskuchen zu essen. Herr André saß derweil verloren am schönen Mahagonitisch, starrte auf die Bilder, die am Boden lagen und wartete auf meine Rückkehr. Nach fünf Minuten fragte er Yvonne Berna, meine damalige Grafikpartnerin: „Kommt Herr Siemes wieder?" „Ich glaube nicht, so, wie ich ihn kenne."

Weil mir inzwischen sein Name eingefallen ist, sage ich: „Ja, Herr André, ich erinnere mich sehr gut und bin angenehm überrascht, dass Sie sich jetzt für den ADC interessieren." „Damals war ich wütend, denn so etwas hatte sich noch kein Kreativer geleistet. Vor allem kein freier. Ich war schließlich Ihr Kunde. Aber heute muss ich sagen, das war konsequent, Sie hatten Rückgrat. Das gibt es nicht so oft in unserer Branche." „Na wunderbar. Dann ernenne ich Sie hiermit zum ADC-Fördermitglied. Das kostet ab 2000 Mark im Jahr und macht Sie beziehungsweise Oetker zum Befürworter guter Werbung. Außerdem schicken wir Ihnen unser dickes Jahrbuch, Sie werden zu unseren Festen eingeladen und bekommen unsere Clubkarte. Dafür können Sie sich zwar nichts kaufen, aber sie macht etwas her, wenn sie neben der Goldenen von Amexco in Ihrer Kartensammlung steckt." „Die Karte brauche ich nicht, aber ich werde Fördermitglied."

Otti lächelt mich über sein Champagnerglas hinweg zufrieden an. Im letzten Jahr haben wir mit viel Mühe drei FöMis gewonnen. Jetzt, nach vielleicht zehn Minuten, bereits eins. Wir werden das Geld wert sein, das wir dem ADC in Form unseres Mitgliedsbeitrags von 480 Mark pro Jahr bezahlen.

Vielleicht liegt es an der drückenden Luft, die von keinem Windhauch bewegt wird, vielleicht auch an unserer Tagesform, die unter der schwülen Luft leidet – in den folgenden drei Stunden können wir nur noch ein Opfer überreden, Big Spender zu werden. Von dreien haben wir vage Zusagen, die in einer Woche, wenn Ingeborg Reese ihnen die entsprechenden Unterlagen zuschickt, vergessen sein werden.

Aus Verzweiflung gehen wir etwas essen und verlassen die Croisette Richtung Westen. Hinter dem Hafen, am Boulevard Jean Hibert, sind die Strandrestaurants einfacher, billiger und besser. Inzwischen ist die Luft noch stickiger geworden und Otti, mit 54 zehn Jahre älter als ich, hat einen gefühlten Blutdruck von 220 zu 160. Außerdem macht er sich große Sorgen um einen kranken Freund. Ich habe auch Sorgen, denn ich frage mich, wie ich die Tilgungsraten für meine schöne Dachwohnung in München-Neuhausen aufbringen soll. Aber dafür brauche ich zum Glück keinen Arzt.

Wir legen eine Trinkpause ein, das heißt, wir lassen es etwas langsamer angehen. Otti mit einem leichten Rotwein. Ich mit Heineken, das morgen wahrscheinlich zu Ehren kommen wird. Die Werbefilme mit dem Claim „Heineken reaches the parts other beers cannot reach" sind das Gesprächsthema des diesjährigen Festivals. Mir ist das Holland-Bier trotzdem zu lasch. Außerdem hat es konservierende Zusätze. Veltins oder Jever wären mir lieber.

Wir essen eine graue, aber vorzügliche Fischsuppe, sogar mit einigen Baguettebrocken. Unser Pegel sinkt ein bisschen, die Temperatur auch, und sogar Ottis Blutdruck geht leicht nach unten. Wir können durchatmen und uns mit dem Taxi in die „Martinez-Bar" fahren lassen. Sie ist jetzt um elf schon proppenvoll, aber noch so, dass wir ohne Rudern zur Bartheke durchkommen. In zwei Stunden stehen die Gäste so dicht wie in einem japanischen Vorortzug. Der Bartender ist ein entfernter Verwandter von Charles Schumann in München. Wenn er will, kommen die Drinks relativ schnell. Wenn er nicht will, irgendwann.

Etwa 30 Prozent der Gäste sprechen deutsch, zum Teil mit österreichischem Akzent. Hier treffen wir auf die üblichen Verdächtigen, die leider so nett sind, uns immer wieder einzuladen. Aber weder Otti als graue Eminenz noch ich, als halbgrauer Vereinsobmann, können die Einladungen ablehnen. Gegen drei verlassen wir die Bar, die immer noch überfüllt ist, und machen uns auf den Weg ins 800 Meter entfernte Hotel Majestic. Die

Luft ist klarer geworden, es geht sogar ein leichter Wind, so dass wir beschwingt in unsere Zimmer und endlich ins Bett kommen.

Auf der Terrasse meiner Wohnung in Neuhausen sind alle acht Bäumchen verdorrt, der frisch imprägnierte Holzboden hat sich verzogen und Chichi, unsere schwarze Katze, steckt jammernd mit einer Pfote in den Brettern fest. Plötzlich höre ich den hässlichen Klingelton eines Telefons und wache auf. Ich habe vielleicht eine Stunde geschlafen und fühle mich hundeelend. Seltsamerweise ist es draußen schon hell. „Ich bin es, Otti, mir geht es furchtbar schlecht. Kannst du bitte mal zu mir rüberkommen?" Sein Zimmer liegt auf der gleichen Etage, drei Türen entfernt von meinem. „Was glaubst du, wie es mir geht. Wie spät ist es überhaupt?" „Neun, aber glaube mir, es geht mir wirklich schlecht. Ich habe starke Schmerzen in der Brust, die bis hoch in den Hals gehen, und meine ganze linke Seite ist kalt." Ich bin zwar kein Arzt, aber so viel weiß ich: Bei starken Schmerzen im Brustkorb und wenn die linke Körperhälfte kalt und gefühllos wird, ist irgendetwas mit dem Herzen nicht in Ordnung.

Ich ziehe rasch den Bademantel an, stecke meine roten Players und das Feuerzeug ein und laufe zu Ottis Zimmer. Er ist nassgeschwitzt, bleich wie ein Camembert und atmet schwer. „Vor einer Viertelstunde fing es an mit stechenden Schmerzen, hier, in der linken Brust. Jetzt tut die ganze linke Seite weh, und mir ist furchtbar schlecht." Ich reiße die Vorhänge zurück und öffne das Fenster. Frische Luft zum Atmen ist jetzt das Wichtigste. Dann rufe ich die Rezeption an: „Hier ist 312, das Zimmer von Othmar Severin. Er hat einen Herzanfall und braucht sofort ärztliche Hilfe. Mein Name ist Siemes von Zimmer 316. Aber bitte sofort, sein Zustand ist sehr ernst." Anschließend setze ich mich auf das andere Bett des Doppelzimmers und zünde mir eine Zigarette an. Die brauche ich jetzt, nüchtern, wie ich durch den Schock geworden bin.

Otti unterbricht sein Stöhnen: „Sag auch Tommi Bescheid, dass er kommen soll. Er nimmt immer eine ganze Hausapotheke mit, wenn er verreist. Vielleicht hat er etwas dabei, das mir hilft." Tom, Creative Director einer Frankfurter Agentur, steht in weniger als einer Minute an Ottis Bett. Obwohl nur medizinisch vorgebildeter Hypochonder sieht er sofort, dass er mit seinen gesammelten Tabletten nichts ausrichten kann. „Du musst etwas trinken, Otti. Hier, ich habe einen Drink mit Vitaminen und Mineralien. Trink das, dann geht es dir besser." „Wo bleibt überhaupt der

Arzt?", sagt er zu mir, „du hast ihn doch schon vor zehn Minuten angerufen." Gleichzeitig greift er zum Telefonhörer: „Hier ist das Zimmer von Herrn Severin. Wir haben Ihnen vor zehn Minuten gesagt, dass er einen Schlaganfall hat und dringend Hilfe braucht. Wenn nicht sofort ein Arzt kommt, machen wir Sie für die Folgen verantwortlich. Wir werden Sie wegen unterlassener Hilfeleistung auf einige Millionen Franc Schadensersatz verklagen. Das können Sie mir glauben."

Meinem Notruf fehlte offenbar der nötige Nachdruck, denn wenig später stürmt ein Arzt ins Zimmer, packt hastig Blutdruckmessgerät und Stethoskop aus und kommt zu einer eindeutigen Diagnose: Herzinfarkt. Er ruft sofort die „Clinique le Meridien" an, die einen Krankenwagen schickt und sich auf den Notfall vorbereitet. Auch jetzt geht alles rasend schnell. Das Ärzteteam, offenbar geflogen statt gefahren, schiebt einen Rollstuhl ans Bett, untersucht Otti kurz, gibt ihm eine Spritze und bringt ihn im Aufzug nach unten. Tim und ich nehmen die Treppe und kriegen gerade noch mit, wie er in den blinkenden Wagen geschoben wird. „Otti, mach dir keine Sorgen", rufe ich, während die beiden Türflügel hinter ihm geschlossen werden, „es ist nur ein Herzinfarkt!" Am gleichen Tag wird Otti nach Nizza in eine Spezialklinik für Herzkrankheiten gebracht. Eine Woche später kann er zurück nach Frankfurt fliegen.

München, im März 2005: Das hat J. S. Bach nur für mich geschrieben.

Bei meiner Zahnärztin, die mich eineinhalb Stunden quälte, lag ein Stapel Einladungskarten zur Johannes-Passion mit dem Lukas-Chor. In den vergangenen drei Jahren habe ich an diesen Konzerten von Bach achtlos vorbeigelebt. Dafür gab es verschiedene Gründe, genau genommen zwei: Suff am Vortag oder Streit mit Ika vor der Veranstaltung. Meistens beides. Jedes Mal verkaufte ich die Karten vor Konzertbeginn mit deutlichen Abschlägen an junge Leute, vorzugsweise an Studenten. Mir blieb aber genug Geld, um einen trostlosen Abend bei „Herry" zu verbringen.

In der Folgezeit ließ ich die Vorbestellungen sein. Ika wäre sowieso nicht mitgegangen. Sie verbindet Bach und Vivaldi mit Alkohol, weil ich in meinem Zimmer zum Hof stundenlang die Passionen von Bach und „La Notte" von Vivaldi höre, wenn es mir schön schlecht geht. Momentan ist die Stereoanlage kaputt. Ika hat sie wütend umgeschmissen, als ich mich einmal mehr meinen Freuden hingab.

Die Aufführung in der 400 Meter nahen Lukas-Kirche werde ich mir dieses Mal nicht nehmen lassen. Etwas Sorge bereitet mir nur der Freitagabend, an dem ich mich mit Roland Gerber treffe, dem Redakteur des

Fachblatts, für das ich noch schreiben darf. Endet der Abend erst nach etlichen Gläsern Bier, muss Jesus ohne mich sterben, obwohl ich in 400 Meter Entfernung mit ihm leide. Ich beschließe, mich zu überlisten und verlege das Treffen auf den späten Abend. Je weniger Zeit mir zum Trinken bleibt, desto größer ist die Chance, dass ich am Samstagmorgen in relativ normaler Verfassung aufwache. Zum Glück sind bei „Bertrams", wie das „Herry" seit einem Jahr leider heißt, nur fette und laute Bayern mit kreischenden Frauen. Dagegen kann kein Alkoholiker der Welt antrinken. Also liege ich noch vor Mitternacht fast nüchtern im Bett.

Der Samstagmorgen ist kalt, nass und bedeutet nichts Gutes. Ika wacht nach mir auf mit einer bösen Rheuma-Attacke, die sie mit ebensolchen Vorwürfen an mich weiterleitet. Ich verstecke mich hinter der Arbeit für die Bayerische Versicherungskammer. Ein Student aus meinen Seminaren an der Berliner Hochschule der Künste ist dort jetzt Chef für alles Geschriebene und will, dass ich den Mitarbeitern die menschliche Sprache beibringe.

Gegen Mittag scheint die Sonne, und Ika beruhigt sich so sehr, dass sie beschließt, mit in die Johannes-Passion zu gehen. Meine Freude darüber hält sich in Grenzen. Bach ist mir heilig, und ich mag ihn nicht zusammen mit Menschen hören, die fortwährend von Trauermusik sprechen und Säufermusik meinen. Wir laufen zur Lukas-Kirche um herauszufinden, wann die Abendkasse aufmacht. Das Internet hat nichts darüber ausgesagt. Inzwischen schneit es wieder, und ich befürchte oder hoffe auf einen neuen Rheumaschub, der aber nicht kommt oder verschwiegen wird. Die Abendkasse ist bereits in der Kirche aufgebaut, aber ohne Hinweis, wann der Kartenverkauf beginnt. Der Bau wirkt auf mich innen wie außen wie ein neuromanisches Monsterteil. Ika findet ihn schön, weil er so gut beheizt ist.

In den folgenden Stunden kreisen meine Gedanken um die Karten. Werden wir noch welche bekommen? Und wenn ja, für ganz vorn? Wenn ich in Konzerten hinten sitze, fühle ich mich abgestellt und klein. Wenigstens hier möchte ich etwas Besseres sein, ganz im Gegensatz zu Kneipen. Da trinke ich gern im Hintergrund und beobachte meine Kollegen, solange ich das noch kann.

Gegen halb sieben laufen wir los, ich nervös voraus, Ika hinterher. Vor dem Tisch der Abendkasse ist keine Schlange. Das kann Gutes oder Schlechtes bedeuten. Ich will gerade nach Plätzen am Atem der Sänger fragen, als die junge Frau hinter dem Tisch von einer anderen Gemeinde-frau zwei Karten entgegennimmt, die jemand zurückgegeben hatte. Mit einem Stift macht sie die Plätze auf ihrem Sitzplan wieder frei und hört mir zu. „Haben Sie noch zwei schöne Karten?" „Meinen Sie billige oder teure?" „Teuer und möglichst weit vorn." „Hier sind gerade zwei für die zweite Reihe rechts zurückgekommen." „Die nehme ich gern." „Die Plätze sind nicht nummeriert. Wenn Sie zur Mitte sitzen wollen, können Sie jetzt schon Platz nehmen."

Es sind noch 20 Minuten bis zum Beginn, aber ich muss mich zwingen, nicht zur Reihe zwei zu rennen. Sie ist in Wahrheit Reihe eins, weil sich die Bänke davor zu dicht am Orchester befinden. Zur Mitte hin haben bereits zwei Mädchen Platz genommen. Wir setzen uns direkt daneben, schauen uns um, wer schon da ist oder noch kommt und blättern im Programm. Ich muss erst ein bisschen, dann immer deutlicher pinkeln. Das geht vie-len anderen auch so, denn vor den beiden Kirchentoiletten haben sich Schlangen gebildet.

Zum Glück fällt mir das nahe Gemeindehaus ein, wo ich ein paar Mal in einer deprimierenden Gruppe vom Blauen Kreuz gesessen habe. Es ist geöffnet, und ich gehe runter ins Tiefgeschoss zu den Toiletten. Durch die Tür am Ende des Flurs höre ich „Herr, unser Herrscher" und vergesse einen Moment lang meine Blase. Der Chor, der sich hier einsingt, muss gut sein, und ich komme mir etwas seltsam vor, als ich ihn durch die Toi-lettentür immer noch höre.

Zehn Minuten später weiß ich, er ist nicht nur gut, sondern wunderbar. Vielleicht, weil er aus Laien besteht, die noch an das glauben, was sie sin-gen. Ich muss schlucken, als sie „Herr, unser Herrscher" in der endgültigen Form singen und denke an den Dezember 1960 in Berlin. Von hier aus mache ich eine Reise nach Dresden und an die anderen Orte, wo ich Pas-sionen und Oratorien von Bach gehört hatte. Selten war ich so überwältigt wie heute. Von allem, der Musik, dem Chor, dem Orchester und den So-listen.

Sicher, Peter Schreier in Dresden sang den Evangelisten in einer anderen Liga, und der Tenor vor uns, ein Engländer mit Zöpfchen, muss ein biss-chen gegen sein fehlendes Stimmvolumen ankämpfen. Doch der Vortrag ist wunderbar linear. Aus England kommen viele Tenöre und Counter-tenöre, die für Bach wie geschaffen sind. Ihre Ausbildung geht auf den

Dirigenten und Chorleiter Alfred Deller zurück, der in den Fünfziger-jahren damit begann, den reinen Gesang ohne Vibrato und opernhafte Kehligkeit zu lehren.

Ich schaue hoch zum Chor und vergleiche die Gesichter der Sängerin-nen und Sänger mit den Schädeln, die am Abend zuvor bei „Bertrams" geblökt und gekreischt haben. Bin ich schizoid? Habe ich als Alkoholiker zwei Seelen? Es muss so sein. Wie kann ich mich wieder und wieder unter dieses Gschwer mischen und selbst dazu werden, wenn mir diese Leute nichts bedeuten, während ich jeden einzelnen aus diesem Laienchor be-wundere? Habe ich je in einer Kneipe mein Glücksgefühl runterschlucken müssen, damit es nicht zu Tränen wurde? Die einzigen Tränen, die ich beim Saufen vergossen habe, waren trocken und quollen aus meinem Selbstmitleid, aus dem gesammelten Unrecht, das mir nie widerfahren ist. Und aus der scheinbar aussichtslosen Lage, in die ich mich immer wieder brachte.

Ika nickt mir zu, womit sie sagen will, es gefällt ihr. Das beruhigt mich. Nichts ist schlimmer, als neben einem Menschen in einem Konzert zu sitzen, von dem man weiß, dass er nur deinetwegen da hockt. Die Sopra-nistin singt fast so linear wie der Tenor. Nur die Altstimme müht sich hörbar. Sie hat es auch schwer bei Bach und sollte entweder von Knaben oder von Männern gesungen werden. Ich habe nur eine Altistin in Erinne-rung, die mit Bach einigermaßen zurechtkam. Ich glaube, sie hieß Emmy Lisken.

Je dramatischer die Musik wird – bis zur Verurteilung Jesu als musikali-schem Höhepunkt – desto tiefer tauche ich ein. Irgendwann sitze ich nicht mehr neben Ika und den anderen, sondern allein in der großen Kirche und sage mir, das hat Bach nur für mich geschrieben. So, wie er es nur für die beiden Mädchen am Gang geschrieben hat, für die ältere Frau rechts neben mir und für alle anderen um mich herum. Auch ihnen gehört Bach ganz allein. Jeder lebt in seinem eigenen Universum. Alles, was er sieht, hört, isst oder trinkt, wurde ausschließlich für ihn gemacht, so, wie für die 6,4 Milliarden anderen Individuen. Wenn die Menschen das endlich be-greifen würden, wäre vieles besser auf der Erde. Es gäbe keine auserwähl-ten Völker, Rassen oder Nationen. Jeder würde den anderen sehen und achten wie sich selbst.

Nach dem Schlusschoral ist es lange Zeit still in der Kirche und ich befürchte, die wunderbare Musik verhallt wie ein schlechter Gottesdienst. Dann aber wird die Lukas-Kirche zum Konzertsaal und 600 geläuterte Zuhörer danken Bach und seinen Interpreten mit einem minutenlangen Applaus. Selbst Ika klatscht mit, trotz ihrer Rheumafinger. Ich denke, der evangelische Gott hat nichts dagegen. Zu Hause schicke ich sofort eine Mail an die Choradresse. Sie besteht aus einem Wort: Danke.

Am nächsten Tag bin ich beunruhigt und verfalle ins Grübeln. Die Aufführung, die ich noch im Ohr habe, hat die Gedanken hervorgeholt, die ich mir in der letzten Zeit über das Sterben mache. Bis vor fünf Jahren war der Tod ein fernes Wesen, das mich nicht betraf – Bruder Hain mit dem schwarzen Kapuzengewand aus einem Theaterfundus und einer lächerlichen Sichel. Doch seit ich sechzig bin, schleicht er sich in mein Bewusstsein. Und nach jeder Session, wie Ika meine Abstürze nennt, frage ich mich, ob er ins Nichts führt oder in eine Welt, die ich nicht begreife. Menschen, die an Gott, Allah, Shiva, Buddha oder überhaupt an Götter glauben, bekommen die Antwort auf diese Frage geliefert. Aber zu welchem Preis? Sie werden Abhängige der jeweiligen Religion. Der christliche Gott zum Beispiel wäre ohne Bibel, Kirchenbauten, Pfaffen, Rituale und Gebote für die Menschen nicht begreifbar.

Doch genau diese Äußerlichkeiten machen Religionen böse, selbst den angeblich so menschenfreundlichen Buddhismus. Sie lassen sich beliebig verändern und verleiten zum Missbrauch. Die Behauptung „Wir sind das von Gott auserwählte Volk" ist für mich genauso ein Affront gegen die Freiheit wie das Kastenwesen, die Scharia oder der Anspruch, die allein seligmachende Kirche zu sein. Während sich im Hinduismus einzelne Bevölkerungsgruppen über andere stellen, erheben sich Judentum, Islam und Katholizismus über den Rest der Menschheit.

Ich kriege Pickel, wenn Paulus, der Jesus nie zu Gesicht bekam, in seinem Brief an die Römer schreibt: „Denn vor Gott sind alle Menschen gleich." Und dann nachlegt: „Wer also Gottes Willen nicht beachtet und gegen seine Gebote handelt, wird sein Leben auf ewig verlieren." Dabei spielt es keine Rolle, ob er – wie die Heiden – Gottes geschriebenes Gesetz gar nicht kannte oder ob er – wie die Juden – davon wusste und dennoch dagegen verstieß. Demnach habe ich als Heide nicht die geringste Chance, die Gnade Gottes zu erlangen. Meine Seele verliert sich zwangsläufig im Nichts. Ein Christ hat immerhin die Möglichkeit, sich zu überlegen, ob er seines Nächsten Weib vielleicht doch nicht anbaggert, damit Gott ihm gewogen bleibt. Wie vielen Religionslehrern kann ich Paulus nur zugutehalten, dass er ein Mensch war und wahrscheinlich keine Frau fand, weshalb er seine Triebe in Machtgelüste umwandelte.

Manchmal, wenn meine Entzüge trotz Tabletten immer quälender werden, wünsche ich mir das vorübergehende Nichts als Erlösung. Das ewige Nichts aber macht mir Angst. Auf alles kann ich verzichten. Vor allem auf meinen Todfreund. Aber nie auf die Passionen von Bach, die Doppelkonzerte von Vivaldi oder die Concerti Grossi von Händel. So denke ich jetzt. In ein paar Tagen, die hoffentlich Monate werden, bin ich wieder Gschwer und leer wie das Nichts, vor dem ich mich fürchte.

München, im Juli 1987: Die Angst des Trinkers vor der Veränderung.

Bin ich Alkoholiker, weil ich feige bin? Oder bin ich feige, weil ich Alkoholiker bin? Tatsache ist, dass ich wie alle Säufer vor der Realität davonlaufe, wenn ich mich volllaufen lasse. Aber auch der kleine Schwips nach zwei Flaschen Bier ist Flucht. 99 Prozent aller Menschen versuchen, sich vorübergehend aus der Situation zu befreien, in der sie sich befinden. Denn sie ist nie ideal, oft sogar unerträglich. Fluchtmöglichkeiten gibt es viele. Ich kann mich mit Arbeit zuschütten, in Religionen abtauchen, Hobbys zum Lebensinhalt machen, in Meditationen versinken oder mich Strapazen wie einem Marathonlauf hingeben. Der Alkohol macht es jedoch einfach, sich der Unerträglichkeit des Seins zu entziehen. Gleichzeitig schafft er eine neue Feigheit vor konsequentem Handeln und klaren Entscheidungen. Beides könnte zu Veränderungen führen, die mir den Zugang zur Flasche erschweren. Schlimmer noch, ich könnte gezwungen sein, ein anderes Leben zu führen.

Seit zwei Jahren bin ich feige. Ich stolpere zwischen zwei Frauen hin und her. Die eine, Heike, will ich nicht verlieren. Auf die andere, Ulrike, möchte ich nicht verzichten. Noch im Frühjahr 1987 war die Vorstellung, irgendwann ohne Heike dazustehen, die Horrorvision von einer Existenz, die keinen Sinn mehr hat. Wir lebten in seltener Harmonie. Ich kam ohne jeden Alkohol aus, holte morgens frische Semmeln für das gemeinsame Frühstück, bereitete unseren geliebten Spargel, fuhr mit dem Fahrrad ins Büro und kam ohne Umwege wieder zurück. Im Juni verbrachten wir einen wunderbaren Urlaub auf Hydra. Aber Wochen später, in einer längeren Trinkphase, wurde alles anders.

Ich kannte Ulrike schon länger, schätzungsweise zehn Monate. Sie war häufiger Gast in der „Klarermühle", und wir hatten uns mehr als einmal angezickt. Sie ist attraktiv, ein guter, eigenständiger Typ, groß, sportlich und intelligent, obwohl sie am Tresen viel poliertes Blech redet. Zwar trägt sie eine Brille mit dicken Minusgläsern, aber wenn sie die abnimmt, kommen strahlend blaue Augen zum Vorschein. Das alles wirkt auf mich anziehend, auch sexuell.

An einem warmen Spätsommerabend nahm sie mich mit in ihre Wohnung, und mein Eiertanz begann. Zwar erzählte ich Heike davon, stellte das Verhältnis aber als rein sexuell dar, was bis zu einem gewissen Grad auch stimmte.

In den folgenden Monaten blieb ich zwar überwiegend bei Heike auf der Volkartstraße, wo wir uns vor einem Jahr eine wunderschöne Dachgeschosswohnung mit 35 Quadratmeter Südterrasse gekauft hatten. Doch sobald mich meine Feigheit zum Alkohol trieb, landete ich wieder bei der anderen. Manchmal schickte sie mich weg in meine kleine Hofwohnung hinter dem Büro, weil sie keine Lust mehr hatte mit anzusehen, wie ich bei ihr den Rausch ausschlief.

Zwei Jahre lang bereitete ich Heike und Ulrike, aber auch mir, quälende Schaukelpartien. Dann beschloss ich, mit Heike nach Hydra zu fahren, um an die wunderbaren Wochen anzuschließen, die wir 1987 dort verbracht hatten. Es wurde zwar kein Fiasko, aber ein unterkühltes und stilles Dahinleben. Einmalige Erlebnisse lassen sich nicht wiederholen. Erst recht nicht in einer solchen Konstellation. Zwei Wochen nach unserer Rückkehr, die genauso unterkühlt und still verlaufen waren wie die Tage auf Hydra, beschloss Heike, mich zu verlassen und wieder nach Düsseldorf zu ziehen. Trotz der großen Trauer war ich erleichtert. Sie hatte mir, dem ewigen Feigling, die Entscheidung abgenommen. Wir verkauften die Wohnung, teilten das Geld, das nach Abzug der Hypothek übrig geblieben war, nahmen die Möbel, die wir gebrauchen konnten, und ließen 23 Jahre gemeinsamen Lebens hinter uns.

Jetzt halte ich mich während der Woche in meiner Wohnung auf und bin am Wochenende, wenn Ulrike nicht in der Kanzlei arbeiten muss, bei ihr. Ob ich irgendwann zu ihr ziehe, weiß ich nicht. Ich weiß nur, dass ich viel verloren habe. Aber mein Todfreund und ich wollten es so.

München, im April 1980/März 1981: Wie ich einen seriösen Klavier- händler ruinierte.

Gegen drei Uhr am Nachmittag klingelt jemand an meiner Bürotüre. Helma, die seit einem Jahr als selbstständige Grafikerin mit mir zusammenarbeitet, ist gerade unterwegs, und ich erwarte niemanden. Wahrscheinlich ist es wieder ein Honigverkäufer, der 100 Prozent echten Bergwiesenblütenhonig loswerden will, von bayerischen Jungfrauen liebevoll geschleudert. Ich habe mich vor einiger Zeit zum Kauf eines Kilos überreden lassen, das extrem zuckerig nach Südamerika schmeckte, und verspüre darum wenig Lust, zur Tür zu gehen.

Meine Laune ist ohnehin nicht die beste. Mein lukrativster Kunde, die Austria Tabakwerke München mit ihrer Marke Milde Sorte, macht Zicken. Der Werbeleiter der Zentrale in Wien will mich mit List und Tücke aus dem Geschäft drängen, um den Etat einer großen Wiener Agentur zu übertragen. Entweder der dortigen Marktforscherin zuliebe, der er ergeben ist. Oder weil ihm größere Schillingbeträge geboten werden für den Fall, dass die Werbung zu den richtigen Leuten wechselt. Vermutlich beides. Noch habe ich Beppo Mauhart auf meiner Seite, den für alle Austria-Marken zuständigen Direktor. Er war es, der meine Kampagne mit dem

Spruch „Milde Sorte. Denn das Leben ist hart genug" gegen den Rat vieler Bedenkenträger durchgedrückt hat.

Leider hinken die Verkaufszahlen den großen Erwartungen hinterher, was mich nicht weiter verwundert. Ein neuer Werbeauftritt braucht Zeit, um zu wirken. Es sei denn, die Anzeigen und Plakate verkünden, dass die Raucher zu jedem gekauften Päckchen ein weiteres geschenkt bekommen. Der Wiener Werbeleiter, selbstredend ein Magister, siehts mit Wohlgefallen und schießt aus allen Rohren. Dr. Freiberger, der Marketingchef in München, macht trotzdem mit mir weiter. Wir planen sechs neue Fotos mit Menschen, die sich zwecks Zigarettenpause entspannt zurücklehnen und versonnen den Rauchkringeln nachschauen. Weil ich von Fotomodellen nichts halte, haben wir am letzten Samstag mit einer Anzeige in der „Süddeutschen Zeitung" normale Raucher gesucht und um Bildzuschriften gebeten.

Vielleicht ist einem der Leser das Schicken zu mühsam, und er hat gerade geklingelt, um sich mit dem Foto gleich selbst vorbeizubringen. Besser als getürkter Honig wäre das allemal. Tatsächlich, vor der Tür steht ein etwas beleibter Mann um die fünfzig, in der Hand die Seite mit unserer Suchanzeige. „Sind Sie Herr Siemes?" „Ja, der bin ich." „Ich habe diese Anzeige gelesen …" „Da steht aber extra drin, dass Sie Ihr Foto bitte schicken sollen." „Das weiß ich. Es geht um etwas anderes. Der Text der Anzeige hat mir so gut gefallen, dass ich glaube, Sie könnten so etwas auch für mich machen. Ich möchte meine Werbung in Ihre Hände legen." Nichts lieber als das, denke ich und bitte ihn herein.

Er legt den für diese Jahreszeit viel zu dicken grauen Mantel ab, setzt sich an den Besprechungstisch und öffnet eine Aktenmappe, wie sie vor 20 Jahren Aushängeschild von Oberpostbeamten war. Dann breitet er eine Kleinanzeigenseite der „Süddeutschen" auf dem Tisch aus und deutet auf eine Spalte mit der Überschrift „Musikinstrumente, Verkäufe". „Ich verkaufe gebrauchte Klaviere und veröffentliche an 30 Samstagen im Jahr diese Anzeige", sagt er in fast reinem Schriftbayerisch und tippt mit dem Finger auf einen drei Zentimeter hohen Textblock mit dicken Buchstaben: „Wenn gebrauchte Klaviere, dann Piano Hamp. Alle Instrumente mit drei Jahren Garantie." „Wie viel geben Sie denn pro Jahr für Ihre Werbung aus?" „Ja, das ist ein Problem. Normalerweise sind es 7000 Mark. Ich habe aber in diesem Jahr schon 3500 Mark in eine U-Bahn-Werbung gesteckt, weil sie mir besonders günstig angeboten wurde." Ich muss schlucken und bin kurz davor zu sagen: „Dann geben Sie mir die anderen 3500 Mark als Honorar für dieses Gespräch." Aber die Situation ist so irrwitzig, dass ich mir sage: „Dem Manne kann geholfen werden. Du wirst den Auftrag annehmen und nach bestem Wissen und Gewissen ausführen."

Ich denke einige Sekunden nach: „Also gut. Als Erstes machen wir Ihre Anzeigen kleiner, die sind viel zu groß. Dann lassen wir die dicke Schrift mit dem Piano Hamp weg, und ich schreibe Ihnen für jeden Samstag einen neuen Text, etwa fünf bis sechs Zeilen lang. So ist die Anzeige nur noch zwei Zentimeter hoch, und Sie sparen ein Drittel der Insertionskosten. Vom Gesparten bezahlen Sie mir für jeden Text 40 Mark Honorar. Auf diese Weise reicht Ihr Werbeetat für 20 Anzeigen, ohne dass Sie etwas drauflegen müssen."

Herr Piano Hamp geht kurz in sich. Dann sagt er: „Wenn Sie das machen würden für dieses Geld, bin ich sofort einverstanden." „Gut. Die Texte bekommen Sie in zwei Wochen. Wenn Sie nichts daran auszusetzen haben, schicke ich sie im Bündel an die ‚Süddeutsche' und schreibe Ihnen eine Rechnung über 800 Mark, plus Mehrwertsteuer." „Machen Sie das, ich habe bestimmt nichts an den Texten auszusetzen." So ist es auch. Er findet alle 20 Vorschläge wunderbar. Ich stecke sie in einen Umschlag an die „Süddeutsche", und die Sache ist für mich erledigt.

Bis Mitte November sind 16 Anzeigenwinzlinge erschienen, die ich eifrig ausschneide und sammle. Vielleicht bewirken sie etwas. Dann ist es gut, sie als Belege zu haben. An einem nassgrauen Suizidmontag besucht mich Otti Severin, seit einem Jahr Präsident des Art Director Clubs, kurz ADC genannt. Der ADC ist eine Vereinigung von Grafikern, Textern, Fotografen, Illustratoren usw., die Ariels Clementine und Frau Sommer von Jacobs mit originellen Ideen aus der Werbung vertreiben wollen und das auch häufiger schaffen. Jedes Jahr veranstaltet der Club in Berlin einen großen Wettbewerb und zeichnet Arbeiten aus, die es wert sind, anderen Werbern, vor allem aber Studenten als Vorbild zu dienen.

„Was machst du denn so zurzeit?", will Otti wissen. „Nicht viel. Den Milde-Sorte-Etat habe ich gekündigt, weil die Wiener nur noch Ärger machten, und die Henkel-Kampagne, die ich mit Dieter Kügler angefangen habe, wollte ich auch nicht mehr weitermachen. Ich arbeite jetzt nur noch für Adidas, für die eine oder andere Agentur und für meinen Großkunden Piano Hamp." Dazu zeige ich ihm die 16 Schnipsel. Otti liest und lacht: „Die musst du unbedingt zum nächsten ADC-Wettbewerb einschicken." „Wie bitte? Diese Textfürze? Jeder kostet 80 Mark Einsendegebühr. Das freut zwar den Verein, aber ich bekomme dafür nicht einmal ein müdes Lächeln." „Glaube mir, so etwas hat es noch nicht gegeben. Ich bin sicher, dass alle Juroren darüber stolpern. Erstens, weil die Anzeigen so klein sind. Aber vor allem wegen der Texte."

Acht Wochen später klebe ich sechs der Anzeigelchen einzeln auf schwarze A4-Kartons, lege einen Scheck über 480 Mark bei und rechne nach, was ich für das schöne Geld alles hätte kaufen können. Die Stimme von Otti habe ich immerhin. Anfang März hängen sie mit über 2000 anderen Einsendungen im Berliner Filmmesse-Zentrum auf der Budapesterstraße. Ein seltsamer Anblick. In der Kategorie Tageszeitung, in der sie bewertet werden, dominieren riesige ganzseitige IBM- und Mercedes-Anzeigen, dazu halbe Seiten von anderen großen Firmen. Die kleinen weißen Flecken auf den A4-Kartons wirken wie ein Suchspiel für Kinder.

Insgesamt sind 108 ADC-Mitglieder angereist, die allesamt die Jury bilden. Jeder muss mit einer langen Liste durch die Ausstellung laufen und jedes Exponat mit einem Kreuzchen beurteilen. Anschließend tippen mehrere Computermenschen die Kreuzchen in ihre klugen Maschinen ein, und die Arbeiten mit den meisten Stimmen bekommen Medaillen oder Auszeichnungen. Logisch, dass bei der Flut von Eindrücken vor allem die großen und bunten Teile punkten. Trotzdem bleiben zwei Juroren vor den Piano-Hamp-Schnipseln stehen, grinsen und sagen zu den Umstehenden: „Das müsst Ihr mal lesen!"

„Mit unseren gebrauchten Klavieren (drei Jahre Garantie) sind Sie in bester
Gesellschaft. Liszt hatte genauso wenig ein neues wie Schumann.
Chopin musste sogar auf dem Klavier seiner Schwester üben."

„Wenn Sie nachts auf einem gebrauchten Klavier von Piano Hamp spielen
(drei Jahre Garantie) und ihr Nachbar beschwert sich, sagen Sie ihm:
‚Seien Sie froh, dass es so perfekt gestimmt ist.'"

„Zum Üben sind unsere gebrauchten Klaviere (drei Jahre Garantie)
lange Zeit gut genug. Doch kaum ist der große Erfolg da,
muss es ein Steinway oder Bösendorfer sein."

„1. Satz beim Kauf eines gebrauchten Klaviers:
Ist es in einem perfekten Zustand?
2. Satz: Gibt mir der Verkäufer drei Jahre Garantie?
3. Satz: Sollen wir mal bei Piano Hamp vorbeischauen?"

„Leider gelten die drei Jahre Garantie, die wir Ihnen auf unsere
gebrauchten Klaviere geben, nur für das Instrument.
Und nicht für das Talent und die Fortschritte Ihres Sohnes."

„Was ist, wenn Ihr Sohn auf dem gebrauchten Klavier, das Sie bei uns
gekauft haben (drei Jahre Garantie), nicht mehr spielen will?
Sie behalten den Sohn und geben das Instrument an uns zurück."

Am Sonntagvormittag kommen die ADC-Mitglieder und rund 200 Gäste im Saal der Hotels Interconti zusammen, wo ab zwölf Uhr die Gewinner verkündet und geehrt werden sollen. Vorher gibt es mehrere Reden und als Höhepunkt einen Auftritt von Evelyn Künneke. Außerdem wird Tomi Ungerer, obwohl irgendwo in Irland verschollen, als Ehrenmitglied auf den Thron gehoben. Frau Evelyn ist als Künstlerin der alten Garde über-pünktlich und muss in einem kleinen Seminarraum auf ihre Vorstellung warten. Otti kommt an meinen Tisch: „Bis Frau Künneke dran ist, wird es bestimmt noch 15 Minuten dauern. Könntest du bitte zu ihr gehen und sie ein bisschen unterhalten. Du verstehst dich doch so gut mit älteren Damen." Sein Grinsen ist mehr als hintergründig. Aber warum nicht? Evelyn Künneke ist eine gute Type und ihr Schlager „Egon" klingt mir bis heute in den Ohren.

Sie sitzt entspannt an einem der Seminartische, umgeben von einem dreiköpfigen Hofstaat: Dem Klavierspieler, der sie begleiten wird, einer jungen Sekretärin und einem kaum älteren jungen Mann, der so wirkt, als sei er ihr Manager. „Tut mir leid, Frau Künneke, bis zu Ihrem Auftritt wird es vielleicht noch einige Minuten dauern. Unsere Sponsoren, die zum gro-ßen Teil die Veranstaltung und Ihre Gage bezahlen, möchten für ihr Geld noch ein bisschen reden." „Das macht gar nichts. Ich finde es aber schön, dass Sie mir das sagen."

Ich spreche Frau Künneke auf Rosa von Praunheim und Rainer Werner Fassbinder an. Mir ist bekannt, dass die beiden Regisseure gern auf alte Stars zurückgreifen, unter anderem auf Evelyn Künneke, die inzwischen die Sechzig erreicht haben dürfte. Das bringt sie sofort zum Reden und die Warteminuten vergehen im Nu. Irgendwann sind wir bei Brechts Dreigroschenoper und ich mache einen elementaren Fehler. Lotte Lenya war ein Ausnahmetalent, da stimmt sie mir zu, und hat mit ihrer Stimme die Rolle der Polly und überhaupt die Lieder von Kurt Weill für lange Zeit geprägt. „Im Moment fällt mir nur Milva ein, die, was Brecht angeht, an Lotte Lenya heranreicht." „Milva? Diese theatralische Heulboje? Die soll ihren italienischen Schmalz singen. Da bin ich hundertmal besser!" „Ich habe leider noch keinen Brecht beziehungsweise Weill von Ihnen gehört, kann mir aber vorstellen, dass Sie ihn perfekt rüberbringen. Vor allem in der Ihnen eigenen Art und nicht als nachgemachte Lenya." Das ist ziemlich dick aufgetragen, aber die Geigentöne wirken. Frau Evelyn bekommt glänzende Augen und gewährt mir ein warmes Lächeln.

Wenig später sind alle wichtigen Reden geredet und sie kann zu ihrem Vortrag schreiten. Die weitgehend unbekannten Chansons, mit denen sie beginnt, reißen niemanden aus der Lethargie. Erst als sie auf ihre alten Schlager zurückgreift, darunter auch „Egon", werden die abgebrühten Werber etwas lebendig. Bei den Volksmusikabenden im Fernsehen reagiert das Rentnerpublikum schließlich auch nicht anders.

Kurz nach zwölf beginnt endlich der Programmteil, auf den alle gewartet haben. Otti hat schon einige Frühstücksgläschen Champagner zu sich genommen und beauftragt darum Manfred Brach mit dem Verlesen der Preisträger, einen Kreativen der Düsseldorfer Werbeagentur DDB, der auf diese Weise gern mal im Mittelpunkt steht. In der Kategorie Publikumsanzeigen gewinnen die üblichen Verdächtigen. Dann folgen die Tageszeitungsanzeigen. Eine Goldmedaille wird nicht verliehen, weil keine der Arbeiten die nötige Stimmenzahl erreicht hat. Dafür gibt es eine mittlere Sensation: Silber für IBM und Piano Hamp, wobei die Klavierkampagne für Arme mehr Stimmen auf sich vereinigen konnte als der ganzseitige Auftritt des Weltunternehmens.

Zwei Herren, die neben mir sitzen, reichen mir begeistert die Hände zur Gratulation. Kein Wunder, sie sind vom Bundesverband Deutscher Zeitungsverleger. Otti, der bereits am frühen Morgen das Ergebnis kannte, hat dafür gesorgt, dass ich zufällig an ihrem Tisch sitze. Mit meiner Cola kann ich unmöglich auf diesen Erfolg anstoßen und lasse mir eine kleine Pfütze Champagner in ein Glas gießen. Danach eine größere, weil auch die anderen am Tisch das Glas mit mir erheben wollen. Und schließlich eine normale Füllung für mich selbst. Meine Frau und alle Götter werden es mir verzeihen, angesichts meines sensationellen Erfolgs.

Nach der Preisverleihung, die um 14 Uhr endet, setze ich mich mit Otti und vier anderen Kollegen ins Foyer, und wir machen weiter mit Champagner. Mein Flug nach München geht um 18 Uhr. Hochgestimmt wie ich bin, will ich die Zeit bis dahin nicht unbedingt mit einem Besuch im nahen Zoo verbringen. Im Flieger lege ich noch ein Bier nach. Und in München fahre ich mit dem Taxi statt zur Perhamerstraße ins Lehel zur „Klarermühle". Gegen zehn bin ich endlich zu Hause, erzähle Heike mit glasigen Augen von meiner wunderbaren Silbermedaille und falle ins Bett.

Am nächsten Morgen habe ich einen mörderischen Kater und erscheine gegen Mittag im Büro. Helma freut sich über die gute Nachricht aus Berlin, sieht aber mit Besorgnis meine zitternden und feuchten Hände. Als Erstes rufe ich Herrn Hamp an, um ihm mitzueilen, dass seine Anzeigen vom hochnoblen Werbeverein ADC geadelt worden sind. Statt seiner bayerischen Bassstimme meldet sich der Fernsprechauftragsdienst und mir wird heißer, als mir ohnehin schon ist: Er ist vorübergehend nicht erreichbar, und ich möchte doch bitte eine Nachricht hinterlassen. Na wunderbar, da lasse ich mich als kleinen König des Werbetextes feiern und der Kunde, dem die Texte helfen sollten, hat seinen Laden dichtmachen müssen.

Wenig später wird alles noch viel schlimmer. Der Branchendienst „New Business" und die „Hannoversche Allgemeine" melden sich, um einen Artikel über die wundersamen Kleinanzeigen zu schreiben. Gott sei Dank nimmt Helma die Gespräche an: „Herr Siemes ist bei einem Kunden." Am nächsten Tag, ich komme wieder erst gegen Mittag ins Büro, treffe ich auf eine Helma, die zwar aufgeräumt wirkt, aber auch seltsam grinst. „Herr Hamp hat angerufen." „Ja und?" Helmas Telefongespräch müsste ich eigentlich auf Bayerisch wiedergeben, damit der Irrwitz deutlicher wird: „Herr Hamp, Ihre Anzeigen haben in Berlin beim Wettbewerb des ADC eine Silbermedaille gewonnen. Der ADC ist ein feiner Werbeverein, in dem nur die besten Werbeleute Mitglied sind. Ihre Anzeigen wurden sogar noch besser bewertet als die von IBM." „Wissens was? Die Medaille von Ihrem ADAC nützt mir gar nichts. Anfang Dezember vor dem Weihnachtsgeschäft musste ich mein Geschäft schließen, dank Ihrer Anzeigen. Bei mir stand nur noch ein gebrauchtes Klavier herum, das außerdem Fehler in der Lackierung hatte. Was glauben Sie, wie das ausgesehen hat, ein großer Laden mit einem einzigen Klavier!" Trotzdem will er vier Wochen später wieder Texte von mir. Er hat sein Geschäft auf neue, preisgünstige Klaviere aus Fernost umgestellt. „Tut mir leid", sage ich, „die Anzeigen für Ihre gebrauchten Klaviere waren ein Glücksfall, für mich allerdings mehr als für Sie. Und der lässt sich nicht wiederholen." Ich bin sicher, die neuen Texte wäre nur ein schlechter Abklatsch der alten geworden.

München, im März 1991: Mein Todfreund greift die AA an, und ich verteidige sie sogar.

„Soso, du warst wieder bei deinen Freunden von den Anonymen Alkoholikern, die du so abstoßend findest." In der Stimme meines Todfreunds liegt Spott und Verärgerung. „Weder sind sie meine Freunde, noch finde ich sie abstoßend."„Gut, abstoßende Freunde sind ein Widerspruch. Aber abstoßend ist genau das, was du über sie gesagt hast." „Dann habe ich mich falsch ausgedrückt. Viele Typen in den Gruppen sind selbstgerecht bis zur trockenen Selbstherrlichkeit."

Das ist zwar nicht abstoßend, hat mich aber immer geärgert. Meistens erheben sich ausgerechnet diese Jahrmarktprediger zu den Wortführern. „Ist das ein Wunder bei Menschen, deren einzige Lebensleistung darin besteht, mir aus dem Weg zu gehen, mich zu verachten?" „Die Berufstrockenen gibt es tatsächlich. Ich habe aber eine AA-Gruppe in den Gemeinderäumen der Ludwigskirche gefunden, die anders ist. Jedenfalls die meisten Mitglieder sind anders. Es gibt keinen Obertrockenen, der den großen Vorsitzenden macht, sondern die Gesprächsleitung wandert reihum. Wir beten auch nicht dumpf die zwölf Schritte runter, wie ich das von sektiererischen AA-Gruppen kenne. Bis auf Politik sprechen wir über alles, was uns bewegt. Über Sexualität. Über Ängste. Über Geld, das wir nicht haben. Über Freuden, die wir wieder empfinden können. Über unseren Glauben. Über unsere Hoffnungen und Pläne." „Warum nicht über Politik? Die bestimmt doch euer Leben?" „Weil die AA – wie alle Selbsthilfegruppen – absolut unpolitisch sind. Außerdem könnten sich rechte oder linke Prediger einschleichen und die Labilität der Mitglieder missbrauchen."

„So kannst du es auch auslegen. Tatsächlich sind die AA eine Sekte wie die Scientologen oder andere geschlossene Glaubensgemeinschaften. Lies doch mal die fünfte Tradition aus der AA-Bibel: ‚Die Hauptaufgabe jeder Gruppe ist, unsere Botschaft zu Alkoholikern zu bringen, die noch leiden.' Erinnert dich das nicht an etwas?" „Ich muss zugeben, ja. Die christlichen Missionare wollten auch nur armen Heiden helfen, die unter ihrer Gott-losigkeit litten. Die zwölf Traditionen sind aber genauso wie die zwölf Schritte der AA nur ein Gerippe, das inzwischen etwas morsch geworden ist. Entscheidend ist, wie eine Gruppe damit umgeht. Ob sie ein Evange-lium daraus macht. Oder ob sie, wie meine Gruppe, die alten Sprüche neu auslegt und im Zweifelsfall sogar ignoriert." „Das soll ich dir glauben nach allem, was ich von dir über die AA gehört habe? Du hast mir erzählt, wie vernagelt die Typen sind, und vom Trockenrausch, in den sie sich hinein-steigern. Jeden Morgen rufen sie: ‚Halleluja, gestern war wieder ein tro-ckener Tag.' Und am Ende der Woche rufen sie erneut ‚Halleluja', weil sie eine Woche ohne Suff hinter sich gebracht haben. Zwischendurch rennen sie drei- oder viermal in Meetings, um immer wieder die Geschichte vom Wunder ihrer Errettung herunterzuleiern. Das sei genauso armselig wie ihr Leben mit Alkohol, hast du gesagt. Nur würden die von der Trockenheit Berauschten länger durchhalten." „Das war allerdings meine Rede. Und vielleicht habe ich sogar das Wort abstoßend benutzt. Aber das ist allein mein Standpunkt. Was mich abstößt, nein, was mich stört, ist für andere Alkoholiker die einzige Möglichkeit, ein halbwegs erträgliches Leben zu führen. Ich hatte immer Menschen, die mir geholfen haben, finde wieder Arbeit und verdiene genug Geld, um nicht in der Gosse oder in einer Absteige zu landen. Vielen Alkoholikern bleibt nichts als ihr armseliges Leben, wenn sie wieder trocken sind. Ohne Familie oder Freunde, ohne Arbeit, ohne eine menschenwürdige Wohnung. Vom Geld für kleine Freu-den, die sie ablenken würden, ganz zu schweigen. Die Gruppen sind ihre

Familie, die fußkranken Sprüche der AA ihr Credo und die wackelige Gewissheit, nicht mehr trinken zu müssen, ihr einziger Lebensinhalt. Ich finde das schrecklich und würde mich lieber totsaufen, als so vor mich hin zu vegetieren. Aber wenn diese Menschen dadurch ihren inneren Frieden finden und weder in die Selbstherrlichkeit abrutschen noch zurück in den Suff, sollen sie so leben." „Warum kommen dann die meisten zu mir zurück? Hast du mir nicht von den beiden heiligen Nichttrinkern erzählt, die nach 12 oder 14 Jahren wieder von mir in die Arme genommen werden wollten?" „Immerhin waren sie in diesen Jahren vor den Qualen geschützt, die du ihnen bereitet hättest." „Und vor den Glücksmomenten." „Ich wusste, dass du mir damit kommen würdest. Aber unser Gespräch, falls ich es überhaupt so bezeichnen kann, wird mich nicht davon anhalten, wieder in die Gruppe zu gehen." „Tue das, ich warte auf dich."

Sechs Wochen lang habe ich die Meetings noch eifrig besucht. Dann wurde es Frühling. Im Hofgarten blühten die Kastanienbäume. Auf dem Viktualienmarkt gab es den ersten Spargel. Ich durfte schöne Texte schreiben, kaufte mir ein neues Fahrrad und einen großen Ficus für mein Büro. Dazu passten weder der Alkohol noch das Gerede über das schöne Leben ohne ihn.

Berlin, Juni 2007: Die Beobachtungen der Gabriela Oswald.

Ein alter Mann hängt schräg auf dem Sofa. Bis auf die Unterhose unbekleidet, sabbernd. Der Fernseher läuft, er sieht schon lange nicht mehr hin. Vor ihm auf dem Tisch eine fast leere Flasche billiger Weißwein. Das edle Champagnerglas mit dem hohen Kelch ist noch halb voll. Seine Hand zittert, als er es zum Mund führt. Die illegal nach Deutschland geschmuggelten Tabletten sind aufgebraucht. Zeit für den nächsten Entzugsversuch.

Ich kenne den Mann weder besonders lange noch besonders gut. Ich mag ihn. Er ist klug, schlagfertig, witzig, großzügig. Überheblich, zynisch, sentimental, depressiv. Ein guter Koch und aufmerksamer Gastgeber. Ein wunderbarer Mensch mit einem Alkoholproblem. Jetzt muss er dringend ins Krankenhaus. Er tut mir leid, wie er da liegt auf dem Sofa. Ich will das nicht sehen. Mit halb hochgezogener Unterhose kommt der Mann unsicher schwankend aus der Toilette, immerhin. Seine Gefährtin, seit einer Woche im gewohnten Unglück wieder an seiner Seite, stützt ihn. Anziehen soll er sich. Im Schlafzimmer auf dem abgezogenen Bett ein nasser Fleck. Darauf lässt er sich fallen, rollt den langen schmächtigen Körper zusammen. Ein großes Baby, das nichts will, nur sterben vielleicht.

Wir haben einen Plan: Das Ziel – ein großes Krankenhaus in einem der härteren Berliner Stadtteile, mit geschlossener Abteilung und liberaler Medikamentenausgabe. Freitagabend ist günstig: die oberen Ärzte aus dem Haus, die Verantwortung bei den Assistenten.

Allein kann und will sich der Mann nicht bekleiden. Zwei Frauen mühen sich auf dem Bett, ihn zu heben. Reden, streicheln, trösten. Er weint. Mit schwerer Zunge: „Der Beste, ein Niemand, Besuch aus Dortmund, heute, Lob, Vorbild, keiner will ihn, sterben, ihn in Ruhe lassen, Angst, Qual, will nicht mehr, verrecken, blaue Augen, Lügen." Dünne Arme wollen nicht ins feine gebügelte Hemd. „Komm, mein Großer." Er lacht. „Mein Gott. Los jetzt, heb mal den Hintern, damit wir die Hose anziehen können. Reißverschluss, Gürtel. Jetzt aufstehen. Komm bitte. Bitte! Hier schnell der Stuhl. Fuß hoch. Zwei Frauen, die dir die Schuhe anziehen, davon hast du immer geträumt, oder? Ich hole schnell das Auto. Koffer fertig? Brille, Zigaretten, Schlafanzug, Zahnbürste, Krankenkassenkarte? Nicht zu viel Geld."

Ich habe den Mann vorher nie anders als in offizieller Distanz berührt. Jetzt nimmt er meine Hand, hält sie fest, streichelt Oberarm und Schulter, fasst an. Ich streichle sein Gesicht, die Haare, wir umarmen uns. Komisch, dass das geht. Eigentlich finde ich die Situation widerlich. Auch das jämmerliche Selbstmitleid. So egozentrisch. So feige. So verantwortungslos. So heruntergekommen. So Mensch.

Nachdem er die Treppen mit Hilfe der beiden Frauen gemeistert hat, wird der Mann unter den befremdeten Blicken der Passanten in das vor der Tür stehende Auto gesetzt. Vorsichtig, damit er sich nicht den Kopf stößt. Vorn auf dem Beifahrersitz schnallen sie ihn fest. Die Tür wird verriegelt, für alle Fälle. Gierig nimmt er einen Schluck aus der Weinflasche. Die musste mit, sonst wäre er nicht gegangen. Aber das ist jetzt auch egal. Es ist eine verhältnismäßig lustige Fahrt. Mit dem größten Texter aller Zeiten.

Wir haben Angst, dass man uns wieder nach Hause schickt. Was ist, wenn es nicht funktioniert? Der Mann sich erfolgreich weigert oder doch noch in der Lage ist abzuhauen. Er ist immer noch clever, und er hat mordsmäßigen Schiss. Wir müssen ihn bei Laune halten.

Vom Parkplatz bis zur Notaufnahme ist es nicht weit. Diesmal schon. Die Dreiergruppe bewegt sich ungelenk. Der Mann stolpert. Die Frauen halten. Grad so. Die Gefährtin so klein. Der junge Rettungsassistent, zufällig in der Nähe, tut was nötig ist. Hilft dem Mann auf die schnell herbeigeholte Trage. Gitter hoch. Im Eiltempo in die Notaufnahme. Zwei Frauen mit dem Koffer hinterher. Sammeln seine abgestreiften Schuhe ein.

Auf dem Flur. Hier warten so einige. Freundlich professioneller Empfang. Es wird gescherzt: „Sie haben Glück. Zwei so hübsche Damen an der Seite, was wollen sie denn." Gekicher von den umliegenden Tragen. Der Mann lächelt. Fast stolz. Die Gefährtin regelt die Anmeldung. Warten. Der Mann liegt verkrümmt, das Gesicht ans Gitter gepresst. Die andere Frau sitzt vor ihm. Auf dem Koffer. Auge in Auge. Er nimmt ihre Hand. Gegenüber ein anderer Mann, mit augenscheinlich ähnlichem Problem. In billigen, schmutzigen Klamotten. Er beobachtet uns. Schaut rüber und muss lachen. Bei ihm ist niemand.

Der Mann will Tabletten. Und sterben. Jetzt muss er erst mal in den Untersuchungsraum. Die Frauen sollen mitkommen. Beide. Auf jeden Fall. Der Pfleger, eine warmherzige Berliner Großschnauze, hat schon alles gesehen. Auch mehr als 4,2 Promille. Der Mann mag ihn. Die Frauen auch. Die Gefährtin gibt Auskunft. Wie immer. Diesmal mehr: Depression, aus dem Fenster springen, sterben, kann für nichts garantieren. Weiß nicht mehr weiter. Das ist nicht mal gelogen. Na, dann kommt er auf die Station mit den schönen Schwestern. Die Frauen nicken. Sehr einverstanden. Der diensthabende Psychiater wird gerufen. Ein ernsthafter junger Mann. Will mit ihm sprechen. Allein.

Pause. Warten. Man wird uns Bescheid geben. Wir stehen vor dem Eingangsbereich des Krankenhauses. Trinken Automatenwasser aus braunen Plastikbechern. Rauchen. Reden. Immer im Kreis. Was soll man auch sagen. Wahnsinn. Nicht gut. Die Gefährtin traurig und erschöpft. Gibt sich die Schuld. Wer bin ich, ihr zu raten. Was auch. So ein Elend. Schon so lange. Immer wieder. Man gewöhnt sich dran. Bis zur Selbstaufgabe.

Die Frauen betreten den Raum. Lautstark beginnt der Mann zu schimpfen. Bäumt sich auf, das Gesicht verzerrt. Der erhobene Zeigefinger fährt durch die Luft. Schreiend. Geifernd. Hässlich. Das Arschloch bleibt ruhig. Redet mit den Frauen. Unterbrochen durch Geschrei. Eigentlich kann der Mann nicht bleiben. Müsste verlegt werden in die örtlich zuständige Klinik. Er muss das klären. Der Mann muss pinkeln. Will aufstehen. Will sowieso weg. Alles Scheiße hier. Der Tropf stört. Will sich losreißen. „Jetzt warte doch mal. Bitte. Bleib ruhig. Nein. Hör doch mal auf." Eine Frau hängt die Infusionsflasche ab. Die andere hält den Mann. Zum Pinkeln gibt es eine Ente. So ist das hier. Die Gefährtin hilft. Gürtel, Hosenschlitz, Unterhose, Ente. Schwanz auspacken, reinfummeln. „Halt doch mal still." Die andere Frau dreht sich weg. „Ich kann nicht." „Doch, du kannst." Den Wasserhahn auf. Dann geht es. Sogar zweimal. Dazwischen: der Vater – Hermann, der Bruder – ein Arsch, die Tante – verrückt, die Familie? Horror. Er weint.

Mir ist das alles zu viel, zu nahe. Hier ist meine Grenze. Ich will das nicht sehen. Hoffentlich kommt der Arzt gleich zurück. Hoffentlich behalten sie den Mann da. Sonst weiß ich auch nicht. Dass wir so funktionieren. Zwar aufgeregt. Etwas hysterisch. Aber sonst: gute Mamis, liebevoll zugewandt, ein bisschen streng. Wahren die Fassade. Selbst jetzt.

Verlegung nicht möglich. Der Mann darf bleiben. In seinem Zustand. Jetzt ernsthaft: Er bittet also um Hilfe beim Entzug. Ja. Könne er versprechen, zu bleiben. Das nicht. Dann muss es anders gehen. Das Arschloch, streng, setzt sich und schreibt. Doch, er verspreche es. Alles. Die Frauen besorgt, abwartend. Dem Arschloch reicht es. Die Entscheidung ist gefallen. Ein Telefonat, leise: Es kommt noch ein Patient. 66 Jahre. Ein wenig aufgeregt. Eventuell fixieren. Ja, der Flur ist vielleicht gerade richtig heut' Nacht. Der Mann wehrt sich nicht mehr. Gegen die Mehrheit. Liegt apathisch. Das Arschloch schiebt los. Der Tross folgt. In die dritte Etage, Station 32. Geschlossen. Die Reise endet vor der Tür. Für die Frauen. Drinnen schreit der Mann.

Berlin, Juni 2007: Nicht mein Tod- freund, nein, die Umstände sind an allem Schuld.

Was Gabriela geschrieben hat, stimmt bis zum letzten Buchstaben. Ich kann weder etwas beschönigen, noch sagen: „Das ist allein ihre Sichtweise." Es war so. Ich kann nur die für mich typische Vorgeschichte erzählen.

Seit dem 2. November lebe ich in Berlin. Ich bin bewusst in den Osten gezogen und hatte das Glück, eine für mich passende Wohnung im Stadtteil Prenzlauer Berg zu finden. Sie befindet sich mitten im Leben auf der Stargarder Straße 18, 80 Quadratmeter, dritte Etage mit kleinem Balkon zum Hinterhof, der von einem einsamen, aber großen und tapferen Baum belebt wird.

Mit meinen 66 Jahren komme ich mir zwar manchmal etwas gruftig vor zwischen all den jungen Müttern mit ihren Millennium-Kindern und den schrecklich aufgeschlossenen Vätern, die Mutter und Kind meistens hinterherlaufen. Aber in Wilmersdorf oder Lichterfelde, wo ich häufiger auf Westrentner gestoßen wäre, hätte ich mich nicht wohlgefühlt. Alt bin ich selbst, und Rogaška Slatina mit den dort umherschlurfenden Senioren-Pulks waren Spiegel genug. Zudem ist das Leben im Berliner Osten billiger als in Slowenien und halb so teuer wie in München.

300 Meter entfernt steht die Gethsemanekirche, die während der friedlichen Revolution im Jahr 1989 ein wichtiger Anlauf- und Sammelpunkt war. Jetzt ist sie nicht nur Kirche, sondern auch Konzertsaal. Meine geliebten Passionen und Oratorien von Bach werden zur entsprechenden Jahreszeit zwei- bis dreimal aufgeführt. Häufig mit Laienchören, die mir lieber sind als professionelle Gesangsgruppen. Ihre Stimmen kommen von Herzen und werden nicht vom Bewusstsein geprägt, Mitglied eines großen Chors zu sein.

Die Stargarder Straße ist für mich Glück und Unglück. Überall kleine Geschäfte, Cafés, Lokale und Läden mit Dingen, die niemand braucht. Überall freundliche Verkäuferinnen, Kellner und Kellnerinnen und Handwerker, die meisten davon Ausländer. Und alles ohne Anspruch und zwanghafte Feinheit. Eine Straße, die lebt, so, wie ich sie mir immer gewünscht habe. Aber dann sehe ich die Menschen um mich herum. Unnatürlich jung für eine deutsche Stadt, kaum einer über vierzig. Und ich fühle mich nicht etwas alt, sondern verloren.

Mir wird bewusst, was ich in München und Slowenien nur partiell empfunden habe: Meine Zeit läuft ab. Nicht nur das. Ich bin ein Fremdkörper im Jugendgewimmel, ein von der Gegenwart Ausgestoßener. Die Verkäuferinnen, Kellner und Kellnerinnen sind zu mir nicht freundlich, weil sie zu allen Kunden oder Gästen freundlich sind, sondern weil ich ein alter Mann bin. Höflich zwar und gut gekleidet, aber alt. Den lockeren, smarten Siemes, der manchmal erst gar nicht auf die Leute zugehen musste, gibt es nicht mehr. Übrig geblieben ist ein dünner Alter mit zu großem Kopf, zu großen Augen, zu ärmlichem Haarwuchs. Der ist einfach da, stört nicht, fällt nicht einmal auf, wenn er besoffen ist, weil er die Dunkelheit für sich nutzt. Aber genau genommen ist er deplaziert, 30 Jahre zu alt für die Straße. So einen lässt man. Wenn er etwas sagt oder versucht, eins seiner alten Scherzchen zu machen, lächelt man höflich und lässt ihn. Er ist ja immer gut angezogen und gewaschen.

In den ersten Monaten war das anders. Die Wohnung, die Ika mit ihrem Bruder eingerichtet hatte, brauchte Ergänzungen. Ein Anlass zu ständigen Entdeckungsreisen: Wo gibt es Seide für die Decke übers Bett? Wer näht sie? Wo gibt es gute Messer, Gemüseschäler, einen großen Kochtopf, Kabelabdeckungen, schöne Fußlampen, Rollos, Digitalboxen, Versandkartons für Slowenien, Silberputzmittel, Unterwäsche, neue Brille, Malzeug, Lupe, Schere, meine Zigaretten?

Gleichzeitig ließ ich ein altes Plakat neu drucken, nahm die Produktion meiner Kästchenobjekte wieder auf und fuhr regelmäßig zu den Flohmärkten am Ostbahnhof und auf der Straße des 17. Juni. Ich war zwar alt, aber es bedrückte mich nicht, weil ich die Geschäftigkeit des Entdeckers darüber stülpte. Ich schrieb, werkelte, malte, kaufte ein, putzte, wusch und begann sogar, ein Buch zu lesen. Außerdem traf ich auf etliche Leute aus meiner Werbezeit: „Schön, dass du in Berlin bist. Hier gehörst du her. Slowenien war nichts für dich. Wir sehen uns.“

Und dann war da noch Gesine. Die lange, dünne, gute, alte, junge Gesine. Manchmal 17 Jahre alt, manchmal 57, aber immer 37 Jahre klug, einfühlsam, mich mitnehmend, andere Leute mitbringend. Sie machte mich zum Kellner auf einer Weihnachtsfeier für Obdachlose, schickte mich mit ihrer Freundin Claudia in die Holocaust-Ausstellung, sah sich mit mir Filme an, die sie gern sehen wollte. Wir hörten uns das Weihnachtsoratorium und die Passionen an. Wir fuhren in ein Gartencenter, gingen ins Café Blume oder ins „Kakao“. Und zum ersten Mal in meinem Leben war ich Heiligabend in einem Gottesdienst. Glücklicherweise der humanen Art ohne viel Gelaber, so dass wir hinterher entspannt ins Foyer des Ritz Carlton gehen konnten, um in den ersten Weihnachtstag hinein zu reden und manchmal auch zu schweigen.

Sie fuhr mich sogar nach Jablonec in Tschechien zum Einkaufen für unseren kleinen Laden in Rogaška. Bei der Autofahrt wurde sie zur Vertrauten, der ich Dinge erzählte, über die ich jahrelang nicht gesprochen hatte. Wir waren Freunde.

Trotzdem wurde ich das Gefühl nicht los, sie zu belasten oder, schlimmer noch, zu belästigen. Nicht weil sie mir dieses Gefühl gab, sondern weil ich es entwickelte. Die Folge war, dass ich drei Wochen nach der Tschechienreise ihre gespeicherte Telefonnummer löschte, um sie weder im Normalzustand und erst recht nicht im Suff mit irgendwelchen Wünschen oder gar Problemen zu behelligen. Sie hatte genug eigene. Wir unterhielten uns jetzt per Mail. Die konnte sie, im Gegensatz zu Telefongesprächen, annehmen, wenn ihr danach war. Oder ungelesen löschen, was sie nie getan hat. Ich hielt und halte das für einen guten Weg. Sagen kann ich viel. Zum Geschriebenen muss ich mich bekennen.

Dann kam der Mai, den ich herbeigesehnt hatte. Mein Lieblingsmonat. Mit Spargel, dem zarten Grün der Bäume (Berlin ist die grünste Millionenstadt Europas), Rhododendron auf meinem kleinen Balkon, den ersten Erdbeeren mit Geschmack, mit später Dunkelheit und blauem Himmel am frühen Morgen.

Ich kaufte mir ein schönes schwarzes Fahrrad, nachdem das erste, ein hässliches Sonderangebot von Kaisers, zum Glück geklaut worden war. Als ich alle störenden Aufkleber runtergepult hatte, wurde es zum Designer-Rad. Solche Äußerlichkeiten brauche ich, um zu zeigen, wer ich nicht bin: Ein Mensch, der sich, abgesehen von bestimmten Lidl-Lebensmitteln, mit normalen Dingen zufriedengibt.

Inzwischen hatte ich auch wieder kleine Erfolge. „Stern-Online" veröffentlichte mein Pamphlet über die moderne Treibjagd auf Menschen, die noch rauchen. Und die Zeitschrift „Dummy", ein exzellent gemachtes Themen-Magazin, wollte von mir für ihr Türken-Heft einen Beitrag über Mustafa Kemal Atatürk.

Es war ein Bilderbuch-Mai, ein vorweggenommener Juli. Mit 25-Grad-Nächten, Schlangen vor den Eisläden, viel zu frühen, dicken Kirschen und Tischen vor allen Cafés und Bäckereien: Bitte setzen, der Tag ist schön! Nur für mich war hier kein Platz. Ein einzelner alter Mann besetzt einen Tisch mit zwei oder drei Plätzen, was soll das? Was will der hier? Die Klappstühle, Korbsessel oder Bänke sind ohne Schild reserviert für Leute um die dreißig, für die Berufsmütter mit ihren demonstrativen Kinderwagen, für den halbintellektuellen Ostnachwuchs.

Ich bin hier alter Türke und gehöre allenfalls auf die Plastikstühle des Türkenbäckers in der Lychener Straße, 100 Meter entfernt vom Fluss der Jugend. Der hat aus seiner Heimat die Akzeptanz des Alters mitgebracht, sieht in mir einen normalen Menschen, der grau und vielleicht sogar ein bisschen weise geworden ist. In der ersten Zeit trank ich seinen Maschinen-Capuccino, aber schon bald zwei bis drei Flaschen Jever. Sie machten mir Mut, und ich wagte mich vor zur „Rue le Jeune". Der Spanier schräg gegenüber von Haus 18 hat ebenfalls ein Stück Lychener Straße in die andere Richtung, mit Tischen und großen Bäumen, die mich schützend beschatten.

Bald saß ich jeden Abend hier, träumend von dem, was gewesen war und allem, was ich noch machen würde. Aus zwei Halben Bitburger wurden drei, dann eine erzwungene Zeit lang vier. Und nach zwei Wochen bestand die Begrenzung nur noch in der Frage: Kann ich noch gerade gehen und sprechen, ohne zu lallen? Der Wirt kam pflichtgemäß mit mir ins Gespräch und nahm sogar Ratschläge zu seiner teilweise missglückten Lokaleinrichtung an. In einigen Bereichen sah sie aus wie Schinkenstraße Mallorca, mit alten Wagenrädern, deplaziertem Hydrometer und einem viel zu großen Bild von einem schlechten Maler.

Wenige Tage nach meiner ätzenden Kritik zeige er mir stolz seine Veränderungen. Bild und Wagenräder waren verschwunden und im Mauerwerk, das er vor drei Jahren von Hand mühsam freigeklopft hatte, brannten kleine Teelichter. Ein spanischer Sternenhimmel in der Vertikalen. Kitschig, aber kein bisschen Schinkenstraße – spanische Nacht im Kiez. Die laienhaft gepinselten Flamenco-Tänzerinnen in den Nischen hatte er auch übermalt. Weniger ist mehr.

An einem Abend kam Gabriela vorbeigeradelt, spontan, unaufgefordert, aber eine willkommene Unterbrechung meiner Träume, die immer wirrer wurden. Sie ist Gesines Freundin und hat ein kleines Café in der Hufelandstraße, nahe am Friedrichshain. In den ersten Monaten meiner Berlin-Zeit war sie mir etwas fremd mit ihrer leicht pathetischen Geschäftigkeit. Nach und nach aber merkte ich, dass sich dahinter eine warme Seele verbirgt. Und sehr viel davon.

Wir ratschten, wie die Bayern sagen, unterhielten uns also ohne erzwungene Tiefen oder halbphilosophischen Anspruch. Mit Gesine sind Gespräche über Belanglosigkeiten zwar auch möglich, aber ich muss sie dazu aus ihrer Welt der bemühten Bildung runterziehen auf das banale Holz des Tisches, an dem wir gerade sitzen. Klug zu sein ist anstrengend. Das weiß ich aus meinen trockenen Jahren zwischen dreißig und vierzig. Besonders dann, wenn man sich nicht hin und wieder in die vermeintlichen Scheußlichkeiten des Alltags fallen lässt. Damit meine ich ausnahmsweise nicht den Alkohol. Sondern Dönerbuden, schlechte Actionfilme im Fernsehen, schmuddelige Supermärkte, billigen Zitronenkuchen von Lidl oder Straßen wie die Frankfurter Allee, weiter hinten.

Gabriela ging es am nächsten Tag ziemlich schlecht, weil sie zu viel vom mörderischen Weißwein des Spaniers getrunken hatte. Ein Zeug, von dem die männlichen Gäste impotent und die weiblichen unfruchtbar werden. Ich war bei meinem Bier geblieben, musste zum Morgenkaffee aber nicht nur eine halbe Schrippe, sondern auch eine halbe Lexotanil nehmen. Dreißig von diesen kleinen „Broten" hatte ich noch, war darum trotz meiner Spanier-Abende auf der sicheren Seite. Vorübergehend. Die schönen länglichen Pillen würden schnell aufgebraucht sein, das war mir klar. Ich wusste auch, dass ich danach in arge Schwierigkeiten kommen würde. Doch ich hatte inzwischen den gegenteiligen Vorsatz der Anonymen Alkoholiker angenommen: „Nur heute trinken" statt „Nur heute nicht trinken".

Bevor ich zum von Gabriela beschriebenen Finale ansetzte, ließ ich mich von Gesine überreden, in die Vivantes-Klinik an den Danziger Straße zu gehen. Einen ganzen Tag hielt ich es dort aus, obwohl ich bis zur nächsten Distraneurin-Medikation nach jeweils drei Stunden immer kurz vor dem Verrecken war. Um das zu verhindern, begann ich, mich zum Gemischtwaren-Türken zu schleichen, Ecke Danziger/Eberswalder. Nach dem Motto: „Ein Jever im Stehen, und alles wird gehen."

Weil die Sonne so schön schien, fuhr ich zwischendurch mal schnell mit dem Taxi zur Stargarder 18, um mich ein bisschen in die Wohnung zu setzen. Hier traf ich auf zwei völlig überraschte Frauen: Gesine und Gabriela packten gerade ein paar Sachen für mich zusammen, die mir im Krankenhaus fehlten. Die Überraschung währte nur kurz und machte Platz für Ärger und Wut: Findet dieser Idiot seinen Auftritt vielleicht witzig? Sie brachten mich zurück in die Klinik.

Am Abend, als ich meine nächsten Tabletten bekommen sollte und nicht bekam, weil ich das Jever zugegeben hatte, war der Klinikaufenthalt beendet. Ich packte mein Notkofferchen, wanderte in der tief stehenden Sonne zum nächsten Vietnamesen, der auch Jever auf der Karte hatte und ersetzte die Tabletten durch Bier-Medikation.

Die folgenden Tage erinnere ich nur noch episodenhaft. Ich schickte einen Taxifahrer zur Metro, um sechs Flaschen Taittinger, sechs Flaschen Veltliner von Jamek und einen Riesenpulpo zu holen. Mir gelang es sogar, das Wabbeltier zu kochen und einen Salat daraus zu machen. Manchmal legte ich mich in die Badewanne, zog mich an und wackelte zum Türken auf der Lychener Straße. Irgendwann war Ika da und hatte außer Angst und Verzweiflung sogar 50 Distraneurin von einem Arzt aus Slowenien im Gepäck. Hin und wieder aß ich ein bisschen, was Ikas größte Sorge war. Dann legte ich mich wieder in die Badwanne und wackelte zum Türken.

Schließlich lag ich nur noch als Halbtoter auf der Couch, nicht mal mehr in der Lage, einen Bademantel anzuziehen, aber sehr wohl fähig, billigen Wein ins teure Sektglas zu gießen. Alles Weitere hat Gabriela ebenso brillant wie schonungslos beschrieben.

Frankfurt, im März 1978: Der zwei-geteilte Henninger Turm.

Viele meiner Werbekollegen haben noch nicht vergessen, dass ich bis Ende 1972 ein unermüdlicher Säufer war. Darum glauben sie, es gäbe kaum einen besseren Texter für Alkoholwerbung als mich. So auch Uwe Ortstein, einer der besten Kreativen in und um Frankfurt. Seit zwei Jahren leitet er die Frankfurter GGK-Dependance und steht vor der Aufgabe, eine Kampagne für die Henninger Brauerei zu entwickeln. Wie immer öfter in der letzten Zeit im Wettbewerb mit drei anderen Agenturen. Die Werbung wird auf den Kundenseite zunehmend bestimmt von akademischen Hosen-scheißern, die zwar vollgepumpt sind mit theoretischem Marketingwissen, aber vom Leben und damit von der Werbung keine Ahnung haben. Die fehlende Ahnung ersetzen sie, indem sie sich nach allen Seiten absichern und für ihre Werbung möglichst viele Agenturen engagieren. Bestimmt wird ein Vorschlag dabei sein, der seicht genug ist und die Tests der Marktforscher genauso übersteht wie die kritischen Fragen ihrer Chefs oder Vorstände.

Uwe Ortstein ist zwar auch ein sehr guter Texter, hat aber wenig Bezie-hung zum Bier. Sein Geschmackssinn steht nach Höherem, etwa dem Rotwein Château Margaux oder Champagner. Er zeigt mir stolz einen kleinen Lagerraum mit einem größeren Weinvorrat, vor allem aber angereichert mit Delikatessen aller Art, wie etwa Gänseleber. Er ist wie ich ein Kriegskind und hat offenbar permanente Angst vor dem Hungertod.

Der Henninger Brauerei geht es nicht sonderlich gut. Ihre Chefs haben zu lange geglaubt, der zunehmende Pils-Konsum sei eine Modeerscheinung und würde sich in Kürze zu einem gesunden Exportbier-Boom zurückentwickeln. Zurzeit hat das Pils einen Anteil von knapp 20 Prozent an den Henninger Bieren. Er könnte wachsen oder auch nicht. Darum möchte die Marketingleitung beides bedienen. Vermutlich Biertrinkerszenen im Grünen, zu denen wahlweise ein Pils- oder Exportgebinde gestellt werden kann.

Uwe Ortstein ist mit mir einig: Wenn wir so etwas präsentieren, hat GGK (Gerstner, Gredinger, Kutter) kaum eine Chance. Große Frankfurter Agenturen wie McCann oder Thompson können hundertmal besser in die Klamottenkiste greifen und gefällige Idylle präsentieren. Die gehen den Biertrinkern zwar an den Gläsern vorbei, sind aber gut gegen die Ängste der verantwortlichen Marketing- und Werbechefs.

Das sogenannte Briefing der Henninger Brauerei ist ein dickes Blätterwerk mit Zahlen und Vermutungen aller Art und macht mich noch ratloser, als ich ohnehin schon bin. Nach einem erfolglosen Nachmittag verlasse ich die Agentur, die auf der Mainzer Landstraße in einer alten Villa residiert, und laufe ziellos Richtung Stadtmitte. Das Hotel Westend, in dem ich abgestiegen bin, werde ich später aufsuchen. Es ist klein und hat nur drei Sterne, aber ich liebe es, weil es sehr gemütlich ist und weil hier der Morgenkaffee in hübschen weißen Hutschenreuther-Kännchen serviert wird.

Auf der Friedrich-Ebert-Anlage sehe ich plötzlich eine Henninger-Kneipe. Vielleicht stehen an der Theke Frankfurter Stammzecher, von denen ich eine Anregung für die Kampagne bekomme. Obwohl ich Cola trinke, ist es nicht schwer, mit ihnen ins Gespräch zu kommen und sie nach ihren Trinkgewohnheiten zu fragen. Einige haben Pilstulpen vor sich stehen, die meisten aber normale Gläser mit hellem Bier oder Export. Als ich nach dem Unterschied zwischen dem herben Pils und dem lieblicheren Export frage, bilden sich sofort Fraktionen. Das Pils hat mehr Hopfen, ist gesünder, männlicher, moderner – einfach besser. Das gute alte Export hat mehr Geschmack, ist mindestens genauso gesund, nicht so bitter, perlt schöner – und ist überhaupt das Bier aller Biere. Auf dem Weg zum Hotel bringt mich das Thekengespräch auf eine Idee: Wir machen eine Doppelkampagne, in der Pils und Export gegeneinander antreten. Zum Beispiel zwei Plakate, am besten nebeneinander. Auf dem einen steht: „Henninger Pils schmeckt besser als Henninger Export." Auf dem anderen: „Henninger Export schmeckt besser als Henninger Pils." So wird, hoffe ich, eine Diskussion angezettelt, in der sich die Frage nach der Marke erst gar nicht stellt. Binding, der größte Konkurrent, bleibt außen vor.

Uwe Ortstein ist sofort einverstanden, und wir beginnen, die Bierwelt in zwei Bereiche zu teilen. Auf den Herrentoiletten hängen Schilder über den Pinkelbecken „Nur für Henninger Pils-Trinker" und nur für „Henninger Export-Trinker". Stammtische werden geteilt, Aschenbecher, Thekenbereiche, Bierdeckel, Tragetaschen, Serviertabletts, Würfelbecher – alles wird streng getrennt oder entsprechend bedruckt. Das eckige, 87 Meter hohe Silo des Henninger Turms bekommt eine senkrechte Trennlinie. Links lagern Gerste und Malz für Henninger Export, rechts für Henninger Pils. Mir fallen spontan Funkspots und Fernsehwerbefilme ein.

Am Beginn eines Werbeblocks im Radio könnte zum Beispiel dieses Streitgespräch gesendet werden: „Du Herbert." „Ja, Erika." „Hier ist eine Anzeige in der Zeitung, da steht Henninger Pils schmeckt besser als Henninger Export." „Ja und?" „Daneben ist noch eine Anzeige, da steht Henninger Export schmeckt besser als Henninger Pils. Das ist bestimmt ein Reklame-Gag." „Das glaubst du!" „Etwa nicht?" „Meine Güte, das weiß doch jeder, dass Henninger Pils besser schmeckt als Henninger Export." „Das bittere Zeug rühren doch nur …" „Bitteres Zeug, sagst du?" „Ja, genau das sage ich, wenn ich an das leckere Export denke." „Da sieht man es mal wieder." „Was sieht man?" „Dass Frauen von Bier keine Ahnung haben." „Das ist eine bodenlose Frechheit." „Nein, die Wahrheit." „Jetzt reicht es mir, ich ziehe zu meiner Mutter." „Tu das. Dann kann ich in Ruhe mein Henninger Pils trinken." Sprecher: „Henninger Pils schmeckt besser als Henninger Export." Sprecherin: „Henninger Export schmeckt besser als Henninger Pils." Gegen Ende des Werbeblocks würde der Funkspot noch einmal gesendet, diesmal mit vertauschten Rollen. Herbert stolpert über die Henninger-Anzeigen und beschließt, nach dem Streit mit Erika zu seiner Mutti zu ziehen.

Die Kampagne trifft, wie wir glauben, genau den Punkt. Und die Henningers wären schön blöd, wenn sie die Zeichen der Zeit nicht erkennen würden. Leider kommt alles anders. Uwe Ortstein erzählt mir nach seinem Besuch bei Henninger, warum. „Die Herren waren zuerst etwas konsterniert, fassten sich aber und schienen sich allmählich mit der Doppelstrategie anzufreunden. Dann erzählte ich deinen TV-Spot mit dem Henninger Turm, und die Sache kippte total."

Wir haben die Phasen des Films am Vormittag noch ganz schnell zeichnen lassen, ein Storyboard, wie es in der Fachsprache heißt. Hat aber nicht geholfen: Zwei Henninger-Vorstände werden vor dem geteilten Henninger Turm interviewt. „Meine Herren, Sie als Henninger-Vorstand haben mit einer neuen Werbekampagne die Diskussion angezettelt, ob Ihr Pils- oder Exportbier besser schmeckt. Vermutlich ein Trick, um Ihre Marke ins Gespräch zu bringen?" „Sie mögen das für einen Trick halten", antwortet der rechte Vorstand, „für mich geht es um den Geschmack. Und hier liegt Henninger Pils weit vor dem Export." „Moment mal", schaltet sich der zweite Vorstand ein, „das sagen Sie! Für mich ist Henninger Export das bessere Bier. Eindeutig!" „Das ist doch lächerlich. Ihr Pils ist doch …" „Wie bitte?" „Lächerlich? Meinen Sie damit vielleicht …?" „Ich meine, was ich weiß, das Export von Hen …" „Gar nichts wissen Sie …" Die beiden Herren werden immer lauter, wobei die Kamera zurückfährt, bis sie nur noch kleine Figuren vor dem großen Turm sind. Man hört sie aus der Ferne schreien und sieht, wie sie sich gegenseitig an den Kragen gehen.

Ein bisschen verstehe ich, warum die Kampagne mit diesem Werbefilm den Bach runterging. Zufällig waren zwei der Herren, denen Uwe Ortstein die Idee vorstellte, Mitglieder des Henninger-Vorstands.

München, im August 1984: Ich werde Vereins- präsident, nicht ganz wider Willen.

Otti Severin hat mich gestern Nacht verzweifelt aus Frankfurt angerufen. Der Art Directors Club wählt heute einen neuen Präsidenten. Vier Jahre lang hat Otti den psychopathischen Haufen zusammengehalten. Jetzt will und kann er nicht mehr. Zu seinem Entsetzen haben sich zwei Kandidaten gemeldet, die den Verein in die Kundenrichtung drehen wollen. Also keine Kreativität mehr ohne Rücksicht auf die Empfindlichkeiten von Marketingfürsten. Sondern angepasst an die „Erforderlichkeiten der Marktes", wie es so schön heißt. Das ist ungefähr so, als hätte sich die Gruppe 47 die Bücher von Heinz G. Konsalik auf die Fahne geschrieben, oder der Bund Freischaffender Foto-Designer würde Pressefotos von Fürstenhäusern zu Vorbildern erklären.

„Du musst Präsident werden", sagte Otti, wobei ich nicht wusste, ob Weinen oder Flehen in seiner Stimme lag. „Wenn der Arndt oder Sendlmair gewählt werden, habe ich vier Jahre umsonst meinen Kopf für einen kreativen Verein hingehalten." „Erstens bin ich kein Vereinstyp, am allerwenigstens ein Vereinsvorsitzender. Zweitens weiß ich nicht, ob mich die Bagage will. Die kennen mich als zickigen Einzelgänger, der in alle Richtungen Spitzen loslässt. Wahrscheinlich wollen die einen Helmut Kohl, der das „Tischtuch der Gemeinsamkeit" nicht zerreißt, wie der Riese immer sagt." „Nein, das glaube ich nicht. Die meisten wünschen einen Kreativen. Und dass du einer bist, hast du mit deinen Arbeiten bewiesen."

Ich denke an den Alkohol, der sich wieder sanft in mein Leben eingeschlichen hat. Nicht, dass ich jeden Tag in einer Kneipe hocken würde. Aber wir wohnen jetzt mitten in der Stadt im neu erbauten Asamhof an der Sendlinger Straße. Als wir die halbfertige Wohnung im fünften Stock mieteten, mit Balkon und Dachterrasse, erschien sie uns wie ein Traum. Mitten im Zentrum und trotzdem idyllisch ohne Autos. Doch jetzt, nachdem wir eingezogen sind, ist sie der blanke Horror.

Schräg unter uns befindet sich der Außenbereich des Lokals „Bella Italia", mit absoluten Aldi-Preisen, weil die Mafia hier ihr Geld wäscht. Bei warmem Wetter ist der Platz vor dem Lokal bevölkert bis Mitternacht, und wenn endlich alle Tische ab- und aufgeräumt sind, habe ich mindestens drei Schlafbiere getrunken. Außerdem kommen die meisten Kellner aus Sizilien. Was die Mafia betrifft, sind sie verschwiegen wie ein Grottenolm. Ansonsten aber schreien sie herum wie die Fischverkäufer in Palermo.

Auf der schönen Terrasse neben unserer Wohnung befindet sich eine große rumorende Abzugsanlage, durch die das Schwulenlokal im Erdgeschoss Dämpfe hochschickt, die in unsere Fenster einströmen. Nicht das verschwitzte Parfüm der Gäste, sondern fauliger Maggi-Duft aus der Küche. Ich dachte immer, Homosexuelle haben einen ausgeprägten Geschmack und ernähren sich nicht von glutamatisiertem Aas.

Heike hat sich einigermaßen mit der Situation arrangiert. Doch für mich ist an bestimmten Tagen die einzige Chance zu schlafen der Weg in ein Lokal auf der Sendlinger Straße, das bis drei Uhr früh geöffnet hat. Ansonsten bete ich täglich um Regen, weil er die Bella-Italia-Gäste verscheucht und den Kellnern ein unfreiwilliges Bad beschert, was sie noch weniger leiden können als Haarshampoo.

Jetzt sitze ich im Flieger nach Düsseldorf und frage mich, was passieren wird, sollte ich tatsächlich gewählt werden. Otti hat mich mordsmäßig belogen, als er sagte, die Arbeit als ADC-Präsident sei überschaubar und wäre nur vor dem Wettbewerb im März ein wenig mühsam. Übers Jahr würden mir Ingeborg Reese und ihr ADC-Büro in Düsseldorf die meiste Arbeit abnehmen.

Vor zwei Monaten hat er mir noch vorgejammert, das lausige Präsidentenamt koste ihn 30 Prozent seiner Arbeitszeit und 90 Prozent seiner Nerven. Na gut, die 30 Prozent würde ich als Texter reduzieren können, weil es vor allem ums Schreiben von Briefen, Artikeln und Grußworten geht. Otti hat sich immer schwergetan mit dem geschriebenen Wort. Reden aber kann er bestens. Außerdem könnte ich mir als Vizepräsidenten Jean-Remy von Matt aussuchen, der mindestens so gut schreibt wie ich. Vor allem leichter und verbindlicher. Weil seine primäre Aufgabe die Öffentlichkeitsarbeit des Vereins wäre, käme ich nicht in Gefahr, den Leuten verbal ins Gemächt zu treten, was ich in meinen Artikelchen für das Reklameblatt „Werben & Verkaufen" gern und oft tue. Als Präsident bin ich schließlich Sprecher von über 200 Nasen, die alle glauben, etwas Besseres zu sein. Und auch tatsächlich sind, wenn ich an Grafiker wie Willy Fleckhaus oder Pierre Mendell denke oder an Fotografen wie Reinhart Wolf oder Hans Hansen.

Die Wahl im Hotel Nikko endet leider mit keiner Überraschung. Helmut Sendlmair hat seine Kandidatur zurückgezogen und mir alles erdenklich Gute gewünscht, als ihm zugetragen wurde, dass ich kandidiere. Und Arndt steht als nichtkreativer Chefkontakter auf verlorenem Posten, nachdem ich erzählt habe, dass ich im Sinne von Otti Severin weitermachen werde und nicht die geringste Absicht habe, den Verein auf einen wirtschaftlichen Kuschelkurs zu bringen, also den werbenden Unternehmen um den Bart zu gehen.

Am Nachmittag darf ich als neu gewählter Obmann auf einem Gartenfest in Oberkassel die gerahmten Medaillen übergeben, die im März nur verkündet wurden. Prompt mache ich den ersten Fehler. Weil sich niemand für den Vorgang interessiert – es ist schließlich viel wichtiger, in der schönen Augustsonne zu ratschen und zu trinken – beschleunige ich die Übergabe, indem ich die Stücke vom Podest mit dem Mikrofon nach unten an die Preisträger reiche. Nach 20 Minuten ist die Verleihung gegessen, was mir keiner der Anwesenden übel nimmt. Nur die Zeitschrift „Horizont" schreibt später: „Siemes überreichte die Medaillen von oben herab."

Nach dem Fest mache ich mit Rainer Wortmann vom „Playboy", dem Fotografen Tassilo Trost und dem Düsseldorfer Architekten Franjo Pooth einen Ausflug in „Bobbys Schnapsausschank", den ich bis 1972 häufiger besucht habe, allerdings weniger aufrecht. Der Kellner hinter der Bar, der mir völlig unbekannt vorkommt, schaut mich kurz an und fragt: „Gehts gut?" So, als sei ich gestern Abend erst hier rausgewankt. Ich bestelle statt Bier oder Schnaps eine Cola, was ihn keineswegs verwundert. Vor zwölf Jahren habe ich meine Sauferei auch mit einer Alibi-Cola eingeleitet.

Anschließend gehen wir ins „Sam's" auf der Königsallee und das Déjà-vu wiederholt sich. Chef Charly Büchter begrüßt mich erfreut wie einen Dauergast und gratuliert mir zu meinem neuen Präsidentenamt, über das ihn Rainer Wortmann informiert hat. Dabei hätte er allen Grund, mich kritisch zu mustern. Als er noch Oberbarkeeper im Düsseldorfs exklusivsten Nachtclub Pferdestall war, habe ich ihm gemeinsam mit Atze wenig Freude gemacht. Wir bekamen regelmäßig Lokalverbot, das entweder vom Lokalbesitzer Vortmann, dessen Schwiegersohn oder von Charly Büchter selbst nach einer Karenzzeit von etwa zwei Monaten wieder aufgehoben wurde.

An einem Spätabend zum Beispiel, als ich mit einer großen Gemüsetüte nach Hause fahren wollte, überredete mich Atze noch zu einem kurzen Abstecher dorthin. Die Tüte gab ich natürlich nicht aus der Hand, weil die Garderobenfrau bestimmt eine Gurke und den Dill klauen würde. Also nahm ich sie mit an den Tisch und selbstverständlich auch mit auf die Toilette. Beim Aufstehen hielt ich sie aber so unglücklich, dass alle Obst- und Gemüseteile herausfielen und zwischen die Paare auf der Tanzfläche rollten. Atze und ich krochen zwischen den Beinen der Tanzenden umher, um das Grünzeug wieder aufzusammeln. Eine junge Dame wollte Atze helfen und reichte ihm eine der Schlangengurken, die sie aufgehoben hatte: „Hier, die haben sie sicher auch gesucht." „So krumme Gurken habe ich nicht. Die können Sie sich sonst wohin stecken." Schon bekamen wir wieder Lokalverbot.

Einmal heckten wir eine besonders bösartige Aktion aus. Der Sportreporter Werner Schneyder saß montags häufiger an der Bar, um sich für seine Moderation der ZDF-Sportschau am vergangenen Samstagabend loben zu lassen. Weil er die Fußballwand erfunden hatte, immer die großen Boxkämpfe kommentierte und als Moderator manchmal besser war als seine Kollegen, genoss er einen hohen Promistatus, den er auch entsprechend ausnutzte. Er war ein sogenannter Packer, wie wir sagten, ein Grabscher, der jedes Mädchen anlangte, das sich mit Absicht neben ihn auf den Barhocker verirrte. Dabei schleimte er auch mächtig, weshalb wir beschlossen, ihn zu bestrafen.

Wir überredeten Paula, ein besonders hübsches und gewieftes Mädchen von DDB, am Montag mit uns in den „Pferdestall" zu kommen und den Barhocker rechts neben Schneyder zu besetzen. Jetzt mussten wir nur noch warten, bis er nach einem kurzen Anbahnungsgespräch Paula an die Wäsche ging. Sobald er loslegte, sollte sie uns zu Hilfe rufen und sich bitter beschweren. Alles lief nach Plan. „Was ist passiert?", fragten wir besorgt. „Der Mann hier hat mich unsittlich angefasst." „Was fällt Ihnen ein, unsere Freundin zu betatschen. Sie hat sich hierhergesetzt, um ein paar Minuten Ruhe zu haben. Und jetzt das!" Schneyder stammelte irgendetwas von einer freundschaftlichen Geste, mit der er sich habe vorstellen wollen, was uns noch mehr empörte. Charly Büchter durchschaute die Inszenierung sofort, konnte aber nur vermittelnd eingreifen und Paula mit einem Gläschen Champagner beruhigen. Ohne den geringsten Beweis für unsere Schuld gab er uns wieder Lokalverbot.

Jetzt im eigenen „Sam's" ist er generöser Gastgeber, singt hohe Lieder auf den Art Directors Club, den er angeblich seit langem kennt, und will sich sogar überlegen, Fördermitglied zu werden. Ich bleibe tapfer bei meiner Cola. Einer der Gründe, warum ich mich von Otti zur Wahl habe breitschlagen lassen, ist der Alkohol, der mich wieder auf seine Seite ziehen will. Bisher mit wechselndem Erfolg. Unter der Woche mache ich zwar nach der Arbeit häufiger halt in einem versifften Spielsalon in der Müllerstraße, wo ich mich an einen Flipper oder Daddelautomaten stelle, mehr um Bier zu trinken, als um zu spielen. An den Wochenenden aber bin ich clean. Noch. Vielleicht wird mich das Präsidentenamt zwingen, den Alkohol auch unter der Woche häufiger auszulassen. Schließlich habe ich den Ehrgeiz, zwar kein bequemer, aber ein guter Vorsitzender zu sein.

Frankfurt, im September 1986: Der Tempelhofer Treppensturz.

Drei Stimmen und ich hätte weiter den ADC-Präsidenten machen müssen, zumindest kommissarisch bis zum nächsten Jahr. So aber wurde Torsten Mann mit 52 Ja-Stimmen zu 50 ungültig gemachten gewählt. Manfred Brach, Kreativer bei der Düsseldorfer Agentur DDB, hat ihn zur Jahreshauptversammlung des ADC aus dem Hut gezaubert. Torsten Mann ist Inhaber einer kleinen Agentur und hat als Kundenberater mit dem ADC und seinen kreativen Zielen so wenig am Hut wie Helmut Kohl mit einer Schlankheitsdiät. Einen anderen Kandidaten gab es nicht.

Es hat sich längst herumgesprochen, dass „Präsident" vor allem ein schöner Titel für Arbeit und Querelen aller Art ist.

Für mich ist Brach ein Nachmacher, zugleich ein Taktierer, wie er in der Werbung häufiger zu finden ist. Ich hatte immer das Gefühl, er versucht die Denk- und Schreibweise von Werner Butter zu kopieren, den in meinen Augen besten Texter, den die deutsche Werbung zurzeit hat. Als Werner DDB verließ, um eine eigene Agentur aufzumachen, schien Brach zu glauben, er könne der neue kreative Meister werden. Für mich blieb er aber ein nachgemachter Butter, der außer Winkelzügen wenig zu Wege brachte. Ich vermute, dass er jetzt Torsten Mann vorschiebt, damit dieser VW zum „Kunden des Jahres" erhebt, für den er, Brach, abgestandene Butter-Texte schreibt.

Mir sind solche Typen immer gegen den Strich gegangen, weshalb ich vor sechs Jahren in München mein eigenes „Büro für Werbung" auf der Widenmayerstraße aufmachte. In der Werbung ist es wie überall. Es gibt um die hundert kluge Köpfe, die sich durchsetzen. Noch einmal so viele, die noch klüger sind als die Klugen und deshalb fertig gemacht werden. Der große Rest sind Mitläufer – Halbkönner mit Anspruch. Allzu gern vergessen sie, dass sie den Menschen mit ihrem Gelaber auf die Nerven gehen, mit dem akustischen genauso wie dem optischen. Aber sie messen sich an ihren Gehältern. Und die sind immer noch unverschämt hoch. Wie kann es sein, dass ein mittelmäßiger Grafiker, der sich hochgebuckelt hat, mehr verdient als ein C3-Professor der Physik nach zehn Studien- und Praxisjahren?

So gesehen ist der Art Directors Club ein Glück für die Branche. Er stellt das Mittelmaß oder den Mainstream, wie es eleganter heißt, ins Abseits. Zwar werden seine Wettbewerbe von angesagten Agenturen und Verlagen beherrscht. Doch auch kleine Kreativschmieden und Einzelkämpfer bekommen ihre Chance. Außerdem wechseln die angesagten Agenturen. Nach acht bis zehn Jahren werden sie müde wie ein ausgelaugtes Rennpferd. Entweder, weil sich ihre guten Leute abseilen und einen eigenen Laden aufmachen. Oder sie lassen sich vom wirtschaftlichen Erfolg korrumpieren, indem sie für große Kunden und dickes Geld Werbung basteln, die sie vor Jahren noch verspottet haben. DDB Düsseldorf hat vor allem unter dem kreativen Aderlass gelitten. Anderenfalls hätten einige Mitläufer nicht nach oben rudern können.

Nach dem knappen Wahlergebnis bin ich hin- und hergerissen. Die 50 Nein-Stimmen sind schließlich ein Votum für mich, obwohl ich in meinem sogenannten Rechenschaftsbericht alle kleinen und großen Katastrophen angesprochen habe. In viele bin ich reingerutscht. Aber nicht wenige habe ich dem Alkohol zu verdanken, den ich immer mehr zur Hilfe nahm, statt ihn, wie geplant, in Arbeit zu ersticken.

Ein Redakteur der Reklamefachzeitschrift „Werben & Verkaufen" fragte mich zum Beispiel während des Wettbewerbs im März: „Sie beurteilen immer nur die guten Arbeiten aus der Werbung. Wenn es eine Blechmedaille für die schlechteste Kampagne des letzten Jahres gäbe, wem würden sie die als ADC-Präsident verleihen?" Meine Antwort kam spontan und stützte sich auf etliche Biere: „Den BMW-Anzeigen der Düsseldorfer Agentur Spießig & Ärmlich. Die Texte von den unvergleichlichen Triebwerken und dem Cockpit für Menschen, die sich ausgesuchter Technik verpflichtet fühlen, sind nichts als sprachlicher Schleim." Der Redakteur gab diese betrunkene Bosheit natürlich haarklein wieder, weshalb in etlichen Marketingetagen lautes Geschrei ertönte. Unter anderem wurde mir vorgeworfen, ich würde mit einem derart unqualifizierten Urteil Arbeitsplätze bei den bayerischen Autobauern gefährden.

Meine größte Katastrophe war allerdings zu 20 Prozent unverschuldet. Ich wollte zur Preisverleihung im März das beste ADC-Fest aller Zeiten auf die Beine stellen. Im Jahr zuvor war mir bereits eine relativ bemerkenswerte Preisverleihung gelungen. Sie fand im Kirchenschiff des Künstlerhauses Bethanien statt, einem ehemaligen Kloster in Kreuzberg, das jetzt kommerziell genutzt wird.

Die französisch-algerische Künstlerin Celine hatte die Fensternischen mit beleuchteten Seidenbildern geschmückt, zum feinen Essen vom KaDeWe gab es Vivaldi und nach den Preisen als Höhepunkt einen Auftritt von Gerhard Polt mit den Biermösl Blosn. Polts Vortrag wäre beinahe unbeachtet im alten Gemäuer verhallt, weil er unbedingt ohne Mikrofon sprechen wollte. Das ist bei Reklamern, die alles können, nur nicht zuhören, ein gewaltiges Risiko. War es auch. Aber nachdem ich schreiend um Ruhe gebeten hatte, konnte zumindest zuhören, wer zuhören wollte. Zum Glück wurden es im Laufe seiner Rede immer mehr. Hinterher fanden selbst jene, die sich verzogen und kein Wort mitbekommen hatten, Polts Vortrag großartig. Mein größter Erfolg aber war, dass ich bis zwei Uhr früh kein Bier anrührte. Danach holte ich allerdings in einer Stunde nach, wofür die anderen Gäste sechs Stunden gebraucht hätten.

Für das März-Fest 1986 hatte ich mir gemeinsam mit einem Berliner Veranstaltungsmacher die Abflughalle des stillgelegten Flughafens Tempelhof ausgesucht. Ein leicht abwegiges Unterfangen, weil der Flughafen US-Hoheitsgebiet ist. Wir mussten den Berliner Stadtkommandanten General Mitchell überreden, die Halle für den ADC freizugeben. Sicherheitshalber würden wir auch den Bonner US-Botschafter Richard Burt kontaktieren, der zufälligerweise eine deutschstämmige Frau hat.

Die Amerikaner ließen sich tatsächlich erweichen, was wir vor allem Mitchells Pressereferenten zu verdanken hatten. Der Commander von Tempelhof machte allerdings CIA-mäßige Sicherheitskontrollen zur Bedingung. Alle Gäste mussten sich auf russische Maschinengewehre und Feuerzeuge mit Sprengköpfen untersuchen lassen. Andererseits fielen keine horrenden Kosten für die Hallenmiete an. Wir wurden lediglich um eine Spende für bedürftige GIs gebeten, die Ingeborg Reese gerne vom ADC-Konto überwies (in Worten: eintausend Deutsche Mark).

Nachdem die Location fix war, machten wir uns an das Rahmenprogramm. BEA, PanAm und Air France baten wir, ihre Abfertigungsschalter wieder zu besetzen und jeweils 3000 Meilen für ein Ratespiel zu spenden, was sie auch teils freudig, teils notgedrungen taten. Unter den schätzungsweise 1600 Gästen würden sich die Herren Molière, Shakespeare und Mark Twain befinden. Nicht in Kostümen, sondern schwarz gewandet wie Werber. Sie würden in Gesprächen versteckte Hinweise auf ihre Identität geben. Und wer einen Hauch von Literaturgeschichte im Kopf hatte, was bei 1600 Werbern nicht völlig unmöglich ist, konnte die vermeintlichen Dichter durch geschicktes Fragen entlarven und die 3000 Meilen mit nach Hause nehmen.

Wir engagierten eine südamerikanische Samba-Truppe, eine Handleserin für die Lost-Baggage-Box und eine Sprecherin für Flughafendurchsagen aller Art. Etwa: „Hans Joachim Berndt, Werbefilmer aus München, wird gebeten, die Lichter, die er sich für seinen Adidas-Film ausgeliehen hat, wieder auf die Landebahn zurückzustellen." Das feine Essen kam von feinen Köchen, die der Jahreszeiten-Verlag verpflichtet hatte, den ich wiederum in die Pflicht nahm. Ich schreibe seit zwei Jahren für die Zeitschrift „Feinschmecker", das Werbeblättchen „Zahnstocher" und vereinzelte Fachanzeigen. Außerdem gab es eine Bier- und Schnapstheke, einen Weinausschank und einen Champagner-Stand von Veuve Clicquot, alles mehr oder weniger zusammengeschnorrt.

Es wurde ein schönes Fest. Allerdings nur bis gegen 22 Uhr, als die Preisträger des Wettbewerbs verkündet werden sollten. In meinem Wahn, alles noch perfekter und kostengünstiger zu machen, hatte ich der PC-Abteilung von Siemens angeboten, die Jurybögen zu erfassen und auszuwerten. Für kein Geld, versteht sich.

Keine leichte Aufgabe. Alle 121 angereisten ADC-Mitglieder waren

Juroren und mussten alle 2300 eingeschickten und ausgestellten Arbeiten per Kreuz mit Nein, Auszeichnung, Bronze, Silber oder Gold beurteilen. Wer das einigermaßen gewissenhaft hinter sich bringen wollte, brauchte gute acht Stunden.

Bisher hatte ein Büro in Berlin die Auswertung gemacht und die Ergebnisse auf wundersame Weise immer pünktlich zur Verleihung abgeliefert. Die drei Siemens-Leute, extra aus München angereist, mühten sich redlich um die fast 300 000 Positionen, waren aber chancenlos. Kurz vor 22 Uhr erhielt ich die Nachricht, dass vor 24 Uhr mit den Ergebnissen nicht zu rechnen sei. Also musste ich auf die Bühne, um die Hiobsbotschaft zu verkünden.

Gleich danach schickte ich die Samba-Truppe hoch, um die Stimmung etwas aufzuhellen, was nur bedingt gelang. Für gut ein Drittel der Gäste waren die Tänzer genauso nebensächlich wie das gute Essen und die wohlfeilen Getränke. Sie wollten wissen, ob sie mit einem oder mehreren Preisen zurück in ihre Agenturen, Ateliers oder Verlage fliegen konnten.

Ich ahnte Schlimmes. Wie sollte in zwei Stunden vorliegen, was vorher in zehn Stunden nicht zuwege gebracht worden war? Da half nur frisch gezapftes Bier. Und zwar in mehreren Gläsern. Weil ich am späten Nachmittag auf einem Empfang des „Stern" schon einige Gläschen Champagner vorgelegt hatte, war die Wirkung entsprechend. Gegen 23 Uhr kam eine neue Nachricht vom Computerteam. Nach menschlichem Ermessen würden die Medaillengewinner erst um ein Uhr feststehen.

Ich musste wieder auf die Bühne, mühsam den aufrechten Gang einhaltend, die Stimme relativ schwer und mit nassem Zungenschlag. Trotzdem gelang es mir, die traurige Nachricht einigermaßen klar zu übermitteln. Darüber war ich so glücklich, dass ich beim Abgang vergaß, die Treppenstufen zu benutzen und aus 1,20 Meter auf den Hallenboden fiel. Von vereinzelten Damen kamen erschreckte Aufschreie, die meisten männlichen Gäste schüttelten den Kopf, und ich – dank Alkohol mit elastischen Gliedern gelandet – ging wieder zur Biertheke.

Um ein Uhr erschien ein einzelner Siemens-Mann mit zwei von 14 ausgezählten Wettbewerbskategorien. Ein schlechter Witz, den ich weder vortragen wollte noch konnte. Ich bat Reinhard Spieker, er möge bitte die totale Niederlage bekannt geben. Die endgültigen Ergebnisse würden ab elf Uhr live beim Sonntagsfrühstück im kleinen Saal des Hotels Interconti präsentiert. Leider konnte er seine Ruhe und Gelassenheit nicht auf die Zuhörer übertragen. Das Fest war im Arsch.

Als ich am Sonntag um 11.15 Uhr zur Bekanntgabe der Gewinner erschien, hatte Manfred Brach bereits die Gelegenheit für eine Solonummer ergriffen und verlas aus der nun kompletten Ergebnisliste die Namen der Medaillengewinner. Ich ließ ihn gewähren. Nach meinem Tempelhofer Bühnensturz hatte ich keine sonderlich guten Karten für eine Szene. Stattdessen teilte ich den Damen und Herren der Fachpresse mit, dass ich für alles die Verantwortung übernehmen würde, vom Veranstaltungsort bis zum Computer-Chaos und dem Bühnenbretterfall. Dementsprechend sei meine Zeit als ADC-Präsident im August definitiv beendet.

Für einen Teilnehmer war das Fest trotzdem ein gewaltiger Erfolg. Vor der Box der Handleserin hatte sich im Lauf des Abends eine riesige Schlange gebildet, die sich erst gegen drei Uhr früh auflöste, als die Dame ermattet aufgab.

München, im Oktober 1976: Vom Reklame- texter zum Kleinverleger.

Ich sitze in der Straßenbahn, schaue ziellos aus dem Fenster und mein Blick fällt auf ein Plakat mit einem Portraitfoto von F. J. Strauß. Nicht der geifernde, schwitzende, spuckende, schreiende Strauß. Sondern ein freundlich lächelnder Mensch, durch Retusche geschlankt und mit Ras- terpunkten gesoftet, eine Meisterleistung der politischen Reklame. Ich denke an den wahren F. J., wie ich ihn im Fernsehen sehe, eine bellende Dogge, die nach jedem Tonschwall den tief in den Schultern sitzen- den Kopf hochreckt wie ein krähender Hahn. Wäre das nicht ein wun- derbarer Bildband: Jeweils links das schöne Reklamefoto und rechts echte, schonungslose Pressefotos? Wäre es, aber wie soll ich das machen? Was wird der Spaß kosten? Und wer wäre so bescheuert, ein solches Buch zu kaufen?

Ich lasse den Gedanken fallen, aber er federt zurück: „Angesoffen hast du die irrwitzigsten Sachen gemacht und wie ein Schwachkopf mit dem Geld um dich geschmissen, das du nicht mehr hattest. Aber jetzt in deiner staubigen Trockenheit bist du feige bis in die Fußspitzen. Du musst diesen Menschen entlarven. Er hat ‚Freiheit statt Sozialismus‘ auf die schwarze

Fahne geschrieben. Mag er ein trinkender Polterjochen sein, aber er ist gefährlich. Tausendmal gefährlicher als der Provinzriese Kohl."

Ich weiß nichts. Nichts über die Möglichkeiten, an die Fotos zu kommen und die Honorare, die ich dafür bezahlen muss. Nichts über die Druckkosten, über eine vernünftige Kalkulation, über den Vertrieb. Aber ich werde das Buch machen und habe auch schon eine Vorstellung, wie der Titel aussehen soll. Das wunderbare Reklamefoto und dazu der liebenswürdige Titel: „F. J. Strauß, Gesichter eines Menschen." Die Wahrheit kommt beim Blättern.

Als Erstes wende ich mich an Jürgen Jacobs vom „Spiegel"-Büro in München. Ich habe ihn vor Kurzem auf einer Veranstaltung der Reklamezeitschrift „Werben & Verkaufen" kennengelernt und er ist mir einigermaßen gewogen. Über ihn komme ich ans „Spiegel"-Fotoarchiv, das mir die bekanntesten Strauß-Fotografen nennen kann. Das Kuschelfoto von F. J. brauche ich auch. Ich kriege es mit einem ehrlichen Trick. „Ich möchte einen Bildband über F. J. Strauß machen, nur mit Pressefotos. Vorn drauf soll das Plakatfoto sein, das jetzt überall zu sehen ist." „Aber gern", ist die Reaktion der Werbeagentur, nicht ahnend, was ich mit dem Bild vorhabe.

Die meisten Fotos bekomme ich von der Münchener Agentur Werek auf der Nymphenburger Straße. Sie will 100 Mark pro Bild haben, das ich veröffentliche. Macht bei 100 Gegenüberstellungen 10 000 Mark. Ein Unding. Ich lobe, singe, schmeichle, weine und flehe das Honorar auf 50 Mark herunter und beschließe, mich auf 50 Rechts-links-Kombinationen zu beschränken. Ich werde einfach dickeres Papier nehmen, um einen einigermaßen kompakten Bildband zu machen. Insgesamt sammele ich über 200 Schwarz-Weiß-Abzüge von acht Fotografen beziehungsweise Bildagenturen. Dabei auch von Sven Simon, dem Sohn von Axel Springer. Er ist der einzige, der mir noch einen Rabatt gibt, so dass ich bei ihm mit 30 Mark pro Foto davonkomme.

Die Portraits wähle ich so aus, dass sie einen Ablauf ergeben: Freundlich lächelnd wie auf dem Reklamefoto, hinterhältig grinsend, verärgert, grimmig, wütend und schließlich mit blankem Hass. Klaus Oberer vom Grafikbüro über mir macht mir kostenlos ein Layout und die notwendigen Reinzeichnungen. Dann bestimmen wir gemeinsam die Bildausschnitte und übergeben alles der Druckerei Biering. Nicht die billigste, aber die beste in München.

Alles in allem wird der Band bei einer Auflage von 3000 Stück um die neun Mark kosten. Für einen normal kalkulierenden Verlag ein schlechter Witz. Er muss die Herstellungskosten mit fünf oder sechs multiplizieren, um einigermaßen auf seine Kosten zu kommen. Demnach würde der Endpreis bei 50 Mark liegen. Den zahlt nicht einmal F. J. Strauß, trotz seiner dubiosen Nebengeschäfte. Sein Parteisekretär Edmund Stoiber noch viel weniger.

Ich bin aber nicht Droemer-Knaur, sondern der Allerhand-Verlag GmbH, den ich gerade noch rechtzeitig gegründet habe. Darum muss und kann ich bei einem Preis unter 20 Mark bleiben, also 19,50 Mark. Wenn alles in die Hose geht, hafte ich nur mit den 27 000 Mark, die ich für die Bücher eingezahlt habe, und nicht mit meinem Vélosolex.

Inzwischen habe ich auch einen Verlag gefunden, der den Vertrieb übernimmt. Er will aber nur 1500 Exemplare in Kommission nehmen, weil er mehr nicht lagern kann. Die anderen müssen runter in meinen Keller, der Gott sei Dank ziemlich groß ist. Es bleibt sogar noch Platz für die Wein- und Sektflaschen, die ich von Zeit zu Zeit für die Kundenbewirtung kaufe. Sie kommen vom Weingut Rappenhof. Ich habe sie allein wegen ihres Namens ausgesucht: Alsheimer Fischerpfad. „Den Wein können Sie trinken, bis aus dem s ein z wird", sage ich, wenn ich ihn vor allem den Siemens-Leuten anbiete.

Jetzt muss ich das Buch, von dem ich in Gedanken schon 10 000 Stück nachdrucken lasse, nur noch bekannt machen. Ich schicke 20 Exemplare an bayerische Buchhandlungen und noch einmal so viele an „Spiegel", „Stern", „Süddeutsche" usw. Der „Spiegel", der meine seltsamen Elaborate schon öfter gewürdigt hat, bringt eine kurze Notiz, die „Augsburger Allgemeine" eine längere Besprechung. Sonst will niemand das Buch anfassen. Von F. J., dem ich einen netten Brief dazugeschrieben habe, höre ich auch nichts. Vermutlich hat sein Adlatus Stoiber das Teil in den Papierkorb geschmissen.

Trotzdem bekomme ich etliche Anfragen. Der Leiter des CSU-Kreisverbands Augsburg ruft sogar extra bei mir an, um 50 Stück zu bestellen. Die Bosheit, die in den Seiten steckt, hat er nicht erkannt. Für ihn ist die Bildfolge „eine interessante Charakterstudie".

Nach neun Monaten hat der Raith-Verlag 800 Stück verkauft und ich selbst auch fast 100. Wenn das so weitergeht, kann ich in Gedanken bald eine Flasche Rappenhof-Sekt aufmachen. Es geht aber nicht so weiter. Als ich vom Raith-Verlag eine Zwischenabrechnung mit entsprechendem Scheck verlange, hat er klammheimlich Konkurs angemeldet. In meinem Keller stapeln sich jetzt knapp 2000 Franz Josefs, die Weinflaschen werden noch weiter in die Ecke gedrängt, und auf meinem Konto bei der Commerzbank fehlen 25 000 Mark. Ein Glück, dass ich vor einem Jahr Philip Morris zu einer Zigarettenkampagne mit rauchenden Tieren überreden konnte. Sie löste sich zwar sehr schnell in Rauch auf, hinterließ aber bei mir ein paar bleibende Einnahmen.

Einen kleinen Teil hatte ich bereits für mein erstes Buch ausgegeben: 300 in schwarzes Leinen gebundene Seiten mit dem Titel „Das Spar- und Konjunkturprogramm der CDU/CSU". Der „Spiegel" schrieb am 3. Oktober 1975 unter Personalien: „Reinhard Siemes, 35, Münchner Werbetexter, brachte im Selbstverlag ‚Das Spar- und Konjunktur-Programm der CDU/CSU' heraus. Der Band enthält außer zwei kurzen Zitaten von CDU-Generalsekretär Kurt Biedenkopf (‚Es kann nicht Aufgabe der Opposition sein, ständig Alternativen, womöglich zur eigenen Politik, zu formulieren') und von CSU-Chef Franz Josef Strauß (‚Zur Taktik jetzt: nur anklagen und warnen, aber keine konkreten Rezepte etwa nennen') 298 unbedruckte Seiten. Die Bonner SPD hat nach Angaben des Verlegers bereits 20 Exemplare (Stückpreis: 12,80 Mark) bestellt. Falls die restlichen 480 Bücher der Erstauflage nicht verkauft werden können, soll das Weißbuch inhaltlich unverändert, aber mit neuen Titeln nochmals auf den Markt kommen, entweder als ‚Die Grundlagen der niederbayerischen Demokratie' oder als ‚Der Kampf des Vatikan gegen den Hunger in der Welt'."

Eins der ersten Exemplare schickte ich an Bundeskanzler Helmut Schmidt. Bereits nach einer Woche antwortete er mit einem Brief, der das größte Kompliment enthielt, das ich mir vorstellen konnte. Nicht nur er habe sich amüsiert. Auch Herbert Wehner konnte nicht umhin zu lachen, als er ihm beim Durchblättern über die Schulter sah. Dieser knorrigen politischen Eiche ein Lachen abzugewinnen, ist in der Tat eine Leistung.

Auch Dieter Hildebrandt, der normalerweise schwer zu beeindrucken ist, fand Gefallen an dem Werk. In seiner TV-Sendung „Notizen aus der Provinz" stellte er es als aktuellen Beitrag zur politischen Lage vor, allerdings ohne den verräterischen Inhalt zu zeigen. In der Folgezeit fuhr ich auf meinen Vélosolex mehrmals pro Woche acht bis zehn Buchpäckchen zum Postamt auf der Unsöldstraße. Kein Geschäft, aber ein Vergnügen.

Inzwischen habe ich einen Teil der Weißbücher Seite für Seite mit Toner von meinem Kopierer schwärzen lassen und einen neuen weißen Schutzumschlag gedruckt: „Das schmutzige Buch". Ich verschenke es zum Vergnügen derer, die dem Beschenkten beim Blättern zuschauen. Statt der erwarteten Bilder hat er hinterher schmutzige Finger.

Die Arztschilder, die ich von einer Emallierfabrik habe produzieren lassen, liegen auch etwas einsam in meinem Keller herum. Sie sind wie die Strauß-Bücher aus einer „Jetzt-erst-recht"-Haltung entstanden. Wegen einer Verpickelung im Gesicht hatte ich als Privatpatient einen professoralen Hautarzt aufgesucht, der mich über eine Stunde warten ließ und für ein Zehn-Minuten-Gespräch 230 Mark verlangte. Kein Einzelfall, wie ich nach dieser teuren Visite in einer Umfrage erfuhr: Die deutschen Ärzte laborieren sich fett und faul. Facharztpraxen, die 500 000 Mark pro Jahr einstreichen, scheinen durchaus kein Einzelfall zu sein.

Das und die Wut über den dermatologischen Quacksalber brachten mich auf die Idee, die medizinische Raffgier mit einem Emailleschild zu geißeln, wie es gewöhnlich neben den Eingängen der Arztpraxen hängt. Dazu wieder eine Besprechung aus dem „Spiegel": „Der deutsche Arzt als Preistreiber und Beutelschneider – wer so schwer an seinem Leumund trägt, braucht für Satire nicht zu sorgen. Nachdem der Heidelberger Graphiker Klaus Staeck, dem jüngst cholerische Bonner CDU-Herren Ausstellungsstücke zerrissen, eine Poster-Attacke gegen allzu geschäftstüchtige Mediziner herausgebracht hat, kommt nun eine weitere Schmähschrift auf den Markt: ein höhnisch verfremdetes Praxis-Schild, das statt Sprechzeiten ärztliche Honorarsätze (Di. u. Do. 150–180 Mark) bekanntmacht und auch eine kleine Sprachspielerei birgt: Von rechts nach links gelesen, wird aus dem Doktor ‚med. E. O. Nessak' die Bosheit ‚Kassen-Oedem'. Das in Mullbinden gewickelte Emaille-Schild (Auflage: 200 Exemplare) wird vom Münchner ‚Erfinder für dummes Zeug', Reinhard Siemes, samt Schrauben, Dübel und antiseptischer Verpackung für 42,50 Mark frei Haus geliefert."

Sofort nach dieser Meldung ging ein Bündel von zwei Bestellungen bei mir ein, was mich nicht davon abhielt, ein weiteres Emailleschild in Auftrag zu geben: Blau und im Format eines Münchener Straßenschild mit den Text „heute". Ich werde es als Weihnachtsgeschenk an alle Freunde und Kunden als ewig gültigen Kalender verschicken.

Insgesamt habe ich in den letzten 18 Monaten um die 30 000 Mark in den Sand gesetzt, mehr oder weniger meine gesamten Reserven. Gut, ich hätte sie gewinnbringend anlegen und mich über die Zinsen freuen kön-nen. Aber dann wäre immer der Gedanke im Hinterkopf geblieben, dass mich mein nüchternes Leben zu einem angepassten, feigen Reihenhaus-bürger macht. Irgendwann hätte ich dagegen ansaufen müssen.

Düsseldorf, im Mai 1973: Ich trinke keinen Jägermeister, weil andere ihn trinken sollen.

Nach meinem Entzug im Martinus-Krankenhaus geht es mir zwar gut, aber nur körperlich. Die Sorge um unsere Zukunft lässt mich weder ruhig schlafen, noch die Eisportionen genießen, die ich für meinen hohen Kalorienbedarf in mich hineinlöffele. Zum Glück sind sie im Eiscafé Unbehaun auf der Aachener Straße groß und nicht sehr teuer. Bei der Commerzbank bin ich im Soll bis zum Anschlag und Heikes Vater hat uns bereits 10 000 Mark geliehen. Das Schlimmste aber ist, dass Heike als Halbtagssekretärin in einer Stahlgroßhandlung arbeitet, während ich untätig zu Hause herumsitze. Ich bekomme zwar Krankengeld von der BEK, aber davon können wir nicht leben, wenn ich gleichzeitig die Bankzinsen und die dringendsten Rechnungen bezahlen will. Zu allem Unglück habe ich gestern nach einem Einkauf 50 Mark verloren, einen Betrag, über den ich vor zwei Jahren noch gelacht hätte. Jetzt macht mich der Verlust fix und fertig.

Versuche, mich Agenturen in der Umgebung als Kreativteam anzubieten (einen Grafiker würde ich schon finden), gehen ins Leere. Es hat sich offenbar herumgesprochen, dass ich ein haltloser Säufer bin. An die Werbeabteilungen von Unternehmen mag ich mich gar nicht erst wenden. Auch die Werbeleiter in und um Düsseldorf wissen, dass der Siemes zu nichts mehr zu gebrauchen ist. Manchmal liege ich nachts schlaflos im Bett und bete zu irgendeiner höheren Macht, sie möge mir aus der Scheiße helfen, vor allem meiner Frau zuliebe.

Vor einer Woche musste ich zum Vertrauensarzt, weil die BEK wissen will, ob ich nach zehn bezahlten Krankheitswochen eventuell als Dachdecker arbeiten kann. Der gute Mann ließ mich zum Glück bei den Siechen. Aber es gibt Hoffnung. Theophil Butz von der GGK Werbeagentur hat angerufen. Er arbeitet an einer Präsentation für Mast in Wolfenbüttel und braucht launige Sprüche für eine Kampagne, die Jägermeister trinkende Normalmenschen zeigt. Etwa: „Ich trinke Jägermeister, weil ich nirgendwo anders 35 % für mein Geld bekomme." Ausgerechnet von mir.

Aber warum auch nicht? Werbung verleitet nicht zum Trinken. Abstinenzlern gehen Alkoholanzeigen an beiden Backen vorbei. Und wer saufen will, macht das auch ohne Reklame. Er wechselt unter dem Einfluss von Anzeigen oder Werbefilmen höchstens mal die Marke des Gesöffs. Meine ersten Alkoholkontakte hatte ich auf Klassenfahrten und später mit Studienkollegen.

Theophil bringt mir 15 große Fotos von fröhlichen Zechern, alt und jung, weiblich und männlich, dick und dünn, intellektuell und einfach aussehend. Also eine erfrischende Auswahl, verglichen mit den aufgetakelten Fotomodellen, die normalerweise Pudding, Waschpulver oder Schnaps verkaufen.

In den folgenden zwei Tagen – so viel Zeit bleibt mir – quäle ich mich wie nie zuvor in meiner holperigen Texterkarriere. Ideen habe ich genug, aber alle kommen mir banal vor, ohne die Würze der Kräuter, von denen der braune Saft angeblich 28 verschiedene in sich hat. Mit sechs Bier im Bauch hätte ich alle Einfälle kritiklos aufgeschrieben. Und nüchtern wieder weggeworfen. Jetzt aber befinde ich mich in einer Blockade. So, wie ich lernen muss, ohne Sprit frei zu sprechen, muss ich meinen Kopf dazu bringen, ohne Hilfe aus der Flasche entspannt zu denken.

Ich habe ein maues Gefühl, als ich meine gesammelten Sprüche in der Agentur auf der Immermannstraße vorlege. Aber meine Selbstzweifel sind unbegründet. Ich darf 15 weiteren Jägermeister-Trinkern komische Sprüche in den Mund legen. Genau genommen bin ich dazu prädestiniert.

Schließlich geht es um Rationalisierungen, also vorgeschobene Gründe, warum man tut, was man gefühlsmäßig nicht tun sollte. Die Kampagne trifft darum bei Säufern genau den Punkt, nur dass die Ausreden nicht logisch, sondern bewusst abwegig sind. Eins der Fotos missbrauche ich für meine linke Gesinnung. Zu einem etwas traurig dreinschauenden Türken oder Algerier schreibe ich: „Ich trinke Jägermeister, weil die Flasche das einzige Grüne in unserem Viertel ist."

Als ich die nächsten 15 Sprüche abliefere, macht mir Paul Gredinger, das zweite G von GGK, den Vorschlag, als freiberuflicher Texter in der Agentur zu arbeiten. So könnte ich herausfinden, ob ich wieder bereit bin, den alten Knochenjob zu machen. Und die Agentur würde kein Risiko mit einem Anstellungsvertrag eingehen. Paul weiß, wie es mir in den letzten Monaten ergangen ist und hat mit Helmut Schmitz, dem Kreativchef von DDB, darüber gesprochen, welche Möglichkeiten es gibt, mir zu helfen. Beiden kann ich nur tausendmal danken.

Die Arbeit in der Agentur tut mir gut. Ich bin wieder unter Menschen, habe keine Zeit zum Grübeln und stelle fest, dass ich noch nicht alle Gehirnzellen versoffen habe. Meine Jägermeister-Sprüche werden deutlich besser, ich darf für die Swissair, Wüstenrot, Henkel arbeiten und meterlange Textanzeigen für TS-Reisen schreiben, die nicht nur in der Branche, sondern auch von den „Stern"- und „Spiegel"-Lesern beachtet werden. Außerdem verdiene ich Geld, so dass Heike ihre ungeliebte Arbeit als Sekretärin aufgeben kann.

Das größte Kompliment bekomme ich von einem DDB-Kundenberater, der die TS-Anzeige über Mexiko gelesen hat. „Wann warst du denn drüben? Ich war vor zwei Jahren da." Tatsächlich bestanden die scheinbar erlebten Geschichten aus Recherchen. Ich habe ein paar Reiseführer und das Buch eines Mexiko-Fans durchgeblättert, einen Kellner aus Tuxpan in der Düsseldorfer Altstadt interviewt und eine halbe Stunde lang mit einer Dame der mexikanischen Botschaft telefoniert. Länger als einen Tag durften meine Erkundigungen nicht dauern.

Der Trick ist, nicht einfach Sehenswürdigkeiten oder Naturschönheiten zu beschreiben, sondern launige Kommentare einzufügen. Etwa die fahlweißen Beine der amerikanischen Touristinnen am Strand von Acapulco, die darauf warten, dass sie von einem feurigen Mexikaner in Bewegung gebracht werden. Mit kleinen Zuwendungen, versteht sich. Oder den

Mezcal con Gusano, ein Agavengesöff, in dem ein verblichener Wurm schwimmt, und der mit Zitronensaft und einem Salz-Chili-Gemisch so verschärft wird, dass man nach dem dritten Glas jedem Felsenspringer von Acapulco Konkurrenz machen kann.

Ich muss zwar bis in die Nacht hinein schuften, auch an Samstagen, aber in einem sehr angenehmen Arbeitsklima. Es gibt keine Missgunst zwischen den Kreativen und auch keine Starallüren, was auf Paul Gredinger zurückzuführen ist. Lediglich Wolf D. Rogosky, der Oberkreative, fühlt sich ein bisschen wie der Enzensberger der Werbung. Aber einer muss so sein, damit sich die anderen dünkelfrei fühlen können.

Vor allem nehmen wir uns nicht so tierisch ernst, wie das andere Agenturen tun. Gerd Hiepler, einer der Art Directoren, verkündete zum Beispiel, er habe ein Konto bei der gegenüber liegenden Fuji Bank eröffnet. Auf unsere verwunderte Frage „Warum denn das?" antwortete er grinsend: „Ich warte darauf, dass sie Pleite geht. Wenn ich dann rüber gehe, um Geld abzuheben, müssen sie sagen: Nix mehr Geld, alles Futschi, alles Futschi."

Er war es auch, mit dem ich die tragische Posse mit der Büchergilde Gutenberg abgezogen habe. An jedem Freitagnachmittag gibt es gegen sechs im Empfang in der ersten Etage einen kleinen Umtrunk mit wohlfeilem Söhnlein-Sekt, quasi ein gemischtes Kameradschaftstreffen zum Wochenausklang. Vor einiger Zeit hat im Erdgeschoss eine Zweigstelle der Buchkommune aufgemacht und wollte ebenfalls am späten Freitagnachmittag eine größere Eröffnungsfeier zelebrieren. Bereits Stunden vorher wurden Platten mit belegten Brötchen aller Art und Getränkekästen angeschleppt.

Als die ersten Bücher-Gäste eintrafen, begab ich mich mit Gerd Hiepler nach unten, um sie herzlich zu begrüßen und mit freundlichen Worten in die erste Etage zum Sektempfang zu bitten. Die Damen und Herren waren zwar etwas überrascht, folgten aber bereitwillig unserer Einladung. „Wir hatten gar nicht gedacht, dass es bei Gutenberg so viele junge Leute gibt", wunderte sich eine Dame um die sechzig, „aber wir sehen gar keine Bücher." „Die kommen schon, das hier ist zum Aufwärmen", beruhigten wir sie. „Und die vielen hübschen jungen Mädchen", sagte ihr Begleiter und fing sich einen bösen Blick ein.

Danach gingen wir wieder runter und leiteten noch an die 40 Gutenberger hoch in die erste Etage. Nach einer kurzen Irritation, die wir mit dem Hinweis auf die spätere Bücherpräsentation beseitigten, fühlten sich allesamt rudelwohl, zumal bei einigen der Söhnlein-Sekt sofort durchschlug. So lebendig und unkonventionell hatten sie sich die Büchergilde nicht vorgestellt. Der Lesestoff, der eigentlich Sinn der Sache war, trat in den Hintergrund.

Dann aber heulten die Sirenen eines Krankenwagens auf, der exakt vor dem Haus Immermannstraße 6 stoppte. Zwei Sanitäter liefen in die Bücherfiliale mit den kalten Platten und den aufgereihten Gläsern, rannten zurück, um eine Trage zu holen und schoben eine ältere Dame in den blinkenden Wagen. Sie, die Leiterin der Zweigstelle, hatte 40 Minuten lang vergeblich auf die Schar der Gäste gewartet und schließlich erfahren, dass sie allesamt zu den jungen Leuten nach oben gegangen waren. Das war angesichts ihrer neuen Dauerwelle, ihrem besten Kleid und dem sorgfältigen Make-up zu viel für ihr schwaches Herz gewesen. Paul Gredinger musste ein längeres Entschuldigungsschreiben an die Gutenberg-Geschäftsleitung unterschreiben.

Gemeinsam mit mir versucht sich auch Harry Rowohlt an Jägermeister-Sprüchen. Ich vermute, er will nach mehreren Jahren als Übersetzer mal was anderes machen. Oder er findet es schick, in einer bekannten Werbeagentur zu arbeiten. Seine Textversuche laufen ins Leere und bringen ihn häufig zur Verzweiflung. Tatsächlich ist er als Übersetzer nie gezwungen, sich neue Situationen auszudenken. Er muss vorgegebene in eine andere Sprache übertragen, was er beherrscht wie kaum ein zweiter. Nur befähigt das nicht zu gedanklichen Bilderreisen. Wie alle auf der Kreativetage weiß auch er, dass ich trockener Alkoholiker bin, hat aber wenig Ahnung von dieser Krankheit. Darum bot er mir aus Spaß eine Cola mit einem Schuss Weinbrand an, um herauszufinden, ob ich den Alkohol bemerken würde. Ich spuckte die Brühe sofort aus, machte ihm aber keine weiteren Vorwürfe. Die kamen von meinen Kollegen, die Harrys Jungenstreich mitbekommen hatten. Sie fielen wie Furien über den Armen her, der vermutlich nie mehr in seinem Leben einem Menschen Alkohol unterjubeln wird.

Außer mir gibt es einen weiteren Alkoholfall in der Agentur, dem sich Paul Gredinger angenommen hat. Ich kenne ihn noch von meinem Gastspiel in Basel. Er ist um die vierzig und hat eine ähnliche Vergangenheit wie ich. Allerdings mit dem Unterschied, dass er schon zigmal versucht hat, von der Flasche loszukommen. Sein Gesicht ist meistens leicht gerötet, und sein Atem riecht deutlich nach Pfefferminz. Keiner weiß so recht, was er macht. Ich glaube, Spesenabrechnungen bearbeiten. Paul würde ihn auch für nichts bezahlen, weil er ihn nicht fallen lassen will.

Wenn ich manchmal mit ihm spreche, wirkt er extrem verunsichert und schaut möglichst an mir vorbei. Vor Kurzem hat er mir den Grund genannt: „Ich habe irgendwie Angst vor dir, denn ich weiß, du siehst mir sofort an, wenn ich was getrunken habe." „Das ist wahr, aber deshalb musst du keine Angst vor mir haben. Wenn dich jemand hier in der Agentur versteht, dann bin ich das. Ich würde dir zum Beispiel nie sagen, dass du weniger trinken und besser auf dich auspassen sollst. Ich weiß nur zu gut, wie schlimm das ist, dieses besorgte Gerede mit den latenten Vorwürfen." Seitdem sieht er mich an, wenn wir miteinander reden.

Weil ich manchmal bis Mitternacht vor der IBM-Schreibmaschine sitze, leiste ich mir am nächsten Morgen ein Taxi in die Agentur. Vor zwei Tagen verursachte ich mit einem freundlichen Hinweis ein mittleres Verkehrschaos. Die Agentur sucht ständig Jägermeister-Modelle, die nicht wie Fotomodelle aussehen. Der Taxifahrer, der mich an diesem Morgen fuhr, war eine echte Düsseldorfer Type. Leicht rundlich, mit kleinen verschmitzten Augen und einer wunderbar glänzenden Glatze. „Möchten Sie sich 100 Mark verdienen?", frage ich ihn. „Aber sofort." „Dann kommen Sie nach der Fahrt mit hoch in unsere Werbeagentur. Wir fotografieren Sie als Modell für eine Jägermeister-Anzeige, und Sie bekommen 50 Mark. Wenn die Anzeige gedruckt wird, gibt es noch einmal 50 Mark."

Die Fotos werden in einem Studioraum gemacht, in dem alles vorbereitet ist: Kamera, Licht, neutrale Rückwand und der Punkt, auf den sich die Personen mit der Flasche und dem Glas in der Hand stellen müssen. Nach zehn Minuten ist das Foto gegessen. So schnell hatte der Taxifahrer noch nie 50 Mark verdient, und als er ging, gab ich ihm den freundlichen, aber verhängnisvollen Hinweis: „Wenn Sie ein paar Kollegen kennen, die gute Typen sind, also nicht so aussehen wie Beamte vom Katasteramt, können die gerne auch mal vorbeikommen. Aber bitte nur ein paar." Zwei Stunden später war die Immermannstraße vollgestellt mit schätzungsweise 30 Taxis, die am nahen Hauptbahnhof leider fehlten.

Weil ich 45 Mark Stundenhonorar bekomme und jeden Monat gut 240 Stunden zusammenbringe, bin ich im August fast runter von meinen

Schulden, und wir können uns sogar ein paar Tage Ferien im Emmental leisten. Hier habe ich das Stöckli von Familie Steiner gemietet. Stöcklis sind kleine Häuser neben den großen Bauerhöfen, für die alten Bauern, wenn die Knochen knirschen.

Wir leihen uns einen VW-Käfer und Heike fährt zum ersten Mal mit einem Mann auf dem Beifahrersitz, der keine Bierflasche umklammert hält. Ich selbst habe nie einen Führerschein gemacht. Erst hatte ich kein Geld, dann hatte ich zu viel Geld und bin lieber Taxi gefahren. Und schließlich hatte ich wieder kein Geld, weil ich es für Alkohol brauchte.

Zwischen Köln und Frankfurt lässt sich Heike auf eine Wettfahrt mit Helga Goetze ein, die in einem ähnlichen Käfer sitzt. Natürlich nicht die echte Helga, aber sie sieht ihr verblüffend ähnlich. Die echte hatte kürzlich im Fernsehen ein paar spektakuläre Auftritte, in denen sie, über 50-jährig und Mutter von fünf Kindern, mit einem südländischen jungen Mann auftrat, der ihr angeblich die Augen und den Schoß geöffnet hat. Das Ganze gipfelte in der Behauptung „Ficken ist Frieden" und provozierte vertrocknete Frauengruppen zu landesweiten Protesten. Am meisten aber echauffierten sich Pfaffen und Rassisten. Heike lässt die vermeintliche Helga fahren. Vielleicht wartet auf sie auch ein eifriger junger Mann.

In Basel machen wir unter anderem Station im Garten der Kunsthalle, und ich suche automatisch den Tisch, an dem ich vor vier Jahren gesessen habe. Wie aus dem Nichts taucht Ernesto auf, der Ober, der mich damals fortwährend mit Feldschlösschen-Bier versorgt hat. Bevor ich mich wundern kann, dass er noch lebt, stellt er die kürzeste aller Fragen: „Stange?", womit er ein schlankes Bier meint. „Danke nein, bitte ein Mineralwasser." Meine Antwort kann nur ein Scherz sein. „Also gut, eine Stange." „Nein, ein Mineralwasser." Er bleibt einige Sekunden mit offenem Mund vor mir stehen, fragt Heike nach ihren Wünschen und läuft kopfschüttelnd zum Restaurant, wobei er sich noch einmal umschaut, um sicher zu sein, dass er nicht träumt.

Als hätte sie Tage vorher geahnt, dass ich hier sein würde, kommt Uschi in den Hof, sieht zuerst mich, dann Heike und bleibt unsicher stehen. Ich gehe zu ihr rüber. Wir lächeln mühsam, mustern uns und geben uns förmlich die Hand, vor vier Jahren eine lächerliche Geste. „Du siehst gut aus, deine Bäckchen sind weg." „Das kommt vom Alkohol, der sich nicht mehr ablagert. Seit einem halben Jahr lebe ich auf dem Trockenen." Sie merkt sofort, dass da ein anderer vor ihr steht, und fragt sich vermutlich, wer ihr lieber gewesen wäre: Der lockere Säufer mit den Hängebäckchen. Oder der verklemmte Typ mit dem fast hageren Gesicht.

Habe ich Heike betrogen, als ich im Mai 1969 meinen Fernseher in Uschis Appartement schleppte, damit wir vom Bett aus hinterher anspruchslose Schwarz-Weiß-Krimis schauen konnten? Gemessen an den gültigen Moralbegriffen, habe ich das. Bezogen auf meine Situation, war es kein Betrug. Ohne Uschi wäre ich kaputtgegangen, allein in einer fremden, nicht selten feindlichen Umgebung. Was will ein Sauschwab in einer friedlichen Schweizer Werbeagentur? Preußische Sitten einführen? Den lassen wir auflaufen. Betrogen habe ich höchstens Uschi, als ich den Fernseher wieder aus ihrem Appartement rausholte, um ihn mit nach Düsseldorf zu nehmen, wo ich ihn überhaupt nicht brauchte. Kleinkariert, piefig, widerlich.

Im Emmental verleben wir herrlich erholsame Tage. Überall dickes, saftiges Grün, glückliche Kühe, Blumen, kristallklare Bäche und eine Luft, die einem in wenigen Tagen wieder zu Babyhaut verhilft. Vor allem Heike geht es gut. Sie muss nicht mehr befürchten, dass ich, getrieben von Entzugserscheinungen, zwei Kilometer durch den unwegsamen Wald zum nächsten Laden laufe.

Am dritten Tag besucht uns Heikes Schwester aus Düsseldorf. Sie ist eine extrem begabte Mathematikerin und arbeitet in den Klöckner-Werken. Irgendwas mit Betriebskosten und völlig überqualifiziert. Seit vier Jahren wartet sie auf ihre Beförderung zur Abteilungsleiterin. Doch zweimal wurden männliche Nieten vorgezogen. Wenn sie sich woanders bewirbt und ihren Supereinser-Studienabschluss mit diversen Forschungsprojekten vorlegt, ist sie von vornherein chancenlos. Es sind Männer, die über ihre Einstellung entscheiden. Die können keine Mitarbeiter gebrauchen, die klüger sind als sie. Vor allem keine Frau.

Die Schwester genießt zwar die gute Luft und die schöne Natur, kann aber von ihrem betrieblichen Nutzendenken nicht lassen. Unsere Gastgeber, die Bauerfamilie mit Berner Sennenhund, sind für sie bedauernswerte Menschen, die mit Sense und im Pferdewagen im 19. Jahrhundert leben. Mit den entsprechenden Maschinen hätten sie endlich eine menschenwürdige Existenz.

Wendisch Rietz bei Berlin, im Juli 2006: Ein Engel am See und andere Bilder.

Ich hocke im Intensivzimmer der Oberbergklinik am Großen Glubigsee, 70 Kilometer südöstlich von Berlin, und bin unter teuflischen Umständen hierhergekommen.

In Rogaška Slatina hatte ich mich nur noch abgefüllt, war aus dem zu hohen Bett gefallen, hatte mir den Kopf aufgeschlagen oder lag als Halbtoter auf dem Parkettboden, bis ich mich zurück auf die Matratze quälte. In einer Nacht, an die ich mich nicht mehr erinnere, ging auch das nicht mehr. Ika im nahen Apartment, noch co-abhängig, kam von einer diffusen Ahnung getrieben rüber zu mir in die Wohnung und versuchte, mit ihren Rheumahänden und entsprechenden Schmerzen den Untoten zurück ins Bett zu zerren. Am nächsten Tag befand sie sich in der Mitte eines Dreiecks aus Wut, Angst und Verzweiflung. Um sich von dieser Umfesselung zu befreien, griff sie zu Aggression und fuhr einen Stachel aus, der durch das Herz ins Rückenmark ging: „Vielleicht werde ich zu Mirko ziehen." Mirko ist ein Verehrer, der seit sechs Monaten Lauerstellung bezogen hatte, um sie als Grundguter in den Arm zu nehmen. Für den Fall, dass sich Ika aus Verzweiflung von mir lösen würde.

Ich erhöhte die Wein- und Distraneurin-Dosierungen bis zur Bewusstlosigkeit. Irgendwann aber zwängte sich Angst durch die abgestorbenen Gefühle: Was wird mit mir geschehen, wenn ich in eine slowenische Klinik eingewiesen werde? Ich hatte gehört, dass die Patienten in Sälen mit acht und mehr Betten untergebracht werden, eine Garantie für Delir und Krampfanfall im Wechsel.

Ika hatte inzwischen mit meiner jungen alten Freundin Gesine und meinem Bruder, beide in Berlin, per Telefonkonferenz den Plan entwickelt, mich ins Jüdische Krankenhaus nach Berlin-Wedding zu bringen. In einem halbwegs wachen Zustand gab ich meine Zustimmung, ahnend, dass ich, ginge die Sauferei weiter, bei Herrn Korsakow oder im Erdreich landen würde.

Christian, Ikas Bruder, fuhr uns nach Zagreb zum Flughafen, wo ich vor dem Flug mit Germanwings noch ganz schnell drei Bier einatmete. Wegen Flugangst. In der Kabine ergänzte ich die Biere mit drei kleinen, aber durchschlagenden Fläschchen Prosecco, auch wegen Flugangst.

In der Ankunftshalle wartete Gesine auf uns und war entsetzt. Sie erkannte sofort, dass mein Äußeres nur Tarnung war: Der elegante dunkelblaue Anzug, das sorgsam darauf abgestimmte Hemd, die fast neuen Schuhe für den schlanken Fuß, das Make-up von Shiseido auf der Säufernase. Und darunter ein Wrack. Weil Gesine höflich ist, sagte sie nichts, schilderte mir aber ihren Eindruck vier Tage später im Jüdischen Krankenhaus.

Sie fuhr uns mit dem grünmetallischen alten Golf ihrer Eltern zu einem relativ neuen katholischen Tagungshotel in Berlin-Mitte, dessen Namen ich vergessen habe. Bevor sie nach rechts auf den Vorplatz des Hotels abbog, fiel mir ein italienisches Restaurant mit Stühlen zum Draußensitzen ins Auge. Kaum dass wir im Zimmer das Gepäck abgestellt hatten, meldete ich bei Ika ein Hungergefühl an, wissend, wo ich es ohne feste Nahrung dämpfen konnte.

Bis zur Nacht blieb ich auf einem konstant hohen Pegel, schlief wunderbar und konnte am nächsten Morgen sogar eine halbe Semmel frühstücken. Danach fuhren wir ins Jüdische zum Aufnahmegespräch, das ich auf der Bank einer nahen Türkenbude mit drei Flaschen Bier abschloss. Hatte die Dame doch gesagt, ich solle nicht versuchen, schon jetzt mit dem Trinken aufzuhören. Anschließend holten wir uns von der Barmer

Ersatzkasse die Kostenübernahme. Ika in der Zweigstelle und ich im anliegenden Lokal.

Somit war die Zeit gekommen, etwas zu essen. Und weil Säufer treu sind, wenn es um Lokale geht, zwang ich Ika zurück zum Italiener vom Vortag. Nach dem dritten Glas Wein beklagte ich mein Schicksal, sprach über meine Angst vor dem Entzug im Vierbettzimmer und sah mich schließlich als Opfer aller Misslichkeiten, die das Leben zu bieten hat. Plötzlich sagte ein mitteljunger Mann am Nebentisch: „Warum gehen sie nicht in die Oberbergklinik in Wendisch Rietz. Dort haben sie ein Einzelzimmer in einem schönen Haus am See, bekommen vorzügliches Essen und eine konsequente Therapie."

Ich schaute ihn erst verwirrt, dann fragend an und er ergänzte: „Ich kenne die Klinik, weil meine Freundin dort ist. Und ich bin sicher, die können auch Ihnen helfen." „Das glaube ich gern. Vor zehn Jahren war ich in der Schwesterklinik im Schwarzwald. 300 bis 400 Euro pro Tag. Heute kann ich mir das nicht mehr leisten." Aus dem Klinikgeplänkel entwickelte sich ein Gespräch. Ich verließ vorübergehend meine Agonie und irgendwann waren wir bei Karl Kraus und dem Wien der Dreißigerjahre. Nach einer halbe Stunde, kurz vor dem mentalen Ausfall, sagte ich artig „Auf Wiedersehen" und wir gingen zurück ins Hotel.

Am nächsten Morgen begab ich mich in die Gefangenschaft, nicht ohne vorher zwei Fläschchen Frühstückswein getrunken zu haben. Das Zimmer mit den vier Betten, der Flur mit der glänzenden Ölfarbe an den Wänden und das versiffte Raucherzimmer versprachen einen Entzug in strafender Umgebung. Und so war es auch. Ohne die Distraneurin, die ich in der großen Nivea-Dose mit eingeschmuggelt hatte, wäre ich bereits am Samstag wahnsinnig geworden. Umso mehr, als mir der Arzt Diazepam und Haldol verordnete, eine Mischung, die mich äußerlich ruhig, innerlich aber irrsinnig machte. Am Sonntagabend hatte ich meine Distraneurin bis auf zwei Exemplare aufgefressen. Die brauchte ich für den nächsten Vormittag und die Diskussion, der ich nach meinem Entlassungswunsch ausgesetzt sein würde.

Bis zur nächsten Medikamentenausgabe waren es noch 80 Minuten. Danach würde ich zwei Stunden Ruhe haben. Die paradoxe Wirkung meines Medizincocktails trat erst nach und nach ein.

Gesine tauchte auf wie ein dünner Engel aus der Dunkelheit, bestückt mit kleinen Tüten aus den Galeries Lafayette. Ich war gerührt und musste sowohl meine Tränen als auch den Ekel vor den wunderbaren Süßigkeiten unterdrücken. Sie sah sofort, wie dreckig es mir ging. Ich erzählte ihr von den quälenden 80 Minuten, die mir bevorstanden, von den glänzenden Ölfarbwänden, die mich erdrückten, und dem Vierbettzimmer, das mich in Panik versetzte. „Komm, lass uns miteinander reden. Das ist das Beste, was wir tun können." Wir sprachen über gestern, morgen und übermorgen und sobald ich etwas Konkretes sagte, griff sie es auf, um das Gespräch am Leben zu erhalten. Auf einmal war es 18 Uhr. Ich hatte die 80 Minuten durchgehalten.

„Siehst du, du schaffst es", war ihre Rede als es mir besser ging, „alle wünschen dir, dass du es schaffst – Ika, dein Bruder, seine Frau und ich." Ich wollte sie nicht enttäuschen, sagte darum nichts vom Entschluss, mich am nächsten Vormittag gegen ärztlichen Rat aus der Klinik zu stehlen. Zu oft habe ich die Menschen um mich herum enttäuscht. Vor allem diejenigen, die mir helfen wollten.

Mein Abschied am Montagvormittag war problemlos. Der diensthabende Arzt wies mich in aller Ruhe und sehr sachlich auf die möglichen Konsequenzen hin, gab mir das Papier, und ich schlich mich aus der Klinik, immer befürchtend, man würde mich in letzter Sekunde abfangen und zurückbringen. Ich ließ mich von einem Taxi ins katholische Tagungshotel bringen, bekam sofort ein Zimmer, warf mein Gepäck aufs Bett und hastete rüber zum Italiener, um vier Dezi Wein auf die Angst zu gießen. Zur Sicherheit legte ich noch vier Dezi nach. Ein Weg direkt in die Katastrophe.

Ich hatte noch zehn Milligramm Diazepam als Morgengabe vom Jüdischen im Leib, dazu eine Pille für alle Fälle. Beides vereinigte sich mit dem Wein zu einem Terroranschlag auf meinen Bewegungsapparat. Ich stakste wie ein Zombie zurück ins Hotel. Statt mich hier aufs Ohr zu legen, ließ ich mir noch eine Batterie 0,2-Literfläschchen vom Weißwein des Hauses aufs Zimmer bringen. Bevor ich die zweite Flasche aufbrauchen konnte, fiel ich – und ich weiß nicht wie – schliddernd auf die Nase. Konsequent wie ich bin, riss ich mir bei dem Sturz auch noch Stirn und Oberlippe auf. Von meinen Zähnen wackelte zwar der Einser oben links, er blieb aber drin. Ich sah aus wie ein verprügelter alter Boxer, der gegen den Rat seines Trainers noch einmal in den Ring gestiegen ist.

Am nächsten Morgen bat ich Gesine, ein Make-up zu besorgen. Sie brachte mir einen Coverstick mit optimaler Deckkraft. Der aber machte meine Verletzungen allenfalls lächerlicher, weil jetzt jeder sehen konnte: Dem hat jemand etwas auf die vorlaute Nase gegeben, und nun versucht er, die Folgen mit Tunten-Camouflage zu überschminken.

Am Mittwoch sagte mir die Hotelleitung, ich müsse morgen gehen, das Zimmer würde für eine Tagung gebraucht. Tatsächlich wollten sie mich raus haben. So, wie ich aussah, war ich keine gute Reklame für das mittelfeine Hotel mit Anspruch. Zur katholischen Ausrichtung passte ich erst recht nicht.

Ohne Gesine wäre ich in irgendeiner Absteige gelandet und hätte weiter gesoffen, bis die beiden Männer mit der großen Kunststoffkiste ins Zimmer gekommen wären – ohne anzuklopfen. So aber wurde ich gerettet. Gesine hatte für mich einen Platz in der Oberbergklinik besorgt, die mir vor vier Tagen noch zu teuer erschienen war. Ich weiß nicht, wie sie den Aufnahmearzt dazu brachte mich aufzunehmen. Kiste oder Klapse waren jedenfalls kein Thema mehr. Ich durfte kommen.

Sie trat mir verbal in den Hintern, packte mich symbolisch an meiner verbogenen Fresse und schleifte mich zum Metallic-Golf. Klug wie sie ist, machte sie vorher einen Deal mit mir aus: Ich leiste keinen Widerstand und springe auch nicht an einer Ampel auf die Fahrbahn, um wegzurennen. Zur Belohnung bekomme ich zwei Abschiedsbiere an einem See auf dem Weg zu Klinik.

Die Damen von der Aufnahmestation waren entsetzt, als ihnen das Wrack unter die Augen kam mit einer Alkoholfahne bis zur 10 Kilometer entfernten Autobahn und 3,4 Promille im Blut. Schwester Steffi sagte mir heute Mittag, sie sei sich nicht sicher gewesen, ob ich die Nacht überstehe. Umso überraschter ist sie, dass der Zombie nicht nur überlebt hat, sondern auch ein seltsamer Typ ist mit einem Rest schwarzen Humors und einem lustigen Stoffhund Namens Amadeus als Bettgenossen. Ich habe keinen Tremor, aber die Faust auf der Brust, die wieder und wieder zu einer undefinierbaren Angst führt. Alle paar Minuten mit Ausschlägen noch oben. Ich kenne sie seit Jahren, weiß aber kein Mittel gegen sie – außer erneuten Gaben von Alkohol oder Tabletten, vorzugsweise beides.

Die nächsten Tage werden grausam sein. Zurzeit bekomme ich noch alle drei Stunden zwei Distraneurin-Kapseln. Aber die Intervalle werden schon bald gestreckt. Bis sie am sechsten und siebten Tag ewige acht Stunden dauern und ich mir die Frage stellen werde, ob der Glubigsee vielleicht die bessere Lösung wäre.

Viele Säufer durchlaufen dank einer stabileren physischen und psychischen Disposition einen anderen, weniger harten Entzug. Für mich aber wird er zur ewigen Höllenfahrt. Ich habe sie schon viermal hinter mich gebracht und weiß, dass sie brutaler ist als der Weg aus dem Alkohol als alleinigem Gift. Jede Minute, ja, jede Sekunde, macht sich lang wie ein Bungee-Seil. Und nirgendwo Ablenkung. Keine Zeitung, kein Radio, kein Fernseher, keine Fliege auf der Lampe – nichts als die schleichende Zeit. Immerhin, wenn ich aus dem Fenster schaue, sehe ich Kiefern, Birken und Ferienhäuser, so bunt wie tot. Manchmal fliegt ein Zeisig vorbei, um mir zu zeigen, wie schön das Leben ohne Alkohol ist.

Drei Wochen später: Wie gut, dass der Staat so lieb zu seinen Beamten ist.

Ich bin durch, habe es geschafft. Keine Faust mehr auf der Brust. Nur noch Schlaflosigkeit. Der mitteljunge Mann, der mir vor vier Wochen beim Italiener den Rat gab, hierherzukommen, hatte recht: Modernes Haus mit relativ geschmackvoller Einrichtung, wunderbare Seelage, schlichtes, aber heimeliges Einzelzimmer, Essen wie in einem Viersternehotel. Nette Mitpatienten. Wenn auch nur zum kleinen Teil.

Ungefähr 50 Prozent sind Beamte von irgendwelchen Behörden und können sich über ihre Zusatzversicherungen die rund 400 Euro pro Tag leisten. Nach Möglichkeit über einen längeren Zeitraum. Ferien im Landal-Hotel nebenan müssten sie selbst bezahlen. Die Klinikleitung ist ungeheuer hilfsbereit, wenn es darum geht, Verlängerungsanträge zu stellen. Ein Finanzbeamter, dessen Macke darin besteht, den anderen Patienten auf die Nerven zu gehen, hat es auf drei Monate geschafft.

Auf dem Freigelände vor dem Seeufer gibt es einen überdachten Tisch mit Bänken für Raucher. Knusperhäuschen oder Onkel Toms Hütte, wie ich das Gebilde nenne. Als ich zum ersten Mal mein Zimmer verlassen durfte, hatte ich Bedenken, mit meiner zerschundenen Fresse hier aufzutauchen. Doch Tanja und Antje, die gerade rauchten und lachten, nahmen mich sofort auf. Lag wohl daran, wie ich mich vorstellte: „Guten Tag, mein Name ist Frankenstein. Noch. In einer Woche bin ich vermutlich wieder Reinhard." Die beiden sind zwar auch Behörden-Patienten, aber der angenehmen Art.

Unter den anderen ist viel Grobzeug. Vom großflächig tätowierten Polizisten bis zum zickigen Oberstudienrat, den seine Frau rausgeschmissen hat, weil sie ihn zum falschen Zeitpunkt mit der Assessorin erwischte. Jetzt ist der Ärmste hochgradig depressiv und würzt manchmal sein Mittagsmenü mit bitteren Tränen. Er hat Angst um das Haus, aus dem er rausgeschmissen wurde, weil es zur Hälfte ihm gehört. Seltsam, dieser deutsche Staat. Wenn der Laborarbeiter bei Schering von der Frau vor die Tür gesetzt wird, muss er sehen, wie er ohne Seelenurlaub am Glubigsee damit zurechtkommt. Der Polizist, der zwischendurch mal etwas auf die Nase bekommen hat oder das abgetrennte Bein eines Unfallopfers nicht verarbeiten kann, macht Ferien vom Ich.

Es gibt aber auch ganz normale Säufer. Meist Selbstzahler, weil weder die gesetzlichen noch die privaten Krankenversicherungen für die Therapie in der Nobelklapse aufkommen. Unter anderem Tom, ein reichlich abgedrehter Autor, der nach drei Nächten im Berliner Tacheles und vier durchgehenden Tagnächten im nahen Seehotel hier eintraf. Er hat den Galgenhumor, der das Leben unter depressiven Staatsdienern erträglich macht. Insgesamt sind es zehn Leute, mit denen ich mich gut verstehe und die für mich wichtiger sind als alle Therapiegespräche.

Mein Einzeltherapeut gehört von Rechts wegen auf die andere Seite. Er malt ständig Kästchen auf ein Blatt und will mich Stück für Stück in sie reinstecken. Das ist sein Denkkorsett, das ihm einen stotterfreien Monolog erlaubt. Fast alles, was ich in seine Litaneien hineinsage, kommentiert er mit einem zwanghaften Lachen. Und wenn ich erzähle, wie beschissen es mir geht, wegen Doppelentzug von Alkohol und Distra, ist seine Reaktion: „Sie müssen lernen, damit umzugehen." Vielen Dank, sehr tröstlich.

Die meisten Therapeuten sind rettungslos überfordert. Vor allem von uns, den Alkis. Was sie über diese Krankheit wissen, haben sie aus klugen Büchern, deren Autoren immer wieder verstiegenen Gen- und Konditionierungstheorien folgen. Wie anders soll sich ein Mediziner unseren Sockenschuss auch erklären? Der Gipfel der Hilflosigkeit ist eine hübsche junge Therapeutin, die uns ein Blatt mit einer Kurven drehenden Spielzeugeisenbahn vorlegt. Wir, die Lok, fahren ständig im Kreis, um im aufgemalten Papptunnel (Metapher für Kneipe) Saufpausen zu machen. Die Pausen werden von Mal zu Mal länger, bis wir Verspätungen haben wie die Deutsche Bahn und irgendwann ganz im Dunkeln bleiben.

Als ich ihr sagte, dass unsere Krankheit aufsteigend, aber linear verläuft, tat sie das als irrige Sichtweise ab. Das Blatt mit der kreisenden Lok kommt von einem erfahrenen Suchtmediziner und hat Gültigkeit. Ich habe den schweren Verdacht, dass Dr. Sozusagen, Oberarzt der Klinik, an dem Werk beteiligt war. Selten ist mir ein Arzt untergekommen, der so viel auswendig gelernt hat und seine Phrasen so oft mit „sozusagen" streckt. Erstaunlicherweise immer dann, wenn ich ihm gegenübersitze. Seine Vorträge im großen Kreis der Patienten sind weitgehend frei von „sozusagen". Warum wohl?

Zu seinem Standardrepertoire gehört die Frage: „Was sagen Sie, wenn Sie in Gesellschaft von Freunden zum Trinken aufgefordert werden? Ich will nicht, ich kann nicht, ich darf nicht?" „Ich will nicht." „Eben, genau das ist falsch. Richtig wäre zu sagen, dass Sie nicht trinken *können*." „Was zur Folge hat, dass alle wissen wollen, warum. Also muss ich ihnen erklären: Der Oberarzt von Wendisch Rietz hat gesagt, ich soll sagen, dass ich nicht trinken *kann*. Tatsächlich ist es so, dass ich nicht trinken *will,* wenn ich nicht trinken möchte. ‚Ich kann nicht‘ passt zwar wunderbar zur Kapitulation der AA, aber auch zur geistigen Agonie, in die viele Gruppenteilnehmer der AA fallen."

Es gibt auch einen Therapeuten mit Hirn und Einfühlungsvermögen. Seinen Namen kann ich hier nennen: Herr Erben. Er moderiert die Stammgruppe, der ich angehöre. Keine gesammelten Alkoholiker. Sondern auch Angst-, Burn-out-, Depressions- und Anorexie-Patienten. Ich weiß nicht so recht, ob die Mischung der Krankheitsbilder für alle gut ist. Manchmal denke ich, wir nehmen uns gegenseitig wertvolle Zeit weg. Manchmal aber habe ich das Gefühl, es ist gut zu wissen, dass wir Säufer mit unserer Krankheit nicht allein auf der Welt sind. Alkoholiker sind brutale Egoisten und müssen soziales Verhalten erst wieder lernen.

Zweimal pro Woche bekomme ich Besuch von Gesine, die klugerweise ihren Badeanzug mitbringt, um durch den See zu schwimmen. Hin und zurück, was etliche Hundert Meter sind. (Seit meiner Ankunft ist jeder Tag knochentrocken und um die 30 Grad heiß.) Wir sprechen viel miteinander, jedenfalls für meine Verhältnisse viel. Manchmal ist sie mir zu ernst, zu vernünftig und zu bemüht, um mit mir, dem Säufer, umzugehen. Immerhin, von Zeit zu Zeit bricht auch die andere Gesine durch. Als sie am Knusperhäuschen stand, um zu rauchen, wollte der nervige Finanzbeamte unbedingt wissen, in welchem Verhältnis sie zu mir steht. Tochter oder was? Sie erkannte sofort, wen sie vor sich hatte und sagte, was er hören wollte: „Ich bin seine Geliebte."

Beim letzten Besuch hatte sie ein schönes langes Leinenkleid an, das perfekt zu ihrem schreitenden Gang passte. Es war neu und preisgesenkt aus den Galeries Lafayette. Das wenige Geld, das sie verdient, gibt sie trotzdem nur für geschmackvolle Dinge aus. Sie kam den Weg zum Knusperhäuschen herunter wie eine Prinzessin im Exil und ich dachte: „Tochter? Nichts lieber als das. Ich möchte aber auch, dass wir auf gleicher Ebene sind – Freunde."

Die größte Hilfe – nach den Mitpatienten – ist der Gestaltungsraum. Nach über zehn Jahren habe ich wieder Bilder gemalt. Das erste erschreckt mich immer noch: Ein psychotischer Wald aus dünnen, düsteren Bäumen, ideales Terrain für einen Suizid, wenn die Äste nicht so dünn wären. Ab dem zehnten Tag, als die Hand ruhiger war, wurden die Bilder normaler und ansehnlicher. Ich wähle bewusst Themen oder Formen, die mir viel Pinselarbeit abverlangen. Den „Klee für Arme" habe ich mit aufs Zimmer genommen und schaue ihn mir manchmal an, trotz der Entstehungssituation.

In vier Tagen werde ich das Haus verlassen, nicht ohne vorher noch ein paar passende Hinweise zu geben. Die Ärzte und Therapeuten haben zum Beispiel die Knastterminologie „Wenn wir Sie entlassen …" in ihren Sprachgebrauch aufgenommen. Ich denke mal, in einer Klinik für Psychotherapie sollte es heißen: „Wenn Sie uns verlassen." Oder: „Wenn Sie unser Haus verlassen." Aber das ist wohl drin in den Weißkitteln, das Gefühl, über den Patienten zu stehen, wissend und mächtig zu sein. Besonders gegenüber Alkoholpatienten.

Als ich zu Anfang bat, mit der Medikation nicht so schnell runterzugehen, setzte mich eine ärztliche Hexe erst recht auf Sparflamme. Später, als ich weniger Tabletten brauchte als angesetzt, musste ich sie trotzdem nehmen. Ich habe sie nach links und rechts in die Backen geschoben und voller Pathos runtergeschluckt. In dieser Oberbergklinik müssen viele Leute noch viel lernen. Nicht nur die Patienten.

Rogaška Slatina, im Dezember 2010: Tangerine statt Laško Pivo.

Mein Todfreund hat sich ohne den geringsten Protest aus meinem Leben zurückgezogen. Ihm war bewusst, dass für ihn kein Platz mehr ist in meinem Denken und Handeln. Er hat kapituliert. Über 40 Jahre lang konnte er sich einschmeicheln, locken, versprechen, beschönigen und mit raffinierten Tricks meinen Willen unterwandern. Jetzt empfinde ich nur noch Widerwillen, wenn ich an die dumpfe Saumseligkeit zu Beginn des Trinkens denke, an den schleimigen Nebel im Vollrausch und die Qualen danach.

Dr. Tkalec hatte mir bei der Entlassung aus dem Krankenhaus in Celje gesagt: „Ich kann es kaum glauben, Ihr histologischer Befund ist absolut negativ. Keine Metastasen, keine Krebszellen, nichts. Sie können ein ganz normales Leben führen und müssen auf nichts verzichten. Sogar Ihr geliebtes Sladoled dürfen Sie essen. Aber eins sollten Sie wissen: Wenn Sie wieder anfangen zu trinken, kann ich Ihnen nicht mehr helfen. Auch kein anderer Arzt wird Ihnen helfen können." Was so viel bedeutete wie: „Dann säufst du dich direkt zu Tode, mein Lieber."

Abgesehen davon würde meine beschnittene Bauspeicheldrüse mit höllischem Protest auf den Alkohol reagieren. Ein Essen mit Ikas Tante Marta in Maribor hat mir bereits eine Kostprobe geliefert. Nach einer großen Wildportion, die ich gierig hinunterschlang, bekam ich Schmerzen im linken Unterbauch, die fast noch schlimmer waren als nach der Operation.

Als ich Anfang Juni nach 64 Tagen aus dem Krankenhaus kam, mit 58 Kilogramm wohl etwas sehr untergewichtig, war mir so ziemlich alles zuwider, was nach normalem Essen aussah und roch. Ika schleppte jeden Mittag eine Diätmahlzeit aus dem Hotel Slatina an, lasch-leichte Suppen, Huhn oder Kalb, Reis oder Kartoffelpüree, Geknödeltes usw. Und jedes Mal würgte ich winzige Portionen davon runter, um sie nicht zu enttäuschen. Tatsächlich stand mir der Sinn nach Sladoled, also Eiscreme. Zitrone, Karamell, Cookies, Tiramisu – Hauptsache eine große Portion. Mein Pankreas nahm die Zuckerschübe erstaunlicherweise hin, ohne zu murren. Allerdings musste ich jeden Tag einen ekligen Vitamincocktail schlucken, anderenfalls hätte Ika mörderischen Ärger gemacht. Nach drei Wochen begann ich mich für vereinzelte Hühnerbeine zu interessieren, gönnte mir zum Frühstück ein Croissant und hatte sogar Gusto auf Tomaten mit Mozzarella. Ich nahm allmählich zu, bekam keine weichen Knie mehr beim Treppensteigen, hatte im Sitzen kaum noch Schmerzen unter dem linken Rippenbogen und konnte mit vier bis sechs Milligramm Lexotanil schlafen wie ein Bär. Lediglich das Sprechen war noch ein wenig mühsam. Die doppelte Intubation hatte meine Stimmbänder angekratzt, so dass ich zunächst krächzte wie ein bronchitischer Esel, nur nicht so laut.

Der Juni war im Gegensatz zum nasskalten Mai warm und sonnig. Jeden Vormittag ging ich in das kleine Gartencafé gegenüber der Anina Galeria, löffelte drei Eiskugeln, trank Tangerine von Schweppes und rauchte eine Zigarette, deren Kippe ich sofort entsorgte – für den Fall, dass sich Ika zu mir setzen würde.

Meistens saß zwei Tische weiter mein Nachbar und trank sein erstes Zitterbier. Vor einiger Zeit habe ich ihn in seine Wohnung hochgeschleift, weil er die Treppenstufen nicht mehr erwischte. Die gelbliche Flüssigkeit aus der vertrauten Laško-Pivo-Flasche machte mir weder lange Zähne, noch erzeugte sie Ablehnung oder gar Ekel. Sie war das Getränk eines anderen – so, wie Jeans oder Lederjacken, die ich nicht trage, Kleidungsstücke eines anderen sind.

Im nahen Kiosk bestellte ich mir „Spiegel" und „Stern", um festzustellen, dass Merkel immer mehr wird wie Kohl und Westerwelle, sogar noch mehr davon. Irgendwann gab ich das Lesen der Zeitschriften auf und widmete mich Taschenbüchern von Cook und Palmer, von denen ich einige bereits vor zwei Jahren im Berliner St.-Joseph-Krankenhaus gelesen hatte.

Es geht immer ums Gleiche: Böse Versicherungskonzerne, gewissenlose Pharmafirmen, korrupte Klinikchefs, angereichert mit dubiosen Politikern und etwas Mafia. Trotzdem, die Geschichten sind gut recherchiert, spannend geschrieben und halten sehr lange, weil die Bücher so schön dick sind.

Manchmal, wenn ich beim Eis saß, kam unsere Katze Elsa angelaufen, umkreiste die Tische der anderen Gäste und setzte sich auf den freien Stuhl neben mir – als würde ihr nicht nur das Café, sondern halb Rogaška gehören. Weil sie ein hübsches Gesicht hat und immer sehr gepflegt aussieht, nahm ihr das niemand übel. Höchstens Gäste mit Hund. Elsa ist ein Biest, das sofort die Leine erkennt und sich provozierend vor die meist harmlosen Lieblinge stellt. Außerdem weiß sie, dass sie notfalls auf einen nahen Baum spurten kann.

Weil sie bei uns ohne Mutter aufgewachsen ist, hat sie immer mehr menschliches Verhalten angenommen. Besonders das Beleidigtsein. Vor Kurzem wollte ich sie abends hochholen (sie darf tagsüber im Park herumlaufen), half aber vorher dem Kind eines Kurgastes bei einem Kastanienbild. Ich ließ sie also für einige Minuten unbeachtet. Als sie dann mit mir in unsere Küche kam, schritt sie voller Verachtung an ihrem Tellerchen mit dem feinen frischen Futter vorbei und legte sich im Wohnraum auf ihr Kissen, zum ersten Mal mit dem Hintern in unsere Richtung. „Sie hat ja überhaupt nicht gefressen", sagte Ika besorgt. „Sie wird auch so schnell nichts fressen. Erst wenn wir im Bett sind, schleicht sie sich zu ihrem Futter und haut sich den Wanst voll." So war es dann auch.

Im Spätherbst vor zwei Jahren, als wir sie für drei Wochen zu Ikas Bruder geben mussten, hatte ich befürchtet, sie würde nicht mehr zurück wollen, weil sie dort einen schwarzem Kumpel namens Micki hat und überall wunderbare Verstecke. Doch sie wurde krank, bekam ein verfilztes Fell und trübe Augen. Als wir sie besuchten, rannte sie sofort auf Ersatzmutter Ika zu und reckte sich klagend an ihren Beinen hoch. Wir brachten sie zur Veterinärin, die eine Virusinfektion vermutete und auf ihrem Fell kleine kahle Stellen entdeckte, eine Pilzerkrankung.

Ika geriet sofort in Panik. Ihr von Rheumamitteln geschwächtes Immunsystem hatte dem Microsporum canis nichts entgegenzusetzen. Die Katze musste in Quarantäne, bis der Pilz verschwunden war. Das ist in Slowenien unter „humanen" Bedingungen nicht einfach, besonders in ländlichen Gebieten. Katzen rangieren weit hinter Hunden, und wenn sie krank sind, sollen sie gefälligst selbst wieder gesund werden.

Uns blieb nur die Veterinärstation im 45 Kilometer entfernten Maribor. Hier würden wir sie regelmäßig besuchen können. Ich hatte bereits ein ungutes Gefühl, als wir dort ankamen. Alles war ein bisschen heruntergekommen und der Tierarzt machte auch nicht den allerbesten Eindruck. Ein Tierpfleger, der mich an Boris Karloff erinnerte, brachte sie nach der Untersuchung in eine Box, die wir aber nicht zu Gesicht bekamen. „Sie wird vier bis sechs Wochen hierbleiben müssen. Hoffentlich hat sie sich danach nicht zu sehr verändert", sagte er mit gespielter Besorgnis.

Auf dem Rückweg nach Rogaška Slatina war ich traurig und wütend. „Wir fahren zurück und holen sie da raus. Zumindest will ich sehen, wo sie untergebracht ist." Boris Karloff wollte uns zunächst abwimmeln: „Es geht ihr bei uns gut, Sie brauchen sich keinen Sorgen zu machen." Als wir nicht locker ließen, führte er uns widerwillig in einen lichtlosen Raum vor eine Box von der Größe eines Zwergkaninchenstalls. Auf dem Boden dreckige Späne und in der Ecke ein ebenso dreckiger Futternapf. Sobald Elsa uns sah, strecke sie mit einem langen Wimmern ihr Pfötchen durch das Gitter: „Warum habt Ihr mir das angetan?"

Zum Glück hatte ich mich im Internet über Tierkliniken in Graz informiert, von denen eine einen besonders guten Eindruck machte. „Da hilft jetzt nichts, wir müssen sie nach Graz bringen. Und wenn es da nicht deutlich besser ist, nehmen wir sie wieder mit nach Hause." Trotz der weiten Fahrt und der Angst vor einer Ansteckung, falls Elsa wieder zurück musste, war Ika sofort einverstanden. Wir packten das Tierchen in die Transporttasche und fuhren los, ohne irgendwas zu bezahlen. Der Pfleger war keineswegs unglücklich. Die anderen sieben Schuhkarton-Boxen standen leer. Und nur für eine einzelne Katze hin und her zu laufen, war mehr als eine Zumutung. Ein Hund hätte das schon eher verdient gehabt.

Unser Ziel war die Kleintierpraxis Dr. Pfleger auf der Moserhofgasse. Nicht ganz leicht zu finden für slowenische Deutsche aus der Pampa, zumal Elsa immer noch gotterbärmlich wimmerte und piepste. Irgendwann standen wir vor dem Haus 61, und als wir den Empfangsraum betraten, wurde Elsa ruhiger – als könnte sie spüren, dass sie hier besser behandelt würde als im Knast von Maribor. Eine freundliche junge Dame gab uns an eine Frau Magister Radl weiter, die Elsas Pilzerkrankung sorgfältig untersuchte und uns die Krankenstation für Katzen zeigte. Zwar auch mit Käfigen, aber wesentlich geräumiger und sauber. Vor allem hatte der Raum große Fenster, sogar mit Bäumen davor.

Elsa ließ sich ohne Proteste in den Käfig setzen, bemerkte den Unterschied zum Verlies, dem sie entkommen war, und begann sofort zu fressen. Vorher in der Dunkelheit hatte sie kein Bröckchen angerührt. Anschließend inspizierte sie noch einmal jede Ecke des vorübergehenden Heims und setzte sich weitgehend entspannt vor das Gitter, um das Gespräch zwischen uns und der Frau Magister zu beobachten.

„Wir werden regelmäßig nach ihr sehen und sie auf den Arm nehmen, wenn sie mag. Der Pilz sieht so aus, dass wir ihn in drei, spätesten in vier Wochen wegbekommen." Ich glaubte ihr. Sie machte den Eindruck, als sei das Gesundpflegen von Tieren für sie nicht nur Job, sondern persönliches Anliegen. Auch die Assistentin, die bei ihr stand, wirkte auf mich wie die gute Freundin aller Katzen.

Auf dem Rückweg nach Rogaška machten wir Halt bei Ikea, wo ich mich ohne Ika ins rauchfreie Restaurant setzte und entspannt mehrere Glas Wein auf Elsas Zukunft trank. Bier ohne Zigarette ist für mich eine Qual. Zur Sicherheit legte ich für die Weiterfahrt noch ein Glas drauf.

Die Folge war, dass ich im Eingangsbereich den versteckten Weg nach außen nicht mehr fand. Schon für nüchterne Kunden ist er ein Rätsel, was zum Ikea-Marketing gehört. Du sollst 500 Meter durch sämtliche Abteilungen laufen, erst dann darfst du nach vielen ungeplanten Käufen das Haus verlassen. Ich machte einen gewaltigen Aufstand, hatte aber mit dem Wein im Bauch keine guten Karten. Der Ikea-Mann nahm meinen Vorwurf, der versteckte Ausgang sei eine hinterhältige Methode, gelangweilt hin und fühlte sich im Recht, weil der Mensch vor ihm angesoffen war.

In der Folgezeit rief ich mindestens dreimal pro Woche in Graz an, hörte aber nur Gutes. Elsas Pilz bildete sich immer mehr zurück. Sie fraß regelmäßig, sogar größere Portionen. Sie hatte sich mit der Assistentin angefreundet. Und was für mich entscheidend war, Frau Magister Radl sagte mit einen Lächeln, das ich am anderen Ende der Leitung vermutete: „Sie ist inzwischen sehr gesprächig." Nach drei Wochen war sie gesund. Als wir sie abholten, schien nicht ganz klar, wer sich mehr freute, Elsa oder Ika und ich.

Inzwischen ist sie uns immer mehr an Herz gewachsen, und ich frage mich, ob wir noch normal sind in unserer Beziehung zu einem Haustier. Manchmal renne ich abends dreimal nach unten, um sie hochzuholen. Entweder bleibt die Prinzessin verschwunden oder sie dreht vor der Haustür ab, weil es ihr noch nicht konveniert, als Wohnungskatze tatenlos herumzusitzen. Wenn sie dann endlich auf ihrem Kissen sitzt, bin ich beruhigt und kann den Abend genießen, ohne an böse Menschen zu denken, die sie vielleicht mitnehmen oder auf dem Parkplatz mit dem Auto überfahren.

Mein Todfreund versuchte mir ständig einzureden, der Zirkus, den ich mit Elsa veranstalte, sei absolut fußkrank. In Wirklichkeit ginge es mir darum, die Katze zwischen uns zu stellen, was mehr als lächerlich sei. Schließlich hätte ich mich vor einem Jahr einen Dreck um sie geschert, wenn ich abends mit ihm zusammen war und im Café Central vier Halbe Laško Pivo, manchmal auch mehr, in mich reinschüttete. Das stimmt. Aber wenn ich am nächsten Morgen nüchtern und leicht zitterig war, gab mir der Friede, der von der wohlig ausgestreckten Katze ausging, Ruhe und Trost.

Als ich jung war, hatten für mich alle Hunde- und Katzenbesitzer, die ihre Tiere betüddelten wie Kinder, einen Sprung in der Schüssel. Das änderte sich, als uns vor 30 Jahren ein kleiner schwarzer Kater zulief, den wir Chichi tauften. Er war ähnlich eigenwillig wie Elsa, aber längst nicht so verzickt. Wir wurden mehr und mehr zu einem Schwulenpaar. Das Höchste für ihn war, wenn ich zum Sonnen auf der großen Terrasse lag und er sich auf meinen nackten Bauch breitmachen konnte. Leider nicht mit ausgestreckten Beinen und nicht lange genug, um ein entsprechendes Muster zu hinterlassen. Ich wäre in jedem Freibad bewundert und anschließend eingefangen worden.

Mein Leben ohne Todfreund ist gleichförmiger, aber auch ausgefüllter geworden. Ich schreibe wieder Gedichte, die niemanden interessieren, lese viel, habe eine Tür in unserem Hof mit Bäumen bemalt und kreierte die rätselhaften slowenischen Kastanienkreise, indem ich die Früchte auf dem

Kies in unserem Park zu großen mystischen Figuren auslegte. Die Kurgäste standen teils staunend, teils fragend davor, bis ich ihnen half: „Das ist pozitivna Energia. Wenn Sie sich für 30 Sekunden reinstellen und mit geschlossenen Augen zum Himmel schauen, bekommen Sie neue Zähne, Ihre Haare wachsen kräftiger und Sie fühlen sich zehn Jahre jünger. Aber nur, wenn Sie dran glauben." Mindestens 20 Gäste ließen die Energie auf sich wirken, meist Frauen höheren Alters. Parallel dazu bot ich die von mir gesammelte Kastanien mit einem Schild zum Verkauf an: „10 Stück 2 Euro. 100 Stück 20 Cent." Ich war nie ein guter Kaufmann.

Nach wie vor habe ich einen Jieper auf Süßes. Ende September gab es bei Hofer, dem slowenisch-österreichischen Aldi, bereits Stollen und Spekulatius. Ein ziemlich krankes Angebot bei 25 Grad im Schatten. Irgendwann liegen im Dezember die ersten Ostereier und im April Lebkuchenherzen in den Regalen. Mir solls recht sein. Zum Spekulatius fehlt mir allerdings kompaktes germanisches Vollkornbrot, um darauf die in Kaffee getunkten Figuren zu legen. Ika wendet sich immer mit Grausen ab, Elsa ist es egal. Ich vermute, das süße Zeug ist oraler Ersatz für den Alkohol, ähnlich wie die Gier auf Bonbons beim Versuch, mit dem Rauchen aufzuhören. Die Zigaretten aber werde ich nicht aus meinem Leben verbannen. Nach 54 Jahren als Raucher habe ich keine Lust, für den Rest meiner Tage als zwanghafter Nichtraucher durch die Gegend zu laufen. Wenn andere Menschen das vordergründig glücklich macht, bitte sehr.

Was mir immer wieder Sorgen bereitet, ist Ikas Rheuma. Bei feuchtem Wetter hat sie höllische Schmerzen. Und es ist oft feucht in Rogaška Slatina. Ihre Finger sind so dick und verbogen, dass sie ihre geliebten Ringe nicht mehr tragen kann. Ihre Zehen sehen aus wie Knubbel und bewegen sich in beliebige Richtungen. Oft hat sie auch massive Schmerzen in den Knien, so dass sie sich anstrengen muss, um nicht zu humpeln. Zum Glück macht sie wieder regelmäßig ihre Yoga-Übungen. Häufig zusammen mit Elsa, die unbedingt mit auf die Matte will, und sei es nur auf ein Eckchen, auf das sie ihre Pfoten legen kann.

Bei gutem Wetter gehen wir den Berg hoch zum alten Restaurant Bellevue. Das ist jedes Mal eine Überwindung, auch für mich, weil ich schon als Kind Spazierengehen hasste wie die Pest. Hinterher aber fühlen wir uns gut und machen uns zur Belohnung einen leckeren Cappuccino. Nicht unbedingt aufregend, dieses Leben. Ika denkt darum häufig zurück an

München, wo alles städtischer, lebendiger, weltoffener, kulturell reichhaltiger und sonst was war. Ich habe diese Stadt anfänglich (1974) gemocht. Doch sie ist in meinen Augen immer piefiger, provinzieller und selbstgefälliger geworden. Schon vor Jahren habe ich Pickel gekriegt, wenn mir Leute in München vorschwärmten, wie lebenswert diese Stadt sei: „In einer Stunde bin ich in den Alpen, in vier Stunden in Venedig. Ich kann in den Englischen Garten, in die Oper, ins Theater, in die Museen. Überall gibt es Cafés, Restaurants, die Fünf Höfe, die Maximilianstraße und was mir sonst noch gefällt.“

Tatsächlich bewegen sich 90 Prozent aller Münchener in einem Umkreis von 300 Metern, was in Hamburg oder Berlin kaum anders ist. Würden alle, die vom Englischen Garten schwärmen, diesen auch regelmäßig besuchen, wäre er in wenigen Wochen eine plattgemachte Wüste.

Ich habe mich inzwischen mit Rogaška Slatina arrangiert und trauere nicht mehr Berlin, München oder Düsseldorf nach. Es gibt zwar immer noch etliche Dinge, die mich hier stören. Aber nur, wenn ich zulasse, dass sie mich stören.

Celje, im April 2010: Warum ich Dr. Tkalec den schönsten Schluck Wasser meines Lebens verdanke.

Das Krankenzimmer ist ein stickiger kleiner Schlauch. Im Bett am Fenster liegt eine alte gelbhäutige Frau, deren Körpermassen auseinanderfließen, während sie leise vor sich hin röchelt. Der Pfleger, rein äußerlich ein erträglicher Mensch, schiebt den Löffel mit der Flüssignahrung so schnell in ihren Mund, dass ich denke, sie wird bei der nächsten Portion ersticken. Vielleicht die Lösung. Sie ist absolut unbeweglich, leidet unter Schmerzen aller Art und wird vielleicht noch Wochen brauchen bis zum erlösenden Moment.

Mein Bett schließt an das ihre an, mit einem knappen Meter Luft und einer Bettkommode dazwischen. Ich habe den gesamten Vormittag gebraucht – der vermutlich gerade noch andauert – bis ich ungefähr wusste, wer ich bin, wo ich bin, und wie ich hierhergekommen bin. Ich bin ich, ein alter Mann, neunundsechzig, der zuletzt zu Hause mit mörderischen Bauchschmerzen im Bett lag und nur weg wollte, aus mir raus, der nach und nach fünf Distraneurin nahm, ohne Alkohol als Betäubung, wie für alte Menschen oder Epileptiker vorgesehen. Irgendwann müssen die Tabletten gewirkt haben und es wurde dunkel. So und nicht anders bin ich in das Krankenbett gekommen. Aber wo steht es? In Rogaška Slatina, Berlin, München, Ljubljana?

Ich frage den Pfleger, der immer noch Flüssignahrung in die Frau schiebt, als sei sie ein junges Kalb. Er versteht mich nicht und sagt etwas, das Slowenisch klingt. Ich versuche es noch einmal mit meinem gebrochenen Englisch. Das kommt rüber und er antwortet ähnlich gebrochen, dass ich mich im Krankenhaus von Celje befinde, Abteilung für Inneres. Zu mehr hat er keine Zeit, wahrscheinlich weiß er auch nicht, welche Krankheit der Deutsche hat, und warum er sich ausgerechnet eine slowenische Klinik dafür ausgesucht hat.

Die Tür am Fußende meines Betts geht auf und ein ängstliches Gesicht mit dunkler Brille erscheint: Ika. Sie kommt langsam auf mich zu, als wolle sie mich nicht erschrecken, und sagt unter zwanghaftem Lächeln: „Gott sei Dank, du bist wach. Wie geht es dir?" „Das weiß ich selbst noch nicht genau. Mir fehlt die Erinnerung an die letzten Tage. Oder sind es Wochen? Wie bin ich hierhergekommen und warum? Was ist mit mir passiert?"

„Du bist vor fünf Tagen, am Karfreitag, ins Koma gefallen und vorgestern, am Ostermontag, wieder aufgewacht. Ich habe, als das passierte, von deiner Leblosigkeit eine halbe Stunde lang nichts gemerkt, weil ich nebenan in der Küche war und dachte, du schläfst nach den fünf Distraneurin, die ich dir widerstrebend gegeben hatte. Als ich nach dir sah, lagst du da mit offenem Mund und stockendem Atem, ohne Bewusstsein, ohne Puls.

Voller Panik habe ich den ärztlichen Notdienst angerufen, und wir hatten das große Glück, dass ausgerechnet am Karfreitag ein Rettungswagen in der Nähe war. Nach fünf Minuten stand er vor dem Haus, eine dicke Notärztin kam die Treppe hochgerannt, hat dich mit zwei Helfern auf eine Bahre gepackt, in den Wagen geschoben und sofort versucht, dich wiederzubeleben. Während der Blaulichtfahrt nach Celje – ich hinterher – hat sie es irgendwie geschafft, dein Herz wieder anzuwerfen.

In der Klink kamst du sofort auf die internistische Intensivstation, zeigtest aber keine Reaktionen: Koma. Ich bin zurück nach Rogaška, voller Angst und Verzweiflung. Warum habe ich vorher nicht nach dir gesehen und stattdessen in aller Ruhe Spaghetti gekocht? Würdest du wieder zu Bewusstsein kommen? Und wenn ja, wie? Mit welchen Schäden?

Hilflos wie ich war, habe ich deinen Bruder in Berlin angerufen. Er ist zwar Professor für Kinderneurologie, versteht aber sicher auch viel von Erwachsenengehirnen und kennt als ehemaliger Chefarzt auch andere Krankheiten. Am Ostersonntag ist er mit seiner Frau Marianne nach Zagreb geflogen, von wo mein Bruder ihn abgeholt und nach Rogaška gebracht hat. Als er dich am Nachmittag sah, hatte er wenig Hoffnung und sagte mir, ich müsse mich darauf vorbereiten, dass du nicht mehr aufwachst. Ich aber habe fest daran geglaubt, dass du wieder zurückkommst und ständig mit dir gesprochen.

Dabei sah ich auf dem Monitor, wie plötzlich eine Linie nach oben ausschlug. ,Hartmut, siehst du das, er hört mich', habe ich zu deinem Bruder gesagt, ,er wird nicht sterben. Er lebt!' ,Du hast recht, das ist ein gutes Zeichen, eine endgültige Aussage aber nicht.' Für mich aber warst du wieder da, unter den Lebenden, zurückgekommen zu mir und deiner geliebten Katze Elsa. Am Morgen hatte ich noch an Sedi gedacht, die jetzt ohne ihren Artur allein mit ihrer Katze lebt.

Die Vorstellung, dass es mir genauso ergehen könnte, war der blanke Horror. Ich würde aus Rogaška wegziehen, alles aufgeben, die Wohnung und den Laden verkaufen. Vielleicht nach München, vielleicht nach Italien, nur weg. Dann aber sagte ich mir: ,Der stirbt nicht, bei dem, was er alles durchgemacht und sich selbst angetan hat.' Als wir am Ostermontag wieder zu dir kamen, hast du erst das linke Auge aufgemacht, dann das rechte und mich sofort erkannt. Deinen Bruder aber nicht. Du hast dich zu ihm gedreht und gefragt: ,Wer ist das?' Unsere größte Sorge war jetzt: Was ist mit seinem Gehirn? Hat es Schaden genommen? Kann er noch klar denken? Oder wird er zum Pflegefall?"

Mir fallen die Träume oder Erlebnisse (?) ein, die mir noch in Erinnerung sind. Dass ich zehn Millionen Euro an der Börse gewonnen habe. Dabei zwanzig Kilobarren Gold aus der Konkursmasse einer Kugellager-Firma. Dass Mirko Tuš, der Besitzer der größten slowenischen Supermarktkette, meine Bilder in seinen Läden aufhängen will. Dass Elsa, meine Katze, zwölf schwarze Kinder hat. Und andere seltsame Geschichten. Die zehn Millionen Euro sind für mich fast so real, dass ich Ika bitte, auf meinem Konto nachzusehen. Ich rechne allerdings damit, dass der Reichtum eine Halluzination ist. Aber wer weiß?

Ikas Koma-Schilderung ist klar zu mir rübergekommen. Doch von der

Fahrt nach Celje, der Intensivstation und der Wiedergeburt weiß ich nichts. Die fünf Tage sind weg, eine dunkle Strecke.

Ika fühlt sich schuldig, wie so oft in ihrem Leben. Weil sie mir die Kapseln gegeben hat. Weil sie nicht bei mir am Bett geblieben ist. Weil der Notarztwagen nicht noch schneller kommen konnte. Weil sie seit ewigen Zeiten nichts für mich gekocht hat, weshalb ich mich so ungesund ernährt habe. Weil es in der letzten Zeit so viel geregnet hat. Weil Krieg in Afghanistan ist.

Tatsächlich weiß keiner so recht, wodurch mein Koma entstanden ist. Die Ärzte vermuten eine Vergiftung durch einen Darmverschluss. Es kann auch eine allgemeine Schwäche sein, hervorgerufen durch meine Lebensweise. Die fünf Distraneurin waren es jedenfalls nicht, laut Aufnahmearzt. Das hätten schon 20 bis 30 sein müssen. Fest steht, dass Magen und Darm in gefährlicher Unordnung sind. Schon als ich vor vier Wochen einen stark gezwiebelten Bohnensalat gegessen hatte, bekam ich mörderische Bauchkrämpfe und musste in die Klinik.

Gegen Abend, nachdem Ika gegangen ist, erklärt mir der Stationsarzt, dass ich morgen zur Koloskopie muss. Mit einer Abführbrühe den Darm zu entleeren, ist bei mir nicht nötig, weil ich aus einem Plastikbeutel der Firma Fresenius intravenös mit einem weißen Brei ernährt werde. Was bei einer Koloskopie genau passiert, weiß ich nicht. Irgendetwas mit Darmspiegelung. Vermutlich wird mir eine Sonde in den Hintern geschoben, die bis zum Darm vordringt.

So ist es dann auch, jetzt, am Morgen nach keinem Frühstück. Dr. Lisic, der wie ein amerikanischer GI aussieht und auch sehr gut Englisch spricht, hat mich auf die Seite gelegt und schiebt mir vorsichtig einen Schlauch in den After. An der Spitze sitzt offenbar eine winzige Kamera. Auf einem Bildschirm kann ich sehen, dass sie sich wie ein Street-View-Car von Google durch Darmwindungen arbeitet. Vor einem großen, rötlich aufgequollenen Ring hält der Kamerakopf inne. „Das ist ein Tumor", sagt Dr. Lisic, „ob gut- oder bösartig, kann ich jetzt noch nicht genau sagen. Das wird die Laboruntersuchung ergeben. Meine Erfahrung sagt mir aber, dass er bösartig ist."

Ich müsste in Panik ausbrechen, nehme seine Worte aber auf wie die Mitteilung, dass einer meiner Vorderzähne eine neue Krone braucht. Ich fühle mich noch sehr schwach und bin irgendwie weggetreten – als würde ich neben mir oder in einem ganz anderen Raum liegen. „Wenn der Tumor bösartig ist, muss er operiert werden, und Sie bekommen wahrscheinlich einen künstlichen Darmausgang. Aber das ist heute kein Problem mehr. Von dem Beutel sieht man unter der Kleidung rein gar nichts, und er lässt sich so anbringen, dass Sie sogar Sport treiben können."

Eine hässliche Vorstellung, die mich aber genauso wenig in Panik versetzt wie der Krebs. Seit heute früh weiß ich, dass ich außer einer Lungenentzündung auch Staphylokokken in mir habe, ob als Mitbringsel oder Dreingabe aus der Intensivstation ist nicht klar. Dank der gesammelten Medikamente, die ich bekomme, bin ich apathisch genug, um mir zu sagen: „Jetzt kommt es auf einen Plastikbeutel unter der Wäsche auch nicht mehr an."

Ika bringt mir am nächsten Tag eine Lesebrille und den „Spiegel". Wie ein Zombie herumzuliegen und die Beutel zu beobachten, deren Inhalte in meinen Arm fließen, geht mir auf die Nerven. Meine einzige Abwechslung ist das ständige Husten, das weh tut bis in die Lungenspitzen. Die Versuche zu lesen sind anstrengend und mehr als fünf Minuten am Stück schaffe ich nicht, wobei das Lesen an sich keine Probleme macht. Mir fehlt die Kraft, den „Spiegel" über eine längere Zeit aufrecht vor meine Augen zu halten. Für ein Vergnügen aber reicht sie: Westerwelle kriegt bei den Wählern kein Bein auf die Erde und erzeugt im Ausland entweder Ratlosigkeit oder mitleidiges Grinsen.

Inzwischen steht fest: Der Tumor ist astreiner Krebs und muss raus. Ich werde in die Chirurgie verlegt, wo in Vier- und Fünfbettzimmern die Patienten nach ihrer Operation auf eine hoffentlich problemlose Heilung warten oder darauf, dass sie wie ich in den nächsten Tagen aufgeschnitten werden.

Mein Bruder wollte mich zuerst nach Berlin ins Westend-Krankenhaus holen, weil er wenig Vertrauen in die Künste der slowenischen Chirurgen hat. Tatsächlich sind sie mindestens so gut wie die deutschen, arbeiten aber überwiegend im Ausland, wo sie besser bezahlt werden. Nach seinen Gesprächen mit Dr. Tkalec, dem Chefchirurgen, der den Tumor entfernen wird, gab er sein Ansinnen auf. Der Mann hat goldene Hände und ist bekannt dafür, dass er erhält, was seine Kollegen der Einfachheit halber wegschneiden. Abgesehen davon wäre die Reise nach Berlin in einem Passagierflugzeug viel zu gefährlich. Ich müsste schon mit einem

Rettungsflieger zum Westend-Krankenhaus gebracht werden. Macht um die 7000 Euro.

Das Krankenzimmer, in dem ich mich befinde, hat zum Glück nur zwei belegte Betten. Meins steht am Fenster mit Blick auf die Berge im Süden von Celje mit der Burg obendrauf. Bei schönem Wetter sehe ich den blauen Himmel und zartes Grün an den Hängen. Das tröstet, macht aber auch traurig, weil ich die ersten beiden Wochen meines Lieblingsmonats Mai vermutlich zwischen Klinikwänden verbringen werde.

Es gibt zwei Typen von Krankenschwestern: Dicke, die unabhängig vom Alter laut und ruppig sind. Und schlanke, meistens auch jünger, die freundlich sind, ohne zu schreien. Am Abend vor meiner Operation stellt mir eine mittellaute Schwester ein großes Glas mit Milchsäure auf den Nachttisch. Dazu drei Flaschen Donat-Heilwasser, das im Kurort Rogaška Slatina schon manchen Gast mit zusammengekniffenen Pobacken aus der Trinkhalle ins Hotelzimmer getrieben hat. Ich muss jetzt alles in mich hineinschütten – auf Teufel komm raus – und bekomme als Zugabe ein Klistier verpasst. Endlich weiß ich, was es bedeutet, wenn jemand sagt: „Ich habe mir die Seele aus dem Leib geschissen."

Am nächsten Vormittag warte ich vergebens auf die Rollenfahrt in den OP, die auf elf Uhr festgesetzt ist. Gegen zwei wird klar, dass ich erst am nächsten Tag unters Messer komme. Dr. Tkalec muss sich einem Notfall widmen, der wesentlich näher am Grabgebinde ist als ich mit meinem Tumor. Gegen Abend darf ich noch einmal drei Flaschen Donat trinken, diesmal aber ohne verschärfende Mittel.

Am nächsten Vormittag gibt es keinen Aufschub. Ich werde in einen OP-Raum gefahren, der auf mich den Eindruck macht, als sei er ziemlich neu und technisch auf dem letzten Stand. Eine hübsche Anästhesistin mit lockigem schwarzem Haar setzt mir eine Maske aufs Gesicht und redet auf Englisch beruhigend auf mich ein. Nach ein paar Sekunden bin ich weg und komme in einem Raum auf der Intensivstation wieder zu mir. Im Mund zwei Schläuche, im rechten Arm eine Kanüle, aber keine Leitung links oder rechts in der Bauchdecke. Dr. Tkalec hat mich offenbar hingekriegt, ohne einen künstlichen Darmausgang anzulegen.

Nach einer Stunde, die durch eine Uhr rechts über mir angezeigt wird, kommt die hübsche Anästhesieärztin mit den schwarzen Locken und fragt, wie ich mich fühle. „Eigentlich ganz normal", sage ich „keine Schmerzen, jedenfalls keine, die mich ärgern. Vor allem bin ich froh, dass ich nirgendwo einen künstlichen Darmausgang ertaste." „Das können Sie auch sein. Ich habe mich selbst gewundert, dass Dr. Tkalec darauf verzichtet hat. Es war eine ziemlich schwere Operation, über dreieinhalb Stunden. Das kranke Gewebe ist restlos entfernt worden. Dabei musste er auch die Milz und den Schwanz Ihrer Bauspeicheldrüse wegschneiden. Aber er hat den Dickdarm so vernäht, dass dieser weiterarbeiten kann und keinen Austritt nach außen braucht."

In den folgenden Tagen dämmere ich vor mich hin und zähle auf der großen Uhr die Stunden, bis Ika kommt. Sie bringt den Schwestern regelmäßig Süßigkeiten von Ferrero mit, die ich wegen der Werbung verabscheue, die aber auf der Station sehr beliebt sind. Ika glaubt, Geschenke dieser Art würden sich positiv auf die Betreuung auswirken. Ich bezweifle, dass eine paar Rocher-Pralinen die Arbeit der Schwestern beeinflussen. Andererseits kann ich mir vorstellen, dass wer Tag für Tag mit ansehen muss, wie vergänglich das menschliche Leben ist, sich womöglich über eine süße Ablenkung freut.

Keine der Schwestern ist über vierzig, die meisten sind Mitte bis Ende zwanzig, freundlich, schlank und zum Teil auch hübsch. Fast alle sprechen Englisch, einige sogar etwas Deutsch. Viel müssen sie nicht mit mir reden, außer regelmäßig fragen, ob ich „bolečina", also Schmerzen habe. Routiniert tauschen sie die Beutel für die Infusionen aus: Medikamentencocktail, Natriumlösung und „köstlicher" Brei. Sie waschen mich ab wie eine gewachste Orange, verschließen sorgfältig die neuen Windelhöschen und decken mich zu, als sei ich eine ägyptische Mumie, die noch lange halten muss. Ich habe schrecklichen Durst, bekomme aber nur ein nasses Schwämmchen für meine trockenen Lippen, an dem ich gierig herumsauge. Was ich an Flüssigkeit brauche, fließt über einen Schlauch in meinen Arm.

Nach vier Tagen komme ich zurück in die allgemeine Chirurgie, diesmal in ein übergroßes Zimmer mit sechs Betten, die alle belegt sind. Außerdem befindet sich hier die Etagenverwaltung mit den gesammelten Krankenakten, dazu Schränke mit medizinischem Material und besonderen Medikamenten. Folglich herrscht reger Betrieb, was ich ohne weiteres ertragen könnte, wenn die fetten Schwestern nicht so schreien würden. Weil die schlanken keine andere Möglichkeit haben, schreien auch sie.

Genauso die Besucher der Patienten. Sie glauben, wenn der Kranke so schwach ist, dass er nur flüstern kann, hat er eine Hörschwäche.

Aber was solls, 80 Prozent aller Slowenen schreien. In Räumen müssen sie das Radio übertönen, das grundsätzlich läuft. Im Freien stellen sie sich so weit auseinander, dass sie sich nur schreiend unterhalten können. So haben sie das Gefühl, in einem großen Land zu leben.

Meine Schmerzen haben sich auf ein erträgliches Maß eingependelt, so dass ich kaum noch Opiate brauche. Aber der Durst wird immer quälender. Sobald eine Schwester in der Nähe ist, bitte ich um das nasse Schwämmchen für die Lippen und sauge daran wie ein Ertrinkender. Vor meinen Augen schwebt ständig eine Flasche Orangina, kühl und beschlagen. Gipfel dieser Fata Morgana ist eine Kugel Zitroneneis, die ich in die Orangenlimonade plumpsen lasse, um beides genussvoll auszuschlürfen.

Nach sechs Tagen darf ich wieder Wasser trinken, aber nicht lange. Unter den vielen Pflastern oder auch tiefer hat sich offenbar eine Infektion breitgemacht, was eventuell mit meinen Staphylokokken zusammenhängt. Angeblich nichts Ungewöhnliches. Zumindest nicht so, dass Bruder Hein schon neben meinem Bett stehen würde. Ich muss zurück in den OP, wo ich wieder von den hübschen schwarzen Locken schlafen gelegt werde. Einen Vorteil hat die Prozedur: Ich muss mir nicht mehr das verfettete Geschrei anhören, sondern darf wieder zu den netten jungen Schwestern auf die Intensivstation.

Außerdem hat Ika herausgefunden, dass es für später in der Chirurgie zwei Einzelzimmer mit eigener Nasszelle gibt, sogar mit einem betagten Fernseher. Kostet 30 Euro mehr pro Tag, was lächerlich ist angesichts der wunderbaren Ruhe, die mich erwartet. Hier finde ich mich nach fünf Tagen wieder. Die Schmerzen sind immer noch heftiger als nach der ersten Operation. Vor allem in der linken Seite, wo aus einem Loch Wundsekret in einen Beutel läuft. Aber ich kann wieder auf die Berge mit der Burg schauen. Sie sind jetzt leuchtend hellgrün, werden aber meistens umwölkt und kräftig beregnet, was mich sehr tröstet.

Jeden Tag um zwei kommt Ika, egal wie sehr ihr Füße und Hände wehtun. Das sind täglich 80 Kilometer Landstraße mit zum Teil rücksichtslosen Autofahrern, allesamt aus SLO. Die Schwestern haben ihr schon gesagt: „Sie müssen ihn aber sehr lieben." Tägliche Besuche sind selbst für Patienten aus Celje ungewöhnlich. Sie hat inzwischen an die 100 Euro für widerliches Ferrero-Zeug ausgegeben, was speziell dicke Schwestern milde stimmt. Sie schmeißen mich beim Wechseln der Unterlage nicht mehr hin und her, sondern nehmen Rücksicht auf meine Schmerzen.

Nach drei Tagen kommt der schreckliche Tubus raus, und ich kann schon eine Minute aufrecht sitzen. Dann, nach neun oder zehn Tagen, darf ich, gestützt von einem Pfleger, in die Nasszelle. Ein Traum. Ich wasche mir die eingefetteten Haare, seife mich im Sitzen ab und halte minutenlang den warmen Duschstrahl auf den Körper. Meine Arme und Beine sehen ein bisschen aus wie Dachau – Haut, die über muskellose Knochen hängt. Aber wenn ich hier raus bin und einigermaßen bei Kräften, werde ich ins Hotel Donat an die Geräte gehen und in wenigen Monaten aussehen wie ein betagter Arnold Schwarzenegger.

Bald schon kann ich mit Hilfe des Pflegers den Gang auf- und abstaksen und bekomme statt intravenösem Fresenius-Brei den aus der Krankenhausküche. Das einzig Genießbare sind Apfelkompott und ein Yoghurt der sauren Art. Dr. Tkalec meint, wenn ich fleißig esse, kann ich in sechs bis sieben Tagen entlassen werden. Weil die Schwestern jeden Bissen notieren, trage ich die Teller mit der Pampe zum Klo, schmeiße die Hälfte rein und bin hinterher ein braver Patient. Ika bringt mir Gott sei Dank selbst gekochtes Gemüse mit, das ich zwar auch runterzwingen muss, das mir aber hilft, kräftiger zu werden.

Nach insgesamt 64 Tagen habe ich es geschafft. Ikas Bruder fährt mich im Rollstuhl zum schwarzen Golf mit den für diesen Fall besonders nützlichen Recaro-Sitzen, und wir fahren in unsere Wohnung nach Rogaška, die mir zum ersten Mal wie ein trautes Heim vorkommt.

München, im Juni 2003: Lästerlyrik versus erdgeschwerte Blaumondzeit.

Ich habe nach langer Zeit wieder angefangen, Gedichte zu schreiben. Sie helfen mir über die Leere hinweg, in der ich mich aus mehreren Gründen befinde. Wir haben kaum noch Aufträge, und ohne den Schmuckkunden in Lahr wären wir längst ein Fall für das Sozialamt. Schlimmer noch als der finanzielle Niedergang ist das Gefühl, endgültig ein Reklamegreis geworden zu sein. Die Texterschule im Internet, die ich vor drei Jahren mit der Internetagentur „die argonauten" aufgemacht habe, und von der ich mir Hunderte von Teilnehmern versprochen hatte, dümpelt vor sich hin. Aus dem feinen Art Directors Club bin ich ausgetreten, weil eine neue Generation vorgerückt ist: Selbstbewusst bis arrogant und altersfeindlich, wie ich vor 30 Jahren. Meine Seminare für junge Kreative musste ich nach einem alkoholbedingten Ausfall aufgeben. (Trotz meiner Exzesse habe ich mir 20 Jahre lang keinen Ausrutscher geleistet.) Und mein Privatleben beschränkt sich auf Ika und wahlweise die Kneipen „Mühle im Lehel", „Spiro" und „Herry".

Wichtigste Beschäftigungen sind das Beobachten der Kurse meiner Aktien, die immer tiefer in den Keller fallen, Einkaufen auf dem Viktualienmarkt (manchmal), und das Suchen von billigen Silbersachen bei Ebay. Einmal pro Woche setze ich mich an den PC und schreibe für die Medienseite des Berliner „Tagesspiegels" einen Beitrag für die Kolumne „Vorsicht, Werbung!" Auch für die Fachzeitschrift „Werben & Verkaufen" darf ich alle drei Wochen ein böses Artikelchen abliefern. In beiden Fällen ist das Ende abzusehen. Diesmal nicht durch meine Unzuverlässigkeit, sondern weil jetzt in der Krise fast alle Zeitungen und Zeitschriften die Chefredakteure wechseln wie Inkontinente die Windelhöschen. Die Neuen machen zwar nichts besser, aber alles anders. Vor allem entlassen sie angestellte Mitarbeiter und schmeißen Freie raus, die für ihre Vorgänger gearbeitet haben. Dafür schleusen sie Leute ein, denen sie sich seit Jahren verbunden fühlen, Kumpelei statt Qualifikation. Die Kosten steigen trotzdem, die Auflage sinkt, und die Anzeigenkunden werden noch weniger, weil sie sehen und lesen können, wie die redaktionelle Qualität in die Belanglosigkeit abdriftet.

Trendforscher sagen den gedruckten Medien und auch Büchern ohnehin den großen Niedergang voraus. Was die Bücher betrifft, kann das nur ein böswilliger Irrtum sein. Das Internet zehrt zwar an den Auflagen der Papiermedien, doch es geht vor allem den Fernsehsendern an die Substanz. Kein Computerbildschirm kann Bücher ersetzen, selbst wenn er dazu Songs der „Toten Hosen" und Fotos von Düsseldorfer Altbier serviert. Die Menschen wollen anfassen können, was sie lesen, die Geschichten mit ins Bett, aufs Klo, in den Zug oder in die Ferien nehmen.

Meine Gedichte will niemand anfassen. Nicht, dass sie grottenschlecht wären. Die wenigen Leute, denen ich mal ein paar zum Lesen gegeben habe, halten sie für leidlich bis gut. Das Problem ist das allgemeine Nichtinteresse. Selbst die Gedichtbände von Robert Gernhardt, den ich im deutschsprachigen Raum für den Besten halte, quälen sich über den Bücherladentisch. Gedichte, ob Haiku oder Sonett, sind nicht mehr zeitgemäß, sind 19. Jahrhundert. Und wenn sie als freie Lyrik von klimakterischen Damen kommen, werden sie zur Qual. Da kann Reich-Ranicki sein Ullalein Hahn hundertmal in den Poesiehimmel heben, ihre zwanghaften Metaphern bleiben mentale Ikea-Regale mit Anspruch.

Ich habe einige dieser Werke von der „erdgeschwerten Blaumondzeit" persifliert und als Einzelbettlyrik in das Gedichte-Forum Dulcinea gestellt. Die weiblichen Reaktionen waren Prostest, die männlichen Unverständnis oder Schadenfreude. Eine gewisse „Hecse", die sich selbst gern in transzendenter Rätselhaftigkeit bewegt, antwortete auf meine Spottgedichte mit einem Spottgedicht. Es war der Beginn einer hoffentlich lange währenden Mail-Freundschaft.

Das Problem der Einzelbettlyrik besteht darin, dass sie so leicht von der Hand geht. Selbst Frau Kleemann, unsere Hausmeisterin, könnte Sätze schreiben wie: „Auf dem Dachboden der Verlorenheit trocknen Wünsche himmelan." Aber sie tut es nicht, weil es ihren Ordnungssinn verletzen würde. Schlimmer noch als die freien Ergüsse der Damen sind die Versuche bemühter Knaben, Daktylus und Trochäus zu missbrauchen und Reime zu erfinden, die schmerzen. Etwa Gruft auf Sucht oder Sein auf Heim. Vergebens empfehle ich ihnen das Reimlexikon von Willy Steputat, das als Viertbuch neben meinen Duden-Bänden steht. Etliche Dulcinea-Dichter liefern aber auch Erbauliches, seltsamerweise viele aus Österreich.

Inzwischen habe ich mir um die 120 Werke abgerungen, alle im gezirkelten Versmaß und mit sauberen Reimen. Trotzdem würde ich viele am liebsten löschen. Aber ich weiß aus meiner Arbeit als Reklameschreiber, wie wichtig Unzufriedenheit ist. Manchmal, wenn mir tatsächlich ein passables Gedicht gelungen ist, lese ich die Galgenlieder von Christian Morgenstern, um mir bewusst zu werden, wie unfertig meine Ergüsse sind.

Dass Alkohol kreativ macht, mag zwar für Techno- oder Rock-Musiker gelten, die im Halbsuff noch lauter brüllen können. Auch sogenannte Maler klatschen mit 2,5 Promille ihre Farben effektvoller auf die Leinwand. Benebelt schreiben aber ist ein Unding. Am allerwenigsten Reklametexte – auch wenn die meisten so wirken, als seien sie nach der dritten Maß auf dem Münchener Oktoberfest entstanden.

Lyrik und Prosa sind zwar geduldiger und verzeihen schmelzende Brosamen des Augenblicks. Versoffenes Geschreibsel aber lasse ich mir nicht durchgehen. Wenn ich nach meinen Kneipenbesuchen bei „Herry" in die Tasten griff (sofern ich sie erwischte), konnte ich das Ergebnis am nächsten Morgen nur voller Scham löschen.

Die Gedichte, die ich zum Unmut meines Todfreunds einfüge, sind Sonette mit dem Titel „Die Freuden eines alten Mannes". Sie entstanden aus meiner Arbeit für den Betreiber von mehreren Seniorenheimen, einer der letzten Kunden unseres ehedem florierenden Werbebüros. Statt großer Arien über die wundervolle Betreuung zu schreiben, befragten wir Bewohner nach ihrem Befinden und druckten die Interviews mit authentischen

Schwarz-Weiß-Fotos in einer Broschüre ab. Was die Alten zu sagen hatten, stellt jede TV-Talkshow in den Schatten. Sie redeten wie normale Menschen und ihre Geschichten waren tausendmal interessanter als das Gesülze eines Gerhard Schröder oder Edmund Stoiber.

Die Krönung war eine kleine 92-Jährige, die zwei Leben lang in einer Zigarrenfabrik gearbeitet hatte. Vor dem Interview war sie extra zum Heim-Frisör gegangen, hatte eine weiße Spitzenbluse angezogen und Make-up auflegen lassen: Die Queen Victoria von München. Schon nach zwei Sätzen brachte sie das Gespräch auf den Punkt, der sie am meisten bewegte, ihre irgendwann notwendige Beerdigung. Ich kann ihre Worte leider nicht auf Bayerisch wiedergeben, was ein wenig von der Komik nimmt: „Mein Mann ist vor drei Jahren gestorben und liegt auf dem Nordfriedhof. Wenn ich sterbe, komme ich auch da hin. Und dann müssen uns unsere Kinder immer gießen. Wir haben unsere Eltern auch immer gießen müssen."

Nachdem unser Gespräch kurz durch die Zigarrenfabrik gegangen war, legte sie nach: „Wenn ich sterbe, komme ich zu meinem Mann auf den Nordfriedhof. Dann müssen uns unsere Kinder immer gießen. Wir haben unsere Kinder auch immer gießen müssen." Im Laufe der nächsten 40 Minuten mussten ihre Kinder noch fünfmal zum Wässern der Grabpflanzen antreten.

Die Bewohnerin eines anderen Hauses besuchten wir am Tag vor Faschingsdienstag, für den ein großes Kostümfest geplant war. Auf unsere Frage: „Haben Sie für das Fest denn schon ein Hütchen und eine Pappnase?", antwortete sie lächelnd: „Ich muss keine Pappnase aufsetzen. Meine ist groß genug." Eine überaus rüstige 85-Jährige war der übrig gebliebene Teil eines Hausmeisterehepaars, das 40 Jahre lang eine Grundschule mit angegliederter Berufsschule betreut hatte. Lebensinhaltliche Beschäftigung war das Machen von belegten Semmeln für die Schüler gewesen. Angesichts der industriellen Sandwiches und der matschigen McDonald's-Brötchen erfüllte sie dieses Lebenswerk mit berechtigtem Stolz und sie sagte mit leuchtenden Augen: „Wir haben jeden Tag an die 300 frische Semmeln gemacht. Und ich habe sie mir bis heute nicht abgegessen."

Die alten Damen, in allen Häusern in der Überzahl, waren durchweg aufgeschlossener, humorvoller und zufriedener als ihre männlichen Mitbewohner, die häufig zu Selbstmitleid neigten. Das brachte mich dazu, 15 Sonette über das männliche Schicksal im Alter zu schreiben, von denen ich drei hier wiedergebe:

Die Freuden eines alten Mannes VIII

Wenn ich des Nachts in meinem Bette liege,
vergeblich wartend auf den dünnen Schlaf,
und wieder einmal wie ein Kartograph
die Wege meines Lebens überfliege,
und wenn ich schließlich in Venedig lande,
wo ich als Jüngling, arm an Deutscher Mark,
jedoch die Lenden wüstenkönigstark,
und raffiniert wie die Kanaille Grande
fast alle Mädchen in die Betten zerrte,
dann sehe ich im Alter eine Härte
und fühle mich bisweilen etwas abgeschlafft.

Doch denke ich an meine wilden Alten,
an ihre braunen Flecken und die Falten,
dann ist sie wieder da, die Manneskraft.

Die Freuden eines alten Mannes II

Wenn ich am Rollcontainertischchen sitze
und durch die Tür die Essensschwade dringt,
weil Schwester Kim die Plastikhaube bringt.
Und wenn darunter Klumpmehlschwitze
ein Teil bedeckt, das Fleischgeruch verbreitet,
sich aber als gepresster Fisch erweist,
der bröselnd und von Möhren eingekreist
zum Berg der Dampfkartoffeln überleitet,
dann denke ich an jene Stern-Lokale
in welchen ich wohl an die tausend Male
die feinste aller feinen Zungen war.

Doch wird am Ende Pudding aufgetragen
und diesmal bleibt er drin in meinem Magen,
dann finde ich das Leben wunderbar.

Die Freuden eines alten Mannes IV

Wenn ich im Kreis der Grauen Amseln singe
(das ist bei uns im Altenheim der Chor),
und hier als dünner, brüchiger Tenor
mit Tiefen, aber auch mit Höhen ringe,
und wenn in Liedern plötzlich Noten fehlen
und auch der Text, weil in der Hand das Blatt
auf einmal viele weiße Stellen hat,
weshalb es tönt aus siebzehn falschen Kehlen,
dann denke ich voll Trauer an die Bühnen.
wo ich mit Gigli und den and'ren Hünen
der König aller Verdi-Opern war.

Doch kommt im Rundfunk meine La Paloma
und ausnahmsweise bin ich nicht im Koma,
dann kann ich summen wie ein großer Star.

Einige meiner Werke sind weniger böse, haben sogar einen Anflug von Humor.

Sie klingen verdächtig nach Ringelstern beziehungsweise Morgennatz. Aber ich habe keine Lust, ein neues Genre zu erfinden. Am allerwenigsten möchte ich mich dem Kreis der weltgeschmerzten Lyriken anschließen.

Die Ungerechtigkeit des Seins

Ich bin ein kleines Schraubenkind
und suche meine Mutter.
Denn ohne sie fühl ich mich blind
und im Regalfachlabyrinth
von Tag zu Tag kaputter.

Ich war schon in den Fundbüros
von dreiunddreißig Städten.
Doch alle sagten mitleidlos,
dass sie in den Metalldepots
nicht eine Mutter hätten.

So irre ich jetzt durch das Land
bei Regen, Schnee und Hagel.
Die Mutter hat sich abgewandt,
der Vater ist mit unbekannt.
Ach wär ich doch ein Nagel.

Nachtruhe

Der Löwe legt sich hin zu Ruh
und mit ihm ruht im Leib ein Gnu.
Die Pythonfrau schläft gleichfalls ein,
gefüllt mit einem Warzenschwein.
Dann sinkt der Tiger in den Schlaf,
den Bauch gebeult von einem Schaf.
Zu guter letzt schläft auch die Kuh.
Käut nur am Grünzeug, ab und zu.

Backmischung

Der Bäcker siebt
das erste Mehl.
Und dabei gibt
er parallel,
noch halb im Stehn
und träumerisch
etwas Arsen
in das Gemisch.
Den ersten Laib
kauft Evi Sperl.
Ein armes Weib
mit einem Kerl,
für den nur zählt,
wenn Evi schreit,
weil er sie quält
im Ehestreit.
Bald ist sie frei
der Teufelei
und hat ihn lieb –
den Bäcker
und sein feines Sieb.

Weil meine Reimereien frühestens nach meinem Ableben einen Interessenten finden, wenn überhaupt, lege ich drei Gedichte meines Alter Ego Dr. Specht nach. Sollte im Jahr 2030 irgendjemand die Festplatte meines PC finden und reanimieren, weiß er zumindest, dass es 2003 noch vereinzelte Versuche gab, antiquierte Metrik und Reime zu üben:

Dr. Spechts Predigten

Herr Dr. Specht soll jetzt für Pfaffen,
die unter Gottes Last erschlaffen
und ihre Predigt nicht mehr schaffen,
als Ghost die Sonntagsworte schreiben
und so den frommen Muff vertreiben.

Für Specht ein seltenes Vergnügen.
Denn statt die Gläubigen zu rügen
und ihnen Ängste zuzufügen,
lässt er die Prediger verkünden,
der Mensch sei frei von allen Sünden.

Die hellen und die dunklen Triebe,
die Nächsten- und die Körperliebe
und selbst die Kunst der Tagediebe,
das alles sei – wie unser Leben –
im Schöpfungsakt von Gott gegeben.

Schon nach dem ersten Sonntag drängen
sich Gläubige in großen Mengen
zum Priesterwort. Selbst in den Gängen
verharren Räuber, Huren, Dealer,
Betrüger, Fälscher, Taschenspieler.

Sie alle wollen jetzt erfahren,
dass sie in ihren dunklen Jahren
in Wahrheit nichts als Menschen waren,
vom lieben Gott dazu geschaffen,
zu stehlen, rauben und zu raffen.

Und siehe da, die Worte zünden.
Sie lassen ab von ihren Sünden.
Für Specht aus kalkulierten Gründen:
Wo bleibt der Spaß an schlimmen Taten,
wenn ihnen Priester dazu raten?

Der Reiz des Bösen ist zerronnen.
Sie werden Helfer, Mönche, Nonnen,
die sich in Gottes Gnade sonnen.
Der Freiraum aber, den sie schaffen,
ist schnell gefüllt – mit armen Pfaffen.

Dr. Spechts Märchen

Um finanziell im Lot zu bleiben,
hat Specht jetzt einen Zeitvertrag
mit einem Kinderbuchverlag.
Er soll moderne Märchen schreiben.

Zunächst kreiert er Weltraumelfen,
die, eingetaucht in Weisheitsseen,
als abrufbares Phänomen
den Kindern beim Computern helfen.

Sodann erfindet er Maschinen
zur Denkpralinen-Produktion,
die ohne jeden Preis und Lohn
die Kinder bildungsreich bedienen.

Den Schlusspunkt bilden Lerngebäude.
Sie teilen, wenn man sie betritt,
sofort ihr ganzes Wissen mit.
So macht das Lernen endlich Freude.

„Sie haben leider eins vergessen",
schreibt der Verlag dem Dichterling,
„die Bücher sponsert Burger King.
Das Kinderpack soll Hackfleisch fressen."

Dr. Spechts Entdeckung

Herr Dr. Specht sieht eine Tafel
am Zaun in einem Bauernort.
Auf dieser steht, frei von Geschwafel,
ein wahrhaft großes Dichterwort.
Die Lettern sind zwar leicht verlaufen,
der Text jedoch ist herrlich klar.
Er lautet: „Eier zu verkaufen."
Und Specht sagt kniend: „Wunderbar."

„Du behauptest allen Ernstes, deine gequetschten Reime seien deiner Nüchternheit zu verdanken? Ich darf dich an die ersten Erfolge als Reklametexter erinnern, die du geheimen Kneipenbesuchen zu verdanken hast." Ich habe fast damit gerechnet, dass sich mein Todfreund in meine Gedanken einschalten würde. „Nach fast 40 Jahren als Lohnschreiber kann ich dir sagen: Alkohol ist absolut kontrakreativ." „Edgar Allan Poe, Baudelaire, E.T.A. Hoffmann, Gorki, sie alle sind mit meiner Hilfe berühmt geworden." „Sie haben im Suff nicht eine vernünftige Zeile geschrieben. Geschweige denn eine originelle. Sie ließen nur raus, was sie längst im Kopf hatten: Bilder, Situationen, Phantasien oder Projektionen, die sie entwickelten, als sie stocknüchtern waren. Nach einer geringen Portion Alkohol fühlten sie sich zwar entspannter und das Schreiben ging ihnen leichter von der Hand. Aber sobald sie einen Punkt überschritten hatten, ich schätze, er liegt je nach Training bei 1,2 Promille, kam nur noch gequirlte Kacke. Angesoffen nimmst du keine Bilder mehr auf und kannst daraus keine Ideen entwickeln. Du siehst die Welt verzerrt, vermatscht und schließlich als wabernden Nebel."

„Du sprichst von Phantasien und Projektionen. Erinnere dich bitte: Waren sie nicht besonders intensiv, wenn du dich mit deinem geliebten Bier in die Nische einer Kneipe zurückgezogen hattest?" „Es war die trügerische Leichtigkeit, die ich zunächst verspürte. Sie ging aber schon bald in dumpfe Resignation über. Danach kam nur noch geistiges Lallen, auch wenn ich noch einigermaßen klar sprechen konnte und den aufrechten

Gang beherrschte." „Du vergisst die kreativen Phasen nach deinen Entzügen. Hättest du nicht gesoffen wie ein Weltmeister, hätte es keinen Entzug gegeben. Und somit keine Trockeneuphorie, die dich zu außergewöhnlichen Leistungen befähigte. Abgesehen davon hast du nicht wenige Ideen, die dir unter meinem Einfluss gekommen sind und die dir nüchtern krank vorkamen, später wieder aufgegriffen. Nach dem Motto: Warum eigentlich nicht? Wenn ich dieses Plakat nicht drucken lasse, liegt das allein an meiner Feigheit."

„Das ist deine arrogante Sichtweise. Ideen, die nicht latent in meinem Kopf sind, können weder durch Alkohol noch durch Euphorie in mein Bewusstsein vordringen. Sie entwickeln sich aus Erlebnissen, Beobachtungen, Gesprächen, Nachrichten oder Geschichten aus Büchern. Und nur dann, wenn keine Flasche danebensteht. Mag sein, dass ich nach einem Entzug wacher bin, sensibler und aktiver, weil ich die tote Saufperiode vergessen machen will. Auf die Kreativität aber hat das keinen Einfluss. Sie erfordert Ruhe, Entspannung und Ausgeglichenheit. Charles Bukowski zum Beispiel hat sein berühmtes Sauf- und Fickbuch ‚Kaputt in Hollywood' nicht im Vollrausch geschrieben, sondern erst, als er wieder längere Zeit trocken war und Abstand zu seinen Exzessen hatte." „Aber er hätte es nie ohne die Erlebnisse schreiben können, die er mit mir hatte." „Seine besten Bücher sind ohne dein Zutun entstanden." „Warst du dabei, als er sie schrieb? Ich stand immer neben ihm."

Weil wir den heißesten Sommer seit Menschengedenken haben, radle ich oft ins Ungererbad und lege mich mit Krimis der anspruchslosen Art in den umzäunten FKK-Bereich. Dort bin ich zwar einer der Ältesten, muss mich aber nicht schämen. Abgesehen von meinen kleinen Säufertitten habe ich noch eine relativ gute Figur, vor allem ohne Fett. Die zunehmende Bräune tut ein Übriges. Auf dem Rückweg nehme ich einen kleinen Umweg über den Biergarten am Großhesseloher See. Natürlich nur wegen der leckeren Spareribs, die leider noch viel besser schmecken, wenn ich eine Maß dazu trinke.

Ika quält sich bis in die Nacht mit einem dicken Katalog für den Schmuckkunden herum. Sie jammert, flucht und schreit auch manchmal, ist aber, was mich betrifft, äußerst milde und verträglich. So war es immer. Hatte sie Arbeit, auch unangenehme, fühlte sie sich gebraucht und ausgelastet. Gab es nichts zu tun, war unser Büro plötzlich „ein einziger Saustall". Sie begann zu putzen, bekam Rheumaschübe und putzte umso intensiver.

Abends sitze ich häufiger mit Vesna und ihrem Hofstaat vor dem „Liebighof" und schmeiße mit meinem Restgeld um mich, indem ich von Zeit zu Zeit eine Flasche Champagner bestelle. Vesna aber auch. Sie ist eine theatralische Ungarin, bewegt sich auf die fünfzig zu und hat ein recht einträgliches Kosmetikstudio, in dem sogar Männer vor dem Alter davonlaufen.

Wenn sie ihren Hofstaat wechselt, erzählt sie immer die gleiche Geschichte über mich: „Also, das war wie in den Goldenen Zwanzigern. Wir sitzen hier abends beim Champagner, da fällt ihm ein, dass er am nächsten Tag die Medizin gegen seine Entzugserscheinungen braucht. Er lässt sich ein Taxi kommen, gibt dem Fahrer ein Rezept für streng rezeptpflichtige Tabletten und sagt, er möge bitte eine Apotheke finden, die geöffnet und die Tabletten vorrätig hat. Nach einer halben Stunde bringt ihm der Fahrer eine Apothekentüte mit den Pillen, er gibt ihm ein großzügiges Trinkgeld und bestellt eine neue Flasche Champagner."

Vesna weiß nicht, dass mein Verhalten das wahnwitzige Aufbäumen gegen ein Bündel von Ängsten ist: keine berufliche Zukunft. Kaputte Finanzen, weil ich ein Drittel meiner Lebensversicherung an der Börse verzockt habe. Ikas Rheuma und die daraus resultierenden Aggressionen. Glatzenbildung. Wackelnder Schneidezahn. Tiefe Mundfalten. Entzugserscheinungen. Da klang es wie Hohn, als Vesna mir berichtete: „Die jungen Leute, mit denen wir gestern im ‚Liebighof' zusammen waren, haben mir gesagt, wenn sie eines Tages alt sind, möchten sie so sein wie du."

Berlin, im August/ September 2008: Der sächsische Pfleger und die Ost-Knackis.

Bei meinen diversen Entzügen in diversen Kliniken habe ich etliche Patienten gesehen, die fixiert wurden, was ein neutrales Wort für Hand- und Fußfesseln ist. Du liegst auf dem Bett wie vor einer Folterung und kannst allenfalls rufen oder schreien. Doch wenn du das tust, ist der Erfolg gleich null. Die Schwestern oder Pfleger bellen dich an: „Seien Sie gefälligst still. Wenn Sie hier herumschreien, lassen wir Sie so lange fixiert, bis Sie vernünftig werden." Ob du Durst hast, ist ihnen egal. Nur wenn du pinkeln musst, reagieren sie. Es könnte ja sein, dass du deine Säuferpisse ins Bett fließen lässt. Und das bedeutet Ärger und Arbeit.

Meine größte Horrorvision war, dass ich mich selbst eines Tages wie ein auf dem Rücken liegender Käfer in dieser Situation befinden würde. Weil ich aber im Entzug weder laut noch aggressiv bin, war ich mir sicher, dass ich nie dieser Qual ausgesetzt sein würde. Jetzt aber ist es passiert. Ich bin vor ein paar Minuten zu mir gekommen, will mich von der Rücken- in die Seitenlage bringen und bekomme Panik. Hände und Füße sind mit Klettbändern an das umlaufende Bettrohr gefesselt. Ich bin ein Gefangener. Zwar schreie ich nicht, aber ich rufe nach einer Schwester, die mich aus dieser Zwangslage befreien soll. Drei oder vier laufen an der offenen Zimmertür vorbei, ohne mich zu beachten. Sie treffen sich zu einem nächtlichen Gedankenaustausch im großen Schwesternzimmer. Wenn ich den Kopf hebe, sehe ich, dass es etwa vier Meter gegenüber vom Bobachtungsraum liegt, in dem ich mich befinde. Ihr Palaver ist laut und geht über Klamotten, die in speziellen Türkenboutiquen und bei Kik billiger sind als bei C&A. Ich schätze die Runde auf fünf oder sechs Schwestern und Pfleger, die vermutlich bei der nächsten Gelegenheit für kürzere Arbeitszeiten auf die Straße gehen.

Fixierte Säufer müssen schmoren. Ausnahme: Sie sind kurz davor abzukratzen oder, wie gesagt, ihr Bett nass zu pissen. Als ein älterer Pfleger vorbeirennen will, den Blick von meinem Bett abgewendet, sage ich laut: „Entschuldigung, ich muss unbedingt pinkeln." Der Pfleger bleibt verärgert stehen und bellt ein „Gleich!" raus.

Nach zehn Minuten bringt er eine Pinkelente, sagt „Hier" und dass ich den Hals über meinen Schwanz schieben soll. Meine Blase drückt gewaltig, lässt aber keinen Tropfen los. Absolute Blockade. Nach weiteren zehn Minuten kommt der Pfleger und sieht die leere Flasche. „Warum machen Sie einen solchen Aufstand, wenn Sie gar nicht pinkeln müssen?" Seine Aussprache verrät mir, dass er Sachse ist. Einer von der brutalen Sorte, was seine gepresste Sprache verrät. „Müssen tu ich schon, sehr sogar. Aber liegend und fixiert kriege ich nichts raus. Das kann ich nur im Sitzen. Sie müssten mir bitte die Chance geben, mich auf die Bettkante zu setzen." Ich sehe, dass der Pfleger wütend wird. Aber ihm bleibt keine Wahl, wenn das Bett trocken bleiben soll.

Er löst die Fesseln, ich setzte mich aufrecht und stecke meinen geschrumpften Schwanz in die Ente. „Können Sie mir bitte einen Gefallen tun und den Wasserhahn laufen lassen. Dann löst sich die Blockade." „Auch das noch." Die Ente ist halb voll geworden und der Pfleger will mich wieder festbinden. „Ist es bitte möglich, mich ohne Fesseln zu lassen. Ich habe weder die Absicht abzuhauen, noch Ihnen sonst wie Ärger zu machen. Wo bin ich überhaupt?" „Im Intensivzimmer der Park-Klinik. Und wann wir Sie losbinden, entscheide nicht ich, sondern die Ärztin." „Darf ich sie kurz sprechen?" „Nein, sie ist im Moment nicht auf der Station. Und ich kann mir nicht vorstellen, dass Sie etwas an Ihrer Situation ändern wird. Aber ich werde sie nachher fragen." „Könnten Sie mir bitte etwas zu trinken geben? Ich habe schrecklichen Durst." „Später."

Er zieht sich in das große Schwesternzimmer zurück, wo immer noch palavert, gemeckert, geschimpft und zwischendurch gelacht wird. Ich schätze, dass ich bereits seit sechs oder sieben Stunden hilflos hier herumliege. Die Entzugserscheinungen werden immer brutaler. Ich möchte schreien, weiß aber, dass ich damit Pfleger und Schwestern noch mehr verärgere als mit meinem Rufen nach Wasser, das sich seit ungefähr einer halben Stunde im Nichts verliert. Die Runde im Schwesternzimmer blockt es ab mit ihrem lauten Geschwätz.

Irgendwann, in einen grausamen Angstschub hinein, bringt mir ein junger Pfleger, vermutlich Auszubildender, eine Halbliterflasche Mineralwasser. „Können Sie mir bitte eine Hand losbinden, damit ich das Wasser trinken kann? Wenn Sie die Flasche an meinen Mund führen, während ich liege, werde ich mich vermutlich verschlucken." Er macht meine linke Hand frei, so dass ich mich halb aufrichten und trinken kann. „Haben Sie bitte noch etwas Wasser? Es kann auch Leitungswasser vom Handwaschbecken da drüben sein."

Er füllt die Flasche auf und ich trinke fast noch gieriger als vorher. Bei meinen schlimmsten Entzügen bin ich ständig zum Wasserhahn gerannt. Wenn mein Bauch voll aufgefüllt ist, glaubte und glaube ich, wird die panische Angst etwas zurückgedrängt. Und weil ich es glaube, ist es auch so. Ob aus Nachlässigkeit oder Mitgefühl, der junge Pfleger hat meine Hand frei gelassen. Ich kann meine Arme losbinden und danke allen Göttern, an die ich nicht glaube.

„Wie geht es dir?", höre ich jemanden fragen. Ich glaube es nicht, will es nicht glauben: Mein Todfreund steht grinsend neben meinem Bett. „Verschwinde, hau ab, verpiss dich, du miese Drecksau!" „Du weißt, dass du mich nicht wegschicken kannst." „Vielleicht nicht sofort, weil mich die Angst lähmt, die ich dir zu verdanken habe." „Verdanken ist das richtige Wort. Du weißt, dass die Angst nachlassen und einem wunderbarem Gefühl von Freiheit Platz machen wird, sobald du deine geliebten Distraneurin-Kapseln bekommst. Ein Gefühl, das du ohne mich nie haben würdest. Ich beschenke dich mit der Leichtigkeit des Rausches, den Qualen des Entzugs und der Befreiung von beidem. Und damit von dir selbst. Wenn du in zwei oder drei Wochen den Entzug geschafft hast, wirst du glücklich sein, weil du mich, dein zweites Ich, wieder zurückgedrängt hast. Du wirst eine Art Stolz verspüren und in eine neue aktionistische Phase fallen, bis ich wieder zu dir zurückkomme."

„Von Januar bis Juni war ich ohne dich kreativ, kreativer als nach jedem Entzug. Ich habe acht weitere Objektkästen produziert, mehr Bilder gemalt als in den vergangenen zwei Jahren und gute Texte und Zeitschriftenbeiträge geschrieben. Ich brauche dich nicht." „Und warum hast du mich wieder gerufen?" „Ich habe dich nicht gerufen, du hast dich eingeschlichen. Ich glaubte, dich auf Distanz halten zu können, während ich mit Ulf und Frank beim Spanier gegen meine Einsamkeit antrank. Vier Monate ging es gut. Doch irgendwann wurde der Boden unter meinen Füßen seifig. Ich fand keinen Halt, konnte mich nirgendwo festklammern und rutschte in ein neues Verderben."

„Verderben sagst du jetzt, weil es dir schlecht geht. Tatsächlich war es eine komprimierte Berg- und Talfahrt – so, wie dein ganzes Leben verlaufen ist. Wie oft hast du mir eingestanden, dass du von einem zufriedenen Reihenhausleben das kalte Grausen bekommen würdest. Du brauchst mich, obwohl du mich ablehnst, mitunter sogar hasst." „Hass ist ein Gefühl. Und das würde ich nie auf dich verschwenden." „Willst du ernsthaft behaupten, deine Ablehnung, deine Aggression, die Wut auf mich während deiner Entzüge seien keine realen Gefühle? Befinden sie sich nicht unmittelbar neben dem Hass?" „Mag sein, dass die Qualen, die du mir einmal mehr beschert hast, im Moment heftige Emotionen in mir auslösen. Aber in drei Wochen, wenn ich wieder zu mir selbst gefunden habe, werden sie gegenstandslos. Genauso wie du selbst." „Wie oft habe ich das von dir gehört. Psychologen mögen viel Unsinn über mich erzählen. Aber in einem Punkt haben sie recht. Ich bin Herr über dich, weil ich dein Suchtgedächtnis steure. Mehr noch, ich bin dein Suchtgedächtnis." Ich fühle mich zu schwach und in mir ist zu viel Panik, um zu widersprechen.

Nach etwa einer Stunde, die vermutlich nur 20 oder 30 Minuten gedauert hat, rufe ich wieder nach einem Pfleger. Die Angst ist noch mächtiger geworden und ich wünsche mir, in eine tiefe Ohnmacht zu fallen oder zu sterben, um von ihr befreit zu werden. Warum muss ich das aushalten? Und warum kann ich das aushalten? Wieso gibt mein Körper, den ich über Wochen vernachlässigt und gequält habe, nicht auf?

Der sächsische Pfleger von der brutalen Sorte kommt ins Zimmer:

„Wollen Sie nicht endlich Ruhe geben?" „Das würde ich gern tun, aber mein Entzug ist so grausam, dass ich das Gefühl habe, jeden Moment einen Krampfanfall zu bekommen. Ähnlich habe ich mich vor einem Krampfanfall gefühlt, den ich früher schon mal hatte. Nur ist es jetzt noch schlimmer, und ich bin doppelt so alt." „Als Sie eingeliefert wurden, hatten Sie 2,4 Promille. Davon dürfte noch eine Menge in Ihrem Blut sein. Sie kriegen keinen Krampfanfall. Das bilden Sie sich nur ein." „Wie lange liege ich schon hier?" „Seit gestern Nachmittag gegen fünf Uhr. Jetzt ist es halb zwei." „Dann müsste ich schon unter einem Promille haben, vermutlich 0,6 oder 0,4. Vor einem Jahr im Urban hat mir der Arzt bei diesem Wert sofort Distraneurin gegeben."

Der Hinweis auf meinen angenommenen Promillewert geht von seinem linken Ohr direkt in die Fußsohlen. Aber der Krampfanfall, den ich erwähnt habe, bringt sein sächsisches Gehirn zum Nachdenken. Die Park-Klinik macht, soweit erinnere ich mich trotz meiner Panik, keine Entzüge, weshalb ihre Schwestern und Pfleger nicht entsprechend geschult sind. Sie nimmt nur kritische Fälle auf, legt sie ein oder zwei Tage in ein Intensiv-zimmer und schiebt sie dann ins St. Joseph ab. Der sächsische Pfleger von der brutalen Sorte ist sich darum unsicher: Erzählt der alte Säufer Märchen, um schnell an Tabletten zu kommen? Oder ist etwas dran an seinem Gefühl, das angeblich einen Krampfanfall ankündigt?

Er verlässt das Zimmer und kommt mit einer einzelnen weißen Tablette zurück: „Ich habe mit dem Arzt gesprochen. Sie kriegen von uns kein Distraneurin, aber Tavor. Das hilft genauso gut." Tavor, das weiß ich, ist ein ziemlich starkes Beruhigungsmittel. Im Normalfall legt es die Patienten flach. Doch im Entzug wirkt es bei mir ähnlich wie Diazepam und Kollegen. Erst ein bisschen sedierend und dann paradox. Nach einer Stunde (?) werde ich noch irrer vor Angst. Die aber nagt so sehr an meinen Restkräften, dass ich einschlafe.

Als ich aufwache, ist der Horror in mir noch schlimmer geworden. Vor allem brauche ich wieder etwas zu trinken, und das Spiel beginnt von vorn. Ich rufe einmal, zweimal, dreimal. Nichts passiert. Dann schreie ich und der sächsische Pfleger von der brutalen Sorte stellt sich in den Türrahmen. Käme er zu mir ans Bett, wäre das Schwäche oder Menschlichkeit. Und beides ist ihm fremd. „Was ist denn jetzt schon wieder?" „Tut mir leid, aber ich hab wieder schrecklichen Durst." „Später." „Ich habe immer noch panische Angst. Jetzt fast noch schlimmer als vorher. Können Sie mir noch etwas dagegen geben?" „Sie sind total hysterisch. Die Tablette, die ich Ihnen gegeben habe, wirkt mindestens sechs Stunden." „Vielleicht bei anderen Patienten. Bei mir wirkt nur Distraneurin, weil ich meinen Kopf und meinen Körper darauf eingestellt habe." „Haben Sie mich vorhin nicht verstanden? Sie kriegen von uns kein Distraneurin."

Viele Berliner Kliniken und Ärzte halten Distraneurin für Teufelszeug. Und es gibt nur wenige Apotheken, die das Medikament nicht extra bestellen müssen. In München und in Rogaška Slatina ist das anders. Du bekommst die grauen Kapseln zwar auch nicht nachgeworfen. Aber ohne ewiges Hin und Her. Der Grund liegt in der Berliner Bevölkerungsstruktur und dem sozialem Gefüge. Eine Stadt mit fast 190 Nationalitäten zieht jede Menge Süchtige an und produziert mindestens genauso viele. An vielen größeren U-Bahnhöfen stehen Dealer, die so ziemlich alles besorgen können, bis hin zu Morphinen. Natürlich auch Distraneurin.

Die Ärzte wissen, dass dieses Medikament genauso süchtig machen kann wie Alkohol, und dass es manchmal als Selbstmorddroge eingenommen wird. Außerdem ist es äußerst beliebt in Strafanstalten, wo eine Kapsel bis zu fünf Euro kostet und Häftlingen mit Schlafstörungen zu einer Nacht ohne Alpträume verhilft.

Darum wird Distraneurin, obwohl Mittel der Wahl bei Entzügen, in Berlin tunlichst gemieden. Das Jüdische Krankenhaus zum Beispiel rückt nur eine Diazepam-Haldol-Kombination raus. Jedenfalls war es bei mir so, weshalb ich nach drei Tagen die Flucht ergriff. Eine konsequente Distraneurin-Medikation gibt es nur auf der Suchtstation im St.-Joseph-Krankenhaus und in vereinzelten Suchtkliniken. Der Stationsarzt Dr. Gogoll hat bereits einige Tausend Entzüge behandelt und weiß, wann und wie er die Kapseln einsetzen muss.

Jetzt aber liege ich in der Park-Klinik. Nachdem es bereits zwei Stunden hell ist, schätzungsweise gegen 8.30 Uhr, kommt der Oberarzt, der erste Mensch in diesem Krankenhaus, der mich nicht wie Dreck behandelt: „Ich habe gestern mit Ihrem Bruder gesprochen. Er sagte mir, dass Sie in der letzten Zeit nicht nur viel Alkohol getrunken, sondern auch reichlich Distraneurin genommen haben. Das ist, wie Sie vermutlich wissen, eine sehr gefährliche Kombination. Darum sind Sie zur Beobachtung gekommen. In etwa einer Stunde verlegen wir Sie ins St. Joseph." Ich frage ihn, ob er mir noch etwas zur Beruhigung geben kann, weil meine Angst pathologische Formen angenommen hat und mich der Transport zusätzlich belasten wird. „Ich sage dem Pfleger Bescheid."

Der kommt mit einer weißen mehligen Tablette, die angeblich wieder Tavor ist und nach nichts schmeckt. Ich schlucke sie, während er mir ein langes Hemd und einen zu kurz geratenen Bademantel ohne Gürtel anzieht. Meine persönlichen Sachen sind noch bei mir zu Hause, weil die Leute vom Krankentransport irgendeine Tüte mitgenommen haben, in der sie Waschzeug und Kleidung vermuteten.

„War die Tablette gerade ein Placebo?" „Was erlauben Sie sich? Sie werden immer unverschämter. Unterstellen mir, ich würde Ihnen ein falsches Medikament geben!" „Ich habe lediglich gefragt." „Die Frage hätten Sie sich sparen können. Wenn die Tablette Placebo gewesen wäre, hätte sie sofort gewirkt. Bei Tavor dauert es etwa 20 Minuten, bis die Wirkung eintritt."

Das ist völliger Unsinn. Entweder verarscht er mich aus einem Machtgefühl heraus. Oder er will mich bestrafen, weil ich so oft nach Wasser gerufen habe. Schließlich wurde er dadurch aus seinen Plauderrunden herausgerissen, von denen ich während der letzten 14 Stunden mindestens drei mitbekommen habe, jede schätzungsweise über eine Stunde lang. Die in der Nacht bedeutend länger.

Gott sei Dank gibt es nirgendwo einen Spiegel. Ich bin seit drei Tagen unrasiert und habe mir seit zwei Tagen nicht die Haare gewaschen. Mein Gesicht ist verquollen vom Alkohol. Und in dem Krankenhemd mit dem Mäntelchen sehe ich wahrscheinlich aus wie eine misslungene Karnevalsfigur.

Ich darf auf der Bettkante sitzen statt liegen, und nach einer halben Stunde kommt ein Fahrer, um mich ins St. Joseph zu bringen. Beim Runterrutschen von der Bettkante passiert mir etwas äußerst Peinliches. Ich lasse Luft ab, die ich nicht mehr halten kann, und der Furz stinkt nach Tagen des Suffs entsetzlich. Jetzt kann der sächsische Pfleger von der brutalen Sorte nicht mehr an sich halten. „Das ist ja unerträglich. Machen sie bloß, dass Sie hier rauskommen. Verschwinden Sie." Und zum Fahrer des Krankenwagens: „Weg, weg, weg mit ihm. Ich mache drei Kreuze, was sage ich, dreißig Kreuze, wenn ich ihn nicht mehr sehen muss." Ich versuche mich zu entschuldigen, erreiche aber nur, dass sich seine Wut noch steigert. Dann werde ich in einem Stuhl herausgefahren, in einen Krankenwagen geschoben und sage mir: „Warum ist die Berliner Mauer gefallen? Der Pfleger wäre ein idealer NVA-Bewacher gewesen und hätte jeden Schießbefehl mit Freuden ausgeführt."

Im St. Joseph bekomme ich nach einer kurzen Untersuchung endlich Distraneurin, fühle mich aber elend bis in die dreckigen Haarspitzen. Nie hätte ich mir träumen lassen, eines Tages ohne Waschzeug, ohne Telefon, ohne einen Cent und ohne Zigaretten in eine Klinik eingeliefert zu werden. Dazu im Büßerhemd mit einem lächerlichen Bademäntelchen und an den Füßen Überzieher aus Plastikfolie. Erlebt habe ich diese Situation schon öfter – bei anderen Patienten. Und immer sagte ich mir: „Hoffentlich wird dir so etwas nie passieren."

Immerhin, ich darf telefonieren und erreiche Gesine. Am späten Nachmittag wird sie, so verspricht sie mir, in meine Wohnung fahren, um Waschzeug, Kleidung, Handy, etwas Geld und Zigaretten zusammenzupacken und vorbeizubringen. Das Wichtigste ist jetzt ein Bad oder eine Dusche, um die letzten vier Wochen und die Park-Klinik runterzuwaschen. Zum Glück haben zwei sehr nette Schwestern Dienst, sie heißen Constanze und Stefanie. Statt mich anzubellen, fragen sie besorgt, ob ich mich schon in der Lage fühle zu baden, und geben mir zwei dünne Klinikhandtücher und ein Shampoo. Das warme Bad und die Wirkung der beiden Kapseln sind wie ein Geschenk des Himmels. Ein Gefühl, das ich meinem Todfreund zufolge ohne ihn nie haben würde. Beim Gedanken an die Park-Klinik und den sächsischen Pfleger von der brutalen Sorte kann ich liebend gern darauf verzichten.

Seit zwei Tagen habe ich nicht geraucht und jetzt meldet sich zum besänftigten Alkoholentzug die Gier nach einer Zigarette. Im Raucherraum, einem stinkenden Schlauch mit gelben Wänden, hängen drei Patienten rum. Zwei davon ziemlich kaputt. Dazwischen ein jüngerer, der irgendwie nicht hierhergehört. Ich bitte ihn um eine Zigarette, so, wie mich früher andere Kittelpatienten um eine Kippe angegangen haben. „Nachher am Nachmittag gebe ich sie dir zurück. Dann bekomme ich Geld, Zigaretten und auch was Vernünftiges zum Anziehen. Ich fühle mich zum Kotzen in diesem Aufzug." „Macht gar nichts. Meine Zigaretten sind allerdings etwas locker gestopft. Ich mache sie selbst auf einem kleinen Apparat." Ich schätze ihn auf Anfang dreißig und seine Aussprache und sein Gesicht sagen mir, dass er kein klassischer Säufer ist, dem Entzugskliniken zur zweiten Heimat geworden sind.

Der Rauch beißt auf meiner Zunge. Es muss ziemlich starker Tabak sein. Gegen fünf Uhr kommt Gesine mit den ersehnten Sachen. Ich tausche die Armenkluft gegen Hemd, Hose und Schuhe, reiße mir mit dem Trockenrasierer meine drei Tage alten Stoppeln aus dem Gesicht und fühle mich wieder einigermaßen als Mensch. Dann gebe ich Alexander, so heißt der freundliche junge Mann, die geschnorrten Zigaretten zurück und rauche mit Gesine im gelben Schlauch eine wunderbare Nil. Sie kennt den Raucherbunker aus meinem Aufenthalt vor einem Jahr. Außerdem hat sie in DDR-Zeiten ein Jahr lang auf einer Suchtstation gearbeitet. Danach kann sie nichts mehr schrecken.

Ich weiß nicht, wie ich ihr für ihre Hilfe danken soll. Ohne sie hätte ich tagelang als mittelloser Penner meinen Entzug durchleiden müssen. Meine Entgiftungen werden in der Tat immer quälender, ein bekanntes Phänomen. Zudem habe ich als 68-Jähriger weniger Kraft, um gegen die Ängste anzugehen.

Was die folgenden 18 Tage noch schlimmer macht, sind die Mitpatienten. Ich habe in Haar, Wendisch Rietz und im Urban wie hier im St. Joseph schon viele Kotzbrocken erdulden müssen. Diesmal befinde ich mich zwischen Knast, Gosse und U-Bahn-Schacht. Am schlimmsten sind wieder einmal die Drogenpatienten, deren Egoismus den der Alkoholiker um ein Vielfaches übersteigt.

Sie werden aber überboten von drei Ost-Knackis mit verrohten Gesichtern, einer ebenso gossigen Sprache und widerlichen Tattoos. Nur sind sie keine ehrlichen Verbrecher, sondern Opfer. Ob sie vor 1990 wegen Körperverletzung und Totschlag gesessen haben oder nach 1990 wegen Diebstahl und Drogenhandel verurteilt wurden – das DDR-Regime ist an allem Schuld. Zu Honeckers Zeiten hatten sie keine Chance, wie sie behaupten. Und nach der Wende waren sie auf keine Chance vorbereitet.

Demnach haben sie ein Recht, im ohnehin schmuddeligen Raucherraum die Sau rauszulassen, Mitpatienten bei der Essensausgabe zur Seite zu drängen oder aus dem Kühlschrank private Lebensmittel und Getränke zu klauen. So werden sie zum Vorbild für die Drogenpatienten, die bereitwillig ein ähnliches Verhalten annehmen. Der Rest der Patienten sind kaputte, laute Säufer und eine große, dunkelhaarige Frau um die vierzig, die wie Alexander positiv aus dem Rahmen fällt. Und zwei oder drei Alkoholiker, die äußerlich und im Kopf noch auf der Reihe sind. Außerdem ein netter und gebildeter Türke.

Ich habe mich nie über andere Patienten erhoben, jedenfalls nicht bewusst. Wenn ich aber das Volk um mich herum betrachte, speziell bei den Mahlzeiten, dann sage ich mir: „Du bist auf allen vieren in deiner Wohnung herumgekrochen, hast gekotzt und in deine Hose gepinkelt, deine Umgebung genervt und deine Wohnung verkommen lassen. Aber wenn du nach mehreren Anläufen in der Klinik gelandet bist, hast du dich wieder wie ein Mensch benommen. Hast Patienten geholfen, die noch schlimmer dran waren als du, mit Worten und vor allem mit Zigaretten. Hast niemanden verletzt, anderen nichts weggefressen und keinen auf dicken Max gemacht, weil du zufällig mehr weißt und momentan noch mehr Geld hast."

In der Gesellschaft, in der ich mich jetzt befinde, fällt es mir schwer, diese Haltung beizubehalten. Oft ertappe ich mich beim Wunsch, genügend Kraft zu haben, um den Ost-Kriminellen eins auf die Fresse zu hauen. Mir bleibt darum nur die Flucht. Diesmal nicht ins Malen, sondern in Bücher. Für Romane mit Anspruch bin ich zu kaputt. (Ich lese sie auch nicht, wenn es mir gut geht). Darum leihe ich mir einen Mankell und Medizinkrimis von Cook und Palmer aus. Nach und nach fresse ich mich durch sieben Bücher. Und obwohl zum Teil sehr gruselig, werden sie zu Freunden, die mir helfen, die Zeit bis zu meiner Entlassung besser und schneller zu überstehen.

Zwischendurch gehen mir immer wieder Gedanken über die Verhaltensweisen meiner Mitpatienten durch den Kopf und ich komme zu dem Schluss, dass sie zu Recht von der Gesellschaft abgelehnt werden, wobei ich mich keineswegs ausschließe. Dass Alkoholiker, aber auch alle anderen Süchtigen, in ihren akuten Phasen gnadenlose Egoisten sind, ist kein Wunder. Die Sucht bestimmt ihr Denken und Handeln in jeder Sekunde. Alles wird der Befriedigung untergeordnet – Arbeit, Pflichten, Moral, Selbstachtung. Am brutalsten leben sie ihr „Ich, ich, ich!" gegen die Menschen in ihrer Umgebung aus: Jammern, betteln, versprechen, lügen, betrügen, bestehlen, beschimpfen, brüllen und nicht selten mit körperlicher Gewalt.

Freunde ziehen sich immer mehr zurück und werden durch dumpfe Saufkumpel ersetzt. Nachbarn tun alles, ihnen nicht mehr zu begegnen.

Fremde machen einen Bogen um sie. Irgendwann bleibt nur noch der Partner, sofern er nicht geflohen ist. Der wird nach und nach Krankenpfleger, Erzieher und Vormund. Die willenlosen Säufer lassen es sich gefallen, solange sie ihren Stoff haben.

Sobald sie in der Suchtklinik die ersten fünf Tage hinter sich haben, ändert sich ihr Verhalten zum Positiven, sollte man meinen. Tatsächlich nimmt ihr Egoismus nur andere Formen an. Der eine fühlt sich geläutert, ist auf einmal willensstarker Gutmensch mit Anspruch auf Anerkennung, die er sich übers Fressen und Monologe holt. Der andere nimmt hin, was er nicht ändern kann, lebt seine Suchtausläufer übers Rauchen aus, über aggressives Verhalten und ebenfalls übers Fressen. Ich bin manchmal von allem ein bisschen, Aggressionen ausgenommen.

Ein Zusammenhalt der Patienten, wie ich ihn in der Hornberger Oberbergklinik erlebt habe, ist nur bei einer homogenen Patientengruppe möglich. Schon ein egomanischer Knacki oder ein abgedrehter Junkie reichen, um die Patientengemeinschaft empfindlich zu stören. Sie steht ohnehin auf tönernen Füßen, weil jeder ein ganz besonderer Fall ist. Nur zu gern berichten Patienten, was sie alles gesoffen haben, wie viele Promille sie hatten, wo sie überall gelandet sind, wie sie sich mit Polizisten anlegten. Und selbst in der übelsten Scheiße fühlen sie sich noch auserwählt, den dummen Normalos überlegen.

Das ist fast überall so. Selbst in teuren Privatkliniken wie der Oberbergklinik in Wendisch Rietz dominiert die Egozentrik. Hier sind viele Patienten Schmarotzer im Beamtenstatus, die sich nach der Entgiftung oder der kritischen Anfangsphase bei Depressionen einen lockeren Lenz machen. Warum auch nicht? Am schönen Glubigsee lässt es sich in den Sommermonaten wunderbar leben.

Ich weiß nicht, wen ich mehr verurteilen soll – falls ich überhaupt ein Recht dazu habe: Den Knacki, der im St. Joseph den dicken Max markiert hat. Oder den nervenden Steuereintreiber in der Oberbergklinik, der für schlappe 36 000 Euro eine psychische Störung behandeln ließ, die er gar nicht hatte.

Ähnlich abstoßend ist das Verhalten von Alkoholikern, die in den Abstinenzwahn verfallen. Wenn ein Säufer nach der Entgiftung zum Partner zurückkehrt und seinen neuen Trockenegoismus einigermaßen im Griff hat, können sich beide wieder arrangieren. Kommt er aber aus einer Langzeittherapie nach Hause, ist er ein anderer. Geläutert und hyperaktiv mit 100 Plänen für seine neue Zukunft. Und so überzeugt, dass er gar nicht mehr weiß, wovon. Er hat ein blindes Ich-Gefühl entwickelt: Ich will alles, kann alles, mache alles. Der Partner, der ihn gestützt hat, versteht die Welt nicht mehr. Jahrelang hatte er ein hilfloses Kleinkind an seiner Seite. Und auf einmal hat das Kleinkind einen eigenen, übersteigerten Willen, begehrt auf, widerspricht, reißt Entscheidungen an sich.

Der Partner ist verwirrt, orientierungslos und schließlich verärgert – obwohl er sich immer gewünscht hat, das saufende Wrack möge wieder zum Menschen werden. Aber nicht zu diesem: einem von sich eingenommen, selbstgerechten Arschloch, egoistisch bis auf die Knochen. „Ich bin auferstanden und ein anderer geworden. Ich werde der Welt zeigen, dass ich mit dem besoffenen Penner, der ich noch vor Monaten war, nichts mehr gemeinsam habe."

Viele Partnerschaften und Ehen, die trotz Suff jahrelang gehalten haben, gehen in die Brüche. Der trockene Säufer versteht nicht, dass ihm der Partner nach wie vor alles abnehmen oder wegnehmen will, was er selbst tun und lassen kann. Und der Partner versteht nicht, dass der trockene Säufer ein neues, von Egozentrik geprägtes Eigenleben führt und alle Entscheidungen an sich reißt.

Nicht nur Ehen und Partnerschaften gehen kaputt. Auch der Wille, nicht mehr zu trinken, bröckelt. Viele Alkoholiker wollen nach Langzeittherapien in wenigen Monaten nachholen, was sie jahrelang versäumt haben. Sie entwickeln Pläne über Pläne – bis sie vor einem Berg stehen, den selbst ein gesunder und gefestigter Mensch unmöglich bewältigen kann. Bald schon fühlen sie sich überfordert, machtlos und leer. Doch ihr Suchtgedächtnis zeigt ihnen den Weg aus der Krise.

Leider werden sie während ihrer Therapie viel zu wenig auf die Gefahren der postalkoholischen Selbstüberforderung hingewiesen. Auf die Therapeuten wirken sie wild entschlossen und gefestigt. Sie sind es auch in den ersten Wochen außerhalb der schützenden Klinikwelt. Aber schon bald stoßen sie an ihre Grenzen. Die lassen sich leicht überschreiten. Mit dem nächsten Absturz.

Selbsthilfegruppen sind in dieser Phase keine Stütze. Sie werden von Profi-Trockenen dominiert, die sich blind auf ein heiliges Ziel reduziert haben – nicht mehr zu trinken. Ratschläge, die Hyperaktivität zu kanalisieren, sind von ihnen nicht zu erwarten. Der getrocknete Alkoholiker muss sich selbst ins Gebet nehmen: „Mach aus dem Berg deiner Pläne viele Hügel und beginne mit dem scheinbar kleinsten, der Normalität: Regelmäßige Körperpflege, geregelter Tageslauf, saubere Bude und vernünftige Ernährung."

Der nächste Hügel wäre regelmäßige Arbeit. Weil die aber nicht so schnell zu finden ist, muss er sich selbst kleine Aufgaben stellen. Ich habe in den Leerzeiten nach meinen Abstürzen geputzt, gestrichen, gewerkelt (es gab häufiger etwas zu reparieren), geschrieben, gemalt und versucht, Neues zu lernen. Ulrike, der überschlaue Giftzahn, warf mir vor, auf diese Weise meine Probleme zu überspachteln. Genauso könnte mein Todfreund sagen: „Dein Herumgemache ist ein billiger Vorhang, der dich von mir trennen soll." Wie wahr. Mit meinem Suff und den daraus resultierenden Problemen hatte ich mich während meiner Entzüge von früh bis Mitternacht beschäftigt, ohne eine Lösung zu finden. Die kann nur darin bestehen, etwas für mich zu tun. Und am meisten tue ich für mich, wenn ich abends sagen kann: „Ich habe meine Wohnung in Ordnung gebracht." Oder: „Ich habe endlich den vor sich hin faulenden Behördenkram erledigt." Oder: „Ich habe vier Gedichte geschrieben." Oder: „Ich habe in einer sozialen Einrichtung Möbel repariert." Oder noch besser: „Ich habe gearbeitet und eigenes Geld verdient."

Mit finanziellen Reserven im Rücken ist es zwar erheblich leichter, etwas zu tun, nur um etwas zu tun. Doch auch der Hartz-IV-Empfänger fühlt sich hundertmal besser, wenn er den Tag mit einer unterbezahlten Arbeit verbringt als mit Grübeleien und Selbstmitleid. Nicht der Weg ist das Ziel. Sondern das Ziel ist der Weg.

München, im September 2002: Das Jesuskind im IC nach München.

Ich stehe im Salzburger Hauptbahnhof auf dem Bahnsteig und warte auf den IC nach München. Er hat, wie schon öfter, etliche Minuten Verspätung und ich lasse die letzten beiden Tage an mir vorüberziehen. Vorgestern war ich nach Krems gekommen, um an der Donau-Universität ein Seminar in Sachen Sprache zu geben. Weil ich unbedingt fit bleiben wollte, hatte ich die Anreise, auch per Zug, mit Kaffee, Fanta und Henning Mankell überstanden. Das ist nicht unbedingt der Regelfall.

Viele schöne Saufmomente habe ich im Speisewagen verbracht, immer auf der Seite mit den Einzelsitzen und möglichst ohne Gegenüber. Am liebsten ist mir, wenn auch sonst kaum Gäste anwesend sind. Das Bier wird schneller gebracht und ich werde nicht von Amerikanern gestört, die nervös hin und her laufen, um endlich einen passenden Sitzplatz zu finden.

Dann schaue ich rauchend auf die vorbeifliegenden Wälder und Wiesen, Häuserzeilen und Fabriken, Baustellen und die Gleise nach irgendwo. Schöne Bilder lasse ich gedankenlos auf mich wirken. Verdreckte Landstriche und runtergekommene Orte rufen meinen Restsinn für Ordnung auf den Plan. Ich stelle mir vor, wie ich als Bürgermeister oder Gemeinde-direktor alle Kühlschrankleichen, weggeworfenen Autoreifen und fauligen Möbel entfernen lasse.

Nach dem dritten Bier beginne ich zu träumen. Von den Büchern, die ich schreiben werde, den Bildern, die nur noch gemalt werden müssen, den Reisen, die auf mich warten. Ich stelle mir vor, mehrfacher Milliardär zu sein und Heime für obdachlose Trinker aufzumachen. Ich stehe als Lufterscheinung vor George W. Bush: „Entweder du beendest deinen sinnlosen Krieg im Irak oder ich verpasse dir Bauspeicheldrüsenkrebs, un-heilbar und extrem schmerzhaft." Oder ich mache im Berliner KaDeWe Lesungen meiner kranken Gedichte. Lauter infantile Visionen, vom Alko-hol ins Hirn gespült.

Der IC nach München rauscht in den Bahnhof. Sein Bistrowagen hält unmittelbar vor mir. Ein Zufall, der keiner ist. Darum mache ich erst gar nicht den Versuch, einen guten Abteilplatz zu finden. Den hatte ich von Krems bis Salzburg – notgedrungen. Es gab nur Ottakringer Bier vom Bollerwagen, in fußwarmen Dosen und aus Plastikbechern. Hier wird ger-manisches Fürstenberg angeboten, nicht unbedingt mein Favorit. Aber längst nicht so zum Speien wie Krombacher, das Bier mit der widerlichsten Reklame Deutschlands.

Gestern Abend, nachdem ich den ersten Teil meines Seminars hinter mich gebracht hatte, war ich nach langer Zeit wieder einmal zufrieden mit mir selbst, dicht an der Euphorie. Die Seminarteilnehmer, allesamt aus der Praxis, mochten meine einfache Art. Eine Masche zwar, aber wirksam. Ihr Fortbildungsstudium mit dem wichtig klingenden Namen „Integrierte Kommunikation" besteht zu 90 Prozent aus professoralen Theorien, die auf ihre tägliche Arbeit nicht anwendbar sind. Wenn dann ein Mensch kommt, der frei von zwanghaftem Fachchinesisch spricht, hat er schon gewonnen. Und wenn er außerdem spielerische Übungen mit ihnen macht, fühlen sie sich wie erlöst.

Die Leiterin des Studienbereichs ließ schon am Mittag durchblicken, dass die Seminarteilnehmer recht angetan von mir waren. Und als ich mit ihnen am Nachmittag kleine Übungen machte, wurde aus den 18 Magis-tern oder Diplomierten eine schnatternde Schulklasse.

Einige hatte ich zu Beginn meiner Rede ein wenig verwirrt. Die Donau-Universität liegt dicht an der Strafvollzugsanstalt Stein, Österreichs härtestem Knast mit den härtesten Fällen. Wenn ich aus dem Fenster unseres Seminarraums schaute, fiel mein Blick auf eine fünf Meter hohe Betonmauer mit Stacheldraht als Krone. „Wissen Sie, was für mich so erschreckend an dieser Mauer ist?", fragte ich in die Runde. „Es ist das Gefühl, ich selbst könnte mich hinter diesem Betonwall befinden, wenn mit meinen Genen, meiner Erziehung oder meinem sozialen Umfeld etwas schiefgelaufen wäre." Eine junge Teilnehmerin verdrehte die Augen. „So, wie wir hier sitzen, ist keiner von uns in der Lage, einen Menschen umzubringen oder gar ein Kind zu schänden. Aber wie sähe es in uns aus, wenn wir im Dreck aufgewachsen und von Dreck ernährt worden wären? Wenn uns ein besoffener Vater geschlagen und gequält hätte? Wenn wir von einem unkontrollierbaren Hass auf die dominante Mutter befallen würden? Wenn wir wie Dr. Jekyll und Mr. Hyde in zwei Persönlichkeiten gespalten wären? Ich will von Ihnen kein Mitgefühl für diese Menschen, erst recht kein Mitleid. Aber Sie sollten versuchen, sich einmal gedanklich für einige Minuten in eine Zelle hinter diese Mauer zu setzen. Wenn Sie kommunizieren wollen, müssen sie eben das tun: Sich in die Situation der Menschen begeben, mit denen Sie reden möchten. Sicher, die Jungs hinter der Mauer sind wohl kaum Ihre Klientel. Aber Sie sollten bitte nicht vergessen, in jedem von uns steckt das Gute und das Böse. Wir haben in uns Anlagen zur Schizophrenie, Manie und zu Depressionen aller Art. Wir sind Sadisten und Masochisten, Egoisten und Altruisten. Nur alles in einer gemäßigten, normalen Form. Kommunizieren heißt nicht Reden und Verstehen, sondern Verstehen und Reden." Zwei oder drei der Seminarteilnehmer schluckten sichtbar verärgert die Ermahnung herunter. Die anderen waren nachdenklich bis ratlos, ließen sich aber von meinen Dias und meinen gequälten Witzchen wieder in die Welt der Reklame zurückführen.

Vor vier Stunden, als mich eine Frau Magister zum Kremser Bahnhof gefahren hatte und mit ihrem Honda außer Sichtweite war, gönnte ich mir erst einmal zwei Belohnungsbierchen. Dazu wählte ich die hässliche Kneipe gegenüber dem Bahnhofsgebäude. In besseren Restaurants habe ich immer das Gefühl, mit meinem Bier ohne was dazu ein Fremdkörper zu sein. Dagegen geben mir versiffte Kneipen das Gefühl, ein gepflegter Säufer zu sein und über den anderen zu stehen.

Der Bistrowagen war leer bis auf die Steller mit den Getränkekarten. Ich setzte mich ins hintere Eck an einen runden Tisch mit sauberem Aschenbecher und einer Bank ohne Brandlöcher. Den Kellner wartete ich gar nicht erst ab, sondern ließ mir mein erstes Fürstenberg gleich durch die Verkaufsluke herausgeben. Nach ein paar Minuten kam ein weiterer Gast und setzte sich mit seinem Getränk, ebenfalls ein Fürstenberg, an den Tisch auf der anderen Seite. Ich war ziemlich schnell bei meinem dritten Bier angelangt. Auch der andere Gast zog nach.

Weil ich der Ältere war, was ich seit einiger Zeit immer häufiger bin, sagte ich zu ihm: „Wollen wir uns nicht zusammensetzen?" Er nahm das Angebot gern an. Es war um die 1,90 Meter groß, ein bisschen pummelig, blond und etwa Mitte dreißig. Irgendwie ein Riesenbaby. Zunächst erzählte ich. Von Krems und der Wachau, vom Gefängnis in Stein und von der entspannten Situation, in der ich mich befand. Dann erzählte er. Nach und nach erfuhr ich, dass ich einen höchst interessanten Sänger vor mir hatte. Einen ausgebildeten Countertenor oder auch Altus, der aber jetzt in einem Stuttgarter Nachtlokal dicht am Lebensunterhalt vorbei sang. Countertenöre sind einerseits gefragt. Andererseits haben sie relativ wenige Gelegenheiten aufzutreten. Falls sie nicht gerade Jochen Kowalski heißen und in Konzerten die Rollen von Soubretten übernehmen.

Wir waren bald bei meinen geliebten Bach-Passionen und -Oratorien, die er alle gesungen hatte und sprachen über Harnoncourt, Richter, Marriner, Pinnock, das Deller Consort und landeten schließlich beim Stuttgarter Dirigenten Helmut Rilling. Er lässt Sopran und Alt in Stücken aus dem Barock grundsätzlich von Frauen singen, weil er das für zeitgemäß hält. Für meinen Zechgenossen, dem Altus im besten Alter, war darum in Stuttgart wenig Platz. Mir fielen zwei der schönsten und bekanntesten Alt-Partien von Bach ein: „Erbarme dich unser" aus der Matthäus-Passion und „Schlafe mein Süßer" aus dem Weihnachtsoratorium. „Können Sie das singen, ‚Schlafe mein Süßer?'" „Aber sicher." „Dann tun Sie es bitte, ich zahle Ihnen 20 Bier." „Das brauchen Sie gar nicht." Er richtete sich auf zu einer kurzen Konzentration, und dann hallte durch den leeren Bistrowagen die Arie vom schlafenden Jesuskind.

Durch das Fenster des rauschenden Wagens fielen dickrote Strahlen der untergehenden Septembersonne, bei einer Innentemperatur von gut 25 Grad, weil die Klimaanlage aus Sparsamkeitsgründen runter- oder ausgeschaltet war. Bethlehem auf Rädern, dachte ich.

Plötzlich sah ich einen Menschen, der mindestens so entgeistert war, wie vor 2003 Jahren die Hirten gewesen sein mussten. Der Bistrokellner, seinem Akzent nach ein Serbe oder Kroate, war aus seinem Verschlag herausgetreten und stand fassungslos mit weit geöffnetem Mund vor seiner Ausgabeluke. Konnte es sein, dass die Deutschen schon nach zwei oder drei Pivo nicht mehr wussten, wer sie waren und was sie taten? Und warum sang dieser große blonde Mann wie eine Frau? Beim nächsten Bier versuchte ich, ihm die Situation zu erklären. Er hörte zwar zu, verstand aber noch weniger als vorher. Wahrscheinlich beschloss er, bei nächster Gelegenheit nach Serbien oder Kroatien zurückzugehen.

Als der Zug in München ankam, hatte ich eine der erbaulichsten Bahnfahrten meines Lebens hinter mir. Der Altus fuhr weiter nach Stuttgart und ich direkt ins Lehel zu „Herry", meiner Stammkneipe. Dieses Erlebnis musste gefeiert werden.

Düsseldorf, im April 1970: Hufschmied für Eselin Sylvia gesucht.

Als ich heute früh meine Taschen ausräumte, um Zigaretten zu suchen und zum Glück auch zu finden, hatte ich auf einmal eine Quittung über 200 Mark in der Hand, bezahlt für „Esel Sylvia". Erst nach einer halben Stunde und dem zweiten Bier dämmerte es mir. Gestern Abend war ich irgendwie im nahen Vereinsheim vom Fleher Fußballverein gelandet. Hier hatte ich offenbar nach dem Besitzer des Esels gefragt, dessen erbarmungswürdiges Geschrei jeden Tag aus der Laubenkolonie zu unserer Terrasse herübertönte. Der Besitzer war zufälligerweise anwesend. Es kann auch sein, dass er sofort herbeigeholt wurde, weil ich durchblicken ließ, dass ich den Esel kaufen wollte. Wie die Transaktion ablief, weiß ich nicht mehr. Aber sie war wirklich geschehen, was die Quittung bestätigte.

Ich quälte mich mit dem Taxi in die Agentur, lieferte ein paar Texte unter Selbstwert ab und fuhr zurück ins Vereinsheim. Die Quittung war ohne Adresse und mit einem unleserlichen Namen versehen. Aber der Wirt konnte sich erinnern und wusste auch, wo Sylvia und ihr ehemaliger Eigner zu finden waren.

Das Tier war in einem jämmerlichen Zustand. Abgemagert, zerzaust und mit Hufen, die so ausgewachsen waren, dass es kaum noch stehen konnte. Der Stall stinkend und auch sonst verkommen. Am nächsten Tag rief ich den Düsseldorfer Express an, die Bild-Zeitung für Arme, erzählte meine Geschichte und schilderte das Leiden meines neuen Haustiers. Die Redaktion schickte einen Fotografen vorbei, der ein herzzerreißendes Portrait von Sylvia machte. Dazu druckte sie einen ebensolchen Aufruf an alle Hufschmiede in und um Düsseldorf. Mit Erfolg. Noch am gleichen Tag meldete sich ein Experte aus Mettmann.

Er kam auch am nächsten Mittag sofort vorbei, um Sylvia fachgerecht zu beschneiden. Natürlich mit einem Express-Fotografen, denn die Redaktion musste über die von ihr inszenierte Rettungsaktion ausführlich und mit dem nötigen Schmalz berichten. Warum auch nicht. Sylvia konnte zunächst ihr Glück kaum fassen. Sie stakste unsicher herum und wurde erst Schritt für Schritt gewahr, dass sie wieder laufen konnte. Dann aber rannte sie los, als habe sie einen Haufen Möhren entdeckt, und es gelang uns erst nach einem minutenlangen Spurt, sie wieder einzufangen.

An den folgenden Wochenenden ging ich regelmäßig mit ihr am nahen Rheinufer spazieren. Dank der Futterlieferung eines mitfühlenden Landwirts war sie rundum kräftiger geworden. Sie hatte zugenommen, ihr Fell war nicht mehr so stumpf und ihre Augen klarer. Ich führte sie wie einen Hund an einer Leine, was sie sich auch gefallen ließ. Aber nur solange wir die Fleher Straße runter zu den Uferwiesen gingen. Sobald sie das Grün sah, versuchte sie regelmäßig sich loszureißen, was ihr häufiger gelang. Manchmal, wenn ich mehrere Bier getrunken hatte, ließ ich sie einfach laufen. Meistens konnte ich sie problemlos wieder an die Leine nehmen.

Von Zeit zu Zeit machte ich mit ihr einen Abstecher an die Theke der Kneipe Dietze Döres. Einige der Zecher fragten sich erschreckt, ob sie Opfer einer Halluzinose oder eines Delirs geworden waren. Nach meinem dritten Auftritt aber wussten sie: Da kommt der Esel mit dem Mann, der immer etwas angesoffen ist. Aber beide sind völlig harmlos. An einem Sonntagvormittag gefiel es Sylvia an der Theke so gut, dass ich sie nur mit Mühe wieder auf die Straße bekam. Und das, obwohl sie weder Bier noch Schnaps getrunken hatte.

Weil ich an den Wochenenden immer häufiger durchhing, war ich kaum noch in der Lage, Sylvia auszuführen. Ich erinnerte mich an einen

Mann, der erst dem Express und dann mir angeboten hatte, sie aufzunehmen und ihr einen schönen Lebensabend zu bereiten. Er hatte in Neuss ein Heim für alte und behinderte Tiere, die normalerweise in die Abdeckerei geschickt wurden. Ich bat ihn, Sylvia abzuholen. Er kam mit einem Pferdeanhänger vorbei, und sie ahnte Schlimmes, ließ sich aber nach zehn Minuten in den Hänger zerren. Heike und ich begleiteten den Transport. Wir wollten wissen, wo und wie sie untergebracht würde und ihr eventuell erklären, dass dies nun ihre neue Heimat sei. Als sie aus dem Hänger runter auf den Rasen stakste, hatten wir das Gefühl, alle anwesenden Leidgenossen würden sie Willkommen heißen.

Düsseldorf, im September 1971: Die meistge- klaute Zeitschrift Deutschlands.

So, wie ich betrunken Besitzer eines Esels geworden bin, habe ich nun Anteile der ersten Düsseldorfer Stadtzeitschrift gekauft. Sie heißt „Düsseldorfer Röggelchen", eher der Name für eine Kinderzeitschrift, aber das hat mich vor drei Monaten in Günter Pelzers Altstadtkneipe Saloon nicht gestört. Klaus B., der Gründer, Verleger, Herausgeber, Chefredakteur, Hoffotograf, Anzeigenleiter und Produktioner, ist immer klamm, hat immer ungewaschenes Haar und ist auch ansonsten etwas schmierig. Aber das hat mich nicht davon abgehalten, in sein Geschäft zu investieren.

Ich habe einen GmbH-Anteil von zehn Prozent erworben, macht 2000 Mark. Einen Tausender hatte ich noch einstecken, Teil des Unilever-Honorars für eine Spülmittelkampagne. Den zweiten darf ich abstottern. Das Redaktionsbüro, in dem auch gekocht, geschlafen und vor allem getrunken wird, liegt eingebettet zwischen zwei Altstadtkneipen. Die Altstadt ist demnach alleiniges Thema des Blattes, auch wenn unter dem Titel etwas von Kultur geschrieben steht. Eine taktisch kluge Überlegung von Klaus B. Die lebensnotwendigen Anzeigen würden wohl kaum von großen Firmen kommen oder von den feinen Läden an der Königsallee. Sondern vor allem von Altstadtkneipen, Restaurants, kaputten Modeboutiquen, Galerien, vereinzelten Fressfilialen und eventuell von Brauereien.

Von den 50 Pfennig pro Heft kann der Verlag unmöglich leben. Es gibt vielleicht 100 Abonnenten und einen weitgehend uninteressierten Pressevertrieb. Arme Studenten, die mit den Heften durch die Szene ziehen, sind auch schwer zu finden.

Immerhin, bei mehreren Wirten liegen die Hefte zum Verkauf aus. Die werden aber angeblich zu 50 Prozent geklaut. Darum war meine erste Idee, als ich wieder klar denken konnte, ein Aufkleber mit dem Text: „Die meistgeklaute Zeitschrift Deutschlands". Das aber würde kosten, was Klaus B. überhaupt nicht mag. Er ist froh, wenn er das Heft monatlich mit einer Woche Verspätung fertig kriegt.

Meinen zweiten Vorschlag fand Klaus B. schon besser: 80 Prozent der 36 bis 40 Seiten mit Klatsch zu füllen, dazu jeweils zwei Beiträge Kultur als Alibi. Außerdem bot ich mich als Schreiber einer Serie an: „Die kleinen und großen Könige der Altstadt". Mit Interviews und Berichten über die Imperien der Herren Mattner (Bateau Ivre), Vortmann (Pferdestall, New Orleans), der Dame Schuster (Czikos, Rialto) und anderer Altstadtgrößen. Hintergedanke: Jeder von ihnen würde bestimmt mit einer ganzseitigen Anzeige rausrücken, was für Klaus B. jeweils 2000 Mark bedeutete. Bei einer gedruckten Auflage von 3000 Exemplaren ein stolzer Preis. Die tatsächlich verkaufte bleibt ein Geheimnis.

Nachdem ich vor einem Jahr bei der Zernisch-Werbeagentur rausgeflogen war und jetzt freiberuflich herumwerkelte, hatte ich viel Zeit. Ich musste nur die nüchternen Momente abpassen, um Interviews zu machen. Auch beim Schreiben war es wichtig, nach vier Flaschen Bier aufzuhören. Das gelang mir nicht immer – mit der Konsequenz, dass die Berichte längst nicht so schmeichelhaft wurden, wie sie für einen Anzeigenauftrag hätten sein müssen. Lediglich die Vortmann Betriebs GmbH rückte mit einer halben Seite raus. Düsseldorfs Pizza-König, den ich andeutungsweise der Mafia zugeschrieben hatte, versprach statt einer Anzeige den Besuch einiger Herren, falls ich im nächsten Heft keine Richtigstellung bringen würde.

Verschissen im wahrsten Sinne des Wortes hatte ich nach einem Toilettentest in 30 Altstadtlokalen. In den meisten war die Kacke am dampfen. Das hätte ich denken, aber nicht schreiben dürfen. Der Traum von den vielen neuen Inserenten aus der Gastronomie war damit runtergespült. Umso mehr, als ich im Heft davor über das Alter des Friteusenfetts in den verschiedenen Imbisslokalen geschrieben hatte. Die meisten Besitzer hatten mir bereitwillig Auskunft gegeben (bis zu acht Tage altes Fett). Als sie aber schwarz auf weiß lasen, was sonst nur auf die Straße hinauswehte, waren sie genauso stinkig wie ihr Fett. Der dicke Ungar auf der Bolkerstraße, der mit seinen zwei Tagen fast alleine dastand, versprach mir hingegen kostenlose Fritten auf Lebenszeit.

Meine Unverschämtheiten hatten aber auch etwas Gutes. Das „Düsseldorfer Röggelchen" wurde Gesprächsthema an den Altstadttheken, und der Heftverkauf ging um 600 bis 800 Exemplare nach oben. An der misslichen Situation des Verlags änderte das nichts.

Ich musste mir jetzt etwas Neues überlegen, das den Lesern nützliche Informationen lieferte, die Wirte aber nicht verprellte. Restauranttests gab es zur Genüge. Außerdem würden sie kosten, wenn sie authentisch sein sollten. Ich wählte darum stark frequentierte Kneipen und Nachtlokale mit wenig Essen und jede Menge Bier, Wein und Härterem. Meine Idee war denkbar einfach. Mit einem Düsseldorfer Röggelchen unterm Arm und einem selbst gebastelten Presseausweis setzte ich mich in den Lokalen zu den Gästen an den Tisch oder an die Bar: „Guten Abend. Ich schreibe für das erste Düsseldorfer Stadtmagazin – hier sehen Sie es – und frage Leute wie Sie: Was zieht Sie in die Düsseldorfer Altstadt? Warum haben Sie dieses Lokal ausgesucht? Und wie gefällt es Ihnen hier? Einrichtung, Getränkeauswahl, Service, Musik, Preise?"

Am zugänglichsten waren mittelalte Paare, die sich nichts mehr zu sagen hatten. Junge Leute von außerhalb beantworteten auch gern meine Fragen. Schwierig wurde es bei Stammzechern und berufsmäßigen Altstadtgängern. Sie bemühten sich, extrem witzig zu sein (die Altstadtgänger, meist älter). Oder sie wollten in Ruhe weitersaufen (die Stammzecher). Die Antworten stellte ich später so zusammen, dass ein positives Bild entstand, was auch überwiegend der Wahrheit entsprach. Damit es glaubwürdiger wurde, baute ich immer eine kleine Kritik ein, die sich auf Nebensächlichkeiten bezog. „Der Whisky ist zu teuer, aber den trinke ich sowieso nicht." „Die Musik könnte ein bisschen fetziger sein. Zu viele alte Sachen." „Nach zwölf kriegst du keinen Platz mehr." „Manchmal kommen zu viele Neureiche. Die stören mich." Zwei oder drei Lokale, die erwiesenermaßen mau waren und die nie eine Anzeige rausrücken würden, haute ich elegant in die Pfanne.

Die Beiträge wurden so schlecht wie die Absicht, die dahinter stand. Aber wir bekamen zumindest mehrere viertelseitige Anzeigen. Der langsame Niedergang war dadurch nicht aufzuhalten. Wir standen schon kurz vor dem Kollaps, als ein Weißer Ritter auftauchte. Die Besitzer der Rhenania-Brauerei, die uns bisher die einzigen ganzseitigen Farbanzeigen spendiert hatten (rein wirtschaftlich gab es dafür nicht den geringsten Grund), boten dem Verlag einen Kredit an.

Allerdings mussten Klaus B. und seine Zuarbeiter, also auch ich, jeweils eine selbstschuldnerische Bürgschaft in Höhe von 20 000 Mark unterschreiben. Meine Frau sagte sofort: „Du bist wahnsinnig, wenn du das tust." Aber die vier anderen Bürgen standen plötzlich bei mir auf der Matte. So gegen Mittag und in einem völlig unpassenden Moment. Ich hatte keinen Stoff und keine Tabletten mehr, und durch meinen Kopf zogen Nebelschwaden. So fühlt sich ein beginnendes Delir an. Die vier Bürgen ahnten irgendwas und schleppten mich sofort in die „Fleher Stuben", wo ich den Dunst in meinem Kopf mit fünf Gläsern Bier auflöste. Trotzdem konnte ich bei dem Notar, zu dem sie mich schleppten, kaum den Kugelschreiber halten. Schließlich schaffte ich es, irgendein Gekrakel auf irgendein Papier zu setzen, vor dessen Folgen mich Dr. Reisland vom Martinus-Krankenhaus drei Jahre später retten sollte.

Düsseldorf, im Februar 1972: Jeder Säufer hat einen, der noch weiter unten ist.

In meiner unmittelbaren und näheren Umgebung gibt es vier Kneipen beziehungsweise Lokale.

Den „Fleher Hof", der zu groß für mich ist. „Dietze-Mamm" und „Dietze Döres", die zu weit entfernt für mich sind. (Als ich noch Esel Sylvia besaß, war das nicht so. Ich ließ mich von ihr hinführen.) Lokal Nummer vier sind die „Fleher Stuben" gerade mal 200 Meter von meiner Adresse Fleher Straße 236 entfernt, was vor allem für den Rückweg von Bedeutung ist.

Meistens besuche ich die Wirtschaft zur Einstimmung und zum Ausklang, also bevor ich in die Altstadt fahre und wenn ich aus ihr zurückkomme. Die Gäste sind durchweg einfache und friedfertige Zecher aus der unmittelbaren Umgebung. Etwa Horst, der Schreiner, Mitte dreißig, der mir unbedingt das von seiner Tante geerbte Jugendstilschlafzimmer verkaufen will. Regelmäßig zeigt er mir das Foto des Ensembles, wuchtige Möbel aus der Jahrhundertwende mit Gründerzeitgeschnörkel. Ursprünglich wollte er 800 Mark für die Scheußlichkeit haben. Jedes Mal wenn er das inzwischen zerknitterte Bild hervorholt, sinkt der Preis. Zurzeit sind es

300 Mark. In ein paar Monaten zahlt er mir vermutlich 100 Bier, wenn ich ihn von dem Monster befreie.

Bei ihm steht häufig Tobias Racke, Spross einer berühmten Artisten-familie, die in den Fünfziger- und Sechzigerjahren Furore mit spektakulä-ren Trapeznummern machte. Tobias hat mit luftigen Kunststücken wenig im Sinn. Er ist Handwerker für dieses und jenes und träumt nach dem fünften Bier vom Oralverkehr mit einer schönen Frau. Irene, Frau des Wirts, kann er nicht meinen. Sie ist zwar durchgehend nett, aber Mitte vierzig, wie die meisten Gäste des Lokals. Manchmal ist die Theke mit Uniformen des Fleher Schützenvereins besetzt, für mich normalerweise ein Gräuel. Sie sind aber im Gegensatz zu bayerischen oder österreichi-schen Schießgesellen weder rechtsaußen noch zickig konservativ.

Vielleicht liegt es an der rheinischen Wesensart. Es gibt zwar vernagelte Altnazis, aber in gemilderter Form. Das Rheinland war nie Brutstätte für die braune Pest. Außer Goebbels hat es keine bedeutenden Nazis hervor-gebracht, abgesehen von den Großindustriellen, die den gefährlichen Politclown Hitler mit Blick auf Rüstungsaufträge gern gefördert haben.

Politik ist ohnehin kaum Thema in den „Fleher Stuben". Der Ortsteil Flehe befindet sich noch im Zustand eines vorgelagerten Dorfes. Darum geht es in den Gesprächen je nach Jahreszeit um Karneval, Nachbarn, Stra-ßenschäden, Autos, den Rheinpegel, die Sexmesse am Aachener Platz oder TuSA 06 Flehe, einen Fußballverein, der nicht weiß, ob seine Spieler in die nächsthöhere Kreisklasse aufsteigen oder nur noch trinken sollen. Alles in allem eine gemütliche Düsseldorfer Vorstadtkneipe, ähnlich der des Ex-Fortuna-Spielers Horst Hefner in Unterrath.

Viele Gäste sind wie ich Alkoholiker, aber in gemäßigter Form, so dass der Wirt so gut wie nie Probleme mit aggressiven oder bewegungsunfähi-gen Trinkern hat. Lediglich Wolfgang, ein Frührentner um die fünfzig, schüttet sich manchmal so voll, dass er von seiner Tochter abgeholt oder von einem Gast nach Hause bugsiert werden muss. Zum Glück wohnt er wie ich nur 200 Meter von der Theke entfernt, jedoch in Richtung Rhein.

Als ich vorgestern die Altstadt hinter mir gelassen hatte und den Rausch abrunden wollte, leistete ich mir ein Meisterstück. Ich stellte mich an die Theke, wobei ich den Handlauf brauchte, um mich aufrecht zu halten: „Jüen, ein lezes Bia." Weil Jürgen mich auch im angetrunkenen Zustand als braven Gast kennt, stellte er trotz Stirnfalten das gewünschte Glas vor mich hin. Ich konnte es problemlos zum Mund führen und mich dabei sogar im Gastraum umsehen. An einem der Tische saß Wolfgang, mit dem Kopf seitlich neben seinem Altbierglas liegend, und schnarchte. Offenbar war seine Tochter irgendwo unterwegs oder sie hatte noch keine Zeit gehabt, ihn ins Bett zu bringen.

Das veranlasste mich zu einer typischen Alkoholiker-Reaktion. „Jüen", lallte ich, die Hände an den Holm klammernd, „du weisch, ich tringe au ma ein Stiefel. Abba so was wischtu nie von mia alebn."

Ich habe mal in einer Bar auf Formentera ein schwäbisches Ehepaar beobachtet, dass sich schrecklich über eine angetrunkene Deutsche aufregte, die allein an einem Tisch saß und lautstark nach neuem Wein rief. Als ich mir die beiden genauer ansah, wusste ich, warum. Sie hatten mindestens so viel spanischen Süß-Sekt im Blut wie die verachtenswerte Kollegin an Rioja.

Eine geradezu klassische Verhaltensweise. Wer noch ein Zuhause hat, sich Wodka der besseren Art leisten kann und immer den aufrechten Gang beherrscht, ist kein Alkoholiker. Die hängen am Kiosk herum und liegen sabbernd auf Parkbänken. Ähnlich reagiert der deutsche Bundestag. Ich schätze, 15 bis 20 Prozent der Abgeordneten haben Alkoholprobleme. Doch Cannabis oder Heroin? Niemals! Das zieht sich nur der Abschaum der Gesellschaft rein. Darum sind die Trinker unter den Parlamentariern die schärfsten Hunde, wenn es um die Teillegalisierung von bestimmten Rauschmitteln geht.

Ich kenne diese Herren von meinen Zugfahrten nach und von Frankfurt. Am Freitagabend wird der Speisewagen ab Bonn Richtung Norden von kahlköpfigen und übergewichtigen Herren bevölkert. Sie verraten ihren Abgeordnetenstatus sowohl durch ihre Gespräche als auch durch die Zahl der Bierflaschen, die sie bis Düsseldorf leeren. Ein Phänomen sind ihre Socken. Bunt gemusterte Perlonteile, die bis knapp über die Knöchel reichen und den Blick auf kalkweißes Beinfleisch freigeben, das erst nach zehn Zentimetern von zu kurzen Hosenbeinen bedeckt wird. Verständlich, dass sie gegen kontrollierte Abgabe von Drogen sein müssen.

Düsseldorf, im Januar 1965: Die wunderbare Wirkung der Gerber Kinderkost.

Es wird immer schwieriger, in der Troost Werbeagentur meinen Ruf als begabter Texter aufrechtzuerhalten. Das liegt natürlich nicht an mir, behaupte ich, sondern allein an den entsetzlich dummen Kundenberatern. Um sie ertragen zu können, muss ich manchmal schon am Vormittag zwei oder drei Kreativbierchen trinken. Das ist insofern kein Problem, als die Kreativabteilung mit allen Grafikern und Textern in einen Neubau auf der Immermannstraße gezogen und dieser jetzt ohne Pförtner ist. Statt in die „Ritterstuben" gehe ich über die Straße zu einem Griechen, dessen Lokal früher eine normale Kneipe war – mit einer langen Theke und Hockern, die er für mich so gelassen hat.

Nach dem flüssigen Frühstück wird der Ärger über meine missliche Situation etwas weicher. Ich arbeite jetzt für die schlimmsten Werbeetats mit noch schlimmeren Kundenberatern und Werbeleitern. Was mich tröstet, ist der Humor der beiden Art Directoren, mit denen ich in einem Zimmer sitze. Was mich zusätzlich nervt, ist der Textkollege, der mir gegenüber sitzt und wie eine breiige Masse auseinanderfließt. Ein Riesenschwein, um die vierzig, das mindestens 1000 Mark mehr verdient als ich, mit hervorlugenden Hasenzähnen und speckigem Haar. Er beginnt den Arbeitstag, indem er das mitgebrachte Frühstück vor sich ausbreitet: Drei bis vier Brötchen mit entsprechendem Wurstmengen, ein Sechserpack Eier zum Ausschlürfen und einen Becher Joghurt zum Abnehmen.

Wenn er die Hasenzähne in die leider sehr knusprigen Brötchen haut, muss ich vor den Splittern in Deckung gehen. Und sobald er sich den Eiern widmet, von denen er die Hälfte ausschlürft, verlasse ich das Zimmer. Meistens zum Griechen. Der gute Mann heißt Günter mit Nachnamen. Hüffelmann, einer der beiden Art Directoren, spricht inzwischen von den Herren Günter, weil der Singular seiner Körperfülle und dem Umfang seines Frühstücks nicht gerecht würde.

Unter anderem arbeite ich für die Pflanzenschutzmittel von Bayer. Wie durch ein Wunder ist eine halbwegs intelligente Anzeige bis zum Kunden vorgedrungen und sogar akzeptiert worden. Sie zeigt einen Apfel, aus dem ein Wurm hervorlugt, und hat die Überschrift „If he doesn't pay, don't let him eat". Der Werbeleiter fand den Text so gut, dass er ihn über weitere Früchte setzen wollte. Also schlugen wir ihm von Kirschen bis Kürbis so ziemlich alles vor, was von Würmern und anderen Kostgängern angefressen wird.

Der Kundenberater trug die Liste artig nach Leverkusen, doch es war nichts dabei, was die Herren dort begeistert hätte. Wir sollten noch einmal gründlich über andere Obstsorten nachdenken. Ein Unding, denn wir hatten alle Gärten dieser Welt gedanklich abgeschritten. Hüffelmann sagte schließlich: „Dann nehmen wir eben eine Mahampfe." Ich stutzte einen Moment lang und stellte zum Glück nicht die fällige blöde Frage. Der Kundenberater auch nicht. Er war unter anderem Kartenabreißer in einem Zirkus gewesen und wie viele andere Berufsfremde Anfang der Sechziger in die Reklame gespült worden. Darum konnte er unmöglich zugeben, dass ihm die erfundene Mahampfe nicht geläufig war. Er schluckte die Frucht und trug sie als ultimativen Vorschlag der Troost-Kreativen zum Bayer-Werbeleiter. Der war ähnlich unbedarft und suchte sein Wissen vergebens nach der botanischen Schimäre ab.

Erlösung kam vom prustenden Lacher eines Chemikers, der schon am letzten Treffen teilgenommen hatte und sofort erkannte, dass die Mahampfe Rache für die abgelehnten Vorschläge war. Danach lachten alle und einigten sich auf stinknormale Pflaumen, zu dritt an einem Zweig hängend.

Im Gegensatz zum Mahampfen-Mann hat der Berater für meinen Horrorkunden Gerber-Kinderkost bereits einige Ausführungen über Werbung und Marketing gelesen. Viel ist nicht hängen geblieben, wohl aber die feste Überzeugung, dass ein Funkspot nur gut ist, wenn in 30 Sekunden mindestens fünfmal der Produktname aufgesagt wird. Ich machte ihm nacheinander vier passable Vorschläge, einige sogar mit einem Löffelchen Humor. Doch statt die Texte zu beurteilen, interessierte ihn immer nur, ob denn auch „Gerber-Kinderkost" oft genug genannt wurde. Irgendwann sagte Hüffelmann: „Tu ihm doch den Gefallen. Am besten gleich mit sechsmal Gerber-Kinderkost. Dann merkt er vielleicht, wie dämlich das ist."

Also schrieb ich folgenden Funkspot: Baby schreit, Mutter sagt: „Ja, ich weiß, Heinilein, du willst deine Gerber-Kinderkost. Hier ist sie, deine geliebte Gerber-Kinderkost." Baby schmatzt. „Ein Löffelchen Gerber-Kinderkost für Onkel Konrad. Ein Löffelchen Gerber-Kinderkost für Tante Erika." Baby lallt zufrieden. „Und jetzt noch ein Bäuerchen. Das ist mit Gerber-Kinderkost besonders schön." Man hört einen tiefen männlichen Rülpser und eine ebenso tiefe männliche Stimme: „Danke Mutti, gut gekauft." Neutrale Sprecherin: „So schnell wächst Ihr Kind mit Gerber-Kinderkost."

Statt den Text mit einer Hausposttüte zu schicken, ging ich mit ihm in die zweite Etage, wo der Kundenberater mit einem Kollegen und zwei Sekretärinnen in seinem wichtigen Büro saß. „Herr Büschel, ich habe etwas, das Sie sehr freuen wird. Einen neuen Funkspot für Gerber, in dem sechsmal der Produktname genannt wird. Weil ich so stolz darauf bin, werde ich ihn jetzt vortragen." Inzwischen war der Oberkundenberater, auch Etatdirektor genannt, ins Zimmer gekommen, schaute leicht verwundert und sagte: „Dann machen Sie mal."

Ich hatte vorher etwas geübt, vor allem das Gequengel des Babys, so dass mein Vortrag eine weitgehend perfekte Kabarettnummer wurde. Das Ergebnis waren drei offene männliche Münder und zwei kichernde Sekretärinnen. „Das ist doch wohl nicht Ihr Ernst?" „Doch, es ist die einzige Möglichkeit, den Produktnamen so oft unterzubringen." So wurde mein Ruf als begabter Texter immer mehr zu dem eines Irren.

Basel, im Juni 1969: Was macht ein Sauschwab in der schönen Schweiz?

Es ist neun Uhr früh und ein wunderbarer Frühsommermorgen. Ich laufe mit weichen Knien über die Wettsteinbrücke und versuche, nicht in das drohende Wasser des Rheins zu sehen. Das Geländer der Brücke besteht aus einer erschreckend niedrigen Mauer und ich bewege mich dicht am Bordstein entlang, um möglichst viel Abstand zu halten. Seit drei Monaten arbeite ich in der Baseler GGK Werbeagentur (Gerstner, Gredinger, Kutter) und muss jeden Morgen von meinem möblierten Appartement am Claragraben über die grausame Wettsteinbrücke zur Dufourstraße staksen.

Bert Richli, ein ausnahmsweise liebenswerter Kundenberater bei der GGK Düsseldorf, hat mich überredet, zu Paul Gredinger nach Basel zu kommen. Warum ich zugesagt habe, weiß ich nicht. Vielleicht waren es die 5000 Franken pro Monat. Vielleicht ist es auch Flucht. In einer fremden Stadt bin ich unbeobachtet, belaste also nicht Heike mit meinen Eskapaden. Außerdem bin ich gezwungen, mich zu disziplinieren und meinen Suff in Grenzen zu halten, besonders im Hinblick auf den neuen, hochbezahlten Arbeitsplatz.

Wenn ich die erste Etage der Agentur erreicht habe (also keine Aufzug-fahrt mit klaustrophobischen Momenten), zeige ich mich zunächst als fröhlicher Kollege und verschwinde für zehn Minuten in meinem Büro. Danach schleiche ich mich raus zum nahen Café, das eine Schankerlaub-nis hat und darum Feldschlösschen Bier servieren darf. Nach der ersten Flasche beginne ich langsam zu leben, nach der zweiten bin ich bereit zu denken und gegebenenfalls zu arbeiten.

Am Wettsteinplatz, den ich auf dem Weg zur Brücke überqueren muss, gibt es zwar auch Cafés und Restaurants. Vor neun wird dort aber noch geputzt. Statt der Gäste stehen leere Tische herum, mit aufgelegten Stüh-len, deren Beine höhnisch in die Luft ragen. Ich könnte zwei Flaschen Bier in den Kühlschrank des Appartements legen und vor meinem Gang über die Brücke auf das Zittern gießen. Dann aber würde ich mit einer Fahne in die Agentur kommen. Soweit lasse ich es nicht kommen.

Die Café-Biere halten vor bis zur Mittagspause, die ich mit den Grafi-kern der Agentur in der Kunsthalle verbringe. Ernesto, der Kellner unseres Stammtisches, bringt mir inzwischen unaufgefordert eine „Stange" – Bier in einem schmalen hohen Glas. Zu den Textkollegen habe ich so gut wie keinen Kontakt. Sie halten mich für einen arroganten Eindringling, einen Sauschwaben, der von Paul Gredinger protegiert wird. Außerdem schielen sie ständig auf die Kampagnen der Düsseldorfer DDB. Wenn ein Texter aus dieser Agentur nach Basel kommt, kann er nur zum gefährlichen Riva-len werden. Gott sei Dank wissen sie nicht, was ich verdiene. Sonst wür-den sie mich noch mehr ablehnen.

Weil Paul Gredinger zumeist in der Düsseldorfer GGK arbeitet, bin ich weitgehend isoliert. Nur in Hans-Rudi, einem klugen und witzigen Kun-denberater, habe ich einen Verbündeten. Er nimmt auch mal gerne ein Schlückchen zu sich und hat mich ziemlich schnell als nassen Kollegen erkannt. Seine Etats sind unter anderem IBM und Prinz-Bräu von Oetker.

Pro Monat bekomme ich zwei Flüge nach Düsseldorf bezahlt. Manch-mal lege ich einen auf eigene Rechnung dazu, weil die Wochenenden in Basel tote Luft sind. Ich könnte ins Theater gehen, das einen sehr guten Ruf hat, mich aber für keinen Rappen interessiert. Oder in die Rio-Bar am Barfüßerplatz, die keinen guten Ruf hat und zwangsläufig für mich inte-ressant ist. Für meine Gesundheit ist es jedoch besser, nach Düsseldorf zu fliegen. Hier reiße ich mich so weit zusammen, dass ich mit Heike spazieren gehe (manchmal) oder etwas koche (auch manchmal). Normalerweise fliege ich am Sonntagabend zurück. Anfang Mai aber machte ich den elementaren Fehler, mich am Sonntagnachmittag mit alten Kollegen von DDB zu treffen. So wurde aus dem Abendflug eine Montagvormittaglandung in Basel. Vom Flughafen Düsseldorf rief ich in der Agentur an, um mein verspätetes Kommen zu avisieren und einen fadenscheinigen Grund dafür anzugeben. Damit begann ein neues vorübergehendes Kapitel.

Sie hatte sich mit GGK gemeldet und ihren Namen nicht genannt, aber ihre Stimme kam mir bekannt vor. Weil ich noch nichts getrunken hatte, wusste ich nach kurzem Nachdenken, wer sie war: Uschi. Sie arbeitet im anderen Haus der GGK neben der Creditanstalt. Ich glaube als Sekretärin oder Assistentin von irgendeinem Kontaktdirektor oder als Art Buyerin oder als sonst was. Ich schätze sie auf 25. Wir waren uns schon einige Male begegnet und hatten uns jedes Mal angefrotzelt. Sie machte sich über Düsseldorf und Deutschland lustig, ich zog sie mit ihrem VW-Käfer auf. Sie hat ihn für einen Wettbewerb um den originellsten Beetle der Schweiz von einem unbegabten Künstlerfreund bunt bemalen lassen. Eine optische Kakophonie, die zwangsläufig auf einem der letzten Plätze landete. Weil ihr das Geld fehlte, ihn wieder umspritzen zu lassen, blieb er ein rollender Papagei.

Außerdem hatte mir ein Kollege erzählt, sie würde als hoffnungsfrohe Sängerin an einem Schlagerwettbewerb teilnehmen. Rein äußerlich könnte das sogar klappen. Sie war in meiner Erinnerung etwa 175 Zentimeter groß, schlank, aber nicht zu dünn, hatte mittelblondes Haar und ein leicht herbes, aber interessantes Gesicht. Ihr Mund war für meinen Geschmack etwa zu breit, aber er fügte sich ein. Wenn sie mit mir sprach, hatte sie immer etwas Spöttisches in der Stimme, was ich zwar mochte, aber für Fassade hielt.

Als ich in Basel-Mühlhausen mit meiner üblichen Otto-Mess-Tragetüte aus dem Ankunftsbereich kam, stand sie tatsächlich in der Halle und hielt ein Schild in der Hand „Herr Siemes". Dazu grinste sie hintergründig. Es kann auch ein Lächeln gewesen sein. „Ich dachte, Sie machen einen Witz, als Sie sagten, Sie würden mich abholen?" „Wieso? Ich mache das gern."

Während der Fahrt in die Stadt hielt sich unser Gespräch an der Oberfläche. Sie arbeitete zufällig in der Zentrale, als ich anrief, weil die Telefonistin einen Arzttermin hatte und erst nach Tisch wiederkommen würde. Ihre Sängerkarriere strebte sie zwar an, nahm das Ganze aber nicht so ernst. Die Arbeit in der Agentur nervte sie, weil sie praktisch als „Springer" arbeiten musste. Aber genau das machte sie erträglich.

Ich erzählte ihr ein bisschen über Düsseldorf, wobei ich meine Frau ausklammerte, beklagte mich über Paul Gredinger, der mich auf der Dufourstraße herumsitzen ließ, und nannte Basel einen besenreinen Friedhof, auf dem sich selbst Untote um zehn Uhr abends zurück in die Gräber legen. „Darf ich Sie heute Abend zum Essen, zu einem Drink oder zu beidem einladen? Als Dank für den Zubringerdienst?" „Gern." „Suchen Sie bitte das Lokal aus. Wenn möglich kein vornehmes, sondern eine Kneipe. Ich mag keine feinen Etablissements." Sie nickte. „Ich auch nicht." Bisher hatte ich mich abends in der Rio-Bar herumgetrieben: Lange Theke mit Würfelspielern und recht gemischtem Publikum, laute Musikbox, schlechte Luft und mattes Licht, das den Gesichtern der Gäste sehr entgegenkam.

Es war ein warmer Maiabend und sie fuhr mich mit ihrem gescheckten Käfer zu Eddie, dem Wirt einer urigen Absturzkneipe, die irgendwo in einer Baumstraße lag, Ahorn, Birke oder Buche. Wir gingen zuerst an die Theke, und sie stellte mich Eddie vor wie eine Neuerwerbung oder Trophäe: Bekannter Texter aus Düsseldorf, der unbedingt nach Basel wollte, um seinen Schweizer Kollegen das Schreiben beizubringen. Eddie nahm das nicht weiter tragisch oder ernst. Vermutlich hatte sie schon öfter seltsame Typen angeschleppt. Wir setzten uns in eine Ecke, und im Laufe des Abends erfuhr ich mehr über GGK und Basel, als ich behalten konnte. Nach meinem dritten Bier duzten wir uns, nach dem achten lagen wir uns in den Armen, nach dem zwölften oder vierzehnten lieferte sie mich vor meinem möblierten Appartement ab.

Zwei Tage später übernachtete ich in ihrer kleinen und überraschend geschmackvoll eingerichteten Wohnung. Nach vierzehn Tagen trugen wir den Fernseher, den ich aus Düsseldorf mitgebracht hatte, zu ihr und stellten in ans Fußende ihres Betts, das breit genug für zwei war.

Obwohl wir häufiger miteinander schliefen, hatte ich nicht das Gefühl, Heike zu betrügen. Ich mochte Uschi und war gern mit ihr zusammen. Sie war für mich ein liebenswerter Kumpel. Sie tat mir einfach gut in der fremden und immer etwas feindseligen Stadt. Umso mehr, als sie nie über meinen großen Bierkonsum sprach. Weder ermahnend noch spöttisch.

Wenn Sie merkte, dass ich dringend Nachschub brauchte, fuhr sie mit mir zu Eddie und hörte sich erst interessiert, dann geduldig meine kranken Sprüche an. Sie hatte sogar ein paar Flaschen Bier im Kühlschrank – falls es mir morgens so dreckig ging, dass Kaffee das Übelste der Welt gewesen wäre. Ich gab ihr selbstverständlich das Geld dafür.

Irgendwann hatte sie versäumt, den Kühlschrank aufzufüllen. Ich ging darum nach meinem Kurzauftritt in der Agentur so schnell wie möglich runter zum Café und bekam einen mittleren Schock. In Unkenntnis meiner Notlage war es geschlossen. Zum Glück hatte ich auf dem Weg zur Kunsthalle ein anderes gesehen, höchstens 300 Meter entfernt. In Wahrheit waren es 3000 Meter, als ich es endlich erreichte. Es gab jedoch kein Feldschlösschen, sondern eine mir unbekannte Marke. Nachdem ich die zweite Flasche zu Hälfte ausgetrunken hatte, machte sich Erleichterung in mir breit. Dann aber schaute ich auf das Flaschenetikett, las „alkoholfrei" und fiel in eine Panik, wie ich sie vorher kaum je erlebt hatte.

Also rannte ich weiter zur Kunsthalle, wo Ernesto dabei war, die Tische für die Gäste vorzubereiten. Ich sagte nur: „Stange." „Du bist aber heute früh dran", war seine Reaktion, und in seiner Stimme lag eine gewisse Genugtuung darüber, dass er nicht der einzige Mensch auf der Welt war, der zum Wachwerden Alkohol brauchte.

Zwei Tage später leistete sich Ernesto ein absolutes Glanzstück. Die Grafikertruppe und ich hatten etwas länger als sonst an unserem Nischentisch gesessen, was auch Ernesto zum Anlass nahm, die kleine Karaffe hinter seinem Rechaud öfter als sonst aufzufüllen. Als wir ihn um die Rechnung baten, legte er seinen großen weißen Block auf das weiße Tischtuch und erstellte eine längere Zahlenkolonne. Dann addierte er etwas umständlich, aber wie immer korrekt, riss das Blatt vom Block und legte es mit einer großartigen Geste auf den Tisch. Wir hatten diesen Rechenvorgang nicht weiter beachtet, weshalb wir erst allmählich begriffen, was passiert war. Das Blatt von Ernestos Block erstrahlte in reinstem Weiß, ohne jede Zahl oder gar Zahlenreihe. Unsere Rechnung befand sich fein säuberlich auf der Tischdecke.

Inzwischen war Markus Kutter, das K von GGK, zum Schluss gekommen, dass es ein bisschen zu teuer sei, mich auf der Dufourstraße tatenlos herumhängen zu lassen. Obwohl er manchmal textete, war er nach wie vor Journalist und schrieb unter anderem für die Neue Zürcher Zeitung, das

Schweizer Pendant zur deutschen FAZ. Er befasste sich gerade mit einer Spendenaufruf-Kampagne, für die sich mehrere Schweizer Organisationen, Firmen und Zeitungen zusammengeschlossen hatten. Sein Grundgedanke für die Kampagne war, dass es keine Sünde sei, Brot wegzuwerfen. Doch den Menschen in Afrika nicht zu helfen, Korn anzubauen und selbst Brot zu backen, das sei eine. Jetzt versuchte er, aus diesem Gedanken eine werbliche Aussage zu machen, was ihm nicht so recht gelingen wollte. Darum sollte ich versuchen, das Ganze in eine Kurzform zu bringen.

Ich schlug ihm vor, eine von Hunger gezeichnete afrikanische Familie vor einer Notunterkunft zu zeigen. Dazu den Text „Sie brauchen von uns kein Brot. Sondern Saatgut." Weil sich Kutter optisch auf einen Brotkanten festgelegt hatte und partout keine leidenden Menschen zeigen wollte, gab es jede Menge Zwist. Menschlich aber verstanden wir uns.

Durch ihn machte ich Bekanntschaft mit Antoinette Vischer, irgendwo zwischen sechzig und siebzig, klein, laut, mit strohigem Haar und lebendiger als jede 20-Jährige. Sie gehört zur Industriellenfamilie der Vischers und ist eine bekannte Cembalistin und Mäzenin.

Dank Antoinette und Uschi lernte ich etliche Leute kennen, die in mir nicht den „Sauschwaben" und den Protegé von Paul Gredinger sahen. Unter anderem Trudi Gerster, die Märchentante aus dem Rundfunk mit einer äußerst hübschen Tochter. Nach und nach kam ich mit Felix Handschin zusammen, dem Whisky-liebenden Galeristen, mit Max Grund, dem Musiker, mit Dieter Roth, dem Maler und Aktionskünstler, mit Mariechen Schell und Veit Relin. Dieter Roth mochte nicht nur Bananen, die er in einigen seiner Werke hinter Glas verfaulen ließ. Er hatte auch ein positives Verhältnis zum Alkohol. An einem warmen Maiabend tranken wir uns in der Kunsthalle vor bis zur Polizeistunde, die in Basel bereits um Mitternacht einsetzt, und hatten das Gefühl, weitermachen zu müssen. Weil nur noch teure Puff-Bars aufhatten, nahmen wir ein Taxi und fuhren auf die deutsche Seite nach Lörrach, wo mehrere Lokale für Basler Nachtgänger bis drei Uhr früh und später Alkohol anboten.

Er erzählte mir ständig von Island, das er über die Maßen schätzte, weil es ihm Inspiration war. Dann lenkte er unser von Alkohol geschwängertes Gespräch auf eine Idee, die mich sofort faszinierte: Eine „Zeitschrift für alle". Jede stotternde Witwe, jeder Student und jeder Straßenbahnschaffner sollten dafür schreiben dürfen. Erlebnisse, Gedichte, Kurzgeschichten,

Pamphlete. Ohne Vorgaben, ohne Lektorat, ohne Zensur. Bald waren wir bei 300 Seiten pro Ausgabe. Meine Idee, viele kleine Anzeigen aufzunehmen, mit einer einheitlichen Gestaltung und zu einem einheitlichen Preis von 100 Franken, gefiel ihm überhaupt nicht. Die „Zeitschrift für alle" sollte frei sein von jedem Kommerz. Die Autoren aus dem Volk würden allein zehn Hefte pro Ausgabe kaufen, um sie stolz Freunden und Verwandten zu schenken. Die Auflage wuchs mit jedem Bier beziehungsweise Wein. Als wir mit dem Taxi in den beginnenden Tag zurückfuhren, hatte sie 300 000 erreicht und war auf Deutschland und vor allem auf Österreich ausgedehnt worden. „Die Österreicher warten seit Jahrzehnten darauf, ihren Schmäh loszuwerden. Wo können sie das besser als in unserer Zeitschrift?" Er wollte mich zwei Tage später in der Agentur anrufen, was er aber nicht tat.

Obwohl ich es schick fand, mit Basler Prominenz oder Halbprominenz in Kontakt zu kommen, fühlte ich mich am wohlsten, wenn ich mit Uschi zusammen war. Am liebsten bei Eddie. Hier konnte ich ich selbst sein, musste nicht darauf achten, ob und wann ich ein Bier zu viel trank und hatte mit Uschi ein liebenswertes Gegenüber.

Manchmal fuhren wir auch ein bisschen durch die Gegend. Etwa zum Goetheanum nach Dornach. Ich wollte den hässlichen Betonklotz unbedingt von innen sehen. Das hätte ich mir sparen können. Vor allem deshalb, weil es im nahe gelegenen anthroposophischen Restaurant nur Bio-Fraß, Malventee und keine Aschenbecher gab.

An einem reichlich heißen Junisonntag fuhr sie mich raus nach Binningen zum Haus von Klaus Dieter Deckenbacher. Er ist Chef der Pharmafirma Shellsoft. Und ich sollte für ihn mit dem Münchener Grafiker Pierre Mendell mehrere Fachanzeigen machen, das Stück für 600 Franken. Bei sechs bis acht Sujets ergab sich ein netter Nebenverdienst, den ich sehr gut gebrauchen konnte. Ich musste Heike Geld zum Leben geben, zwei Wohnungen bezahlen, mehrere Extraflüge und meinen Alkohol. Deckenbacher wusste, dass ich ziemlich viel trank. Aber das war ihm egal. Ich hatte bereits sechs Anzeigen für die Hartgelatinekapseln von Shellsoft getextet, von denen eine seiner Firma angeblich zum Durchbruch verhalf.

Es war im vergangenen September in München. Ich saß an einem Sonntag im Atelier von Pierre Mendell vor einer Valentino-Schreibmaschine von Olivetti (bei Pierre musste alles perfektes Design haben) und quälte mich mit einer absolut zickigen Produktbeschreibung: „Die Hartgelatine-kapsel von Shellsoft besteht aus zwei Kapselhälften, von denen jede im unteren oder oberen Bereich über ringförmige Einkerbungen verfügt, die beim Zusammenschieben einrasten und so den Kapselinhalt sicher ver-schließen. Damit wird das Banderolieren wie bei herkömmlichen Kapseln überflüssig."

Wie sollte ich daraus eine kurze und klare Nachricht machen? Ich ging in die „Klarermühle" auf der Tattenbachstraße, trank drei Halbe, setzte mich wieder vor die Valentino und schrieb: „Softshell erfindet die Rille." Pierre bildete dazu eine riesige, wunderbar fotografierte Kapsel ab, und Deckenbacher kaufte uns diese und fünf weitere Anzeigen ab als Gebinde, ohne jede Einrede.

Jetzt sollten wir in Binningen über die nächsten Anzeigen sprechen. Pierre war dazu extra aus München angereist, befand sich aber mit De-ckenbacher noch im Pool des Anwesens. Ich trat an den Beckenrand, und als Deckenbacher mich sah, rief er: „Kommen Sie doch auch rein. Meine Frau bringt Ihnen eine Badehose." „Brauche ich nicht", sagte ich, zog meine Schuhe aus und sprang mit den fünf Bier, die ich vorgelegt hatte, mit meinem hellbraunen Cordanzug in das Becken.

Frau Deckenbacher brachte mir einen Bademantel, und nachdem ich Jacke, Hose und Schuhe zum Trocknen in die Sonne gelegt hatte, stellte ich mir die bange Frage, wann ich wieder mit trockenen Sachen zurück in der Stadt sein würde. Fünf Bier à 0,3 Liter halten bei mir nicht über-mäßig lange vor, und ich hätte Hemmungen gehabt, irgendwann nach Alkohol zu fragen. Zum Glück wurde ich abgelenkt. Thomas, der zehn-jährige Sohn, machte sich vergeblich an einem dänischen Labyrinthspiel zu schaffen.

Das ist ein 35 mal 30 Zentimeter großer und acht Zentimeter hoher Holzkasten mit einer eingelassenen Platte, die sich mit seitlichen Knöpfen in alle Richtungen heben und senken lässt. Sie hat 60 Löcher mit Begren-zungsstegen. Das Spiel besteht darin, eine Stahlkugel um die Löcher he-rumzubugsieren, wobei die Stege einerseits hilfreich, andererseits hundsge-mein angebracht sind. Bei Anfängern plumpst die Kugel sofort ins zweite oder dritte Loch. Erst nach längerem Üben schaffen es die Spieler bis zum zehnten Loch. Wer bis die Kugel bis Nummer 60 bringen will, braucht ein Höhentraining in Alma Ata. Thomas war seit Stunden am siebten Loch gescheitert. „Darf ich mal?", fragte ich, nahm den Kasten und hatte in einer guten Minute alle 60 Fallen umrollt. Thomas starrte mich an, als sei ich ein genialer Irrer aus der geschlossenen Abteilung der Psychiatrie. Was er nicht wissen konnte: Wir hatten den Kugellauf bei DDB in Düsseldorf bis zur Perfektion geübt, und ich hielt mit Werner Butter den Rekord von 46 Sekunden. Außerdem machten die fünf Bier eine ruhige Hand. Noch.

Inzwischen waren Pierre und Deckenbacher auf die Idee gekommen, Fangen für Erwachsene zu spielen. Sie rannten um den Pool herum, bis Deckenbacher plötzlich laut aufschrie und stürzte. Seine rechte Fußsohle war vom kleinen Ballen bis zur Ferse aufgerissen, so stark, dass die Sehnen frei lagen. Frau Deckenbacher, Pierre und Thomas waren starr vor Entsetzen und bewegten sich nicht von der Stelle. Ich rannte sofort ins Haus, suchte und fand das Telefon in der erste Etage, blätterte im Telefonbuch nach dem Kantonsspital, gab die Adresse durch, die sich in meinem Kopf zurückgemeldet hatte, und schilderte den Unfall mit knappen, aber eindringlichen Worten. Bereits nach zehn Minuten fuhr der Krankenwagen mit einem Notarzt vor, der die Wunde versorgte, Deckenbacher eine Spritze gegen die Schmerzen gab und ihn in die Chirurgie brachte.

Damit war unser Arbeitsgespräch beendet. Während Frau Deckenbacher und Pierre meinen kühlen Kopf bewunderten, der längst nicht mehr kühl war, zog ich den noch nassen Cordanzug an, bestellte ein Taxi und ließ mich zu Eddie fahren.

„Ich hätte dir doch Badezeug leihen können", grinste er, als ich die noch feuchten Stellen in meinem Anzug erklärte. Gleichzeitig stellte er mir ein blitzschnell gezapftes Bier vor die Nase. Ich blieb so lange, bis ich fast wieder trocken war und fuhr weiter zu meinem Appartement, wo ich mich umzog. Eine Dusche brauchte ich nicht mehr.

Am nächsten Tag brachte ich den Anzug in die Reinigung und erlebte drei Tage später ein kleines Wunder. So empfand ich es jedenfalls in Erinnerung an Düsseldorfer Verhältnisse. „In Ihrer Jacke war dieser 50-Franken-Schein. Haben Sie ihn nicht vermisst?" Ich starrte die junge Frau, die den Anzug vor mir auf den Verkaufstisch gelegt hatte, ungläubig an. Dann nahm ich das Geld, sagte: „Ich komme gleich wieder", und lief zum nächsten Blumenladen, um zwölf rosarote Rosen zu kaufen. Ich übergab ihr den Strauß mit höflichen Worten des Dankes, und jetzt starrte sie mich ungläubig an. Für sie war es offenbar selbstverständlich, Fundsachen, auch wertvolle, an ihre Kunden zurückzugeben. Der Blumenstrauß hingegen passte nicht zu der Erfahrung, die sie mit den überwiegend knauserigen Bewohnern der Stadt Basel gemacht hatte.

Jetzt, nachdem ich die grausame Wettsteinbrücke hinter mir gelassen habe, sitze ich im Café meiner Rettung vor dem dritten Bier. Die Mühe, mich vorher in aller Form in der Agentur zu zeigen, mache ich mir nicht mehr. Trotz der freundlichen Menschen, mit denen ich außerhalb der Agentur zusammenkomme, vermisse ich Düsseldorf. Nicht die Stadt, sondern meine Frau, DDB und wie dort gearbeitet wird, die Abende in Nabis Kneipe, wo sich abgedrehte Kollegen ohne Basler Arroganz treffen. Und die große, selbst gebastelte Kissenlandschaft, auf der ich an den Wochenenden kaum den Hintern hochbekomme. Ich habe gekündigt und werde am 30. August Basel verlassen, um wieder in meiner gewohnten Umgebung zu sein. DDB hat Mitleid mit dem reuigen Sünder und nimmt mich wieder auf als Texter. Säufer haben Angst vor Veränderungen, suchen sie aber als Flucht vor sich selbst. Vorübergehend.

Düsseldorf, im Oktober 1969: Wie ich die Jünger von Joseph Beuys schockte.

Noch vor meinem Tauchgang im Pool hatte ich mit großer Geste den Deckenbacher-Sohn Thomas nach Düsseldorf eingeladen, einschließlich Flug und Nebenkosten. Die vorgelegten Biere waren noch wirksam und machten mich wie so oft zum großen Zampano. Vater Deckenbacher nahm die Einladung dankend an. Trotz einer gewissen Großzügigkeit ist er Schweizer, der seine Fränkli nie aus den Augen verliert. In Düsseldorf lebt und arbeitet Joseph Beuys, dessen Werke er mit Eifer sammelt. Thomas würde durch seinen Besuch den großen Meister kostenlos kennenlernen und danach besser verstehen, warum sich der Vater Beuys'sche Filzanzüge in den Treppenaufgang hängt.

Es ist Freitagabend, ich stehe mit Heike in der Ankunftshalle des Flughafens Lohausen und warte auf die Passagiere des Fliegers aus Basel, der pünktlich um 18 Uhr gelandet ist. Thomas wird vermutlich von einer Swissair-Dame zum Ausgang geleitet und hat an langen Strippen eine Plastiktasche mit Namen, Flugnummer und Zielpersonen um den Hals hängen. Er kommt zwar als Erster aus der Glastür, aber alleine und trägt eine mittelgroße Reisetasche als Handgepäck für die kommenden zwei Tage über dem Arm. Die Swissair-Dame und den Umhänger hat er bereits hinter sich gelassen. Als Zehnjähriger, der schon einige Male mit den Eltern durch Europa geflogen ist, braucht er diesen Kinderkram nicht mehr.

Trotzdem wirkt er etwas unsicher, als ich auf ihn zugehe. Ich bin für meine Verhältnisse nüchtern, habe zudem zwei Pfefferminzplättchen zerkaut, um nicht mit einer Fahne zu sprechen, wirke aber irgendwie fremd auf ihn. Als er Heike sieht – klein, blond und lächelnd – fühlt er sich sicherer. Vielleicht hatte er eine strenge Matrone erwartet. Wir steigen in unseren klapprigen Käfer und fahren zur Fleher Straße 236. Hier sieht alles etwas anders aus als bei ihm zu Hause. Flehe, aufgrund seiner ländlichen Vergangenheit auch Kappes-Hamm genannt, ist eine bescheidene Vorstadt mit einfachen Häusern ohne Anspruch, und unsere 90-Quadratmeter-Wohnung mit den drei Zimmern steht in ziemlichem Gegensatz zum Deckenbacher-Anwesen.

Thomas sieht das Ganze aber unvoreingenommen als Abenteuer. Zum Glück muss er nicht bei uns schlafen. Wir hätten für ihn nur die Kissenlandschaft im Wohnzimmer, und ich müsste morgens mein erstes Zitterbier im Schlafzimmer oder im Treppenhaus trinken. Er soll nicht mitbekommen, dass ich meine freundliche Fassade nur mit einem Grundpegel aufrechterhalten kann.

Freunde seiner Familie haben in Niederkassel ein angemessenes Haus, wo er die beiden Nächte bis Sonntagnachmittag verbringen kann. Sie werden ihn freundlicherweise gegen acht Uhr abholen. Wir zeigen ihm die spärlich eingerichtete Wohnung mit den wenigen Bildern. Am interessantesten ist für ihn, dass bei uns auch ein anthroposophisches Schaukelpferd steht und Holzspielzeug vorhanden ist. Frau Deckenbacher hat ihren Sohn mit Bauklötzen der Steiner'schen Art aufwachsen lassen, wie ich sie in der Kindheit hatte. Vor vier Monaten in Basel sprachen wir kurz über mein ambivalentes Verhältnis zur anthroposophischen Lehre, das durch den Besuch des Betonbunkers in Dornach noch zwiespältiger geworden war. (Tatsächlich hatte mich das bierfreie Lokal mit dem Rauchverbot gewurmt.)

Der heutige Abend ist – wie gesagt – für mich gerettet, weil Thomas gleich abgeholt wird. Aber morgen Mittag, wenn er zu uns zurückgebracht wird, muss ich etwas mit ihm unternehmen. Was interessiert einen Zehnjährigen an einem Samstag in Düsseldorf? Um 16 Uhr haben wir zum

Glück einen Termin bei Joseph Beuys. Bis dahin werde ich ihm den Kaufhof zeigen, Schloss Jägerhof, den Malkasten und den Hofgarten. Danach die Königsallee und mein Zimmer bei DDB auf der nahen Schadowstraße. Samstags ist immer jemand in der Agentur, der etwas zu tun hat.

Doch das Wichtigste: Zwischendurch muss ich unbedingt mit ihm in ein Eiscafé, das auch Bier ausschenkt. Ich kenne nur Palatini auf der Benrather Straße, zwischen Königsallee und Berliner Allee. Also muss ich meine Besichtigungstour unbedingt darauf hinplanen.

Es ist Samstag kurz vor 16 Uhr und ich sitze mit Thomas im Taxi auf dem Weg zum Luegplatz, wo Joseph Beuys vermutlich wie weiland Franz von Lehnbach in einem weiträumigen Gemäuer residiert. Das mit dem Nachtanken im Palatini hat wunderbar funktioniert. Wir setzten uns auf meinen Vorschlag hin in eine Ecke, die von der Theke aus nicht zu sehen war. Ich bestellte Thomas einen mächtigen Eisbecher, der ihn beschäftigen würde, und mir ein einzelnes Bier. Nach ein paar Minuten ging ich zur Toilette, stellte mich seitlich an die Theke und bat um einen schnellen doppelten Grappa und ein ebenso schnelles Bier. „Bringe ich sofort an Ihren Tisch." „Nein, geben Sie es mir bitte hier. Mein Sohn soll nicht sehen, dass sein Vater mehr als nur ein Bier trinkt." Der italienische Kellner grinste etwas schräg, verstand aber sofort und hatte innerhalb weniger Sekunden das Gedeck vor mich hingestellt. „Ich zahle gleich hier." „Verstehe."

Thomas ist immer noch beeindruckt (oder geschockt?) vom Besuch in meinem Büro. Die Agentur war wie erwartet offen, weil in der Reinzeichnungsabteilung ein Schwung VW-Anzeigen fertiggestellt werden musste. In meinem Büro – für eine Werbeagentur ein unverhältnismäßig großer Raum – befindet sich außer meinem Schreibtisch eine Caféhaus-Sitzecke, bestehend aus einem Tischchen mit rotbrauner Marmorplatte und drei Stühlen in angedeutetem Chippendale. Über dem Tischchen hängt in einem Plexiglaskasten eine üppige Kunststofftorte, garniert mit zehn kleinen braunen Hundehaufen aus einen Laden für Karnevals- und Scherzartikel. Torte und Sitzecke stammen aus dem Café Kürten im Erdgeschoss, das vor einem Monat dicht machte und sein gesamtes Inventar verscherbelte, zu gesalzenen Preisen. Nach zähen Verhandlungen kaufte ich Sitzensemble, Torte und mehrere Tortenstücke für 200 Mark.

Die Torte sah extrem echt und äußerst lecker aus. Zu lecker für Daniel

Spoerrie, der vor einigen Wochen die Agentur besuchte und dabei auch in mein Zimmer kam. „Ich nehme sie mit, verändere sie ein bisschen und bringe sie dir wieder zurück." Eine Woche später brachte er sie tatsächlich vorbei. Die Cremehäubchen hatte er runtergenommen und durch die kleinen braunen Haufen ersetzt. Hinten drauf stand eine Widmung: „Für Drago, der aus Scheiße Geld macht." Drago ist mein Spitzname aus der Zeit, als ich in Berlin die Meisterschule für Grafik, Druck und Werbung (später HdK) besuchte.

Ich erzähle Thomas die Geschichte mit den Tortenstücken, die ich gekauft hatte. Weil sie auf dem Marmortischchen zu viel waren, brachte ich sie zwei Etagen nach unten zu den Sekretärinnen der Kontaktabteilung. „Schaut, was ich euch mitgebracht habe." „Wie kommen wir zu der Ehre?" „Einfach so, ich möchte euch eine Freude machen." Im Gehen bekam ich noch mit, wie eine der Sekretärinnen sofort die Kaffeemaschine anwarf, um einen köstlichen Mokka zum köstlichen Kuchen zu machen. Fünf Minuten später klingelte in meinem Büro das Telefon und als ich abnahm hörte ich Worte, die ich selbst vor einem 18-Jährigen nicht wiedergeben würde.

Trotz der massiven Beschimpfung hatte ich ein schlechtes Gewissen und ging am nächsten Tag extra zur Konditorei Heinemann auf der Königsallee, um drei echte Tortenstücke zu kaufen. Damit begab ich mich strahlend in die zweite Etage: „Ich möchte mich entschuldigen und hiermit alles wiedergutmachen." „Mach sofort die Fliege oder dir passiert was. Einmal Verarschen reicht!" „Dann eben nicht", sagte ich, nahm eins der Stücke, biss rein und verschwand. Die schrillen Schreie, die mich verfolgten, hallen bis heute in meinen Ohren nach. Thomas ist mit dem Schluss der Geschichte nicht ganz einverstanden: „Sie hätten den Kuchen den Damen aber da lassen sollen."

Das Haus, in dem Beuys sein Atelier hat, ist weder Lehnbach noch Achenbach. Immerhin, die erste Etage, in der sich sein Atelier befindet, wird allein von ihm belegt, und das Atelier ist auch nicht unbedingt klein. Dafür schlicht, funktional und an diesem Nachmittag bevölkert von mehreren Eleven, die dem großen Meister mit dem obligatorischen Hut die Worte aus dem Mund ziehen. Beuys begrüßt Thomas fast überschwänglich. Mich hingegen nimmt er höchst beiläufig wahr. Vielleicht bin ich für ihn ein Bediensteter des großen Beuys-Sammlers aus Basel, was mich nicht weiter stört. Die beiden Biere und der mehr als doppelte Grappa haben mich milde gestimmt.

Der Künstler der Künstler führt Thomas herum und erklärt ihm in rheinischem Singsang geduldig jedes Detail seiner Arbeit, während ich vor mich hin stehe und von den Jüngern abschätzig gemustert werde. Ihr Meister hat ihnen durch seine Begrüßung schließlich zu verstehen gegeben, dass ich nichts als ein Appendix bin. Ich sehe mich ein bisschen um und komme zu einem Tisch, auf dem ein größeres Aquarell ausgebreitet ist. Eine niederrheinische Landschaft, vermutlich aus den Jahren 1948 bis 1950, als Beuys Mitglied des Klever Künstlerbundes war. „Das ist aber schön", sage ich laut vor mich hin. Auf einmal wird der Mann unter dem Hut wach. Uneingeschränktes Lob lässt sogar ihn aufhorchen: „Gefällt es Ihnen?" „Ja, ich finde es schön." „Dann nehmen Sie es mit." Ich bin überrascht und denke zugleich an die Nichtbeachtung, die ich durch den Grappa noch intensiver gespürt habe. „Danke, aber so gut gefällt es mir wiederum auch nicht." Obwohl ich sie nicht sehe, spüre ich das Entsetzen, das meine Worte auf die Gesichter der Eleven legt. Beuys aber bleibt gelassen, sagt lediglich: „Dann eben nicht."

Nach gut einer Stunde ist die Audienz beendet. Wir fahren mit dem Taxi zur Fleher Straße, wo Thomas wieder zur standesgemäßen Übernachtung abgeholt wird. Der Sonntag ist ein goldener Oktobertag, den wir bis zum frühen Nachmittag gemeinsam am Rhein verbringen. Danach bringen wir ihn zum Flughafen. Ich habe die versprochene Einladung hinter mich gebracht und behalte einen bescheidenen, aber auch interessierten großen Thomas in Erinnerung.

Vater Deckenbacher erzählt mir einen Monat später von einem Telefongespräch, das er nach unserem Besuch mit Beuys geführt hat. Der Jahrhundertkünstler habe durchblicken lassen, der Mann, mit dem Thomas gekommen war, sei wohl etwas kompliziert.

Düsseldorf, im Mai 1966: Vom kreativen Olymp auf den Steinfußboden der Realität.

Ich habe es geschafft, bin Texter in der besten Werbeagentur Deutschlands. Und das kam so: Vor einem Jahr lernte ich auf einer Reklameveranstaltung des Werbervereins Art Directors Club Atze kennen, Berufsberliner und Kundenberater der Werbeagentur Doyle, Dane, Bernbach, kurz DDB. Sie hat ihren Hauptsitz in New York und verwirrt die Branche mit einer neuen, intelligenten Art zu werben: Nicht schreien, sondern überzeugen, eine Sache von allen Seiten zeigen. Und das auf intelligente und überraschende Weise.

Vor drei Jahren ist sie über den Teich nach Düsseldorf gekommen und bringt alle deutschen Werbeagenturen zum Staunen. So originell und unterhaltend kann Reklame sein? Für VW entwickelte sie zum Beispiel eine Anzeige, die ein Ei zeigt, bemalt mit der Rückansicht des Käfers. „Es gibt Formen, die man nicht verbessern kann." Die Reduktion und die einfache Sprache im Anzeigentext wurden sogar Gesprächsthema bei Leuten, die Werbung bisher als Verdummung abgelehnt hatten. Jetzt fragen sie sich, was als nächstes kommt und sind bisher nicht enttäuscht worden.

Für Grafiker und Texter in anderen Agenturen ist DDB der Olymp und ich hätte nie den Mut gehabt, mich dort mit meinen durchschnittlichen Arbeitsproben zu bewerben. Atze aber machte mir Mut: „Du hast nicht nur Mist produziert. Ein paar Sachen sind völlig in Ordnung." Bei Troost waren meine Texte immer glattgeschliffen worden. Aber ich hatte nebenbei für eine kleine, aber mutige Agentur gearbeitet, um mehr Geld für meine Wohnungseinrichtung und die Altstadtbesuche zu haben. Dabei waren ein paar kleine, fast witzige Sachen rausgekommen. Unter anderem eine Anzeige für das Mückenschutzmittel Kita. Eine gezeichnete Mücke mit gestrichelter Aufgeregtheit und einer riesigen Sprechblase: „Sie glauben gar nicht, wie ich Kita hasse."

Eddy Valenti, der Düsseldorfer Kreativchef aus den USA, legte die anderen Anzeigen zur Seite und sagte: „This is all to forget about. Aber die Mücke sagt mir, du kannst es. Wir nehmen dich." Das war wie ein Ritterschlag. Ich gehörte zu den sieben auserwählten Textern, die bei DDB arbeiten durften. Um meinen Status nach außen hin zu zeigen, legte ich mir sofort ein schwarzes Aktenköfferchen zu, wie es gerade bei Agenturleuten Mode war. Allerdings die brutale Ausführung aus dickem Spaltleder.

Wenn ich nicht gerade mit dem Taxi die fünf Kilometer von Unterrath zu DDB fahre, laufe ich mit dem Köfferchen zur Straßenbahn, vorbei an der Eckkneipe des abgehalfterten Fortuna-Fußballers Horst Hefner. Weil der Mai sehr warm ist, steht die Tür immer offen und ich werfe auf dem Rückweg manchmal einen Blick rein. Eine typische Düsseldorfer Vorstadtkneipe mit den typischen Thekenstehern. Gestern Abend, als Heike bei Freunden war, dachte ich, es ist unfair, das Lokal fortwährend zu ignorieren. Mein Köfferchen hatte ich nicht mit, also beide Hände frei für ein vereinzeltes Probebier.

Ich stellte mich an die Theke und wurde nach wenigen Minuten von einem Stammzecher angesprochen: „Sagen sie mal, sie laufen hier immer im Anzug und mit einem schwarzen Köfferchen vorbei. Sind sie Versicherungsvertreter?" „Nein, ich arbeite in der Werbung." „Ach so, in der Reklame. Und was machen sie da?" „Ich bin Texter. Ich schreibe die Überschriften und die erklärenden Texte für Anzeigen. Oder das, was die Leute in der Rundfunkwerbung sagen." „Ja wie? Sie setzten sich hin und schreiben den ganzen Tag nur Sätze?"

Wie es der Zufall wollte, lag auf einem Tisch die aktuelle Ausgabe der

Rheinischen Post mit einer C & A-Anzeige auf der letzten Seite, die ich getextet hatte. Zum Foto eines Twiggy-ähnlichen Mädchens im sehr kurzen Minikleid stand die Headline: „Um dieses Kleid zu kaufen, brauchen Sie 32 Mark und Mut." Ich zeigte ihm die Anzeige. „Die Überschrift zu diesem Foto und der Text darunter, das habe ich geschrieben." Er sah sich das Werk eine halbe Minute nachdenklich an, versuchte auch die kleinen Zeilen des Textblocks zu lesen. Dann sagte er: „Kann man denn damit Geld verdienen?"

Oberberg, im September 1996: Wer feiner säuft, darf auch einen feineren Entzug machen.

Wenn der gemeine Säufer ärztliche Hilfe braucht oder sucht, landet er in einem Landeskrankenhaus, dessen Therapie vor allem darin besteht, die Patienten wegzuschließen, um sie vor sich selbst und ihrer Sucht zu schützen – wie die Ärzte zu sagen pflegen. Das geschieht zum Teil aus Geldmangel, zum Teil aufgrund negativer Erfahrungen, zum Teil aus Faulheit. Häufig jedoch aus Unkenntnis und fehlender Bereitschaft, sich über das angelernte Wissen hinaus mit Alkoholismus zu befassen. Auch heute noch wird die dritthäufigste Volkskrankheit (nach Krebs und Herzleiden) während des Medizinstudiums im Schnellgang abgehandelt.

Wie auch anders? Im dünkelhaften Weltbild der Professoren sind Alkoholiker die Parias unter den Patienten, Kranke ohne Wert. Was ist das Säuferleiden gegen kaputte Herzkranzgefäße, Parkinson, multiple Sklerose oder ein ehrliches Brustkarzinom? Selbst massive Manien, die das Klinikpersonal weit mehr fordern als Alkoholismus (wenn sie nicht massiv wegmedikamentiert werden), sind anerkannter als der Suff. Nur Ärzte, die selbst Opfer der Sucht waren, können einen Alkoholkranken verstehen. Für die anderen handelt es sich um ein Leiden, dass der Betroffene selbst gewählt hat. Also kann er sich auch davon lossagen, wenn er will.

Das Paradoxon: Unter den sozial bessergestellten Alkoholikern finden sich erstaunlich viele Ärzte. So auch in der Oberbergklink, die seit drei Wochen meine vorletzte Hoffnung ist. Vor acht Jahren wurde sie von Dr. Matthias Gottschaldt gegründet, der als Chefarzt verschiedener Kliniken für Neurologie zehn Jahre lang in Eintracht mit der Flasche lebte – bis er nicht mehr konnte und wollte. Nach mehreren Entzügen und Therapien beschloss er, anderen Alkoholikern und damit sich selbst zu helfen. Er entwickelte als erster Arzt in Deutschland ein Therapiekonzept, in dem sowohl medizinisches Wissen als auch seine Erlebnisse als Alkoholiker zusammengehen. Ich habe es so begriffen: Nicht die genetische Disposition ist entscheidend. (Die steckt in jedem Menschen, bricht aber bei den meisten nicht durch.) Ausschlaggebend sind die seelisch-geistigen Anlagen, die psychologische Disposition, wobei genetische Faktoren die psychologischen unter Umständen verstärken können.

Leider beschränkt sich die Therapie auf Alkoholiker der gehobenen Art. Der gemeine Säufer kann sich den Aufenthalt dort nicht leisten. Die meisten Patienten arbeiten in verantwortlichen Positionen, haben aber seit Jahren das Gefühl, von ihrer Arbeit und ihren Mitmenschen ausgehöhlt zu werden. Der Alkohol ermöglicht ihnen, ihr Vakuum vorübergehend mit blinder Substanz zu füllen.

Vor allem Mediziner fühlen sich leer und hilflos, sind es auch, was bei 60 bis 80 Stundenwochen in Krankenhäusern und den lächerlichen Kassenhonoraren für niedergelassene Ärzte nicht verwunderlich ist. Die Suchtgefahr liegt bei ihnen ähnlich hoch wie bei Politikern und Schauspielern. Nur 20 Prozent greifen zu Pillen. Sie wissen, dass die dauernde Einnahme von Tavor, Rohypnol und Co. in eine bitterböse Abhängigkeit führt und zu Entzügen, die weitaus quälender sind als jene, die ein Alkoholiker durchleiden muss. Vom Trank des Erlkönigs wird nur jeder vierzigste Bundesbürger krank im medizinischen Sinn. Also sagen sich die Doktoren: „Warum soll ich, der ich mich beobachten und kontrollieren kann wie sonst niemand, nicht zu den anderen 39 gehören?"

Soweit ich weiß, sind von den 34 männlichen und neun weiblichen Kollegen, die mit mir freiwillig einsitzen, 13 Mediziner. Weitere vier Professoren an Hochschulen und Fachhochschulen, drei Rechtsanwälte, ein

Apotheker, ein Unternehmensberater, ein Schauspieler, ein Geistlicher, die Frau eines Metzgers und ein Gefängnisdirektor. Sie alle sind Menschen, die in ihrem Beruf auf die Ansprüche oder Bedürfnisse anderer eingehen müssen – Abhängige also. Lediglich ein Bio-Bauer aus dem Elsass passt nicht in das Kollektiv der Außengesteuerten.

Im Landeskrankenhaus Haar waren Einsame und sozial Schwache in der Überzahl. Sie brauchten zur Flucht in den Alkohol keine stressigen Patienten, Kunden oder Studenten. Die Trostlosigkeit ihres Daseins wies ihnen den Weg in den Suff. Die Trinker in Oberberg aber haben noch nie voller Panik den letzten Wertgegenstand versetzt, die Nachbarin um fünf Mark angefleht oder vom Kumpel am Säuferkiosk einen Schluck aus der Jägermeister-Flasche erjammert. Sie können sich ihren Stoff in besseren Geschäften für die Hausbar oder zur Kundenbewirtung kaufen, gern auch liefern lassen. Problematisch wird die Grundversorgung nur in kleineren Städten. Irgendwann fragt sich der Wein- oder Feinkosthändler, was der Herr Doktor wohl mit den vielen Flaschen macht. Wohnt bei ihm ein Freund aus Russland zur Untermiete?

Herbert aus Bad Homburg, einer der drei Rechtsanwälte, hatte darum regelmäßig Großstadttermine, sogar echte. Er bot sich in Frankfurt mittellosen Klägern oder Beklagten als Retter in der Not an, was ihm die Möglichkeit gab, zwischen ein paar Hundert Alkoholquellen zu wählen.

Die Klinik liegt am Fuß einer leichten Anhöhe, zwei Kilometer entfernt von Hornberg, das als Ort des kopflosen Schießens in den Sprachgebrauch eingegangen ist. Bis vor neun Jahren war sie ein normales Krankenhaus, das nicht mehr gebraucht wurde. Dr. Gottschaldt ließ sie, auf die Bedürfnisse der Alkoholiker angepasst, umbauen: Schlichte, helle Einzelzimmer, schlichte Aufenthalts- und Therapieräume. Dazu ein Saunabereich der einfachen Art. Alles jedoch sehr gepflegt. Wir, die Heilsuchenden, sollen für 610 Mark pro Tag zu uns selbst finden und nicht zum Luxus eines Fünfsternehotels.

Wenn ich den Anzeigen der Klinik in der „Welt am Sonntag" glauben darf, sind wir alle Opfer unserer zermürbenden Tätigkeiten geworden. Wir haben zwar gesoffen wie die Eisenbieger. In Wahrheit aber leiden wir unter dem Burn-out-Syndrom. Seltsam nur, dass dieses Leiden nur uns packt, während unsere abstinenten Kollegen, die genauso viel arbeiten, wie ein ewiges Kaminfeuer weiterbrennen.

Vor dem Haus, das ich in den ersten zwei Tagen nicht verlassen durfte (es war aber nicht abgeschlossen), fließt unten in 30 Meter Entfernung ein größerer Bach vorbei. Als ich einquartiert wurde, hatte es seit Tagen geregnet, regnete unermüdlich weiter und würde vermutlich nie aufhören. Der Bach war entsprechend angeschwollen und laut, und der Entzug, in dem ich mich befand, verwandelte das Rauschen zu Stimmen, die mich vor etwas warnen wollten. Weil ich sie nicht verstand, schloss ich das Fenster, um es nach einigen Minuten wieder zu öffnen. Vielleicht würde ich jetzt die Warnungen hören. Nach dem zehnten Versuch gab ich auf und ließ den Bach als stimmenwirren Geräuschpegel in das Zimmer.

Von Zeit zu Zeit fragte ich mich, ob die Stimmen aus einem Delir kämen. Weil sie aber ohne Gesichter waren und nur undeutlich rauschten, konnten sie nur eine Täuschung sein. Im Delir sind alle Tiere, Personen und Stimmen auf erschreckende Weise existent. Sie versuchen dich zu berühren, an dir zu zerren und kriechen in deine Ohren.

Wie in allen Kliniken, die ich durchlaufen habe, gibt es auch hier eine Krankenschwester fürs Grobe, teils angewidert, teils gelangweilt. Ich hatte sie gebeten, mir Zahnputzzeug zu besorgen, weil das bei meiner fluchtartigen Abreise aus München vergessen worden war. Doch die Kittelhexe tat nichts. Wenn ich sie an meinen Wunsch erinnerte, war sie nur genervt: „Bleiben sie gefälligst in Ihrem Zimmer. Sie werden die Sachen schon früh genug bekommen." Erst ihre jüngere Kollegin entwickelte am nächsten Tag ein leichtes Mitgefühl und bat einen Freigang-Patienten, mir Bürste und eine brutale Pfefferminzzahncreme zu besorgen.

Ich habe Zähne und Zunge so lange gebürstet, bis der weiße Schaum rot wurde. In den ersten Tagen des Entzugs schmeckt deine Mundhöhle so, wie deine Pisse riecht. Der Alkohol, die 50 Zigaretten pro Tag, das ungesunde Essen, alles will raus aus dem Körper und sammelt sich in Urin und Speichel. Deine Ausdünstungen nimmst du nicht wahr. Aber auf dem Klo steigt dir dein eigenes Gift in die Nase, wie in der ätzenden Toilette im Landeskrankenhaus Haar.

Als ich das Zimmer verlassen durfte und zu meinen Leidensgenossen stieß, war ich überrascht von ihrer Offenheit und der Bereitschaft, mich als Neuen in ihren Kreis aufzunehmen. Ich habe von anderen Häusern gehört, wo sich die Patienten massiv angiften, weil zwei oder drei der Underdogs unbedingt eine Führungsrolle übernehmen wollen, mehr oder weniger wie im Knast. So werden Menschen, die sich gegenseitig helfen könnten, zur beißenden Pavianhorde.

Beim ersten Mittagessen in der Gemeinschaft saß ich mit Günter zusammen, einem Fachhochschulprofessor für Maschinenbau, und erzählte ihm, wie überrascht ich sei von der positiven Stimmung, dem guten Essen, meinem theoriefreien Therapeuten und dem freundlichen Personal – den Zahnpasta-Drachen ausgenommen. Daraufhin sagte er etwas, dass sich alle Ärzte, die mit Alkoholikern zu tun haben, auf den Rezeptblock schreiben sollten: „Warum sollen wir für unsere Krankheit bestraft werden? Das haben wir selbst lange genug getan. Aber es gibt immer noch Ärzte, die glauben, wir brauchen Leidensdruck, um von unserer Sucht loszukommen: gefängnismäßiges Einsperren, Befehlston wie auf dem Kasernenhof und eine latente, häufig auch offene Verachtung für verkommene Subjekte. Besonders in staatlichen Suchtkliniken. Wer dort nachfragt oder gar protestiert, bekommt schnell die Bemerkung zu hören: ‚Wollen sie fixiert werden?‘ Statt zu helfen betreiben die Ärzte Exorzismus. Säufer sind besessen vom Teufel Alkohol.“

Günter erzählte mir auch, wie er zum Alkoholiker wurde: Zu wenig Professoren für zu viele Studenten. Die Wahrheit sieht ein bisschen anders aus. Er ist gelernter Schlosser, der sich auf dem zweiten Bildungsweg zur Professur getrieben hat. Nicht aus Gründen des persönlichen Ansehens oder weil er an die angenehme Altersversorgung dachte. Er wollte den Titel seinem Vater zu Füßen legen, einem Grauguss-Schleifer, der seine Lunge so lange kaputtmachte, bis die beiden Töchter und der Sohn ihre Ausbildung abgeschlossen hatten. Mit 48 war der Alte am Ende, wurde Invalide und Säufer. Die Professorenwürde des Sohnes sollte ihn aufrichten und stolz machen. Wer einen Professor zum Sohn hat, der säuft nicht. Bald tranken beide.

Günter ist kein Lehrer, der es liebt, sich mit Methoden und Formeln zu beschäftigen. Er braucht am Abend eine Leistung, ein Werkstück, das aus seiner Hand gekommen ist – statt Klausurarbeiten in Sachen Maschinenbau. Die Folge war, dass er sich immer häufiger zum Schlosser zurücksoff.

Seine Karriere ist typisch für die Oberbergpatienten. Viele von ihnen wollten einen anderen Beruf erlernen, Musiker werden, Schauspieler, Architekten, eine Klinik eröffnen, in der Forschung arbeiten, eine Firma gründen oder im Ausland etwas aufbauen. Stattdessen wurden sie fremdbestimmt, von den Eltern, den Geschwistern, der finanziellen Lage, dem Schulsystem, dem Wohnort und notfalls vom lieben Gott. Anderen Menschen ergeht es genauso. Aber sie können sich damit arrangieren, trauern nicht ständig der Karriere als Gutmensch nach. Bei Alkoholikern, die in ein intaktes Umfeld hineingeboren wurden, ist mir immer wieder die Diskrepanz zwischen Wunsch und Wirklichkeit aufgefallen. Auch bei mir: Ich wollte Großes vollbringen, den Roman der Romane schreiben oder das Drehbuch zum Film der Filme. Wie schön, dass es 100 Gründe gab, damit noch ein bisschen zu warten. Die meisten Patienten in Oberberg sind sich dieser Schwäche bewusst. Einige haben sogar die Selbstironie zu sagen: „Ich wäre heute Robert Koch und Christiaan Barnard in einem. Aber der Alkohol hat mich daran gehindert."

Manchmal erinnert mich unsere Notgemeinschaft an eine Schulklasse, die nichts lieber tut, als über die Lehrer zu lästern. Zentrale Zielfigur ist die „Margarethe Schreinemakers von Oberberg", eine Therapeutin und Ernährungsberaterin, die genauso getragen, gezogen und weinerlich zu uns redet wie die TV-Moderatorin.

Margarethe erzählt von den schrecklichen Gefahren, die als Branntweinessig in Senf oder Sauerkonserven auf uns warten. Auch Fruchtsäfte können zum Rückfall führen, weil sie ungekühlt gären. Mindestens ebenso gefährlich ist überreifes Obst. Sogar Pralinen ohne jede Schnapsfüllung können die Rezeptoren reizen. Der Teufel sitzt in der Schokolade, die einen Schuss Alkohol zur Geschmacksverstärkung bekommt.

Vor vier Tagen gab es einen Zwischenfall, der mir bewusst machte, wie angepasst und feige ich geworden bin. Auslöser war Andreas, unser verrückter Professor, ein extrem begabter Chirurg, der seit drei Jahren in die Sucht gefallen ist. Studium, Promotion und Assistenzzeit waren so gut gelaufen, dass ihn die Harvard-Universität an die Ostküste der USA holte, wo er bald der Star aus Germany war – bis er einen entsetzlichen Unfall mit seinem Mercedes hatte. Seine Kollegen flickten ihn zwar wieder kunstgerecht zusammen, aber es blieb ein Trauma, das es ihm unmöglich machte weiter zu operieren. Er ging zurück nach Deutschland, machte eine Allgemeinpraxis auf und kümmerte sich nicht nur um Privatpatienten, sondern auch um hoffnungslose Rauschgiftsüchtige.

Besonders arme Schweine versorgte er mit Morphinen, wobei er das Zeug auch selbst probierte, am liebsten mit Alkohol. Hier in Oberberg musste er zunächst einen brutalen Entzug durchleiden, wirkte danach aber äußerst aufgeräumt und lebendig. Vorgestern Morgen schlich er, von einem undefinierbaren Trieb beherrscht, zum Lebensmittelladen kurz vor Hornberg und versorgte sich mit mehreren Fünf-Zentiliter-Fläschchen Jägermeister. Entweder wurde er von einem Mitarbeiter der Klinik beobachtet. Oder die Lebensmittelfrau hat ihn verpetzt, weil die Klinik manchmal bei ihr einkauft.

Margarethe war jedenfalls informiert, als wir mit ihr in der Ernährungsrunde saßen. Sie blähte sich auf und übte den wichtigen, wissenden Blick: „Einer von Ihnen hat Alkohol getrunken. Das rieche ich bis hierher. Ich verlange von ihm, dass er sich meldet und eine Erklärung für sein Verhalten abgibt." Der Alkohol, den sie riechen konnte, war eine unverschämte Lüge. Unsere Runde war mit 20 Patienten viel zu groß. Bevor sie auch nur einen Hauch wahrgenommen hätte, wäre uns der Jägermeister in die Nase gestiegen. Niemand hat eine feinere Witterung für Menschen mit Schnapsfahne als der trockene Alkoholiker.

Margarethe aber gab die Oberlehrerin mit übersinnlicher Wahrnehmung, wollte den verrückten Professor erst schmoren lassen und dann vorführen. Keiner meldete sich und keiner sagte etwas. Nach fünf Minuten ging sie zu den Branntweinessig-Warnungen über und ich ärgerte mir das Ego grün, weil ich nicht aufgestanden war, um zu sagen: „Was soll diese hinterhältige und unwürdige Strafaktion? So etwas machten die Lehrer zur Nazizeit mit ihren Schülern. Sie sollten sich schämen."

Immerhin, nach der Ernährungsrunde bat ich sie um einen Gesprächstermin zu einer Sache, die mich sehr bedrückte. Als ich ihr gegenübersaß, hatte ich mich etwas beruhigt und erklärte ihr ohne vorwurfsvoll zu sein, wie kontraproduktiv ihr Verhalten für den Betroffenen, aber auch für die anderen Patienten war: „So etwas dürfen sie nie wieder machen."

Zu meiner Überraschung wurde sie nicht wütend, sondern nachdenklich. Die nächste Ernährungsrunde begann sie mit einer Entschuldigung: „Einer von Ihnen hat mich darauf hingewiesen, dass ich mich falsch verhalten habe, als ich vorgestern einen Patienten an den Pranger stellen wollte. Ich kann dem nur zustimmen und möchte mich bei der betroffenen Person und bei allen anderen entschuldigen." Seitdem nannte sie niemand mehr voller Spott „Margarethe Schreinemakers von Oberberg". Sie hatte unsere Hochachtung gewonnen.

Vom Klinikchef Dr. Gottschaldt war lange nichts zu sehen. Er hetzte mit seiner Cessna von Kongress zu Kongress, um seine Theorien über die Ursachen des Alkoholismus zu verbreiten. Gestern gab er uns die besondere Ehre seiner Anwesenheit. Am Nachmittag saßen alle Patienten andächtig im Besprechungsraum und starrten gebannt auf die psychischen Strukturen, auch emotionales Profile genannt, die er als verschieden hohe Säulen auf einem Dia zeigte.

So viel habe ich verstanden: Bei Nichtalkoholikern sehen sie irgendwie anders aus. Größerer Selbstwert und zugleich mehr Selbstvertrauen, weniger Ängste und Zweifel, mehr Ausdauer und besseres Durchsetzungsvermögen. Oder wie Dr. Gottschaldt sagte: „Der Alkoholiker hat Schwierigkeiten in der Selbstwertregulation." Das ist nicht unbedingt neu. Säufer leiden, solange sie noch halbwegs denken können, unter einem permanent schlechten Gewissen. Dazu passt keine vernünftige Selbstregulation.

Die Frage der Fragen wurde ohnehin nicht gestellt, geschweige denn, beantwortet: Wer oder was hat unser geringes Selbstwertgefühl verursacht, die Selbstzweifel, die Willenlosigkeit, die Ängste, die irgendwann in den Alkoholismus führen? Medizinisch gesehen liegt es an den Neuromodulatoren, also an den Rezeptor- und Transportsystemen für Dopamin, Serotonin und anderen Botenstoffen, die glücklich machen. Die Neuromodulatoren zicken rum und sperren sich. Mit Alkohol geben sie den Weg frei. Und weil er gleichzeitig die Ausschüttung der Glückshormone anregt, verfallen wir vorübergehend in einen leckeren Rausch. Irgendwann sind wir so weit, dass die Dopamin- und Serotonin-Produktion ohne Stoff nicht mehr funktioniert. Unser Gehirn stellt uns vor die Alternative: Entweder du legst nach. Oder ich mache Terror.

Die Funktionsstörung der Neuromodulatoren ist angeblich genetisch bedingt und wird von negativen Lebensumständen verstärkt. Wichtigster Vertreter dieser These ist Professor Dr. med. Andreas Heinz, Direktor für Psychiatrie und Psychotherapie an der Berliner Charité, der etliche Forschungsprojekte in Sachen Alkoholismus geleitet und über 100 Fachbeiträge veröffentlicht hat.

Ich setze meine eigenen Erfahrungen dagegen und die vieler Leidensgenossen. Kein Mensch wird mit Genen geboren, die ihn irgendwann zum Säufer machen. Theoretisch kann jeder dieser Sucht verfallen. Die 500 000 massiv Alkoholkranken in Deutschland haben nicht die geringsten Gemeinsamkeiten. Männlich, weiblich, dick, dünn, groß, klein, Hochschule, Sonderschule, Physiker, Bauhelfer, Millionär, Sozialempfänger, Jugendlicher, Erwachsener. Was sie verbindet, sind der Suff und das Motiv, zum Säufer zu werden: Realitätsflucht.

Aber warum kann der eine mit der Realität leben, ohne in die dumpfe Welt der Sucht abzutauchen? Und warum stecken wir, die Alkoholabhängigen, unsere Probleme in die Flasche? Es ist die psychische Konditionierung, die wir im Laufe unseres Lebens entwickeln. Sie beginnt im Mutterleib. In den letzten Wochen vor der Geburt wird jeder Stress, aber auch jede Freude der Mutter vom Kind miterlebt.

Vielleicht haben die Anthroposophen recht, wenn sie sagen, schwangere Frauen sollen sich dem Ungeborenen zuliebe schöne Bilder ansehen, klassische Musik hören und durch die Natur laufen. Auf jeden Fall haben Mozart und Raffael keinen negativen Einfluss auf die Entwicklung des Kindes im Mutterleib.

Nach der Geburt überschüttet uns das Leben mit einer Fülle von suchtprägenden Faktoren. Armut oder Überfluss. Dominanz der Mutter. Überzogene Ansprüche des Vaters. Bevorzugung der Geschwister. Zu wenig oder erdrückende Liebe. Freudloses Stadtviertel oder stressende Nobelgegend. Herrschsüchtige Lehrer oder Weicheier. Gewalttätige Mitschüler usw.

So sehr diese Faktoren auch die Persönlichkeit beeinflussen, als Grund für den Alkoholismus können sie nicht herhalten. Fast alle Menschen haben Ähnliches erlebt, sie trinken sogar regelmäßig Alkohol. Trotzdem sacken sie nicht durch in die Abhängigkeit. Warum trinke ich, mein Nachbar aber nicht, obwohl wir das gleiche Schicksal haben, den gleichen emotionalen Status? Das ist die große, unbeantwortete Frage, die ewige Grauzone des Alkoholismus. Das Wühlen in unserer Vergangenheit bringt darum gar nichts. Allenfalls die Psychiater haben was davon, wenn sie die Rechnung schreiben.

Ich war einmal bei einem fußkranken Therapeuten, der unbedingt in meiner Kindheit graben wollte, auf dass die Ursache meiner Sucht zum Vorschein käme.

Zur Einstimmung nannte er mir dieses Beispiel: „Ich habe eine alkoholkranke Patientin, die mit meiner Hilfe endlich herausgefunden hat, warum sie trinkt. Sie hat als Achtjährige bei einem Autounfall des Vaters den geliebten großen Bruder verloren. Seitdem schwankt sie zwischen Trauer und Schuldgefühlen, weil sie auf dem Platz hinter dem Fahrersitz ohne nennenswerte Verletzungen überlebt hat. Fast alle Alkoholiker müssen traumatische Erlebnisse aus ihrer Kindheit verarbeiten, ohne dass sie sich dessen bewusst sind. Erst wenn sie diese Ursache erkennen, haben sie die Möglichkeit, sie zu bewältigen."

Meine Reaktion brachte ihn dazu, mich rauszuschmeißen: „Endlich weiß ich, warum ich trinke. Ich bin als Säugling im Badezimmer von der Wickelkommode gefallen. Seither habe ich Angst vor allen gefliesten Räumen, kann darum nur auf die Toilette oder unter die Dusche gehen, wenn ich vorher etwas getrunken habe." „Bitte verlassen Sie meine Praxis. Aber vorher befehle ich Ihnen, nicht mehr zu trinken." Ich sagte: „Danke, das war gut. Wir Säufer sind willenlos, wir brauchen einen solchen Befehl!" und lief rüber zur Bar vom Feinkosthaus Käfer. Nach mehreren Gläschen Champagner (der musste jetzt sein) schwur ich, mich nie wieder einem Therapeuten auszuliefern. Es sei denn, er war früher selbst ein Säufer.

Seit meinem Entzug im Düsseldorfer Martinus-Krankenhaus vor 24 Jahren habe ich so ziemlich alles gelesen, was kluge Mediziner wie der gute alte Professor Feuerlein oder Forscher wie Kenneth J. Mukamal bis heute über Alkoholismus von sich gegeben hatten. Trotzdem weiß ich genauso wenig wie vorher. Aber mir ist klar: Wenn ich in meiner Vergangenheit grabe, um einen Weg aus dem Suff zu finden, bin ich verloren. Ich lebe im Jetzt, ich trinke im Jetzt und kann darum nur im Jetzt die Kraft finden, das Zeug stehenzulassen. Psychologen, die nach Schlüsselerlebnissen suchen und diese auch garantiert finden, erziehen ihre alkoholkranken Patienten zur Verantwortungslosigkeit. Endlich wissen sie: Ich trinke, weil ich Opfer bin. Und wenn sie keinen Autounfall, keine entlaufene Lieblingskatze und keinen traumatischen Kinderzimmerbrand vorweisen können, dann wird die Mutter auf den Plan gerufen.

Selbst wenn der Säufer in seiner Kindheit und auch später in Harmonie mit ihr zusammengelebt hat, gelingt es dem Therapeuten, aus der Dame einen Wegweiser zur Flasche zu machen. War die Harmonie wirklich Harmonie? Oder erdrückende Liebe? War ihre Sorge ehrliches Kümmern oder die Einmischung einer überdominanten, machtbesessenen Persönlichkeit? Gehörte sie zu jenen Monstern, die ihren Frust, selbst nichts gelernt zu haben, als Leistungszwang auf das Kind übertragen?

Von den etwa zehn Therapeuten, denen ich im Laufe meiner Säufer-karriere gegenübergesessen habe, wollten mir neun die Mutter als sucht-bestimmenden Faktor verkaufen. Und wenn ich sagte: „Lassen Sie bitte die gute Frau aus dem Spiel, sie existiert nicht mehr. Ich habe sie vor einiger Zeit im Traum einzementiert", waren die Reaktionen nahezu identisch: „Sie wissen, was das bedeutet. Sie stehen bis heute unter ihrem Einfluss. Ihr Traum ist der ohnmächtige Versuch, sich endlich von ihr zu lösen." Meistens lieferte ich den psychologischen Dachdeckern noch eine Steil-vorlage, indem ich berichtete, wie meine Mutter den Vater knebelte und mit der anthroposophischen Wirrlehre traktierte. Und dass der Mann mit 42 Jahren die Schnauze voll hatte, sich ins Krankenhaus legte und an einer Mandelentzündung starb, die auf sein schwaches Herz geschlagen war.

Um die Mutter-Theorie endgültig zu bestätigen, erzähle ich gern zwei Episoden aus meiner Jugend. An einem Sommersamstag im Jahr 1958 fuhr ich mit einem Kumpel von Schwelm nach Hagen in einen Jazz-Club. Weil wir auf dem Rückweg den 23-Uhr-Zug verpassten, kam ich erst um kurz vor eins zurück und schlich an ihrem Zimmer vorbei in mein Bett. Kaum dass ich mich hingelegt hatte, erschien im Türrahmen ein keifender Geist. Eine halbe Stunde lang sprach er von Aufopferung, Undank und drohender Verkommenheit. Als er sich ausgekotzt hatte, sagte ich: „Luzie, kannst du mir einen Gefallen tun?" (Ich nannte sie nie Mama, Mutti oder Mutter.) „Geh bitte in dein Zimmer, tu dein Gebiss rein und erzähle mir das Ganze noch einmal. Ich habe kein Wort verstanden."

Am nächsten Morgen überschüttete sie mich mit weiteren Vorwürfen. Irgendwann machte ich eine Bemerkung, die sie auf die Palme brachte (das konnte ich schon damals), und sie gab mir eine Ohrfeige. Ohne auch nur eine Sekunde nachzudenken, schlug ich zurück, nicht fest, aber ich schlug. „Wie? Du schlägst deine eigene Mutter?" „Soll ich eine andere schlagen?"

Für die Therapeuten waren diese Schilderungen wie Erdbeerdessert mit Schlagsahne: „Warum haben Sie mir dieses Verhalten gerade geschildert? Sie wissen es selbst. Tief in Ihrem Inneren sitzt ein Schuldgefühl, von dem Sie sich nicht befreien können. Darum auch der Traum von der Einzemen-tierung."

Einer der Psychoten mit Heilerlaubnis kam mir mit einer besonders abstrusen Idee: „Ich selbst trinke auch gern mal ein oder zwei Gläser Wein.

Manchmal sogar eine halbe Flasche. Doch am Mittag den ersten Alkohol zu mir zu nehmen, wie Sie das tun, wäre mir unmöglich. Ich habe eine Sperre, eine Verriegelung, die den Gedanken ans Trinken erst gar nicht in mein Bewusstsein lässt. Wie wäre es, wenn Sie sich den Alkohol hinter einer Türe vorstellen, die Sie nach dem zweiten Bier verriegeln und abschließen. Den Schlüssel übergeben Sie in Gedanken einem Verwalter, der ihn erst am nächsten oder übernächsten Tag wieder rausgibt.

„Gute Idee, nur wird die Sache ziemlich teuer. Wenn ich das Schlüsselproblem mit der Stichsäge löse, brauche ich Unmengen an Türblättern. Ein Tresor, dessen Kombination mir nicht bekannt ist, wäre auf die Dauer billiger." Ich habe die Praxis dieses Metaphernschmiedes nie wieder betreten und vermute, er war nicht unbedingt traurig über mein Fernbleiben.

Die Therapeuten in der Oberbergklinik begegnen mir aufgeschlossen und bemüht, sind überwiegend aber ähnlich hilflos – selbst nach 100 Fallstudien. Wie auch anders? Sie sind und bleiben Beobachter, können nur ahnen und bestenfalls nachempfinden, was in einem Süchtigen vorgeht: Die Zweifel und das Gefühl, nur noch Dreck zu sein. Die Selbstlügen. Die heiligen Entschlüsse und Versprechungen, die bereits gegenstandslos sind, bevor sie ausgesprochen werden. Die Wut auf sich selbst. Die Versuche, Erlebtes für den Suff verantwortlich zu machen. Die grenzenlose Ohnmacht. Und die Panikattacken, wenn der Pegel sinkt und der Nachschub fehlt. Für die Analyse organischer Krankheiten gib es Geräte, für psychische Krankheiten Tomografien und Tests. Alkoholiker aber sind eine einzige Lüge. Selbst ihre Hirnströme sagen nicht die Wahrheit. Sie können auf dem Bildschirm überaktiv erscheinen, als Empfindungen aber tot sein. Seit es die Computertomographie gibt, sind einige Zehntausend Bilder von den Gehirnen Süchtiger gemacht und mit denen abstinenter Menschen verglichen worden. Sogar mit klaren Erkenntnissen: Bestimmte Hirnareale (da, wo die Emotionen sitzen) verändern sich bei Süchtigen, verlagern sich und werden kleiner.

Als Hinweis auf die Ursachen der Sucht sind die Bilder wertlos. Dazu müssten von allen Süchtigen CTs aus der Zeit vorliegen, als ihre Krankheit noch nicht ausgebrochen war. Somit von allen Bundesbürgern. Jeder von ihnen wird mit einer Tendenz zur Selbstflucht geboren. Aber niemand kann sagen, ob er ihr verfällt. Kein Arzt, kein Astrologe, kein Pfarrer. Und am wenigsten der liebe Gott.

Wenn ich Therapeuten einen Rat geben dürfte, dann den: Hört auf, im Hippocampus herumzugraben oder die Psyche auszubaggern. Richtet den Blick eurer Patienten nach vorn: Wie und wann – nicht warum – bist du in den Suff reingekommen beziehungsweise rückfällig geworden? Erinnere dich bitte: Was hast du gedacht, als das erste Bier oder der erste Wein vor dir stand? Wo bist du jetzt? Was musst du ändern, um aus der Scheiße rauszukommen? Ortswechsel, Abstand oder Trennung vom Partner, kein Kontakt mehr zu Säuferfreunden.

Was sind deine Perspektiven? Begabungen und Interessen, Freundschaften, die zugeschüttet waren. Welche Ziele kannst du dir setzen und realisieren, ohne dich zu überfordern? Strukturierter Tagesablauf, Bewegung, bessere Ernährung, Arbeit auch unter Qualifikation, notfalls ohne Bezahlung. Dazu der Besuch von Selbsthilfegruppen. Jedoch nur solche, die nicht von Berufstrockenen dominiert werden. Und die vom Denken und der sozialen Zusammensetzung her zu dir passen.

Wenn dich alle Gruppen nerven, lass sie sein. Es gibt viele Alkoholiker, die ohne Gruppenzwang trocken sind. Nur werden sie von den AA, Blaukreuzlern oder Guttemplern ignoriert oder weggeredet. Sie könnten den Sinn der gemeinschaftlichen Abstinenz infrage stellen.

München, im Oktober 1996: Die Hackordnung der Suchtkranken.

Von Zeit zu Zeit denke ich zurück an meinen Aufenthalt in Oberberg. Auch wenn die vier Wochen nach Meinung der meisten Psychologen und Gruppen viel zu kurz waren, haben sie mir sehr gut getan. Ich brauche keinen Bundeswehrbetrieb, wie er bei Langzeittherapien in vielen staatlichen Einrichtungen praktiziert wird. Noch weniger die Entmündigung in einem Gefangenenlager à la Synanon, angeblich eine Lebensschule auf Zeit.

Das Prinzip ist überall gleich: wochenlang kein Telefon, keinen Zugang zu den Medien (in machen Häusern nicht einmal eine Zeitung), kontrollierte Hofgänge und strenge Zeitvorgaben für alles, was du tust. Furzen nur abends von 22.30 bis 22.35 Uhr. Besucher haben einen Monat lang keinen Zugang. Bei Synanon sogar drei. Du sollst tagelang mit dir allein sein, um über dich nachzudenken und später in der Gruppe und mit Hilfe der Gruppe zu dir zu finden. Das Sucht-Ich oder der Todfreund soll systematisch aus deinem Leben verdrängt werden. Die von Synanon glauben sogar, du kannst ihn eliminieren, auslöschen, weshalb man bis zu drei Jahre lang interniert bleibt.

Das muss kein Irrweg sein. Viele Abhängige, die den Synanon-Knast durchlaufen haben, sind hinterher lange Zeit sauber und geraten erst nach Jahren zurück an die Nadel oder die Flasche. Rund 20 Prozent bleiben sogar drogenfrei auf Lebenszeit, sagen die Synanon-Oberen. Mein Problem mit diesen Zwangsmaßnahmen ist der Glaube, sie seien universell anwendbar und wirksam. Wenn sie ihre Krankheit ausleben, sind alle Süchtigen gleich: erster Kontakt mit dem Stoff oder Reiz, Befriedigung und Glücksgefühle, der Wunsch, die Glücksgefühle zu wiederholen, Steigerung der dazu notwendigen Mengen, Abhängigkeit, Kontrollverlust, ohnmächtige Gier.

Den Weg zurück in ein suchtfreies, zufriedenes Leben muss jeder für sich selbst finden und gehen. Doch statt Beistand bekommt er eine starre, zementierte Therapie übergestülpt. Das Individuum existiert nicht mehr. Zimmer 12 ist gleich Zimmer 24, Insasse gleich Insasse. Nur so lernt er soziales Verhalten, sagen die Wärter. Nur so bekommt er das Ameisen-Syndrom, sage ich, und ist ohne Weckerinnen, Wächterinnen oder Wärmeträgerinnen als Einzelwesen kaum noch lebensfähig. Ich aber will wieder der werden, der ich in trockenen Zeiten war. Ohne neue Abhängigkeiten von Gruppen oder Ideologien.

Ärzten und Therapeuten fällt es leider schwer, die Freiheit des Individuums zu berücksichtigen. Sie werden darauf auch nicht vorbereitet. Schon ihre Ausbildung erzieht zum uniformen Denken. Es gibt nur Süchtige mit unterschiedlichen Krankheitsbildern, d i e Alkoholiker, d i e Drogensüchtige, d i e Tablettenabhängigen – wenn überhaupt differenziert wird. Auf den Einzelnen einzugehen, seine Schwächen zu erkennen und die Stärken hervorzuholen, das wird nicht gelehrt. Außerdem kostet es Zeit und nach Ansicht der Versicherungen unverhältnismäßig viel Geld. Ein doppelter Irrtum. In Suchttherapien geht es ums Lernen, ähnlich wie in einer Schule. Der Süchtige muss lernen, mit seiner Krankheit umzugehen. Erziehungswissenschaftler haben längst bewiesen, dass es effektiver und ökonomischer ist, den Einzelnen zu fördern – statt in der Gruppe oder Klasse einen vermeintlich bewährten Lehrplan durchzuboxen.

Die Betroffenen sind seltsamerweise keinen Deut besser. Sie gehen sogar noch einen Schritt weiter. Der Hypersexuelle etwa sieht im Tablettensüchtigen keinen Leidensgenossen. Sondern einen, der sich mit fremden Stoffen versorgen muss, das Mitglied einer niederen Kaste. Die Tablettenabhängigen wiederum stellen sich über die Drogensüchtigen. Kiffer sind feiner als Kokser, Kokser besser als Junkies. Und die Junkies haben immer noch uns, die Alkoholiker. Wir sind die Parias unter den Süchtigen. Selbst unter den Alkoholikern gibt es eine asoziale Ordnung. Der Sozialhilfeempfänger, der sich mit Aldi-Fusel zudröhnt, ist Dreck. Der IT-Manager, der Bio-Wein in sich reinschüttet, leidet an einem Burn-out-Syndrom. Alte Säufer sind weniger wert als junge, die polytoxen wissender als die reinen Alkoholiker. Wer oft Besuch bekommt, ist angesehener als die einsame, arme Sau. Der Marlboro-Raucher steht über dem Selbstdreher. Süchte machen nicht nur krank. Sondern auch sehr, sehr dumm.

Zagreb/Priština, im April 1970: Die Eroberung des Amselfelds durch eine Reisegruppe aus Düsseldorf.

Es ist kurz vor elf, einigermaßen nass-warm und wir sollen das National-museum besichtigen. Racke, unser Schnaps- und Weinkunde, hat uns als Star-Team der Werbeagentur DDB zu einer Besichtigungsreise in Sachen Amselfelder Rotwein nach Zagreb und ins Kosovo eingeladen: Atze, den Kundenberater, Juppy, seinen Assistenten, Kießling, den Art Director, und mich als Mann für süffige Texte. Wir sollen uns an Ort und Stelle davon überzeugen, dass Amselfelder Rotwein von guten Menschen auf ehrliche Weise mit dem Munde gemacht wird.

Am Mittag sind wir bei der Navip eingeladen, der staatlichen Export-gesellschaft für jugoslawische Alkoholika aller Art. Im Moment sprechen die Racke-Leute mit dem Navip-Chef über Preise, Fördermengen, Tank-lastzüge und Kompensationsgeschäfte. Über Dinge also, die keinen Amsel-felder-Säufer in Deutschland interessieren. Unsere Aufgabe ist es, aus dem Massenwein einen Tropfen der gehobenen Art zu machen, einen Château Djakovica Grand Cru oder was weiß ich. Das Nationalmuseum stammt aus der k.-u.-k.-Zeit und wirkt mit den alten Kanonen davor wie eine gammelige Filmkulisse. Es wird von einem hohen, schmiedeeisernen Zaun geschützt. Könnte ja sein, dass irgendjemand die Kanonen klauen will, um einen Krieg gegen die Amerikaner anzuzetteln.

Zum Glück hat der Zaun einen Nachteil: Das große Tor ist geschlossen. Offenbar haben die Racke-Reiseplaner übersehen, dass die kroatischen Heiligtümer heute einen freien Tag haben. Da stehen wir nun auf dem schönen alten Pflaster und fragen uns: Was tun bis eins? „Sag mal, ist das nicht eine Kneipe?", sagt Atze und zeigt auf einen alten, flachen Bau vor dem Museum.

Unsere Dolmetscherin kennt zwar nicht das Wort Kneipe, kann sich aber denken, was gemeint ist: „Ja, das ist ein Restaurant. Aber es öffnet erst um zwölf. Und heute ist es bestimmt geschlossen, weil auch das Museum geschlossen ist." „Aber nur, solange wir es nicht öffnen", sagt Atze. Wir bilden eine Viererkette mit der Dolmetscherin als Nachhut und beschlie-ßen, das Lokal zu stürmen.

Die Eingangstür lässt sich öffnen. Doch drinnen ist außer hochgestell-ten Stühlen niemand zu sehen. Nach etwa einer Minute erscheint eine Frau um die fünfzig und schaut ziemlich entgeistert: Was wollen diese Menschen hier? Wo kommen sie her? Und wie können sie die sozialis-tischen Öffnungszeiten missachten? Sie geht nach hinten, spricht irgend-etwas Empörtes. Dann kommt sie zurück und schiebt einen graubärtigen Mann vor sich her. Der könnte vor 27 Jahren mit Tito deutsche Munit-ionswaggons in die Luft gesprengt haben. Ein wildes, aber gutes Gesicht. Auch er wirkt überrascht, aber mehr ins Ärgerliche gehend.

Unsere Dolmetscherin tritt vor und versucht, ihm die Situation zu er-klären. Er hat einen Blick für Nemace. Vermutlich sind nur serbische Tür-ken schlimmer für ihn. Doch je länger sie mit ihm spricht, desto weniger flackern seine Augen. Als Gäste der Navip sind wir auch Gäste Titos. Umso mehr, als wir dafür sorgen, dass Devisen ins Land kommen. Die können schließlich helfen, das Armeemuseum zum Ruhm des jugoslawischen Widerstands zu renovieren. Hat auch Vorteile für seine Kneipe.

Titos Freund stellt die Stühle von einem der Tische für uns bereit und fragt per Dolmetscherin, was wir essen und trinken möchten. Bis auf Juppy wollen alle Bier. Aber bitte nicht die ölige Brühe, die es gestern Abend im Hotel gab. Sondern eins, das klar ist und auch so schmeckt. An der Hotelbar hätte es beinahe eine Schlägerei gegeben, weil drei Typen aus der DDR die letzten Flaschen Tschechenbier bestellt hatten – ohne zu fragen, ob uns der Sinn danach stand. Also blieb für uns nur noch das heimische Ölzeug, das selbst mit einem doppeltem Slivovic unverträglich bleibt.

Atze wollte den Ulbrichts das Tschechenbier einfach wegnehmen, weil wir es angeblich per D-Mark reserviert hatten. Doch unsere Brüder aus dem Osten ließen sich nicht darauf ein und boten uns Prügel an. Beim Frühstück gab es vom Leiter der Racke-Delegation dafür eine Verwarnung: „So können Sie hier nicht auftreten. Das belastet unsere Zusammenarbeit."

Titos Freund bringt zwar kein Budweiser und erst recht nicht unser Becks. Aber er hat polnisches Bier, das westlichem Gebräu einigermaßen nahe kommt. Dazu stellt er dalmatinischen Schinken auf den Tisch und Brot. Außerdem hat er – weiß der Himmel woher – einen vorzüglichen Marillenschnaps. Vielleicht kommt Josip Broz manchmal vorbei, nachdem er in Bled zum Golfen war. Mit dem Standardgesöff aus der flachen Flasche gibt sich der Freund der schönen Dinge bestimmt nicht zufrieden.

Zvonimir, so heißt der Graubart, war tatsächlich mit Tito in den Bergen, um gegen die Deutschen, Italiener und die königstreuen *četnici* zu kämpfen. Doch seit 1949 hat er den Staatspräsidenten auf Lebenszeit nicht mehr gesehen. Darauf gibt es nur eine Reaktion: Marillengeist.

Jörg, der Kräftigste von uns allen, schwächelt schon. Als Schweizer kann er zwar jede Menge Wein vertragen. Schnaps aber durchkreuzt seine Trinkgewohnheiten. „Ich bin kein Deutscher, kein Sauschwab, sagen Sie ihm das. Ich komme aus Graubünden", redet er auf die Dolmetscherin ein und piekst ihr dabei mit seinem dicken Zeigefinger in den Oberarm. „Nein, sagen sie ihm, er ist ein direkter Nachkomme von Wilhelm Tell. Meinetwegen auch von Andreas Hofer oder Garibaldi", berichtige ich ohne Zeigefinger. „Don't tell about Tell", kalauert Atze. Es gibt eine alte Regel: Je stärker die Schnäpse, desto schwächer die Scherze. Nur bei den Iren nicht. Weil ich viel vom Schinken esse, wirkt der Aprikosenschnaps erst allmählich. Außerdem bin ich seit vier Jahren Pegeltrinker. Ich kann selbst mit drei Promille noch zusammenhängende Sätze schreiben, darf sie am nächsten Morgen nur nicht lesen. Um Viertel vor eins versammeln wir uns relativ aufrecht vor dem Eisentor des Museums. Ein Kleinbus holt uns ab und fährt uns zur Navip-Zentrale.

Hier ist im großen Besprechungsraum alles für eine längere Verkostung angerichtet. Der Navip-Chef, ein grauhaariger Herr mit serbischen Vor-

fahren, gibt uns und den Racke-Leuten zunächst ein bisschen Geschichts-
unterricht. Die Reben des Amselfelder Rotwein, der in Deutschland von
unkundigen Weintrinkern wie Wasser gesoffen wird, wachsen auf heiligem
Boden. Hier, im Kosovo Polje, haben die Serben 1389 das Abendland gegen die Türken verteidigt. Dummerweise hatten sie sich vor der Schlacht
zu viel Mut angetrunken, bekamen darum sauber was auf die Helme. Das
Gefühl, beinahe als Sieger vom Feld gegangen zu sein, ist aber bis heute
geblieben.

Knapp 60 Jahre später gab es noch einmal Haue. Diesmal lag es nicht
am Wein. Sondern am ungarischen Reichsverweser Hunyadi. Der hatte
irgendwie nicht den Durchblick und ließ die Serben ins Messer laufen.
Die Folge: Das Amselfeld blieb bis 1918 bei den Türken.

Nach diesem Exkurs macht uns der Navip-Chef mit den verschiedenen
Weinen vertraut, aus denen die gleichbleibende Qualität des Amselfelder Markengesöffs zusammengerührt wird. Dazu gibt es Schnittchen mit
Salami vom Esel. Möglicherweise auch von einer anderen Tierart aus Sla-
wonien. Um die gelungene Komposition des Amselfelder beurteilen zu
können, müssen die wichtigsten Einzelweine an Ort und Stelle verkostet
werden. Sie alle werden ohne Stiele und Stengel gekeltert, weshalb die
Mischung so bekömmlich ist, sagt ein Navip-Önologe, der neben dem
grauen Chef sitzt. Später, bei der Entwicklung der Werbekampagne, verleitet mich dieser Umstand zur kühnen Behauptung: „Der Rotwein, von
dem Sie einen naturreinen Schwips bekommen."

Höhepunkt unseres Informationsgesprächs ist ein original jugoslawischer Cognac, dessen Bouquet irgendwo zwischen Martell und Pril mit
den bunten Blumen liegt. Woher soll Herr Navip auch wissen, dass unser
Museumsbesuch bereits Waffen galt, die den Nachdurst bekämpfen.

Nach eineinhalb Stunden, die deutlich in die Beine gegangen sind, bekommt jeder von uns ein Geschenkpäckchen mit einer Flasche geho-
benem Slivovic und Pril-Cognac zum Abgewöhnen. Außerdem wird unsere Truppe durch eine zweite Dolmetscherin ergänzt, die zusätzlich
Albanisch kann. 80 Prozent der Bewohner des Kosovo sind Albaner. Zusammen mit dem Önologen, der uns ebenfalls begleitet, und einem Presse-
menschen sind wir jetzt eine Truppe von elf Leuten.

Wir sagen schönen Dank für das Päckchen, steigen wieder in den Bus
und werden zum Flughafen gefahren. Doch nicht vor das Abfertigungs-

gebäude. Sondern vorbei an allen Kontrollen direkt auf das Flugfeld. Und hier zunächst ins Leere, weitab von jeder Linienmaschine. Atze spricht bereits von Entführung. Doch dann sehen wir sie, eine wunderbare Douglas DC-3, vermutlich das Erstflugexemplar aus dem Jahr 1935. Sie also soll uns nach Priština bringen, der Hauptstadt des Kosovo.

Der alte Vogel sieht irgendwie lieb aus, steht aber mit dem Bug so steil nach oben und mit dem Heck so dicht auf dem rissigen Beton, als habe er gerade eine Bruchlandung hinter sich. Atze reibt sich die Augen. Er ist bei DDB unter anderem Oberkundenberater für die internationale Lufthansa-Kampagne und hat sich in der letzten Zeit nur in fabrikneuen Düsenjets rumgetrieben. Die beiden Dolmetscherinnen und der Navip-Önologe dagegen sind glücklich und stolz. Einen Sonderflug, den kennen sie nur vom Boden aus von Josip Broz oder anderen Parteigrößen.

Atzes hellroter Kopf, der durch die Verkostung schon ins Mittelrote tendiert, wird zur schreienden Tomate: „Da kriegt mich keiner rein. Ich bin doch nicht lebensmüde. Nee, niemals." Ich weiß genau, er meint es ernst. Was also tun? Zunächst versuchen die Dolmetscherinnen eine Charme-Nummer. Die kommt bei Atze, der ungefähr bei 2,5 Promille liegen müsste, genauso wenig an, wie die Racke-Drohung, die Reise abzubrechen und DDB den Auftrag zu kündigen. Juppy und Jörg versuchen ebenfalls, mit Drohungen zu ihm durchzukommen. „Erzählt mir keinen Scheiß. Ich steige hier nicht ein!", schreit Atze und fuchtelt mit der Slivovic-Flasche herum, die er ihm Bus schon ein wenig angetrunken hat.

Der Önologe prescht vor und redet über unser Treffen mit dem Regierungspräsidenten des Kosovo um 19 Uhr, das von drei Fernsehsendern begleitet werden soll. „Ihr könnt mir alle mal an der Hose riechen, jawohl, an der Hose riechen. Meinetwegen auch selbst ins Knie ficken. Ich betrete diesen Flieger nicht." Der Co-Pilot schaut irritiert aus dem Cockpit und berichtet nach links, dass mit der Reisegruppe aus Deutschland irgendetwas nicht in Ordnung ist. Strehler, der Racke-Marketingchef, zählt noch einmal die Konsequenzen auf: Alle Reisekosten an die Agentur, Regressansprüche, Meldungen in der Fachpresse, Beeinträchtigung der deutsch-jugoslawischen Beziehungen. Und vieles andere mehr.

„Lasst ihn doch einfach hier", sage ich zu den Rackes, „wir fliegen, und der Bus fährt ohne ihn zurück in die Stadt. Dann kann er sich hinsetzen und über den Sinn des Lebens nachdenken. Oder sich Flügel bauen. Oder auf Ikarus warten." Irgendwie bin ich heute besser drauf als sonst, habe das Zeug aus der Museumskneipe und der Navip-Runde erstaunlich gut vertragen. Anderenfalls wüsste ich nicht, dass ich Atze mit diesem Unsinn treffen kann. Er will mir sofort ans Jackett. Aber ich finde den richtigen Ton: „Lass dich doch nicht verarschen. Ich versteh dich doch. Glaubst du, ich bin wild auf diesen Schrotthaufen?"

Ich denke nach, das kann ich noch. „Weißt du was? Wir setzen uns jetzt hier aufs Flugfeld. Und dann saufen wir uns den Vogel sicher. So, wie wir uns in der Düsseldorfer Altstadt die Frauen schön und in der Agentur die Kunden intelligent gesoffen haben."

Ich weiß nicht, woran es liegt, am Sichersaufen oder am Seitenhieb auf Racke als Kunden, aber ich lande einen Volltreffer. „Das isses", sagt Atze, nimmt mich am Arm und führt uns 50 Meter weg von der DC-3. Hier setzen wir uns auf den Beton, schrauben unsere Flaschen auf und schauen zu, wie neun gebildete, erwachsene Menschen und zwei erfahrene Piloten die Welt nicht mehr verstehen.

Über uns die warme Aprilsonne, die für angenehme Grad Bodentemperatur sorgt. Das hat Vorteile: Erstens wird der Hintern nicht so kalt. Zweitens wirkt das Navip-Destillat schneller. Nach einer knappen Viertelstunde sagt Atze: „So, jetzt können wir." Lammfromm folgt er mir zum verhassten Flieger, lammfromm steigt er ein. Und in den nächsten 70 Minuten bis Priština träumt er schnarchend von einem Erste-Klasse-Flug der Lufthansa, der ihn in die Düsseldorfer Altstadt oder nach New York bringt. Dazu eine Stewardess, die allein für ihn da ist, sein rotblondes Resthaar krault und ihm sagt, wie sicher doch das Fliegen ist.

In Priština werden wir wieder mit einem Bus an allen Kontrollen vorbei ins Hotel gebracht. Ein sozialistischer Neubau mit viel Plastik nach westlicher Lebensart. Aber blitzblank und mit perfekt funktionierenden Duschen. Atze, den der „Nachtflug" ein bisschen ernüchtert hat, will sich unbedingt aufs Ohr legen. Aber um Himmelswillen kein Weckdienst: „Ich brauche keine Torfköpfe als Aufpasser. Mache ich alles selbst. Ich werde pünktlich um sieben beim Präsidenten antreten." Sollte auch möglich sein. Das Regierungsgebäude ist nur ein paar Schritte vom Hotel entfernt und sogar mit 1,4 Promille Restalkohol zu erkennen.

Trotzdem arrangieren wir mit Hilfe der älteren Dolmetscherin an der Rezeption einen Wecktermin: 18.30 Uhr. Die 30 Minuten bis 19 Uhr dürften für eine Dusche und den Weg zum Parlamentsgebäude reichen. Jörg und ich schauen uns Priština an. Viele freudlose Fertigbetonbauten, aber Leben drumherum.

In einer Bar trinken wir jugoslawischen Mokka und merken, dass er außerordentlich schlecht für Pumpe und Pegel ist. Ich rufe nach einem Pivo und Jörg bestellt sich einen Wein, den er vorsichtshalber mit Mineralwasser verdünnt. Der Wirt kennt das von Gästen, die unter der Inflation des Dinar leiden und hält uns für verarmte Touristen, die den falschen Ferienmonat gewählt haben.

Um halb sieben sind wir zurück im Hotel, wo ich mein kleines Schwarzes anlege: Einen Anzug aus Feincord mit einer ebensolchen Krawatte. Diese sorgfältig abgestuft in Schieferdachgrau. Schließlich weiß ich, dass ich leicht versoffen aussehe. Darum muss zumindest der Zwirn stimmen. Der lenkt ab und wertet auf. Ich hole aus meinem Koffer die Otto-Mess-Tüte mit dem Altbier. Als ich in Düsseldorf erfuhr, dass wir im Kosovo vom Regierungspräsidenten empfangen würden, beschloss ich, ihn mit diesem Getränk vertraut zu machen. Ich werde ihm die Flasche übergeben und ihn bitten, sie vor meinen Augen auszutrinken, damit er weiß, was gut ist. Weder Atze noch die Rackes wissen etwas davon. Soll eine Überraschung werden. Um zehn vor sieben bin ich mit Jörg vor dem Regierungsgebäude. Wir werden in einem Vorraum des Sitzungssaals geführt, wo die Racke-Leute bereits mit einem gehobenen Mitarbeiter des Regierungspräsidenten Dinge besprechen. Wichtige, vermutlich. Gute Aussichten für Jörg: Auf den Tabletts wird Wein gereicht. Nicht nur Roter. Sondern auch ein jugoslawischer Fendant. Vielleicht sollte ich fürs Erste Wasser trinken. Das aber scheint sehr knapp zu sein. Oder man mag es uns nicht zumuten.

Es ist kurz vor sieben und von Atze noch keine Spur. Die Rackes erinnern sich an das Flugfeld in Zagreb und werden unruhig. Um sieben rufen sie zur Lagebesprechung. Einer von uns muss sofort rüber ins Hotel und Atze ausfindig machen. Die Wahl fällt auf mich: „Sie haben ihn vorhin auf die Reihe gekriegt. Jetzt sorgen Sie bitte dafür, dass er umgehend hier erscheint."

An der Rezeption des Hotels versteht mich sowieso keiner, also renne ich gleich hoch in sein Zimmer. Die Tür ist nur angelehnt und ich ahne Herztod, zumindest aber Ohnmacht. Weder das eine noch das andere ist der Fall. Atze lebt. Und wie! Er schnarcht wie eine Tierart, die erst noch gezüchtet werden muss. Kein Wunder, dass der Telefonweckruf der Rezeption nicht zu ihm durchdringen konnte. Ich reiße die Bettdecke runter, packe seine Füße und ziehe ihn so weit vom Bett, dass er mit dem Hintern gerade noch auf der Bettkante bleibt. In Zeitlupe richtet er sich auf und murmelt: „Scheiße." Dann stelle ich ihn unter die perfekt funktionierende Dusche – und er begreift.

Ich habe noch nie einen Menschen gesehen, der sich so schnell angezogen hat, einschließlich Krawatte mit geknöpftem Button-Down-Hemd. Um elf nach sieben sind wir im Vorraum des Sitzungssaals. Mindestens zehn Minuten zu früh. Die Versammlung am großen, halbrunden Tisch des Regierungspräsidenten findet erst um 19.20 Uhr statt. Wieder einmal ist unser Kunde besänftigt und der Auftrag gerettet. Vorübergehend.

Das abrupte Aufstehen und die kalte Dusche haben Atze nicht gut getan. Er ist aufgeregt, ja, aufgewühlt, und muss sich beruhigen. Erst im Vorraum und anschließend im Sitzungssaal. Auch hier wird Rot und Weiß gereicht. Offenbar ist man im Kosovo der Meinung, die Deutschen würden sich überwiegend von Wein ernähren.

Es folgen Reden aller Art. Der Önologe begrüßt den Regierungspräsidenten im Namen der Provinz Kosovo und lobt die Bedeutung des Amselfelder Rotweins für die jugoslawische Handelsbilanz. Der gehobene Mitarbeiter des Regierungspräsidenten begrüßt uns im Namen des Regierungspräsidenten und lobt die wunderbare Zusammenarbeit mit Racke. Der Regierungspräsident begrüßt uns im Namen des Staatspräsidenten und lobt die guten Beziehungen zur deutschen Wirtschaft. Strehler begrüßt den Regierungspräsidenten im Namen von Racke und lobt die wunderbare Kooperation, das Amselfeld und seine vorzüglichen Weine.

Das alles wird auf Deutsch und Serbisch via Pfeiffer hin und her geschickt. Der Landeschef ist Serbe und benutzt aus politischen Gründen nur seine Muttersprache. Alles könnte jetzt gut sein. Doch aus Höflichkeit übergibt der gehobene Mitarbeiter des Regierungspräsidenten das Wort an Atze. Und der holt zur großen Diplomatie aus: „Wissen Se watt, Herr Präsident? Die Sache is janz einfach. Sie liefern uns ein jutes Produkt. Und wir liefern Ihnen eine Werbung, da macht Ihr Umsatz in Deutschland hui!" Dazu stößt er einen langen Pfiff aus, streckt den rechten Zeigefinger und sticht mit ihm nach oben in die Unendlichkeit. Aus unerklärlichen

Gründen will der Regierungspräsident antworten – vermutlich hat Pfeiffer zu gut übersetzt – und beginnt, sich über die Qualität des guten Produkts auszulassen. Inzwischen ist etwas Entsetzliches passiert: Junge Kosovo-Albanerinnen oder Serbinnen haben jenen eigenwilligen Cognac serviert, der uns schon in Zagreb zum Verhängnis wurde. Und weil Atze nach der Regel lebt „Du sollst mit dem weitermachen, das dich geschmissen hat", sind bereits gute fünf Zentiliter unterwegs zu seiner Leber. Zum Nachteil für den Ministerpräsidenten. Seine Rede wird laut unterbrochen: „Moment mal, Herr Präsident, ick hoffe, wir haben uns verstanden. Sie liefern uns ein vernünftiges Produkt. Und wir liefern Ihnen eine Werbung, da macht Ihr Umsatz in Deutschland hui!" Wieder schnellt sein Zeigefinger nach oben wie eine aufsteigende Lufthansa-Boeing.

Pfeiffer übersetzt und der Präsident nickt freundlich. Strehler ahnt trotzdem Böses und greift ein und sagt überdeutlich zu Atze: „Ich glaube, Herr Zachow, der Herr Regierungspräsident hat verstanden." Zugleich bittet er den Kosovo-Chef um Entschuldigung und um weitere Erläuterungen zum Produkt. Der hat anscheinend genug geredet und übergibt an den Önologen der Navip.

Atze lässt sich widerspruchslos weiteren Cognac nachschenken, verfällt aber in ein mehrminütiges Schweigen. „Jetzt penn mir bitte, bitte nicht weg. Wozu habe ich dich aus der Agonie geholt!", murmele ich vor mich hin und bekomme heiße Zehen. Aber Gott sei Dank, da ist er wieder, der Zeigefinger mit dem langen Pfiff: „Also Herr Präsident, wie ick Ihnen schon jesagt habe. Sie liefern uns ein jutes Produkt. Und wir liefern Ihnen eine Kampagne, da macht Ihr Umsatz in Deutschland hui!" Der Regierungspräsident nickt geduldig.

Pfeiffer übersetzt den stechenden Finger und das „Hui" längst nach eigenem Gutdünken, spricht vom schönen Flug mit der DC-3, von den nach oben steigenden Handelsbeziehungen und dem Wirtschaftswachstum im Kosovo, dem Icke einen gewaltigen Schub voraussagt. Auf ein Zeichen des Önologen hin reichen uns die Betreuerinnen ein Weinflaschen-Gebinde. Der Berater des Regierungspräsidenten bedankt sich für das fruchtbare Gespräch und als wir endlich gehen, atmet er genauso tief durch wie die Racke-Leute.

„Das war das Ende", denke ich. Aber jetzt, nachdem sie uns als die Top-leute der deutschen Werbung vorgestellt haben, die alles, aber auch alles für den guten roten Amselfelder tun werden, können sie nicht mehr zurück. Sie müssen sich darauf beschränken, Schlimmeres zu verhindern und laden uns halbherzig zum Abendessen ein. Für Atze ein Affront, für mich auch. Essen, auch das beste, wäre jetzt widerlich. Wir fragen Pfeiffer nach einer Disco oder einem Lokal, in dem ein bisschen mehr passiert als nur Herumsitzen und Trinken.

Pfeiffer will nicht so recht raus mit dem Tipp: „Hier gibt es eine Art Disco, aber ich weiß nicht, ob das im Moment das Richtige für sie ist. Wenn sie sich aufführen wie gestern an der Hotelbar in Zagreb, kann es kritisch für sie werden. Speziell die Kosovo-Albaner haben wenig Verständnis für angetrunkene Ausländer. Die meisten von ihnen tragen Messer oder andere spitze Gegenstände mit sich herum, um sich vor Beleidigungen zu schützen." „Na und? Ick bin schon alleene durch die Bronx gelofen. Mir kann keener mehr de Füße feucht machen." „Die Bronx ist harmlos." „Umso besser."„Auf eigene Gefahr", sagt Pfeiffer und nennt uns ein Lokal am großen Platz, gegenüber von unserem Hotel,

Die Disco ist eine schlichte Gaststätte mit lauter Musik. Discjockey, Lichteffekte und hübsche junge Kosovo-Albanerinnen wird es hier vielleicht in 20 Jahren geben. An einigen Tisch sitzen Serbinnen, doch 70 Prozent der Gäste sind männlich. Es gibt auch so etwas wie eine Tanzfläche. Sie ist so klein gehalten, dass sie bereits überfüllt wirkt, wenn sich fünf Paare darauf bewegen. Atze langweilt sich. Er hat kein Publikum, das ihn versteht, und keine Bräute, die er anmachen kann.

Nach eine halben Stunde und mehreren Gläsern Wein packt er mich am Arm: „Komm, wir beede jehn jetzt uff die Tanzfläche und dann kieken wir mal, wie det is mit die Messer." Wir mischen uns unter die tanzenden Paare, Atze als Führhund, ich als Klemmschwester. Jörg und Juppy, die uns zurückhalten wollten, schauen vorsichtshalber in eine andere Richtung. Doch nichts passiert. Entweder halten die Jungs mit den Messern unseren Tanz für Männerfreundschaft. Oder für besoffenen Überschwang. Die Idee, dass wir auf schwul machen und provozieren wollen, kommt ihnen nicht in den Sinn. Vermutlich werden Homosexuelle im Kosovo rechtzeitig ausgewiesen oder umgebracht, so dass sie als Ärgernis nicht mehr existieren.

Am nächsten Vormittag bringt uns ein leicht betagter Bus nach Prizren. Es regnet auf die löcherige Straße und ich habe Angst um die Achsen. Was ist, wenn eine bricht, und wir müssen stundenlang hockenbleiben, ohne etwas gegen unseren Nachdurst tun zu können? Aber der Bus kommt aus Russland und kann erheblich härtere Prüfungen vertragen.

Ein Glück, dass wir nicht den Umweg über Peć genommen haben. Eine der Dolmetscherinnen wollte den Besuch des dortigen Klosters als Läuterung vom Disco-Abend aufs Programm setzen. Zeit dazu sei reichlich. Weil sie uns nicht versichern konnte, dass wir dort Messwein bekommen, lehnten wir ab.

Hin und wieder durchfahren wir sprenkelige Siedlungen und Orte, überwiegend trostlos. Wenn die flachen Häuser mit dem Rücken zur Straße stehen, werden sie von mohammedanischen Familien bewohnt. Die mit dem Gesicht nach vorn von Serben. Am Straßenrand stapfen Esel durch den aufgeweichten Boden, nass, gebeugt, ergeben.

Wir müssen halten, weil drei von ihnen die Straße überqueren wollen. „Kiek mal den in der Mitte", sagt Atze aufgeregt zu mir, „det is der ideale Typ für deine Sylvia. Spring raus und koof'n dem Alten ab. Kannste dir von der JAT einfliegen lassen." Ich weiß nicht, ob Sylvia einen Kosovo-Esel neben sich dulden würde. Sie ist zu alt und festgelegt auf Düsseldorf, um sich auf einen ausländischen Kollegen einzulassen. Wenn überhaupt, dann rein platonisch.

Nach gut zwei Stunden erreichen wir Prizren. Der Bus hält vor dem einzigen Hotel, das wie ein Hotel aussieht. Es ist relativ neu und hat sogar Zimmerduschen und eine Bar. Was wichtiger ist, kommt auf unsere Verfassung an. Die Racke-Leute geben uns frei bis 19 Uhr und empfehlen uns, mit den Dolmetscherinnen die Stadt zu besichtigen: Die alte Brücke aus der Türkenzeit, die Wandmalereien in der orthodoxen Muttergotteskirche und die große Moschee. Sollte uns das nicht reichen, gibt es noch diverse Klöster.

Pfeiffer hat alles schon dreimal gesehen, und mich langweilen alte Gemäuer. Wir tun uns zusammen und machen eine Stadtbesichtigung der anderen Art. Er führt mich zum Markt mit Ständen für jeden und alles. Zwischen Obst und Gemüse liegt eine kleine Marktkneipe, die ich dringend aufsuchen muss, jedoch kaum, um die Toilette zu benutzen. Wir beginnen mit Bier, und ich würde gern dabei bleiben. Aber Pfeiffer will mich unbedingt mit einem legendären Schnaps bekannt machen, irgendwo zwischen Slivovic und Grappa.

Das Zeug geht mächtig unter die Rippen, muss über 50 Volumenprozent Schubkraft haben, und ich halte mich tunlichst zurück. Zwischendurch machen wir eine Besichtigungspause. Es gibt mehrere Stände mit altem Gerümpel, dabei auch zwei mit relativ ansehnlichen Kleinantiquitäten. Mir fällt sofort eine silberne Taschenuhr von Longines auf, mit einem höchst seltsamen Ziffernblatt. Der Händler erklärt mir via Pfeiffer, dass es sich um eine Vorbeteruhr handelt, die anzeigt, wann der Imam das Minarett hochsteigen und seinen Singsang loslassen muss. Sie soll 45 Mark kosten. Dank Pfeiffer zahle ich 30. Die gesparten 15 Mark tragen wir unverzüglich zurück in die Kneipe.

Die Gäste dort – Händler, Handwerker und Berufszecher – hatten uns beim ersten Besuch kritisch bis misstrauisch gemustert. Unserer Kleidung nach hätten wir auch Amerikaner sein können. Sie sind zwar im Kosovo nicht unbeliebt, aber die Wertschätzung hält sich in Grenzen. Einer der Händler verstand bröckchenweise Deutsch und gab diese Erkenntnis an die Runde weiter. Als Pfeiffer ihm erklärte, wir seien aus München (Bingen hätte er für eine chinesische Provinz gehalten), waren wir aufgenommen. Der Händler hatte irgendeine Verwandte, die in Rosenheim lebten. Demnach in München.

Jetzt begrüßen sie uns fast wie alte Freunde. Umso mehr, als wir nach Prizren gekommen sind, um den vorzüglichem Amselfelder Rotwein in Deutschland zu verkaufen. Wir müssen noch einige Gläser vom Slivovic-Grappa trinken, was Pfeiffer immer weniger bekommt. Wie auch, ohne Düsseldorfer Höhentraining? Gegen halb sechs ist er glasiger als Atze auf dem Flugfeld in Zagreb. Ich hake ihn unter und bringe ihn bei einer imaginären Windstärke neun zum Hotel.

Um sieben versammeln wir uns mit den Racke-Leuten und den Honoratioren von Prizren zu einem festlichen Abendessen. Nur Pfeiffer fehlt. Den Versuch, ihn kurzfristig zu reanimieren, haben die Racke-Leute aufgegeben. Er muss noch um die zwei Promille haben, ist darum als Übersetzer kaum zu gebrauchen. Aber wir haben die beiden Dolmetscherinnen, die sogar Albanisch können.

Atze ist voller Schadenfreude und gratuliert mir: „Bisher hatten wir die Problemfälle. Jetzt haben auch die Rackes einen Totalausfall."

Düsseldorf, im August 1973: Der Herr bewahre mich vor Krebs, Hagel und dicken Frauen.

Der Sommer 1973 ist sehr heiß, und ich bin froh, dass ich bei Paul in der Agentur sitzen und arbeiten kann. Die Wohnung auf der Fleher Straße wird sehr schnell brütend heiß, weil das Dach mit schwarzen Kunststoffziegeln gedeckt ist. Einziger Vorteil: In Flehe sind die Außentemperaturen etwas niedriger als in der Innenstadt. Das macht der 800 Meter entfernte Rhein. Für Heike trotzdem eine Qual. Zum Glück muss sie nicht mehr arbeiten und kann ins Schwimmbad fahren oder zu den Eltern oder zu Freunden.

Trotz der Hitze bin ich noch in meiner Süßphase. Vor allem Rosinen-schnecken, Butterkuchen und Mohnschnitten. In den ersten drei Mona-ten nach meiner Zeit im Martinus-Krankenhaus hätte man mich damit zum Speien bringen können. Nur das Eis von Unbehaun rutschte pro-blemlos runter. Aber jetzt brauche ich feste und fette Zuckerkalorien. Ich wiege immer noch 63 Kilo, bei knapp 180 Zentimeter Körpergröße. Zwar fühle ich mich äußerst wohl, aber wenn ich in den Spiegel schaue, kommt mir der Mann darin ein bisschen zu rachitisch vor. Außerdem brauche ich Zucker für die 60-Stunden-Woche. Ich muss zwar keine Zementsäcke schleppen. Aber Kopfarbeit verbrennt auch Kalorien.

Meistens kommt die Gier auf Süßes am Nachmittag, gegen vier. Jetzt ist es wieder soweit und ich gehe zum Bäcker Oehme auf der Oststraße. Sein Laden ist bei jedem Wetter und zu jeder Tageszeit voll mit Kunden, weil alles, was er macht, frisch und vorzüglich ist. Schon der Duft macht den Passanten lange Zähne. Die Mädels von GGK gehören auch längst zu seinen Kunden. Giesi aus dem Kontakt liebt vor allem Oehmes Stuten.

Ich stelle mich in die zweite Reihe und warte, bis sich eine größere Lücke auftut. Mich in eine kleine reindrängen, mag ich nicht. Erst recht nicht bei der Hitze, die hier noch größer ist als draußen. Vor der Ladentheke stehen fast nur dicke Frauen, die kurz vor dem Verhungern sind und sich die Pappteller mit Gebäck und Teilchen vollpacken lassen, bis nichts mehr drauf passt.

Ich halte gebührend Abstand, um keinen Körperkontakt mit schwitzender Haut zu bekommen, bleibe darum fast zehn Minuten in der hinteren Kampflinie. Endlich tut sich der Freiraum auf, den ich brauche, und ich stehe vor der Glastheke mit den leckeren Sachen dahinter. Neben mir breitet sich eine besonders dicke Kundin aus, deren Haut perfekt zur weißen Buttercreme passt. Sie drängt mich zur Seite und legt ihre nassen Hände auf das Thekenglas, um mit ihrer vermutlich umfangreichen Bestellung loszulegen. Die Verkäuferin, etwa in meinem Alter, schaut mich an und sagt: „Was möchten Sie bitte?" Sofort ertönt neben mir eine weibliche Baritonstimme: „Drei Ballen und …" „Ich glaube, der Herr neben Ihnen war vorher dran. Der steht schon sehr lange hier." „Wenn Sie meinen", sagt ärgerlich die Baritonstimme und mustert mich mit unverhohlener Verachtung.

Ich schaue auf die beiden Bleche mit den Ballen (auch Berliner Pfannkuchen genannt), die hinter der Verkäuferin in einem Schieberegal stehen, und habe eine Idee. Eins der Bleche ist voll, auf dem anderen liegt noch eine Fünferreihe. Insgesamt mögen es 30 Stück sein. „Die Ballen, die dort liegen", sage ich und zeige auf die Hefeteig-Kompanie, „sind das alle, die Sie haben, oder gibt es noch welche in der Backstube?" „Nein, das sind alle." „Kommen noch welche nach?" „Nein, wir haben jetzt fast halb fünf. Da lohnt sich das nicht mehr, neu zu backen." „Gut, dann nehme ich sie." „Wie viele?" „Alle." Als ich mit den drei großen Tüten in die Agentur zurückkomme, sage ich zu Beate am Empfang: „Kannst du bitte einen Rundruf machen und sagen, dass es bei dir die besten und schönsten Ballen von Düsseldorf gibt?" Trotz der Hitze bleibt kein einziger übrig.

München-Haar, im Mai 1989: Was machen Ärzte, die von der großen Karriere träumen, mit besoffenem Abschaum?

„Das ist ja schlimm, wie Sie stinken." Der junge Arzt verzieht angeekelt das Gesicht. Zu Recht. Wenn du drei Wochen lang am Stück gesoffen hast, kriegst du Ausdünstungen wie eine lebende Leiche. Der Alkohol ist in jede Zelle vorgedrungen, sitzt unter der Haut, in der Haut, auf der Haut. Und jetzt, beim Entzug, sucht er sich als kalter Schweiß den Weg nach außen.

An dir selbst nimmst du den faulig süßen Geruch nicht wahr. Aber an den anderen im Zimmer der Wachstation. Noch massiver in der Toilette. Fünf Patienten lassen hier ihre vergiftete Pisse ab. Da kann die jugoslawische Putzfrau Domestos in das Wischwasser schütten, bis es trüb wird wie Weißbier – die Urinschwaden sind bis unter die Fliesen gekrochen. Wann immer du pinkelst, musst du würgen und den Brechreiz unterdrücken. Der Arzt wendet sich an die Schwester: „Geben Sie ihm zwei Distraneurin-Kapseln und schicken Sie ihn unter die Dusche. Danach soll er zu mir ins Behandlungszimmer kommen."

Diese Art, Patienten zu einem lästigen Stück Mensch zu machen, ist typisch für das Bezirkskrankenhaus München-Haar. Es gehört zum Klinikverbund der Uni. Junge, hoffnungsfrohe Assistenzärzte, die auf einen Platz im Herzzentrum Großhadern spekuliert hatten, müssen hier ihr Praxisjahr runterreißen. Das geht ans Ego. Und das Ego erleichtert sich, indem es mit den willensschwachen Säufern, dem medizinischen Abschaum, ein bisschen härter umgeht als mit ehrlichen Infarktpatienten. Die Einstellung wird gestützt von einer Oberärztin, die nicht den Mut hatte, Gefängniswärterin zu werden. In Haar übt sie Nächstenliebe mit Tendenz zum Sadismus. Obwohl ich glaube, jede Minute verrecken zu müssen, gibt mir die Wut auf den jungen, hoffnungsfrohen Oberarzt ein bisschen Kraft: „Sagen Sie mal, junger Mann, haben Sie gerade über mich gesprochen, über einen anderen Patienten oder über Ihren Hund?" Sein Gesicht ist von meinen Worten noch angewiderter als von meinem Gestank. Wortlos verlässt er den Raum.

Die drei anderen Patienten in den Betten um mich herum haben zugehört, aber kein Wort verstanden. Der junge Farbige ist fixiert, weil er in der vergangenen Nacht immer wieder gegen das verschlossene Fenster gedonnert hat. Der Mann mit dem Koffer starrt an die Decke. Und der Dürre mit den gelben Augäpfeln und der gelben Haut versucht, die Bild-Zeitung zu lesen. Es gibt einen fünften Patienten in einem kleinen Nebenraum. Der hängt am Tropf und sendet per Kabel auf einem Monitor sein eigenes Herzprogramm.

Die beiden Kapseln bedeuten drei bis vier Stunden Erlösung, vielleicht sogar Schlaf. Seit meiner Einlieferung sind zwölf Stunden vergangen, zwölf Stunden ohne Alkohol, also neun Stunden über der Zeit. Zu Hause konnte ich spätestens nach drei Stunden nachlegen, um den Pegel zu erreichen, der Zittern, Kälte und Angst verschwinden lässt.

Gestern Abend, als klar war, dass gleich der Notarzt kommt und mich vielleicht in irgendeine Zelle steckt, hatte ich noch mal ordentlich vorgebaut und die schätzungsweise zwei Promille Grundalkohol mit eineinhalb Flaschen Tankstellen-Riesling auf 3,5 Promille hochgefahren. Die zweite Flasche musste ich leider zur Hälfte stehen lassen. Ulrike hatte bereits den Notarzt mit den beiden Polizisten in meine Hofwohnung gelassen. Ich wusste längst, dass uns nicht mehr viel zusammenhält. Aber der gemeine Trick mit meiner Suizidgefahr wird uns endgültig trennen. „Du musst nach Haar", hatte sie voller Mitgefühl gesagt, „eine andere Klinik in München nimmt dich nicht auf. Und wenn du nicht gehst, wirst du sterben." „Ich werde sterben, wenn ich nach Haar komme. Und ich kann dir auch sagen, warum: Vorher bringe ich mich um."

Also hatte die alte Hexe heimlich den ärztlichen Notdienst angerufen: „Mein Freund ist Alkoholiker und trinkt seit zwei Wochen ununterbrochen. Gerade hat er damit gedroht, sich umzubringen. Er muss vor sich selbst geschützt werden." Danach kam sie scheißfreundlich angedackelt: „Jetzt wird ein Notarzt nach dir sehen. Mit ihm kannst du dann besprechen, wie es weitergehen soll. Ob Klinik oder nicht. Kann ja sein, dass es noch etwas anderes gibt als Haar."

Gegen 24 Uhr wurde ich als Neupatient in eben dieses Landeskrankenhaus zwangseingeliefert. Aber was solls, dachte ich mir, du schläfst ein bisschen und nimmst morgen die Kurve zurück in deine Wohnung. Nach einem vierstündigen Schlaf, der mir wie zehn Minuten vorkam, griff mein Gehirn zu den bekannten Foltermethoden: Zittern, Angstschübe und undefinierbare Schmerzen. Das Zittern ist motorisch, tut nicht weh. Grausam sind die Angstschübe. Du weißt genau, woher sie kommen – von überall. Und du weißt auch, warum sie dich immer wieder packen. Aber dein Restverstand ist machtlos. Die Hirnzellen, obwohl noch durchtränkt mit Alkohol, spüren den Rückgang des Gifts und gebärden sich wie Millionen kleine Folterknechte.

Natürlich wollte ich sofort raus aus dem Loch mit den vier anderen Säufern, nach Hause oder sonst wohin. Hauptsache weg. Aber wie? Schreien? Um vier Uhr morgens mit deinem Anwalt drohen? Sagen, dass du die Presse auf die Verhältnisse in Haar loslässt? Solche Sprüche können die singen. Das Einzige, was ich erreicht hätte, wären feste Lederbänder für Arme und Beine gewesen – wie der junge Farbige sie bereits anhatte.

Gleich kriegst du zwei Distraneurin, sage ich meinem Kopf. Aber der hoffnungsfrohe Jungmediziner will mich bestrafen. „Herr Doktor Hefner kann Sie erst um 14 Uhr sehen. Bis dahin müssen Sie noch durchhalten", sagt die Schwester, als sie die anderen zur Tabletteneinnahme antreten lässt. „Wie soll das gehen?" „Mein Gott, nun stellen Sie sich nicht so an. Sie sind doch ein leichter Fall. Den anderen geht es viel schlechter als Ihnen."

Es ist eine dicke Schwester, sie heißt Sabine. Wahrscheinlich hat sie sich die Pfunde hier in Haar angefressen. Der Umgang mit Säufern frustet – besonders, wenn viele von ihnen wieder und wieder eingeliefert werden, fünf- oder zehnmal pro Jahr. Auch sie hätte lieber in Großhadern mit aufsehenerregenden Operationen wertvolles Leben gerettet, denke ich und will es ihr sagen. Aber ich habe keine Lust zu krampfen, weil sie die Tablettenverweigerung nach eigenem Gusto ausdehnt. Krampfen sagen wir, wenn jemand einen Krampfanfall hat und auf dem Boden liegend mit aberwitzigen Verrenkungen nach Luft ringt. Die Schwester während der Nacht war anders, schlanker, jünger, menschenfreundlicher, dicht am Mitgefühl. Vermutlich tut sie erst seit ein paar Wochen Dienst am Untermenschen.

Der Mann mit dem Koffer – ich schätze ihn auf Mitte vierzig – schüttet sich warmen Tee ein, den die dicke Schwester trotz allem gebracht hat. Ich nehme auch eine Tasse. Die Wärme im Bauch entspannt ein wenig und wirkt gegen die kalte Leere, die das Gehirn im Körper verbreitet. Der Mann mit dem Koffer sieht mich über seine zitternde Tasse hinweg unsicher an: „Hatte ich ein Delir letzte Nacht? Ich weiß von nichts mehr. Doch, jetzt fällt es mir ein. Ich war zu Hause, eingesperrt in der Toilette. Dann hat mir eine Schwester Tabletten gegeben und heute früh war ich wieder hier."

Wenn in der Nacht der Entzug nicht so brutal über mich gekommen wäre, hätte ich seine Vorstellung lustig gefunden. Gegen halb fünf stand er plötzlich auf, ging zum Schrank, in dem unten sein Koffer lag, und begann zu packen. Kontrolliert und systematisch – so, als würde er zu einer vierwöchigen Urlaubsreise antreten. Dann trug er den Koffer entschlossen zur Ausgangstür des Wachzimmers, die direkt in seine Wohnung führte. Ging aber nicht. Alle Wachzimmer sind verschlossen. Wer raus will, kann das nur durchs Schwesternzimmer, das – getrennt durch eine Holzwand mit Milchglasscheiben – direkt an den Raum mit den fünf Säufern grenzt. Hier musst du höflich anklopfen. Und wenn gerade Schichtwechsel ist, der offenbar 20 von 24 Stunden in Anspruch nimmt, passiert gar nichts.

Danach schleppte er den Koffer ins Fünf-Mann-Klo, kam aber schnell wieder zurück, um sich erneut der Zimmertür zuzuwenden. „Jemand hat mein Wohnzimmer abgeschlossen. Aber ich habe noch einen Schlüssel im Koffer." Also packte er den Koffer wieder aus. Und weil er den Schlüssel nicht fand, machte er sich wieder reisefertig. Jetzt versuchte er sich an der Tür zum Schwesternzimmer. Nach ein paar Minuten wurde sie geöffnet. Die schlanke Nachtschwester erschien, stellte den Koffer in den Schrank zurück und redete geduldig auf den Reisenden ein. Der legte sich tatsächlich wieder in sein Bett. Vorübergehend.

Inzwischen war ihm klar geworden, wer die Tür zu seiner Wohnung verschlossen hatte. „Das ist mein Schwager. Er hat mein Haus besetzt. Das wollte er mir schon immer wegnehmen. Und jetzt, wo ich drei Tage nicht zu Hause war, hat er es geschafft." Er klopfte wieder an die Tür vom Schwesternzimmer: „Sie müssen die Polizei rufen. Mein Schwager hat mir mein Haus weggenommen. Jetzt sitzt er da drin mit meiner bösen Schwester, klaut meine Münzsammlung, den Fernseher und die Möbel."

Die Schwester versuchte es weiter mit Geduld: „Wissen Sie, wo Sie sind?" „Ja, ich bin vor meiner Wohnungstür, nein, vor meinem Wohnzimmer. Und da drin sitzt mein Schwager mit meiner bösen Schwester und hat die Tür abgeschlossen, damit ich nicht rein kann."

„Jetzt stellen Sie den Koffer wieder in den Schrank und dann hören Sie mir mal bitte zu. Sie sind im Bezirkskrankenhaus Haar. Und hier ist das Wachzimmer für Alkoholkranke. Ja, Sie sind alkoholkrank. Jetzt müssen Sie runter vom Alkohol. Und dabei helfen wir Ihnen. Das geht aber nur, wenn Sie vernünftig sind und zurück in Ihr Bett gehen."

Zehn Minuten blieb er ruhig. Dann trieb ihn die Sorge um seine Wohnung erneut zum Schwesternzimmer. Sicher, ich hätte eingreifen können. Was ein Mitpatient sagt, gilt oft mehr als das Gerede von Ärzten und Schwestern. Aber wenn jemand ein Delir hat, kommst du nicht zu ihm durch. Außerdem war ich von dem Schauspiel so fasziniert, dass ich – wenn auch nur für Minuten – meine eigene Scheiße etwas weniger wahrnehmen musste

Nach seinem vierten Versuch, die Wohnung zurückzuerobern, telefonierte die schlanke Schwester mit dem diensthabenden Arzt. Der ordnete eine höhere Valiumgabe an, und der Koffer blieb für den Rest der Nacht im Schrank. Dafür griff der Mann mit den gelben Augäpfeln und der lehmfarbenen Haut ins Geschehen ein. Er lief zum Fenster, um schreiend im Fünf-Mann-Klo zu verschwinden: „Da draußen sind vier Jäger, alle mit Gewehren. Die wollen hier rein und mich erschießen!"

Fünf Minuten lang passierte nichts. Dann öffnete er in einer ewigen Zeitlupe die Klotür und schob seinen Kopf angsterfüllt aus dem Türrahmen. Er atmete durch. Die Jäger hinter dem Fenster waren weitergezogen. Aber wohin? Klar doch, direkt durch die Mauer in unser Zimmer. Der

Gelbe ging in die Knie, um im Milchglasscheibenlicht des Schwesternzimmers den Luftraum unter den Betten abzusuchen. Große Erleichterung: Kein Jäger, kein Gewehr, kein Hund. Und Rehe schon gar nicht. Doch er misstraute dem Frieden. Blitzartig warf er sich auf die Matratze und zog die Decke über seinen Kopf. Vergebens.

Einer der Jäger hatte im Schrank darauf gewartet, dass der Gelbe sich verstecken würde. Er schlich unter das Bett und richtete sein Gewehr von unten auf die Matratze – bereit, durch die Polsterschichten die Wirbelsäule des über ihm Liegenden zu zerschmettern. Der sprang auf, um erneut in den Urindämpfen der Toilette Schutz zu suchen. Die Jäger aber gaben nicht auf. Ohne die Tür zu öffnen, waren sie ins Klo gelangt. Jetzt richteten sie Gewehre direkt auf die Stirn über den gelben Augäpfeln.

Irgendwie gelang es dem Gejagten, die Mauer der vier zu durchbrechen. Diesmal kroch er unter sein Bett. Aber der hartnäckige Jäger stieg sofort auf die Matratze und legte folgerichtig das Gewehr zum Schuss von oben nach unten an. Dieses Treiben wiederholte sich fünf- oder sechsmal. Dann schrie der Gelbe nur noch, und die schlanke Schwester telefonierte wieder mit dem diensthabenden Arzt. Der griff chemisch ein, und im Zimmer war Ruhe bis zum morgendlichen Blutdruckmessen. Ich konnte mich wieder auf die Folterknechte im meinem Kopf konzentrieren.

Das Mittagessen wird hereingebracht und ein Patient aus der Fortgeschrittenengruppe – er darf auf der Station schon frei herumlaufen – stellt die Hauben mit den Tellern darunter auf die Nachtkästen. In normalen Krankenhäusern ist die Verpflegung wesentlich schlimmer, habe ich mir sagen lassen. Aber ich bringe nichts runter. Die anderen essen gierig. Der junge Farbige, dem ein Pfleger endlich die Lederfesseln gelöst hat, ist offenbar Mohammedaner. Er macht sich nur über die Kartoffeln und das Gemüse her und lässt den Schweinebraten allein in der zähen Soße zurück.

Um Viertel nach zwölf hält die dicke Schwester ihren Kopf in das Zimmer und sagt gnädig: „Sie können jetzt rauchen." Wir stellen uns bei ihr an, um aus unseren beschlagnahmten Päckchen je eine Zigarette in Empfang zu nehmen. Sie gibt uns Feuer aus einem ebenfalls beschlagnahmten Feuerzeug und wir dürfen raus auf den Gang. Der Gelbe raucht nicht, geht aber mit raus, um diese winzige und einzige Freiheit zu genießen. Viermal täglich wird sie uns gewährt, und ich hätte nie gedacht, dass ich so dankbar sein würde für ein paar Schritte heraus aus einer Verwahrungs-zelle und hinein in einen Verwahrungsgang.

Zwei Patienten aus der Fortgeschrittenengruppe laufen an uns vorbei, um zu sehen, was da so an Neuen rum steht. Oft kennt man sich aus Vor-aufenthalten. Oder von den ärmlichen Gelagen in der Cafeteria des Hauptbahnhofs, wenn es gerade Stütze gegeben hat. Nach zehn Minuten müssen wir zurück in die Gemeinschaftszelle.

Wenn mich der junge, hoffnungsfrohe Arzt namens Haller tatsächlich um 14 Uhr untersuchen will, kriege ich spätestens in 50 Minuten, also um 13.30 Uhr meine beiden Kapseln. Ich fange an, die 3000 noch verbleiben-den Sekunden zu zählen und stelle mir dabei den Zeiger einer Bahnhofs-uhr vor. Nach den ersten 60 Takten schaue ich auf meine Armbanduhr und bin ärgerlich, weil erst 55 Sekunden vergangen sind. Jetzt versuche ich, die Schritte des Zeigers zu verzögern. Bei 50 kriege ich wieder eine Panikattacke und kann nicht mehr weiterzählen.

„Tee, trink Tee", sage ich mir, „und zwar ganz langsam, damit sich die Wärme besser breitmachen kann." Ich halte die Tasse direkt unter die Tülle, damit nicht die Hälfte danebengeht. Das Trinken funktioniert noch einigermaßen. Wenn du auf der Rolle bist und morgens dein erstes Bier auflegen willst – womöglich noch in einer Kneipe, wo dich alle beobach-ten – zitterst du erheblich mehr. Diesmal habe ich die 60 Bahnhofsuhrtakte so gestreckt, dass der Sekundenzeiger acht Striche über die Minute gerückt ist. Also acht von 3000 Sekunden gewonnen. Ich trinke wieder Tee.

Die gelben Augäpfel fragen mich: „Bist du zum ersten Mal hier?" Ohne meine Antwort abzuwarten, sagen sie: „Ich war erst in Neuperlach, weil meine Leber kaputt ist. Aber da wollten sie mich nicht behalten. Ich war denen zu besoffen. Wäre aber gern dageblieben." Ich auch, aber die Hexe hat mir jede Chance genommen, in einem normalen Krankenhaus unter-zukommen. Ich werde sie verlassen und zurück zu ihr gehen, um sie erneut zu verlassen. Oder sie macht selbst Schluss. Glaube ich aber nicht.

Die Frauen oder Freundinnen von Säufern leiden zwar wie Hunde. Aber trennen? Nur das nicht! „Ich liebe ihn ja immer noch", sagen sie. Mag sein. Aber mehr noch lieben sie deine Hilflosigkeit. Sie gibt ihnen Macht. Sie können dich zwingen, stundenlang ihre Beschimpfungen an-zuhören, weil du unfähig bist, etwas dagegen zu sagen. Wie auch? Dein schlechtes Gewissen nimmt dir jedes Argument. Sie können dich zwingen zu essen, obwohl jeder Bissen eine Tortur ist: „Nur dieses bisschen. Danach kriegst wieder deinen Wein." Das Spielchen mit dem Flaschenverstecken geben sie irgendwann auf, weil sie dich damit aus dem Haus treiben. Da ist das Zurückhalten und gnädige Rausrücken der Flaschen viel befriedigender.

Und immer wieder zwingen sie dir Versprechungen ab: „Ich weiß, ich muss aufhören. Und ich werde aufhören. Schließlich hänge ich an meinem Leben."

Das stimmt sogar, denn als Toter kannst du nicht weitersaufen. Jetzt sind schon 720 der 3000 Sekunden vergangen, fast ein Viertel. Vielleicht kriege ich die beiden Kapseln zehn Minuten früher. Dann sind es nur noch – wie soll ich das rechnen? Richtig, wenn der Zeiger auf halb zwei steht, ist es soweit.

Neben der Teekanne liegt eine alte Abendzeitung. Ich blättere drin rum und versuche zu lesen. Schweinerollbraten im Sonderangebot. Gauweiler hetzt wieder gegen Ausländer, Rote, Schwule und Drogensüchtige. Genau genommen gegen alle. Im Gloria läuft „Im Namen der Rose". Auf der A9 haben sich zwölf Pkw gegenseitig plattgemacht. Und im Bezirkskrankenhaus Haar wird ein Patient wahnsinnig – oder noch wahnsinniger, weil er feststellen muss, dass die Minute nicht 60, sondern eine Million Sekunden hat. Steht aber nirgendwo. Und wird auch morgen nirgendwo stehen.

Der Mann mit dem Koffer liegt auf seinem Bett, und der Farbige versucht, ihm von der Band zu erzählen, in der er bis vor Kurzem gespielt hat: „Die anderen haben viel mehr gesoffen als ich. Warum sind die nicht hier? Ich verstehe das nicht. Die hatten am nächsten Tag nur einen mörderischen Schädel und mussten nicht gleich wieder ein Weißbier trinken." Der Mann mit dem Koffer nickt und schaut dabei hoch zur Decke. Auf seine Münzsammlung oder seine Möbel. Hier hat jeder genug am Bein mit der eigenen Scheiße. Ich trinke wieder Tee. Diesmal den lauwarmen Rest aus der Tasse. Könnte ich auch wegschütten und neuen eingießen. Aber dazu müsste ich in das Fünf-Mann-Klo.

Vom acht Kilometer entfernten Flughafen kommen wieder die Lärmspuren der Jets rüber. Vor 14 Tagen hätte ich beinahe in einem dieser Flieger dringesessen. Ulrike hatte mich am Abend einmal mehr zur Weißglut getrieben. Also packte ich, angesoffen wie ich war, ein paar Sachen in eine Aldi-Tüte, ging in die „Mühle im Lehel", um noch ein paar Bier einzuschütten, und fuhr dann mit dem Taxi zum Flughafen. Schnell Pfefferminz gekauft, damit die am Lufthansa-Schalter nicht von meiner Fahne umfallen, und dann den Monitor nach dem nächsten Flug abgesucht: 20.30 Uhr nach Istanbul, warum nicht?

Weil nur mit Aldi-Tüte, aber mit Pfefferminz-Alkoholfahne, kaufte ich mit meiner Kreditkarte ein Erste-Klasse-Ticket. Ein Wahnsinn, aber mit Methode. Für 2800 Mark finden sie die Aldi-Tüte lustig, glauben, du bist irgendein Spinner mit einer gewissen Bedeutung. Außerdem überriechen sie die Fahne. Und wenn du keine Zicken machst, kriegst du trotz deiner roten Augen vor dem Start ein Glas Schampus. Das ist gut für den Pegel.

War aber nicht. Ich saß im Warteraum, gierte dem erlösenden Schluck an Bord entgegen (mit Nachschenken natürlich), und nichts passierte. Keine Durchsage, keine Anzeige, kein irgendwas. Zurück an die Flughafenbar ging nicht. Und für das Nächstliegende war ich zu blöd gewesen: Im Duty-free-Shop einen Grappa mit Drehverschluss kaufen, aufs Klo setzen und einen kräftigen Schluck auf das Pfefferminz gießen.

Nach 35 Minuten machte ich eine Szene am Counter. Hier gab es nur Nichtinformation. Irgendein Stationsleiter erschien, um mich rauszuschmeißen. Als er meine rote Einsteigekarte für die erste Klasse sah, tat er das Gegenteil. Er bat mich um Geduld und versprach baldige Information. Nach 45 Minuten gab ich die rote Karte zurück, ließ mir bestätigen, dass ich nicht geflogen war und rannte zur Bar in der Halle. Die wollte gerade dichtmachen. Doch mit einem grünen Schein zwang ich den Keeper, zwei Weißbier rauszugeben. Eins für sofort im Glas. Das andere in der geöffneten Flasche als Wegzehrung für das Taxi zurück zur „Mühle im Lehel".

„Das war aber ein kurzer Flug", sagten die Säuferkollegen an der Theke. Es wurde einer meiner längsten. Am nächsten Morgen weckte mich ein sehr helles Nebelhorn, das zu meinem Telefon gehörte. Ulrike: „Na, wie geht es dir? „Gut, wenn du nicht anrufst." Als ich auflegte, merkte ich, wie meine Hand zitterte.

Zum einem vor Wut, überwiegend jedoch, weil ich auf schätzungsweise 1,5 Promille runter war. Immerhin, das Zittern half mir beim manischen Zähneputzen. Du willst den ekligen Geschmack loswerden und bürstest so lange, bis das Zahnfleisch blutet. Zwei, drei Minuten schmeckst du ein bisschen Frische. Aber dann hast du wieder die vergangene Nacht im Maul.

Was nun? Ich musste mich rasieren und unter die Dusche. Vor allem brauchte ich frische Unterwäsche. Sollte man mich in der Gosse finden, durfte ich aussehen wie Sau. Aber bitte keine bekackten Unterhosen. Der Briefträger warf die übliche Post durch den Schlitz, und ich legte sie auf den großen Haufen. Das Duschen hatte noch mal 0,2 Promille gekostet. Die angesoffenen Zellen meines Gehirns wurden ungeduldig und vereinigten sich zu einem ersten Angstschub.

Elf Uhr? Da hatte Spiro neben der „Mühle im Lehel" bestimmt schon vier oder fünf Pils aus der Bierleitung rausgelassen. Ist es vorher noch nicht gelaufen, kriege ich immer Brechreiz. Selbst wenn die beiden ersten Gläser weggeschüttet werden – was Spiro aber nicht tut, weil er sparsam ist. Natürlich stand die Brühe noch in der Leitung. Die beiden Handwerker, die offenbar ihre Frühstückspause machten, tranken Weißbier. Antonio, der freigestellte Lehrer, war noch beim Kaffee. Und Evelyn, die dicke Alkoholikerin zwischen dreißig und fünfzig, die überall Lokalverbot hatte – nur nicht hier –, zog sich zum Warmtrinken eine Weinschorle rein. Ein treffliches Völkchen. Aber nur, weil ich mir noch Jacketts von René Lezard leisten konnte, war ich keinen Riegel besser.

Zum Beweis ließ ich einen dumpfen Kalauer los: „Nixos, Naxos, alles Metaxos." Spiro langte nach oben zur Porzellanflasche mit dem 40 Jahre alten Metaxa drin und ließ einlaufen. Ich war schon immer ein Weltmeister im Selbstbetrug. Solange meine Unterhose keine braunen Flecken und der Metaxa alle möglichen Sterne hatten, konnte ich mich zu den gehobenen Alkoholikern zählen. Süchtig bis unter die Zehennägel, aber immer noch im gepflegten Bereich.

Die Alibi-Cola zum Metaxa ließ ich stehen: „Gib mir lieber drei Pils." Ich trank das dritte und bestellte ein viertes. Plötzlich fing Evelyn an zu heulen. „Hör mal Evelyn, es ist zwar halb zwölf, aber am Vormittag", sagte ich. Normalerweise setzt ihr Elend erst gegen zehn Uhr Abends ein, wenn auch die letzte Barriere im Kopf weggespült ist. „Du bist ein Arsch. Du verstehst überhaupt nichts." „Also sag schon, was ist los?" „Ich habe wahrscheinlich Krebs." Nicht schon wieder. „Ich weiß, du glaubst mir nicht. Aber du wirst sehen, ich habe Krebs. Leber." Ich wurde unsicher. Brust, Darm, Magen, Blase, Bauchspeicheldrüse, Eierstöcke – alles hatte sie schon durch. Aber Leber war neu. Und auch sehr naheliegend. Die einen kriegen erst eine Fettleber mit anschließender Zirrhose. Die anderen sind konsequent und holen sich gleich das dicke Karzinom.

„Wer hat dir diesen Blödsinn erzählt?" „Mein Arzt. Er wollte unbedingt, dass ich ein Blutbild machen lasse. Sonst hätte er mir keine neue Tabletten verschrieben. Und das Blutbild sieht Scheiße aus. Nicht nur Gamma-GT. Sondern auch alles andere. Darum hat er erst Ultraschall gemacht. Und jetzt sollen noch Zellen aus der Leber rausgenommen werden. Damit er weiß, ob oder ob nicht." „Spiro, gib der Evelyn einen Metaxa und noch eine Weinschorle."

Ich bin wieder zurück im Fünfbettverließ und bei Minute 23 angelangt. Plus 40 Sekunden. Der Gelbe ist zwischendurch sehr weiß geworden. Ein Leberspezialist aus einer anderen Abteilung war vor fünf Minuten bei ihm – mit dem Todesurteil: Irreversibel, also keine Heilungschance. Kann schnell gehen oder auch zwei Jahre. Auf jeden Fall Status halten. Auch sonst Erleichterungen möglich. Wenn ich einen Schnaps gehabt hätte, ich hätte ihn runtergestürzt, um ihn sofort wieder auszukotzen.

„Was soll ich nur machen?", sagt der Gelbe, „ich wollte doch endlich aufhören und zu meiner Mutter ziehen. Die ist seit fünf Monaten gehbehindert und braucht mich." Jetzt nicht mehr und vorher auch nicht. Ich kenne mich, also kenne ich auch den Gelben.

Wir versprechen bei allen Engeln und Teufeln, dass wir in drei Tagen, vielleicht schon in zwei, das Zeug sein lassen werden. Aber nur nicht jetzt, nur nicht heute. Dass die Mutter ein kaputtes Bein hat oder die Partnerin vor Kopfschmerzen wimmert, tut uns leid, unendlich leid. Wir sind auch bereit zu helfen. Aber bitte nicht sofort. Ohne die erlösende Ladung Alkohol haben wir selbst den Tod im Nacken. „Ja, wenn ich Geld hätte, dann könnte ich mir eine neue Leber leisten", sagt der Gelbe, „oder wenigstens eine Therapie mit frischen Leberzellen." Natürlich glaubt er sich kein Wort. Er ist lange genug im Geschäft, um zu wissen, dass die wenigen Transplantationen, die bisher gemacht wurden, für Säufer nicht infrage kommen. Für ihn schon gar nicht.

Die Milchglastür wird geöffnet, und ich giere der Erleichterung entgegen. Jetzt kommen sie, die zwei Distraneurin, die mich für ein paar Stunden erlösen. Die dicke Schwester stellt eine Kanne mit neuem, warmem Tee für alle auf das Tischchen. Keine Hand frei für die Klinikpackung

(100 Stück) aus braunem Glas mit Sicherheitsschraubverschluss und den Kapseln, die wie Engerlinge aussehen. Wortlos verlässt sie mit der leeren Teeblechkanne unsere Zelle. Ich rufe ihr nach: „Der Arzt hat gesagt, ich soll zwei Distraneurin bekommen. Haben Sie die vergessen?" „Die kriegen sie, wenn es soweit ist." Ich schütte den warmen Tee in den aufgeblähten Magen, der sich trotzdem anfühlt, als sei er auf eine schlagende Faust geschrumpft. Danach gehe ich wieder pinkeln, obwohl nur mühsame Tröpfchen rauskommen. Irgendetwas muss ich tun.

Der Farbige erzählt wieder von der Band, in der er der König war: „Drums, Bass, E-Gitarre, ich hab alles drauf. Jazz, Beat, Rock, Pop, Schlager, alles. Wir haben in Hamburg, Berlin und sogar in Warschau gespielt. Warschau war das größte. Du wurdest von jedem eingeladen. Wodka, Żubrówka und irgendwelche Höllenschnäpse von unter der Theke. Bass ging natürlich nicht mehr. Aber an den Drums kannst du reinhauen, bis du vom Stuhl fällst. Die anderen haben auch gesoffen, kommen aber besser zurecht mit dem Zeug. Vor einer Woche hatten sie plötzlich einen Neuen, ein Nichts. „Wir wissen selber, dass du besser bist", haben sie gesagt, „aber der hängt nicht jeden zweiten Abend in den Seilen. Auf ihn können wir uns verlassen." Der Drummer fängt an zu heulen: „Das musst du dir mal vorstellen. Die saufen wie die Tiere, viel mehr als ich. Und dann schmeißen sie dich raus." Das Unrecht fließt in großen Strömen an den aufgeschwemmten Backen runter.

Ich gehe wieder pinkeln, obwohl ich über der Kloschüssel würgen muss. Vor dem Klo ist ein Waschbecken mit Spiegel – falls sich jemand die Hände waschen oder die Zähne putzen will. Eine Steckdose gibt es auch. Die Elektrorasierer werden wie die Zigaretten im Schwesternzimmer verwahrt. Kann ja sein, dass jemand den angeschlossenen Rasierer heimlich ins vollgelaufene Waschbecken legt und dann die Hand ins Wasser hält. Ist alles schon da gewesen. Ich lasse kaltes Wasser über die Pulsadern laufen und versuche, nicht in den Spiegel zu sehen. Vor meiner Einlieferung hat Ulrike gesagt, mein Gesicht sähe aus wie ein Fleischkloß. Sie kennt meine Resteitelkeit und wollte mich verletzen. Das ist ihr auch gelungen. Aber ich sehe tatsächlich aus wie Brei.

Noch zehn Minuten bis zum geliehenen Glück. Ich trinke wieder Tee, gehe noch einmal pinkeln und beneide den Mann mit den Koffern. Er kann in der Abendzeitung lesen, die zur Morgenzeitung geworden ist und bald wieder Abendzeitung sein wird. Aber liest er wirklich? Wahrscheinlich überfliegt er mechanisch die Zeilen, ohne ihren Sinn zu verstehen. Ich versuche, durch die Milchglasscheibe zu erkennen, ob die dicke Schwester schon die braune Klinikpackung mit meinen beiden Rettern bereitgestellt hat – höre aber nur Gemurmel und manchmal ein gequältes Lachen. Offenbar ist wieder Übergabe an ein neues Schwesternteam. Die gelben Augäpfel liegen im Halbschlaf und der Farbige summt irgendetwas, das eine Melodie sein soll.

Ich höre wieder ein Flugzeug und stelle mir vor, ich würde drinsitzen und nach Berlin fliegen – ins neue Grand Hotel Esplanade am Lützowufer. Da bin ich wer, wenn ich unverschwiemelt und im feinen Zwirn vor dem Counter stehe. Ich kriege auch immer ein Zimmer zur Siedlung raus, wo es ruhig ist. Manchmal gibt es sogar ein Upgrade und ich darf zum normalen Preis in eine Penthouse-Suite. Du musst nur anständige Trinkgelder geben. Vor allem zum Schluss auf die Gesamtrechnung. Das spricht sich rum. Außerdem bringen sie dich notfalls aufs Zimmer, wenn du zu besoffen bist. Sie kennen dich schließlich als Mann im feinen Zwirn. Und wenn der trinkt, ist das eine Ausnahme. Aber das habe ich mir bisher als Option offen gehalten.

Es ist fünf vor halb zwei, also noch 300 Sekunden. Irgendwie kommen sie mir leichter vor als die 2700 Sekunden davor. So geht es wahrscheinlich Marathonläufern, wenn sie zu den beiden letzten Runden ins Stadion laufen. Mir fällt das Seminar ein, das ich in zehn Tagen mit irgendwelchen BWL-Studenten in Frankfurt machen soll. „Meinst du, dass ich heute Abend hier rauskomme, also gehen kann?", frage ich den Gelben. „Da mach dir mal keine Hoffnungen", sagt er, „selbst wenn du freiwillig hier bist, kommst du frühestens nach sechs Tagen raus. Erst wenn sie die Medikamente abgesetzt haben. Du bist doch freiwillig hier?"

„Nein, meine Freundin hat mir einen Notarzt und zwei Bullen in die Bude geschickt." „Da hängst du aber voll in der Scheiße. Die können dich so lange festhalten, wie sie wollen. Unter vier Wochen geht sowieso nichts."

Ich muss mich am Bettgestell festhalten. Wo bin ich? Im Gefängnis? Und warum, was habe ich getan? Habe ich eine Bank überfallen, jemanden vergiftet? Ja, mich habe ich vergiftet. Aber ist das ein Verbrechen? Kann man mich dafür einsperren? Ich lasse wieder Wasser über meine

Pulsadern laufen, versuche, ruhig zu atmen, um nicht umzufallen. „Hier war mal eine Frau zwangseingeliefert", sagt der Gelbe, „die wollte sich am zweiten Tag vom Bossi rausholen lassen. Das ist der berühmte Anwalt aus München mit den schweren Fällen, die immer im Fernsehen gezeigt werden. Drei Wochen hat er gebraucht, bis sie endlich draußen war. Die haben hier einen Richter, der täglich kommt und im Schnelldurchgang die Haftstrafen unterschreibt: Vier Wochen, drei Monate oder ein ganzes Jahr in einer geschlossenen Therapie mit stückchenweise Freigang."

Ich will es nicht glauben. Du trinkst, zahlst, was du trinkst, das alles in deiner eigenen Bude, machst nichts kaputt, bedrohst niemanden, schlagen schon gar nicht. Und dann kommt eine Hexe, der du einen neuen Fernseher gekauft hast, einen neuen Wäschetrockner, die teure Kleider – von dir gekauft – im Schrank hängen hat, und mit der du optimal gevögelt hast. Also diese Vettel schickt dich ins Säufergefängnis. Allein aus Sorge um deine Gesundheit. Tatsache ist, dass ihr der Säufer lästig ist und er ihre Monologe über die eigene Unzufriedenheit nicht anhören kann. Ihre großen Pläne, die sie nie verwirklichen wird. Das Gejammer über ihre Karriere als Anwältin – die nicht so funktioniert, wie sie sich das vorstellt. Außerdem kriegt der Besoffene keinen mehr hoch.

Es ist fünf nach halb zwei geworden und in meinem Kopf ist der Teufel los. Panik, Wut, verzweifelte Angst, Hass und unsägliche Machtlosigkeit. Ich klopfe an die Milchglasscheibe. Ein Schwesterngesicht erscheint, gehört aber nicht zu der Dicken. Es ist älter, verhärmt, mit dünnen Lippen und tiefliegenden Augen: „Was wollen Sie? Sie sehen doch, dass ich zu tun habe." „Ich sollte jetzt meine zwei Distraneurin bekommen, damit ich mich duschen und um zwei Uhr bei Dr. Hefner antreten kann." „Davon weiß ich nichts. Und ich habe auch keine entsprechenden Anweisungen. Medikamentenausgabe ist erst um sechs nach dem Abendessen. Also legen Sie sich wieder hin."

Ich glaube es nicht, will es nicht glauben. Soll ich jetzt vier Stunden in der Vorhölle sitzen, den Wahnsinn üben, warten, bis sich die Wände bewegen oder Jäger kommen, um mich zu erschießen. Ich klopfe noch einmal an die Milchglasscheibe: „Entschuldigung, es muss doch irgendeine Notiz geben, eine Medikamentenliste, auf der steht, dass ich jetzt meine Tabletten bekomme. Sie können mich doch nicht einfach hängenlassen. Das ist doch Sadismus!"

„Wissen Sie was? Mir reicht es jetzt. Ich habe Wichtigeres zu tun, als mir Ihr Gejammer anzuhören. Das hätten Sie sich alles vorher überlegen können. Entweder Sie sind friedlich und legen sich hin. Oder ich lasse zwei Pfleger kommen. Die sorgen dafür, dass Sie ruhig in Ihrem Bett liegen bleiben."

Noch einmal Wasser über die Pulsadern. Und Tee. So viel Tee, dass der Magen platzt und die Faust darin ertrinkt. Nach der dritten Tasse muss ich kotzen, verteile im hohen Bogen den Tee auf dem jugoslawisch geputzten Kunststoffboden, und setze mich einfach hin, in die Brühe, um nicht umzufallen. Dann kotze ich weiter. Der Gelbe ist zur Milchglasscheibe gelaufen und klopft. Das Gesicht der älteren Schwester ist hasserfüllt: „Jetzt reicht es wirklich! Sie haben es nicht anders gewollt!" Dann sieht sie den Gelben in der Tür und mich in der Pfütze auf dem Fußboden. Der Hass wird zur ärgerlichen Sorge.

Wenn jemand so kotzt, kann das einen Krampfanfall bedeuten. Das ist zwar kein Grund zum Mitleid, führt aber manchmal zu Scherereien. Fällt der Krampfende so hin, dass er ohnmächtig wird, und ist kein Arzt mit einer Sauerstoffmaske in der Nähe, kann er ersticken. Bei Säufern ohne Angehörige ist das ein bedauerlicher Unfall. Hängen aber Verwandte und Freunde am Patienten, kann es zu dummen Fragen kommen. Untersuchungen werden zwar erfolgreich abgeblockt. Aber die Fragen sind lästig genug. Besonders wenn sie mit Hilfe eines Anwalts gestellt werden. Die Schwester greift zum Telefon und spricht mit einem Arzt. Der kommt erstaunlich schnell und ist erstaunlich jung und freundlich. Ich schätze ihn auf 28. Er sagt sogar bitte, als er mich auffordert, mich auf mein Bett zu legen. Dann gibt er mir ein Valium-Zäpfchen, das ich mir zitternd in den Hintern drücke, und die beiden Distraneurin. Obwohl das Zäpfchen nicht sofort wirkt und die Distraneurin zehn Minuten brauchen, fühle ich mich schlagartig besser.

„Gut, dass Sie erbrochen haben", sagt der junge Arzt, „dadurch konnten wir was tun, bevor es zum Krampfanfall kommt. Wieso haben Sie nichts gesagt? Sie haben doch bestimmt gespürt, dass Sie Aussetzer hatten und dass Ihnen schwindelig war." „Fragen Sie die Hexe im Schwesternzimmer."

Auf einmal wird alles weich um mich herum. Die Angst zieht sich zurück, die Faust im Magen löst sich auf, meine Hände liegen auf dem Bettlaken, ohne zu zittern. So muss es sein, wenn du gestorben bist und im Paradies landest, denke ich und ziehe mich zurück aus dieser Welt.

Nach drei Stunden werde ich vom Bollern des Wagens mit den Plastikglocken geweckt, unten denen sich Brotschnitten mit einer undefinierbaren Wurstmischung befinden. Diesmal esse ich sogar etwas davon. Meine Hand vibriert zwar, als ich das Plastikschälchen mit der weich gewordenen Butter aufreiße. Auch die Matschwurst fällt zunächst neben die Brotscheibe. Aber das Zittern ist rein motorisch und wird nicht begleitet von Angstschlägen, die aus meinem Körper kommen.

„Na also, jetzt geht es dir doch schon viel besser", sagt der Gelbe, „du isst wenigstens was. Das ist ein gutes Zeichen." Komisch, ausgerechnet er, der auf der Todesliste steht, zeigt Anteilnahme und Mitgefühl. Was soll er auch anderes machen? Alle volljammern, dass er einen Pakt mit dem Sensenmann geschlossen hat. In der Säufergemeinschaft gibt es immer jemanden, dem es im Moment noch dreckiger geht als dir. Der gibt dir einen winzigen Trost, an ihm kannst du dich ein bisschen aufrichten.

Einen Tag später: Der Mensch braucht ja so wenig, um glücklich zu sein.

Es ist 7.30 Uhr und draußen unangenehm blaugrau. Die Nacht war mühsam, aber ohne Panikattacken, Jäger und Umzüge. Ich bekomme jetzt in regelmäßigen Abständen meine Kapseln und habe noch fünf in Reserve. Als der Nachtpfleger gegen ein Uhr früh mit der 100-Stück-Klinikflasche zu mir kam, um mir die Zwischendosis zu geben, klingelte sein Telefon, und er rannte ohne Flasche in sein Milchglaszimmer. Also fingerte ich fünf der weißen Engerlingskapseln raus und schob sie in meinen Kopfkissenbezug. Als er nach zehn Minuten nicht zurückkam, brachte ich ihm den großen Rest, und er war sehr erschreckt. Die schätzungsweise 70 Tabletten hätten für einen sicheren Abgang gereicht.

„Haben Sie da welche rausgenommen?", fragte er misstrauisch. „Nein. Warum auch? Schließlich bin ich hier, um von allem loszukommen. Auch von diesen Tabletten." Jetzt am Morgen habe ich nur ein Bedürfnis: duschen. Runter mit dem Dreck, den Gestank des Suffs ablegen wie ein dreckiges Hemd. „Das geht nicht", sagt die Schwester, „jemand muss Sie hinbringen zur Dusche und auf Sie aufpassen. Sie müssen warten, bis ein Pfleger kommt." Es ist eine ältere Schwester, die sich schon länger mit

Leuten wie uns abgibt. Ich sage ihr, dass ich laut Dr. Haller schon gestern Nachmittag hätte duschen sollen. Und dass ich mich weder unter dem warmen Strahl ertränken würde, noch die Absicht hätte, mein Shampoo auszutrinken. Es sei von Penaten und enthalte nachweislich keinen Alkohol.

Aus dieser Rede entnimmt sie, dass ich einigermaßen bei Sinnen bin. Ich darf mit Handtuch und Waschzeug auf den Gang zur Duschkabine, die zum Glück gerade frei wird. Hier seife ich mich ab, beim Abtrocknen sehe ich meine schlaffe, ungesunde Haut, spüre das quallige Gesicht – in den Spiegel mag ich nicht schauen – und bin erschreckt über meine stöckchengleichen Waden. Aber ich fühle mich wie nach einem Bad in der Riesenwanne einer Hotelsuite. Manchmal hast du alles, was du nur willst – sogar die eigene Sauna auf dem Zimmer – und bist gelangweilt. Aber hier in der Dusche mit den alten Fliesen und den bröckelnden Fugen bist du dem Leben hundertmal näher als in der feinsten Badelandschaft.

Zurück vom Duschen bekomme ich ein weiteres Geschenk. Ich darf umziehen in das Vierbettzimmer mit der Videoüberwachung. Es ist ein kleiner, aber unvorstellbar großer Schritt in eine beschränkte Freiheit: Eine unverschlossene Zimmertür zum großen, umlaufenden Gang. Dazu das Privileg, die Mahlzeiten im Gemeinschaftszimmer einzunehmen und mit den anderen Häftlingen auf schäbigen Sesseln herumzusitzen, zu rauchen, zu reden oder nichts zu tun.

Es gibt sogar einen Fernseher, der nach dem Frühabendessen um 18 Uhr angeworfen werden darf. Für mich ist er einstweilen tabu, weil die Strahlungen in der Entzugsphase zu Krampfanfällen führen können. Um neun Uhr betrete ich zum ersten Mal die Lounge, wie ich sie später nenne. Die Herumsitzenden schauen mich, den Neuling, neugierig an, dann nicken sie teilnahmslos und widmen sich wieder der Gegenstandslosigkeit. Ich setze mich auf einen Sessel mit leicht aufgeplatztem Kunstlederbezug und verkrieche mich hinter dem Qualm einer Zigarette.

Nach und nach schaue ich sie mir an, die Kollegen und Kolleginnen aus den Bereichen Flasche und Spritze. Als Erstes fällt mir ein alter Mann auf, der an einer selbst gedrehten Zigarette zieht und jeden Zug mit einem hohlen Schmatzen begleitet. Später erfahre ich, dass ihm vor seiner Einlieferung das Gebiss in die Kloschüssel gefallen ist und dass er zu besoffen war, um es wieder rauszufischen. Jetzt muss er die dünne Kippe ohne Vorderzähne packen. Ein geräuschvoller Lernprozess, der erst dann beendet sein wird, wenn ihm der Zahnarzt des Landeskrankenhauses Ersatz geliefert hat. Das kann dauern, weil vorher die Kostenübernahme vom Sozialamt vorliegen muss.

Von den insgesamt zwölf Anwesenden sind mindestens drei Fälle der einstweiligen Verwahrung. Du siehst es an ihren Füßen. Sie haben keine Schuhe, Schlappen oder Sandaletten. Sondern Überzüge aus blauer Plastikfolie mit einem Zugband an den Fesseln. Sieht grausamer aus als es ist. Wer ohne jedes Gepäck, aber mit verdreckten oder vollgekotzten Schuhen auf die Station kommt – und das vielleicht zehnmal pro Jahr – dem geben sie keine Haus- oder Turnschuhe aus der Kleiderkammer, aber Hemd und Hose, immerhin. Sie ist relativ gut bestückt und wird von der Caritas gespeist. Wenn die Schwestern einen Patienten nicht leiden können, verpassen sie ihm gern eine Hose in doppelter Größe, damit er auch um die Beine herum merkt, dass er Abschaum ist.

Neben mir sitzt ein junger, fast sympathischer Typ, der sich Klaus nennt und mich unsicher um eine Zigarette bittet. Er hat zwar ein Päckchen mit Samson-Feinschnitt. Aber der ist schon sehr, sehr dünn. Außerdem gehört er zu den Kollegen mit den blauen Füßen. Seine Hände zittern noch stärker als meine, und er muss zweimal zugreifen. Nach dem ersten Zug sagt er in einem seltsam menschlichen Tonfall: „Ich danke dir."

Ich schätze die Lounge auf 20 Quadratmeter, plus ein paar Quadratmeter Schreib- oder auch Spielecke mit einem hohen Tisch. Hier sitzen drei Frauen, irgendwo zwischen zwanzig und vierzig. Eine Dicke mit typischem Schwammgesicht. Eine Normale, vermutlich auch Alkohol, aber mit Restdisziplin. Und eine Dünne aus der Abteilung Heroin. Die Dünne lässt die Dicke noch massiger wirken. Immerhin, die drei unterhalten sich, während die Männer vor sich hindösen, in alten Zeitschriften blättern und von Zeit zu Zeit über die bald beginnende Arbeitstherapie sprechen.

„Bist du freiwillig hier?", sagt plötzlich der junge Typ mir dem abgemagerten Samson-Päckchen, „du siehst gar nicht aus wie die anderen." Er meint vermutlich mein sauber gebügeltes Leinenhemd, die Flanellhose und die schwarzen Slipper von Bally. Damit sehe ich in der Tat nicht aus wie die anderen. Mein aufgedunsenes Gesicht aber passt vorzüglich ins Gesamtbild. „Freiwillig wäre schön, aber meine Freundin, bis vorgestern Nacht war sie das noch, hat mit einem Trick dafür gesorgt, dass ich zwangsweise eingeliefert wurde. Jetzt habe ich verdammt schlechte Karten, um hier schnell wieder herauszukommen. Das weiß ich von jemandem, der schon mal hier war."

Samson teilt meine Sorgen: „Ich weiß nicht, wie es bei Alkohol ist. Aber ich bin auf Heroin, und sie werden mich auf länger hierbehalten. Wenn sie wollen, für Monate." Später erfahre ich, warum. Das Haus der Süchte arbeitet nach dem Bayerischen Unterbringungsgesetz. Das können die Richter bei ihren täglichen Besuchen vorsichtig oder streng auslegen, je nach persönlichem Befinden. Die meisten glauben an strafende Strenge und setzen ihre Unterschrift gern unter Beschlüsse, die Säufer und Junkies für Monate aus dem Verkehr ziehen.

Du kannst zwar dagegen gerichtlich angehen. Doch um damit Erfolg zu haben, brauchst du einen Top-Anwalt, also um die zwei Tausender. Und wer hat die schon? Außerdem wird Einspruch erst einmal eingefroren. Wenn sich ein Richter unter Druck gesetzt fühlt, bis zu vier Wochen. Vor allem beim Namen Bossi kriegt er Pickel und legt die Gesetze oder Vor-schriften besonders genau aus. Der Fuchs Bossi findet immer einen Ver-fahrensfehler oder ein Gegengesetz. So etwas mag der Richter überhaupt nicht. Also übt er Rache an denen, die sich nicht wehren können. Schließ-lich sind wir keine ehrlichen Einbrecher oder stadtbekannten Totschläger. Sondern versoffenes oder verkifftes Pack.

Plötzlich erscheint eine hübsche schwarzhaarige Frau im Zimmer mit zwei Alkoholikerinnen als Gefolge. Sie ist Ende dreißig und sehr dünn, hat aber ein interessantes Gesicht und eine angenehm rauchige Stimme. Sie fixiert mich und ordnet mich aufgrund meiner Klamotten und der Brille mit der halbintellektuellen Fassung im gehobenen Säuferniveau ein. Ob aus diesem oder einem anderen Grund – ich habe das Gefühl, dass ich ihr irgendwie sympathisch bin.

Mit ihrem kleinen Hofstaat nimmt sie in der Leseecke Platz, spricht über ein Psychobuch, das sie gerade liest und schaut manchmal zu mir rüber. Offenbar erwartet sie, dass ich mich vorstelle oder überhaupt etwas zu ihr sage. Ich aber starre dumpf vor mich hin, bin viel zu gehemmt, um sie anzusprechen. Das scheint sie zu ärgern. Der Einzige, der nicht nach Gosse aussieht, obwohl er aus ihr kommt, kriegt das Maul nicht auf. Sie verlässt die Lounge so plötzlich, wie sie gekommen ist und zieht sich mit ihrem Gefolge in ihr Zimmer zurück. Ich komme mir albern vor. Da sitze ich nun mit lauter Kollegen in der Scheiße und bin nicht einmal in der Lage, eine Mitpatientin anzusprechen.

Ulrike hat gegen meinen Willen zwei Bücher in meinen Koffer gepackt, beide diplomierter Schwachsinn über Suchtverhalten. Jetzt können sie mir helfen, den versäumten Kontakt aufzunehmen. Ich krame eins der Bücher aus dem Koffer, lege es auf den Hocker neben mir und warte, bis die hübsche, dünne Schwarzhaarige wieder auftaucht.

Nach einer Viertelstunde kommt sie zurück, diesmal ohne Hofstaat. Meine Stimme ist etwas belegt: „Ich habe vorhin gesehen, dass du dich für Psychologie interessierst. Mein Arzt hat mir dieses Buch zum Thema Sucht und Partnerschaft mitgegeben. Vielleicht möchtest du es dir mal anschauen. Ich bin noch viel zu zitterig, um es zu Lesen." Sie denkt sich vermutlich: „Na also, der kann ja doch reden." Dann sagt sie: „Im Moment lese ich noch was anderes. Aber ich komme gern darauf zurück." Längeres Schweigen. „Sag mir, wenn du es haben willst." „Tu ich." Schweigen. „Ach ja, ich habe mich noch gar nicht vorgestellt. Ich bin der Reinhard." „Ich bin Karo." Kurzes Schweigen. „Ich war bis heute früh eingesperrt im Überwachungsraum. Jetzt bin ich im Monitorzimmer und hätte nie gedacht, dass ein bisschen Freiheit so viel bedeuten kann." „Ich kenne das Gefühl." Das Mittagessen rollt an. Sie setzt sich zu ihren Hofdamen an den Tisch, ich nehme den freien Platz am Tisch von Samson.

Nach dem Essen hocke ich mich in die Leseecke. Sie hockt mit. „Du hast ein schönes Hemd an. Mein Freund hat auch so eins." „Danke. Ich trage am liebsten Leinenhemden." „Wie bist du hierhergekommen, freiwillig?" „Nicht direkt. Meine Freundin, oder besser, meine Ex-Freundin hat den Notarzt und die Polizei gerufen." „Kenne ich. Mein Freund ist Anwalt. Er hat mich schon dreimal einweisen lassen. Zweimal Nussbaumstraße. Und jetzt hier" „Aus Sorge, vermutlich." „Das behauptet er. Lass uns über was anderes reden. Was machst du? Bist du Lehrer?" „Manchmal, wenn ich Seminare gebe. Mein Geld verdiene ich mit Reklame."

Sie hat eine Zeitung mit einem großen Kreuzworträtsel aufgeschlagen: „Hier fehlt mir noch der Fluss durch Leningrad und eine Norne der Vergangenheit. Müsstest du eigentlich wissen. Du siehst klug aus mit deiner Brille." Ich kann ihr helfen, weil ich im Flieger immer das Kreuzworträtsel im „Stern" löse. Damit schaffe ich mir regelmäßig ein Erfolgserlebnis, weil es so schön leicht ist.

In einer abgegriffenen Zeitschrift sucht sie neue Rätselkästchen, die sie stören, weil sie leer sind. Wir rücken etwas näher zusammen und füllen die Rätsel gemeinsam aus. Zwischendurch albern wir ein bisschen rum. Das ist eine der wenigen Möglichkeiten zu vergessen, dass wir Gefangene sind – sowohl in den Mauern der Klinik als auch im Käfig unserer Sucht. „Gedächtnisschwund ist Amnesie. Aber das Wort habe ich leider vergessen." „Nein, du meinst Anamnese. Die hat dein Arzt immer vergessen, wenn du ihn besuchst. Oder er hat sie so weggeräumt, dass er sie nicht mehr findet."

Um drei beginnt die Besuchszeit. Ein ernster Mann kommt in den Gemeinschaftsraum, vermutlich ihr Freund, der Anwalt, und nimmt sie mit nach draußen in eine Besucherecke. Ich laufe durch den Gang, der im Viereck an den Zimmern vorbeiführt, und bin glücklich, dass ich keinen Besuch bekomme.

Als ich an der Besucherecke vorbeikomme, höre ich Karos rauchige Stimme: „Wenn du mir etwas Geld leihst, werde ich einen schönen Blumenladen aufmachen, dann wird alles besser. Nur mit Frischblumen. Die Stängel binde ich nicht mit einer billigen Schnur zusammen, sondern mit einem Band, das ich zur Schleife mache. Und die Wände des Ladens sind nicht weiß, sondern haben einen schönen farbigen Verputz wie die Läden in Italien."

Träume nur, liebe Karo. Alle Alkoholiker, die aus dem Schlimmsten raus sind, eröffnen Geschäfte, renovieren Häuser oder Wohnungen, erlernen einen neuen Beruf und laufen täglich zehn Kilometer durch den Wald. Sie stellen den Wecker auf halb sieben, machen Frühstück, bringen die Kinder zur Schule, räumen auf, reparieren, werfen weg und lesen sogar Zeitung. Irgendwann haben sich ihre Pläne zu einem gewaltigen Bergmassiv aufgetürmt, an dem selbst geübte Alltagsbewältiger scheitern. Der Alkohol schwemmt es wieder weg.

München, im November 1995: Die raffinierten Argumente meines Todfreunds.

Ich schaue in den Spiegel und mein Todfreund sagt: „Du siehst erholt aus, fast sogar gut." „Es geht mir auch gut." „Ich weiß, du hast in diesem Jahr viele Preise gewonnen. Bei deinem Reklameverein und beim ARD-Rundfunkwettbewerb. Die brauchst du für dein dünnes Ego." „Stimmt, was aber noch mehr zählt ist, du hast mich drei Monate in Ruhe gelassen." „Falsch, du hast mich beiseite geschoben und versucht, eine Mauer zwischen uns hochzuziehen." „Du weißt, dass ich nicht die Kraft dazu habe." „Weil du sie nicht haben willst." „Wie oft habe ich mir gewünscht, es würde etwas geben, das uns für immer trennt." „Und wie oft bist du zu mir zurückgekommen, weil du vergeblich versucht hast, einen Ersatz für mich zu finden. Ich fehle dir." „Du fehlst mir nicht im Geringsten. Am allerwenigsten jetzt.""Oh doch, erinnere dich bitte, wie du vor vier Monaten hinten in deiner Wohnung gelegen und den grässlichen Rheinhessen-Riesling aus deinem Keller gesoffen hast, ein Zeug, das du sonst nie anrühren würdest. Erinnere dich an dein Gewinsel, als du wieder und wieder die Johannespassion aufgelegt und in deinem Selbstmitleid gebadet hast. Das ewige ‚Mein Jesus ist tot'. Wie du auf den Tisch gefallen bist und die große

Marmorplatte zerschlagen hast, ohne dich zu verletzen. Die Sucht hat dich geschützt. Du wusstest, wenn du dir etwas brichst oder eine große Wunde zufügst, würde ich dich nicht ins Krankenhaus begleiten können." „Wen soll ich mehr dafür hassen, dich oder mich." „Nenne es Ärger, Wut oder Verzweiflung. Aber bitte nicht Hass." „Oh doch, es ist Hass." „Wäre es das, hättest du dich längst umgebracht. Es ist Liebe. Eine Liebe, die niemand außer dir versteht. Ausgenommen Alkoholiker und andere Süchtige. Du liebst die Trauer und den Schmerz. Warum bist du so fasziniert von Filmen über die deutschen KZs, vom unsäglichen Leid der Opfer und der Brutalität der Täter?" „Was hat mein kleines Leben mit dieser Welttragödie zu tun?" „Nichts. Bis auf eins: Auch du fühlst dich als Täter und Opfer. Wie alle Säufer. Du willst zerstören und aufbauen, verletzen und heilen, unterdrücken und befreien. Und ich helfe dir dabei. Nein, ich bin derjenige, der es dir erst ermöglicht."

„Willst du mir schon wieder einreden, ich hätte dich in mein Leben gelassen, um zu zerstören, um mich und andere Menschen kaputtzumachen." „Sei realistisch." „Das bin ich." „Würdest du dein Wohlsein so intensiv empfinden, wenn es dir immer gut ginge? Könntest du permanente Zufriedenheit, vielleicht sogar Glück, überhaupt ertragen?" „Acht Jahre lang konnte ich das." „Wie bitte? Acht Jahre lang warst du ein Autist, der sich eingeredet hat, der Bunker, in den er sich verkrochen hat, sei Schutz. In Wahrheit war er Gefängnis. Und es war dir immer bewusst, trotz deiner oberflächlichen Selbstzufriedenheit. Warum hast du mich wieder an deine Seite geholt?" „Ich habe dich nicht geholt, du bist gekommen." „Du weißt, dass ich nur zu dir kommen kann, wenn du es zulässt, also willst." „Ich habe es zugelassen, das ist wahr. Aber mit meinem Willen hat das nichts zu tun." „Dann nenne es Sehnsucht. Was hat Heike immer zu dir gesagt? Wenn du nicht hin und wieder leiden kannst, bist du nicht du, nicht glücklich. Du brauchst die Qualen und Ängste, die ich dir gebe, um die wunderbare Befreiung zu spüren, wenn sie dich verlassen. Du brauchst die Trostlosigkeit der Station 2b in Haar, um dein künstlich gefeintes Leben im Berliner Hotel Esplanade zu genießen. Du brauchst Misserfolg, um dich über den Erfolg zu freuen. Und den Suff, um nach Tagen der Qual sagen: Ich bin wieder da, ich habe es geschafft. Du behauptest immer, ich sei dein Todfreund. In Wahrheit bin ich du, wir beide sind eins." „Rede nur, rede. Du bringst mich nicht dazu, mich erneut zu zerstören." „Das verlange ich auch gar nicht." „Was dann?" „Nimm mich als Belohnung." „Wofür?" „Für die kleinen Erfolge, die dir so wichtig sind. Für deine Standhaftigkeit in den vergangenen Monaten." „Ich weiß, wo diese Belohnung hinführt." „Natürlich weißt du das. Aber vielleicht dehnst du sie aus, indem du kleine Mengen trinkst. Vielleicht schaffst du es sogar, mich in Zukunft nur noch so zu benutzen." „So etwas schaffen nur Menschen, die dich nicht an ihrer Seite haben." „Ich bin aber an deiner Seite und werde an deiner Seite bleiben, bis der Deckel über dir zuklappt. Warum also kämpfst du gegen mich?"

Ich verlasse das Bad, ziehe das helle Jackett an, decke mit Make-up die roten Äderchen meiner Nase ab und gehe ins „Herry", um mich zu belohnen. Die Kollegen an der Theke begrüßen mich überrascht, zum Teil auch erfreut. Sie wissen, dass ich zu zweit gekommen bin und bald wieder zu ihnen gehören werde. Ein Säufer, der auf längere Zeit, vielleicht sogar für immer trocken bleibt, wirkt auf andere Säufer sehr beunruhigend. Zwar sagen sie „Alle Achtung!", insgeheim aber warten sie darauf, dass er rückfällig wird.

Was bei mir im Kleinen abläuft, passiert in der breiten Öffentlichkeit mit Harald Juhnke. Seine größten Fans sind Deutschlands Vieltrinker und Alkoholiker. Sie lieben ihn, wenn er trocken ist, weil er ihnen vorlebt, dass es Hoffnung gibt. Noch mehr aber lieben sie ihn, wenn er wieder in seine Wodka-dumpfe Sinatra-Phase verfällt. Wie vor einem Jahr, als er aus der Berliner Hilton angesoffen die Bild-Zeitung anrief, um der Redaktion zu sagen, sie möge ihn bitte in Ruhe lassen.

Ich habe einmal in einer Runde mit ihm zusammengesessen, nachdem ihn Amelie Fried zu seinem neuen Film „Der Papagei" auf Tele5 interviewt hatte. Er saß zu weit weg, als dass ich direkt mit ihm sprechen konnte. Dafür hörte ich umso genauer, weil ich mich gerade in einer längeren Trockenphase befand und ein Gespür hatte für Zwischentöne. Er redete euphorisch über seinen Lieblingssohn, der bei Daimler-Benz arbeitet und extrem tüchtig ist. Eine Journalistin, die neben ihm saß, versuchte mit Geduld und Beharrlichkeit, das Gespräch auf den Film zu bringen. Doch Harald fand immer wieder einen Weg zurück zum Sohn, biss sich förmlich in dem armen Kerl fest.

„Kommt dir das nicht bekannt vor?", sagte mein Todfreund. „Was?" „Diese übertriebene Begeisterung, das sich Verkriechen in andere Menschen, in Aufgaben oder Pläne, die zwischen uns stehen sollen. Ihr wollt euch verstecken. In Wahrheit haltet ihr wie ein Kind die Hand vor die Augen und glaubt, wenn ihr mich nicht seht, kann ich euch nicht sehen." „Hältst du mich für so naiv?" „Mit Naivität hat das nichts zu tun. Es ist deine Überlebensstrategie. So, wie du zur mir kommst, um vor der Realität zu fliehen, versuchst du in Aktionismus abzutauchen. Es ist die einzige Möglichkeit, ein paar Wochen oder Monate trocken zu bleiben. Immer mit der Gewissheit, dass ich neben dir stehe und dich umarmen kann, wenn du willst.

Was waren deine Kunstobjekte mit den Miniaturpackungen anderes als Versteckspiele? Monatelang hast du bis Mitternacht gesägt, geklebt und lackiert. Du wolltest etwas schaffen, hast du gesagt, beweisen, dass du eine Sache zu Ende bringen kannst. Die psychologischen Klugscheißer, die dir ein Gräuel sind, nennen so etwas Eskapismus und meinen damit ausnahmsweise das Richtige: Zwanghaftes Fluchtverhalten. Aber du hast dir eingeredet, die Bastelei und all die anderen Versuche, zu machen und zu tun, seien jetzt dein Leben, dein neues wunderbares Jetzt, vor dem du nicht mehr weglaufen musst. Doch wie sehr du dich auch von mir entferntest, du wusstest, die wahre Realität sind wir."

Drei Monate nach Harald Juhnkes Hosianna auf seinen wunderbaren Sohn konnten die Bild-Redakteure wieder frohlocken: Einmal mehr hatte er sich an der Bar des Berliner Hotels Kempinski in eine Sinatra-Phase versetzt. Möglichweise hätte sie nach einem Abend enden können. Doch welcher Barkeeper ist so standhaft, auch nur eine Pfütze Wodka in Harald Juhnkes Glas der Presse vorzuenthalten? Alles andere folgte einem Automatismus: Die Boshaftigkeit und Häme schlecht bezahlter Journalisten brachte ihn auf die Titelseiten. Und der Gefallene, der vielleicht noch die Kraft gehabt hätte aufzustehen, sagte sich: „Dann sollt ihr haben, was ihr wollt, ihr Hyänen."

München, im Juni 1977: Wir konnten zusammen nicht kommen.

Dido rief mich gestern im Büro an. Ob wir uns heute treffen können. In dem kleinen Hoflokal an der Brienner Straße, wo wir vor einem Jahr einige Male gegessen haben, immer auf Distanz bedacht, damit ich keinen Rückfall erleide in der Liebe zu ihr. „Ich fliege rüber nach New York. Mit Icelandair über Reykjavik. Habe da einen kleinen Job bei Dorian, einem Freund. In drei Monaten nimmt er mich mit in die Karibik auf sein großes Boot. Ich möchte dich vorher noch einmal sehen."

Peter, der schwule Wirt, freut sich, dass wir bei ihm sitzen. Er mag uns. Warum, weiß ich nicht. Vielleicht, weil er in mir einen latenten Schwulen sieht. Oder weil Dido ziemlich schön ist. Auch jetzt, aber ernster, trauriger als vor einem halben Jahr, als wir uns zum letzten Mal trafen.

„Ich werde bei Dorian in der Galerie arbeiten. Was, weiß ich noch nicht. Er hat ziemlich viel Geld und weiß nicht, was er damit anfangen soll. Mir ist das recht. Ich muss mich nicht mehr als Texterin rumquälen, was nie mein Ding war." „Schön für dich." „Schön für dich, woher willst du das wissen?" „Niemand arbeitet gern in einem Beruf, den er sich aufgezwungen hat." „So meine ich das nicht." „Wie meinst du es dann?" „Du sagst

‚schön für dich' und denkst sofort an meine neue Arbeit in der neuen Umgebung." „Was ist daran falsch?" „Nichts. Ich hatte gehofft, du fragst dich, ob das auch schön für uns ist." „Was soll ich dazu sagen? Du weißt, warum wir nicht zusammenkommen konnten."

„Ich möchte noch einmal mit dir schlafen." Ich bin überrascht. Wir haben seit 1974 dreimal zusammengelegen, und nie hatte ich das Gefühl, es würde ihr etwas geben oder gar Spaß machen. Darum war Sexualität kein Thema mehr zwischen uns gewesen. Ich sage ihr das. „Ich weiß. Aber du hast mich nicht verstanden, wolltest mich vielleicht auch nicht verstehen. Ich habe dir von Anfang an gesagt, ich gehöre nicht zu den Frauen, die laut stöhnen und schreien. Ich habe Liebe empfunden, wenn du in mir warst, keine tierische Lust."

Obwohl ich mir dessen immer bewusst war, bin ich betroffen. Sie hatte das in unseren Gesprächen zwar angedeutet, aber nie so deutlich ausgesprochen. Warum jetzt? Vielleicht ist sie gedanklich schon in New York und kann aus der Distanz heraus so offen sein. „Wenn du sagst, ich soll hierbleiben, dann sage ich alles ab und bleibe." Das tut weh. „Ich kann es nicht sagen." „Ich weiß, aber du sollst wissen, dass ich es mir wünsche." „Wann kommst du zurück?" „In einem Jahr, vielleicht." „Ich werde auf dich warten." „Das möchte ich nicht. Du gehörst zu deiner Frau."

Sie wird sich in zehn Minuten ein Taxi rufen lassen und ich überlege mir, ob ich zu ihr einsteige und mit rausfahre nach Riem. Wir könnten vor dem Abflug noch eine halbe Stunde zusammensitzen und ich würde sie zur Passkontrolle bringen. Ich sage ihr das. „Es wäre schön, würde aber alles noch schlimmer machen."

Sie nimmt meine Hand, ich ihre. Ich bin verwundet, die alte Narbe ist aufgerissen, neue drohen hinzuzukommen. Warum bin ich so feige? Ist es tatsächlich Feigheit? Ich könnte, ja, ich müsste sagen: „Bleib hier." Aber was käme dann? Könnte ich noch ohne Selbstvorwürfe in den Spiegel schauen? Ich wäre bei Dido – und mein Gewissen würde mich zurück in die Perhamerstraße zwingen, zu Heikes Trauer, zu ihrer Hilflosigkeit und Enttäuschung. Irgendwann wäre ich zerrieben, ausgelaugt, würde als Schutz Gefühllosigkeit gegen alle entwickeln und hätte wieder den Todfreund an meiner Seite.

Beinahe wäre ich ihm schon vor drei Jahren ins Netz gegangen – als ich nach der ersten Nacht mit Dido nach Hause kam und Heike erzählte, was passiert war und warum. Ihre Tränen, ihr Zittern, ihre Verzweiflung wurden zu einem Stahlband, das sich immer fester um meine Brust spannte. Ein Bier hätte das Stahlband gelockert.

„Es war schön mit dir. Auch, weil du vorsichtig warst und unserer Liebe die Chance gegeben hast zu wachsen, statt uns zu überfallen." „Mir wäre im Traum nicht eingefallen, dass du dich für einen kaputten Typen wie mich interessierst." „Erzähl keinen Blödsinn. Warum habe ich dich nach meinem Bewerbungsgespräch noch einmal angerufen, um Ratschläge zu bekommen? Glaubst du, wegen der Ratschläge?"

Was gewesen ist, lenkt ab von dem, was ist. Wir werden in den letzten zehn Minuten über den „Clou" sprechen, bei dem ich im Schwabing-Kino wie aus Stein gemeißelt neben ihr saß. Kein Versuch, sie zu berühren oder gar ihre Hand zu nehmen. Dann der wahnsinnige Mut, sie nach unserem zweiten Treffen vor ihrer Haustür zu umarmen. Der einzige Streit, den wir miteinander hatten, und wie leid uns das hinterher tat. Mein viel zu lautes Eau de Cologne bei unserem ersten Treffen. Das zufällige Gespräch mit dem Schauspieler Charles Regnier im Werneckhof. Die Fahrten in ihrem klapprigen Käfer.

Der Taxifahrer kommt rein: „Der Wagen für Volkert." Ich trage ihr Gepäck raus, verdächtig wenig für ein Jahr. Wir umarmen uns. Sie steigt ein. Ich sage: „Auf Wiedersehen im Juni 1978." Der Kopf sagt: „Du konntest nicht anders." Das Herz sagt: „Warum nur?"

Berlin, im März 1979: Eine traurige Nachricht wird noch trauriger, wenn sie von einem Arschloch erzählt wird.

Der Art Directors Club hat wieder zum alljährlichen Wettbewerb nach Berlin gerufen: Grafiker, Texter, Fotografen und Designer, die glauben, was Besseres zu sein. Ein Tummelplatz der Wichtigtuer, Trödelmarkt des Belanglosen und Großraumpraxis für psychische Störungen. Als Einzelkämpfer muss ich dabei sein, mich zeigen. Würde ich nicht mitmachen, keine Preise gewinnen, ich wäre in kürzester Zeit ein Niemand und damit ein Fall für die Sozialhilfe. Die Branche ist unerbittlich.

Die Anzeigenjury, in die ich zum Glück immer gewählt werde, hat ihre Pflicht getan: hauen, stechen, würgen und per Gedanken zum Mars schicken. Jetzt ist Freitagabend und ich sitze mit fünf Jurykollegen der netten Art in einer leicht hochgefeinten Kneipe am Olivaer Platz. Ich habe sie überredet, mitzukommen, weil ich dachte, alles ist noch wie vor zwölf Jahren, als ich zum letzten Mal hier war: schön kaputt und heimelig. Doch die Zeit schlägt Wunden. Alles ist neu, fein, ausgesucht.

Schlimmer noch, mir gegenüber sitzt die Textqualle Lehmann. Wir konnten ihn nicht abschütteln. Abgesehen von seiner Qualligkeit nervt er mich mit unserer vermeintlichen Verbundenheit. Seit fünf Jahren säuselt er mir vor, dass wir eine gemeinsame Freundin hätten: Dido, „unsere" Dido. Sie hat mir einmal von ihm erzählt, mit wenig Begeisterung. Er arbeitete 1973 in derselben Frankfurter Agentur, in der sie als Textneuling anfing, ohne jede Ausbildung. Er hat ihr wohl hier und da geholfen.

„Du weißt, dass Dido in der Karibik umgebracht worden ist?" Eine Axt spaltet meine Schädeldecke und blitzartig fällt mir ein Bericht im „Stern" ein über den Mord an einer Bootsbesatzung vor Tobago oder Trinidad. Ungefähr vor sechs Monaten. Nicht die Opel-Geschichte mit Rauschgift und Selbstmorden. Sondern ein hundsgemeines Abschlachten von sechs oder sieben Leuten, die segeln und schwimmen wollten. Die Schlächter waren gierig auf das Boot, Geld und die Vorräte, mehr nicht. Aber die Bootsbesatzung hätte überleben und sie identifizieren können. Die Mörder wurden gefasst, als sie das Boot verkaufen wollten, mit dilettantisch gefälschten Papieren und einem verräterischen Außenanstrich. Bilder gab es im „Stern" nur vom Bootsbesitzer.

Mein Schmerz wird zur Wut. Warum muss ich das von der Qualle erfahren, mit einer gnadenlosen Beiläufigkeit am Kneipentisch? Ein Jahr nach ihrer Abreise hatte ich mich häufiger gefragt, wo und bei wem sie ist und was sie macht. Im letzten September, als ich in Wien allein in einem Hotel hockte, bekam ich plötzlich Sehnsucht, rief die Auskunft in Deutschland an und ließ mir alle Bremer Volkerts vorlesen. Vielleicht war ihre Mutter Elfriede dabei und würde mir sagen können, wo sie sich aufhält. Es gab aber keine Elfriede. Und nach und nach waren auch Dido und das davonfahrende Taxi immer weiter weggerückt. Jetzt aber sind sie da die Worte, wie gerade gesprochen: „Wenn du sagst, ich soll hierbleiben, dann sage ich alles ab und bleibe."

Düsseldorf, im Oktober 1978: Ein Nachnahmebrief mit zwei Blatt Papier für 1600 Mark.

Um die Terrassenwohnung in Laim, das 165 Quadratmeter große Büro auf der Widenmayerstraße und meine diversen Versicherungen bezahlen zu können, muss ich häufiger für Werbeagenturen arbeiten. Kein sonderliches Vergnügen. Meine Lieblinge, die Kundenberater, verändern die Vorschläge nach Belieben. Und wenn tatsächlich Ideenreste übrig geblieben sind, lassen sie die von den Auftraggebern widerspruchslos rundschleifen. Eine der Agenturen ist Troost Campbell-Ewald in Düsseldorf, kurz TCE, wo inzwischen auch Kollegen aus meiner DDB-Zeit arbeiten.

Dr. Zambo, einer der beiden Geschäftsführer, bemüht sich seit zwei Jahren, TCE aus den Mainstream-Ecke in die Kreativität zu holen, zum Teil mit Erfolg. Er ist Österreicher und auf ihn trifft der alte Bibelsatz zu: „Der Prophet gilt nichts im eigenen Land."

Unter seiner Anleitung entwickelte ich mit der Art Directorin Doris Lacerte eine Imagekampagne für Krauss-Maffei in München-Allach. Die Firma gehört zum Flick-Konzern und hat immer noch den Ruf, eine reine Waffenschmiede zu sein, obwohl sie inzwischen moderne Kunststoffmaschinen baut und maßgeblich am Transrapid beteiligt ist. Die für solche

Kampagnen typischen Arien auf das wunderbare Unternehmen und seine friedfertigen Produkte ließen wir sein. Stattdessen griffen wir das Vorurteil vom Kriegsgewinnler auf und versuchten, die neuen Produktbereiche dagegenzusetzen. Unter anderem zeigten wir das Foto eines Puppenkopfs aus Kunststoff und stellten dazu die Headline: „Hergestellt mit einer Maschine von Krauss-Maffei. Aha, eine neue Wunderwaffe."

Der beste Weg, einen schlechten Ruf oder ein Vorurteil abzubauen, ist Offenheit. Würde ich zum Beispiel als trockener Alkoholiker so tun, als hätte ich nie ein Glas angerührt, wäre die Reaktion nichts als Häme. Aus diesem Grund sage ich: „Es ist wahr, bis vor sechs Jahren habe ich gesoffen wie ein Weltmeister. Aber jetzt habe ich einfach keine Lust mehr."

Wir machten insgesamt sechs Anzeigen, wobei wir auch den Ruf vom ewigen Lokomotivenbauer relativierten. Dr. Zambo verkaufte die Serie ohne jede Änderung an den Flick-Bevollmächtigten von Brauchitsch, eine Meisterleistung. Von Brauchitsch hatte eine flauschige und flockige Imagekampagne im Sinn wie die von Thyssen, Krupp oder RWE.

Wir durften sogar zwei Anzeigensujets nachlegen, zu denen ich innerhalb eines Tages die Fließtexte schreiben und nach Düsseldorf schicken sollte. Problem: TCE hatte die Rechnung für die ersten sechs Anzeigen seit acht Wochen nicht bezahlt, weshalb ich rechtschaffen sauer und wenig motiviert war. Da hatte Heike eine Idee, auf die ich nie gekommen wäre: „Schreibe die Texte, aber schicke sie per Nachnahme."

Als ich den Brief mit den Texten zum Postamt auf der Unsöldstraße brachte, nahm ihn der Beamte ungläubig in die Hand und tastete ihn ab, um eventuell einen kleinen Goldbarren zu erfühlen. „Eine Nachnahme über 1600 Mark, ist das richtig?" „Ja, das ist richtig." „Sind Sie sicher, dass sie vom Empfänger eingelöst wird?" „Eigentlich schon." „Na gut, Sie müssen es wissen." Ich zahlte um die 30 Mark Gebühren und ärgerte mich, dass ich sie nicht eingerechnet hatte.

Einen Tag später brachte ein Postbote den Brief zur Düsseldorfer Heinrichstraße und legte ihn ausgerechnet meinem alten Freund und Pförtner Alfons Goppel vor, den Campbell-Ewald als unverzichtbares Relikt von der alten Troost-Werbeagentur übernommen hatte. „Herr Lipke, hier ist Pförtner Goppel. Ich habe hier eine Nachnahme von Herrn Siemes aus München über 1600 Mark. Einen dünnen Brief mit nur Papier drin. Was soll ich damit machen?"

Zur Adresse hatte ich den Namen des Maffei-Kundenberaters geschrieben. Herrn Lipke blieb also nichts anderes übrig, als ihn anzurufen, sich die Seriosität des Briefs bestätigen zu lassen und die 1600 Mark zu bezahlen. Trotzdem durfte ich weiter für TCE arbeiten, und wieder ging es um eine Imagekampagne. Diesmal für den Chemie- und Waschmittelkonzern Henkel, dessen Marke Persil zu den dicksten Etats der Agentur zählt. Die Aufgabe war demnach in höchstem Maße wichtig, aber auch heikel.

Die TCE-Kreativen hatten sich in den letzten Monaten bereits acht oder neun Vorschläge abgerungen, allesamt weit über dem Niveau der deutschen Unternehmenswerbung. Aber mal wurde die richtungweisende Henkel-Forschung nicht genug ausgelobt, mal kamen die Klebstoffe zu kurz. Dann fehlte die Internationalität, und Henkel als sozialer Arbeitgeber war sogar ganz unter den Tisch gefallen. Hier wurde einmal mehr die berühmte eierlegende Wollmilchsau gesucht, deren Züchtung dem Max-Planck-Institut immer noch nicht gelungen ist.

Auch meine Vorschläge gingen dreimal ins Leere. Dann erinnerte ich mich an eine Anzeige, die DDB New York vor 20 Jahren für die israelische Fluggesellschaft El Al gemacht hatte. Zum Foto einer stolzen jüdischen Mama mit dem Portrait ihres Sohns auf den Beistelltisch stand der Text: „My son, the pilot." Und darunter: „By Tillie Katz". Tillie erzählte, wie ihr Sohn, der immer Pilot werden wollte, schließlich zur El Al gekommen war, und wie sehr sie das mit Stolz erfüllte.

Nicht, dass ich die Anzeige klaute, aber sie war mir wichtige Inspiration. Mein Beinahe-Plagiat bestand darin, mit dem Art Director Hans Dieter Kügler aus einer Tillie zwölf verschiedene zu machen: „Mein Sohn, der Biochemiker bei Henkel in Barcelona." „Mein Mann, der Vorarbeiter bei Henkel in Brüssel." „Meine Tochter, die Laborantin bei Henkel in Lagos." Oben drüber stand ein Zitat aus dem Interview, das Henkel mit dem Sohn, dem Mann oder der Tochter führen würde. „Es gab 48 Bewerberinnen. Aber Leonie wurde genommen."

Bis auf die Eier war uns fast eine Wollmilchsau gelungen. Wir konnten alle Produktbereiche unterbringen, die ach so vorbildliche Forschung, die vielen Werke im Ausland und sogar das soziale Engagement. Die Henkel-Männer waren endlich zufrieden, und wir durften uns auf zwölf Reisen durch die Welt freuen. Kügler machte die Fotos und ich die Interviews.

Nach der dritten Reise (Reims, Brüssel und Barcelona) bekam Henkel einen neuen PR-Mann, ehedem Redakteur bei der Wirtschaftswoche. Er kannte mich, wie er bei unserem ersten Gespräch sagte. Das war keine Lüge, denn er stellte mir sofort eine Falle: „Ihr Brüssel-Text beginnt, indem die Frau sagt: ‚Ich vergesse nie den zehnten Februar vor zwei Jahren.‘ Richtig wäre: ‚Den zehnten Februar vor zwei Jahren vergesse ich nie.‘" „Warum das bitte?" „Weil das die bessere Dramaturgie ist."

Mir wurde sofort klar, was der Mann wollte: Mich ärgern und mir klar machen, dass er mich immer wieder ärgern würde. Auch die Absicht, die sich dahinter verbarg, war offensichtlich. Er konnte davon ausgehen, dass ich mich nicht von einem ehemaligen Redakteur auf diese Art belehren lassen würde, ob Haglfinger Tageblatt oder Wirtschaftswoche. Und seine Rechnung ging auf.

Obwohl ich mich schon für die nächsten Reisen nach Lagos und Santiago de Chile hatte impfen lassen, schrieb ich zwei Tage später einen Brief an den obersten Chef der Henkel-PR und an Dr. Zambo: „Ich kann mit Herrn M. nicht zusammenarbeiten. Unsere Vorstellungen von Anzeigentexten sind zu unterschiedlich." Herr M. konnte daraufhin die neun ausstehenden Anzeigen selbst schreiben und auch die entsprechenden Reisen um die Welt machen. Genau das war sein Ziel gewesen.

Ich tröstete mich mit einer Geschichte, die mir Hans Dieter Kügler über eine wunderbare Aktion der TCE-Kreativen erzählte. Vor einiger Zeit hatte die Agentur einen neuen Etatdirektor für Persil eingestellt. Nicht nur von hohem Wuchs, sondern auch adelig und mit einem sehr individuellen Geschmack. Die üblichen Büromöbel tauschte er gegen eigene aus Chromstahl aus: Chromstahltisch, Chromstahlunterschränke, Chromstahlregal, Sideboard aus Chromstahl. Die Stücke hatte er sich extra anfertigen lassen und hütete sie wie seinen Eintrag im Gotha.

Wann immer er aus dem Büro ging, schloss er es ab. Abends verließ er es erst, nachdem die Putzfrau den Raum und die glänzenden Teile unter seinen prüfenden Blicken gereinigt hatte. Irgendwann aber vergaß er das Abschließen, weil es bei einer Persil-Konferenz in Lohausen zu größeren Problemen gekommen war. Die dauerten leider bis in die Nacht, und er machte einen elementaren Fehler. Er rief in der Agentur an, um zu sagen, dass er an diesem Abend nicht mehr zurückkommen würde.

Diese Information drang vor bis zu Klaus Wülfing, einem der Art

Directoren, und der sah seine große Chance gekommen. Er besorgte sich vom nächsten Tapetenladen eine größere Rolle d-c-fix-Klebefolie mit einem herrlichen aufgedruckten Nussbaum-Furnier und verwandelte mit zwei Kollegen die adligen Chrom-Möbel in eine gemütliche Wohnzimmereinrichtung. Als der Herr Baron am nächsten Morgen sein Zimmer betrat, war er einem Herzinfarkt nahe, den er aber mit einem Schreikrampf verhinderte.

Weil kein Schuldiger gefunden wurde, musste das bürgerliche Idyll für einige Hundert Mark in eine seelenlose Chromlandschaft zurückverwandelt werden.

Berlin, im Oktober 2008: Ein kleiner Vogel, der zu einer Katze und zu meiner großen Liebe geworden ist.

Ich habe ein kleines Glück gefunden, frage mich aber ängstlich, ob es bleiben wird. Im August, als ich mich in Rogaška durch die Tage soff, wurde ich nachts plötzlich wach von einem piepsenden Gefiepe. Es kam irgendwo vom Hof. Ika hörte es auch und wir fragten uns, ob es wohl ein verletzter Vogel sei. Die Klage dauerte bis in die frühen Morgenstunden und wir sagten uns, dem armen Tier müssen wir helfen.

Auf dem Hof trafen wir Kunctec, unseren selbst ernannten Hausmeister. Er hatte das bedauernswerte Wesen bereits entdeckt. Keinen Vogel, sondern eine winzige Katze, die drei Meter über der Erde in einem Loch der Hofmauer saß. Verlassen und verzweifelt, ohne Mutter, ohne Geschwister, ohne Hoffnung. Aber mit einem unbändigen Lebenswillen. Sonst hätte sie nicht die ganze Nacht durch gepiepst.

Kunctec holte eine Leiter, stieg hoch und kam mit einem schwarz-weißen Bündel zurück, ein Katzenbaby, vielleicht zwei Wochen alt und gerade mal so groß, dass es seine Hand ausfüllte. Er gab es Ika und sagte: „Hier, wenn du willst, kannst du sie nehmen und durchfüttern." Hätten wir sie im Hof gelassen oder auf die Wiese über der Mauer gesetzt, wäre sie verhungert oder von den wilden Katzen totgebissen worden. Wir hatten also keine Wahl und trugen sie hoch in die Wohnung. Die Tütenmilch, die wir ihr angewärmt in ein Schälchen gaben, war keine Rettung. Das kleine Tier wusste nicht, wie man sie aufschleckt. Immerhin nuckelte es am Wasser, würde also in den nächsten Stunden nicht verdursten.

Ika legte es in meinen Schoß und fuhr zum einzigen Tierladen in Rogaška, um Rat, Futter und eine Grundausstattung zu holen. Nach wenigen Minuten kam sie zurück. Mit Fläschchen, Kinderkatzenmilch, Körbchen und Katzenklo. Beim ersten Versuch, das Tier mit dem Fläschchen zu füttern, wandte es sich ab. Dann aber siegte der Überlebenswille. Es führte sein Mäulchen zum Schnuller, rutschte ab, fand die künstliche Zitze, saugte sie langsam an und begann, gierig zu nuckeln.

Ika hatte die Milchmenge auf ein halbes Fläschchen begrenzt. Zu viel hätte der kleine leere Magen nicht vertragen. Aber Katzen wissen von Geburt an, was genug für sie ist. Wir legten sie vorsichtig in das Körbchen, das wir mit einer blauen Decke und Handtüchern ausgepolstert hatten, und dachten, nach dem Schock und dem Stress der vergangen Nacht würde sie sofort einschlafen. Stattdessen krabbelte sie über den flachen Rand des Körbchens, stellte sich unsicher auf die Füße und begann, rutschend über den glatten Parkettboden zu laufen. Ihre Augen waren noch schwarzblau und konnten, wie man uns später sagte, nur Umrisse und Schatten wahrnehmen. Trotzdem fand sie sofort ein Versteck unter dem Bett, kam aber bald wieder hervor, um weiter herumzurutschen – direkt in unsere Herzen.

Sie hatte ein weißes Gesichtchen mit rosafarbenem Näschen. Über den riesigen Augen war sie schwarz, als hätte sie eine Mütze auf. Aus der Mütze ragten spitze weiße Ohren. Ihre Pfoten waren viel zu groß für den winzigen Körper, zugleich ein Hinweis, dass sie zu einer schwarz-weißen Großkatze heranwachsen würde. Jetzt aber war sie die kleine hilfsbedürftige Elsa, wie ich sie sofort nannte, das süßeste Wesen der Welt. (Da sind Katzenhalter wie Mütter. Ihr Baby beziehungsweise Katzenkind ist das schönste überhaupt.) Schon am zweiten Tag kam das Raubtier durch. Immer wenn ich sie auf dem Schoß hatte, drehte sie sich auf den Rücken, um zu strampeln, zu beißen und zu kratzen.

Bis dahin hatte sie in beliebige Ecken gepinkelt und geschissen, mit einem Gestank, den ich allenfalls von einem ausgewachsenen Löwen erwartet hätte. Darum setzte ich sie regelmäßig in ihr Katzenklo, vor allem, wenn sie aus ihrer Hauptbeschäftigung aufwachte, dem Schlafen. Bereits nach einem Tag hatte sie verstanden. Wenn es Zeit war für die Notdurft, wackelte sie zum Kasten mit dem Streu, legte sich hin und piepste, bis sie hineingehoben wurde. Dabei entdeckte Ika eine Rückenverletzung, die sich bisher unter den Haaren des Fells verborgen hatte, nun aber zu eitern begann.

Bevor Elsa auf unerklärliche Weise in das Loch der Hofmauer gelangte, war sie gebissen worden, vermutlich von einer anderen Katze. Zum Glück gibt es im acht Kilometer entfernten Smarje eine Veterinärpraxis. Ich konnte Ika nicht begleiten, weil ich dringend einige Biere brauchte. Außerdem wollte ich nicht mit. Nüchtern hätte ich unmöglich mit ansehen können, wie die Wunde geöffnet und gereinigt wurde. Vielleicht musste sogar der Rücken aufgeschnitten werden.

Beim Saufen durchlebe ich vier Phasen: Entzugsphase mit Ängsten und Zittern. Große Erleichterung nach dem Pegelanstieg. Selbstmitleid und unsägliche Trauer über das Elend dieser Welt. Dumpfes „Mir ist alles egal, leck mich am Arsch". Ein leidendes Kätzchen passt weder in die nüchterne Phase noch in die Larmoyanz zwischen 1,5 und 2,0 Promille.

Als Ika zurückkam, hatte Elsa zwar eine kahle Stelle auf dem Rücken und antiseptisches Puder auf der Entzündung. Ansonsten aber war sie putzmunter und nahm wieder ihre Strampel- und Kratzlage ein, als ich sie vorsichtig auf den Schoß gehoben hatte. Mich wundert bis heute, dass sie nicht von meiner Bierfahne abgestoßen wurde. Vielleicht dachte sie, dass alle menschlichen Großkatzen so riechen.

In den folgenden zehn Tagen bis zu meiner Abreise nach Berlin wuchs sie mir immer mehr ans Herz. Auch Ika liebte sie. Nur hatte sie Angst. Ihr Immunsystem ist geschwächt. Hände, Knie und Füße sind vom Rheuma so angegriffen, dass nur noch Cortison und Methotrexat gegen die Schmerzen helfen. Das wirkt sich auf ihre Antikörper aus.

Weil Elsa von einer wildlebenden Mutter kam und in den ersten Lebenstagen Kontakt zu allen erdenklichen Keimen hatte, bestand die Gefahr einer Infektion. Außerdem musste Ika in ihrer Verfassung mit einer Katzenallergie rechnen. Doch wenn das kleine Tier an ihren Füßen kratzte und nach Milch piepste, wenn es sich auf den Rücken legte, strampelte und die großen, halbblinden Augen noch weiter aufriss, vergaß sie die Gefahren.

Ich kümmerte mich zwar auch um Elsa. Das nächtliche Füttern und das Säubern des Katzenklos überließ ich aber weitgehend Ika. Tagsüber war ich damit beschäftigt, den Pegel zu halten. In der Nacht haute ich mich mit Tabletten voll, damit ich gegen Morgen keine Panikattacken bekam.

Elsa störte sich nicht an der lebenden Leiche. Sie hangelte sich an der Felldecke hoch, die nachts auf unseren Füßen liegt, krabbelte bis zu meinem Kopf und legte sich an meinen Hals. Bald fand sie ein wärmeres Plätzchen. Früh um fünf weckte mich Ika voller Panik. Ich lag auf dem Rücken und Elsa in meiner linken Achselhöhle. „Wenn du dich auf die Seite legst, wirst du sie zerquetschen oder sie erstickt." „Das glaube ich nicht", sagte ich benommen, „sie ist trotz ihrer Winzigkeit eine Katze. Darum erkennt sie die Gefahr und haut rechtzeitig ab."

In meinem Vegetieren zwischen Suff und Tabletten war Elsa ein dauernder Sonnenstrahl. Sie brachte mich sogar dazu, einen Verantwortungsrest zu aktivieren. Ich ließ die eine oder anderen Flasche Bier aus, so dass ich sie notfalls füttern konnte, wenn Ika nicht da war.

Als ich am 24. August im Flugzeug nach Berlin saß, wurde mir plötzlich bewusst, wie leer mein Leben war. In der angeblich so schönen Berliner Wohnung würde es keine Ika und keine Elsa geben. Dafür in fünf Tagen einen grausamen 68. Geburtstag in einer Stadt, die mir immer fremder wurde. Ich bestellte bei der Stewardess in kurzen Abständen drei kleine Flaschen Prosecco, die bei „massiver Flugangst" und unauffälligem Verhalten problemlos serviert werden. Am Flughafen führte mich mein erster Weg zum Taxistand. Zehn Meter entfernt von den parkenden Taxis befindet sich ein alter S-Bahnwagen, der zur Kneipe umgebaut worden ist. Ika und Elsa waren vergessen und ich fragte mich, ob sich das gute Wetter halten würde. So könnte ich am Abend beim Spanier draußen sitzen und zum Bier rauchen.

Die folgenden Tage verbrachte ich zwischen Säuferwahnsinn und künstlicher Ohnmacht. Am 29. August, dem Tag meines Geburtstags, wurde ich in die Park-Klinik eingeliefert und einen Tag später ins St.-Joseph-Krankenhaus gebracht.

Während des Entzugs kehrten Ika und Else zurück in mein Bewusstsein. Vor dem Einschlafen und um überhaupt schlafen zu können, stellte ich mir vor, ich würde in Rogaška neben Ika liegen. Und zwischen uns oder an meinen Füßen die kleine Katze.

„Du bist verrückt", sagte ich mir manchmal, „du hast wieder alles zerstört. Die wenigen Menschen, die noch an dich glauben, musstest du unbedingt enttäuschen. Dein Geld wird immer weniger und dir ist klar, dass du spätestens in fünf Monaten auf der Straße sitzen wirst. Du bist kaputt im Kopf und konntest in den letzten zwei Monaten weder schreiben noch malen oder sonst was tun. Du hast ein katastrophales Blutbild, einen Gang wie ein Zombie, kriegst kaum einen Bissen runter. Und jetzt lebst du in Gedanken bei einer Katze, die dir vor zwei Wochen entweder scheißegal war oder wunderbares Geschenk, je nach Suff und Laune."

Die Vorstellung aber, dass ich bald wieder in Rogaška sein würde, bei Ika und dem herumwuselnden Bündel, hatte etwas überaus Beruhigendes. Es war ein Bild der Hoffnung und des Friedens, das mich zumindest für ein paar Stunden schlafen ließ. Nach drei Wochen St. Joseph flog ich zurück nach Slowenien. Ika war glücklich, als ich in Zagreb aus der Zollkontrolle kam. Das Gesicht nicht mehr aufgedunsen, sechs Kilo weniger, der Gang wieder aufrecht und die Sprache klar. Als wir in Rogaška ankamen, stellte ich mir die bange Frage, ob Elsa mich wiedererkennen würde. Sie war eine Woche lang im Haus von Mariettkas Eltern gewesen, weil es Ika sehr schlecht ging. Mariettka ist Aushilfe in unserem kleinen Laden, ein wahres Goldstück mit positiver Ausstrahlung. Dazu lernbegierig, fleißig und hilfsbereit. Im Haus ihrer Eltern durfte Elsa endlich raus ins Freie, während sie in unserer Wohnung nur Fenster zum Rausschauen hatte. Außerdem gab es eine ältere Artgenossin und einen Hund als Spielgefährten.

Den Hund jagte sie – er war einmal von einer Katze gebissen worden. Und der Katze fraß sie den Napf leer. „She is a devil", hatte Mariettka gesagt, als ich einmal aus dem St. Joseph im Laden anrief. Jetzt war das kleine Monster wieder zu Hause, und die Woche in Freiheit würde die Erinnerung an mich bestimmt überdeckt haben.

Sie kam uns zwar entgegen, als wir die Tür aufschlossen, nahm aber nicht weiter Notiz von mir. Wie auch? Erst von der Mutter verlassen, dann aufgenommen, danach weggegeben und schließlich wieder aufgenommen, das sind zu viele Eindrücke für eine kleine Katze. Außerdem war ich ein anderer, ohne glasige Augen und Bierfahne.

In den folgenden drei Wochen entwickelte sie sich immer mehr zu einem liebenswerten Teufel. Ihre Lieblingsbeschäftigung war, aus irgendeiner Deckung heraus an unsere Füße zu springen. Vorausgesetzt, sie waren nackt. Sobald wir mit unseren Händen in ihre Nähe kamen, sprang sie auch die an, um zu beißen und zu kratzen. Für sie war es Spiel, für Ikas kaputten Hände und Füße aber Qual. Zum Glück konnten wir sie dazu bringen, von Ika abzulassen und mich zum Spielgefährten und Opfer zu machen.

Dass eine kleine Katze Bewegung und Beschäftigung sucht, ist verständlich. Umso mehr, wenn sie in einer Wohnung aufwächst – ohne Geschwister und ohne Mutter, die ihr notfalls was auf die Nase gibt. Elsa aber war ein Extremfall. Schon Mariettka hatte gesagt: „Ich habe mit vielen Katzen zu tun gehabt. Aber so etwas Wildes und Verrücktes ist mir noch nie untergekommen."

Tatsächlich gab es zwei Elsas. Die nervende, die überall hinsprang, alles umwarf, was nicht fest verankert war, und unsere schönen Lederstühle ankratzte. Außerdem liebte sie es, das Katzenstreu möglichst weiträumig in der Wohnung zu verteilen. Ein Gästeklo oder eine Kammer haben wir leider nicht. Elsas Klo steht notgedrungen in der Küche, die zum großem Wohn- und Schlafraum hin offen ist.

Die andere Elsa war ein schnurrendes Nuckeltier. Ihr Lieblingsplatz war am Heizkörper im Bad. Hier hatte sie es doppelt warm, denn auch der Fußboden ist beheizt. Wenn es ihr zu langweilig wurde, legte sie sich auf Ikas Corbusier-Sessel. Er war breit genug für Mensch und Katze, was sie jedoch nicht einsah. Die gesamte Sitzfläche gehörte ihr. Sie ließ sich aber gern zur Seite schieben, weil es so schön eng und warm war, wenn sich Ika zu ihr setzte. Wurde es ihr auch hier zu langweilig, sprang sie auf die umlaufende Lehne meines Sessels und spazierte herum, um sich irgendwann auf meinem Schoß niederzulassen.

Sobald wir sie streichelten, schnurrte sie wie eine 30-Pfund-Katze, die ein großes Filetsteak im Bauch hat. Nach wenigen Sekunden steckte sie ihr Köpfchen in die Streichelhand, um an einer imaginären Zitze zu nuckeln. Das konnte Minuten dauern, aber auch eine ganze Stunde – wenn wir sie ließen. Danach wollte sie spielen, was mein Part war. Ich warf kleine Schaumstoffbälle in die Luft und sie versuchte, sie aufzufangen. Manchmal gelang es ihr und ich hatte das Gefühl, sie war stolz auf den Erfolg wie ein junger Fußballer auf sein erstes Bundesligator.

Nachmittags nahmen wir sie mit runter zum Laden. Den sah sie jedoch

lieber von innen als von außen. Direkt am Schreibtisch, der auch Laden-
tisch ist, befand sich ein Heizkörper, den sie über die Maßen liebte. Wenn
sie dort lag und schlief, umgeben von Silbersachen, konnte man sie für
eine Dekoration halten. Kam aber ein Kunde in den Laden, gab sie den
Schlaf sofort auf. Schließlich musste sie wissen, wer dieser Kunde war und
was er wollte.

Von Zeit zu Zeit wagte sie sich auch 30 oder 40 Meter in den Kurgarten, an dem unser Laden liegt. Jedoch immer bereit zum Rückzug. Es
sei denn, ich blieb als großer Bruder in ihrer Nähe.

Obwohl sie uns manchmal furchtbar nervte, besonders mit ihrer Krat-
zerei, wurde die Vorstellung, sie für längere Zeit weggeben zu müssen,
immer schrecklicher. Das aber würde passieren. Ikas Krankheit, die zu
kleine Wohnung und ihr Bewegungsdrang passten einfach nicht zusammen.

Als ich am 12. Oktober wieder nach Berlin fuhr, fiel mir der Abschied
noch schwerer als vor sieben Wochen. Auch Elsa musste etwas gespürt
haben. Erst saß sie immer wieder am Fenster und schaute auf den Hof, auf
dem der VW stand, mit dem mich Ika zum Flughafen gebracht hatte.
Dann setzte sie sich in die Badewanne, den Blick auf die Tür gerichtet.

Die Badewanne mit mir als Inhalt war zu ihrem Lieblingsspielplatz
geworden. Sobald das Wasser rauschte, kam sie angelaufen und sprang
auf die Wannenumrandung, um staunend mit anzusehen, wie sich eine
menschliche Großkatze ohne Hemmungen nass machte. Am interessantesten für sie war, wenn ich mir die Haare wusch, die Handdusche auf-
drehte und das Wasser über den Kopf laufen ließ. Zuerst schaute sie nur
irritiert und fragend zu. Doch dann stupste sie die Pfote in den Bade-
schaum, jedes Mal etwas tiefer, bis sie auf Widerstand traf.

Irgendwann wagte sie sich sogar an die Düse, aus der das Wasser als
Doppelstrahl in die Wanne lief. Dazu musste sie so weit nach unten rutschen, dass sie mit den Hinterbeinen kaum noch Halt hatte. Aber das war
egal. Was gab es Schöneres, als die Pfote durch den austretenden Strahl hin
und her zu bewegen und zu sehen, wie das Wasser nach beiden Seiten
spritzte.

Natürlich kam, was kommen musste. Ihre Hinterbeine rutschen weg
und sie fiel ins Wasser, bis sie im Schaum verschwand. Ich wollte ihr raus-
helfen, aber innerhalb von einer Sekunde war sie wieder oben auf dem

Wannenrand, mindestens so erschreckt wie nass. Bisher hatte sie immer geschrien wie auf einer Folterbank, wenn sie mit Wasser in Berührung kam. Am lautesten, wenn Ika ihr die Füße abduschte, weil sie damit im Katzenklo die Kacke breitgetreten hatte. Jetzt aber machte sie keinen Mucks. Auch nicht als Ika sie von oben bis unten abduschte, um den Schaum zu entfernen. Es ist nun mal ein gewaltiger Unterschied, ob eine Katze selbst ins Wasser springt oder reingestellt wird.

Jetzt bin ich seit drei Wochen in Berlin und befürchte, nein, ich weiß, dass ich Elsa verloren habe. Ika hat sie vorübergehend zu ihrem Bruder Christian gegeben, der mit seiner Familie in einem baufälligen, aber großen Haus lebt. Mit Hof, Garten und 100 Ecken zum Verstecken. Zur Familie gehört auch Mickie, ein etwa sieben Monate alter Kater. Offenbar war es Liebe auf den ersten Blick, wie mir Ika erzählte. Die beiden liegen zusammen im Bad auf dem warmen Fußboden, Elsas Lieblingsplatz. Sie schlafen zusammen in einer alten Lederjacke, die auf einer Waschmaschine liegt. Sie fressen sich gegenseitig die Näpfe leer, ohne zu streiten. Elsa schmatzt Mickies Ohren ab, springt auf ihm herum und haut ihm ihre zu großen Pfoten ins Gesicht. Manchmal haut er zurück. Aber das Ganze bleibt ein Spiel.

Wenn ich in einer Woche zurück nach Rogaška fahre, würde ich sie gern zurückholen. In Ikas Sessel, unters Bett, auf die Tische, die wir ihr verboten haben, zum „Roten Hund", den sie immer ankratzt (das ist ein hockender Hocker). Und auf den Rand der Badewanne zu den Wasserspielen. Aber was ist das im Vergleich zu einem Haus mit 100 Schlupfwinkeln und mit einem Kumpel, der eines Tages ihr Geliebter sein wird. Vielleicht werde ich sie mal für eine Nacht in unsere Wohnung nehmen, die sie kaum noch kennt, und die inzwischen viel zu klein für sie ist.

Für immer oder längere Zeit geht ohnehin nicht. Würden wir sie nach und nach auf den Hof lassen, wäre zu befürchten, dass sie Keime oder Bakterien mit nach Hause bringt – bei Ikas schwachen Abwehrkräften ein zu großes Risiko. Ich werde sie regelmäßig besuchen, obwohl ich mich in dem versifften Haus alles andere als wohl fühle. Mir bleibt die Erinnerung an ein kleines Wesen, das mir in schlimmen Wochen Freude und Trost war. Und die Hoffnung, dass sie die badende Großkatze nicht völlig vergisst.

Berlin, im Dezember 1960: Das Wunder von der Masurenallee.

Es ist Sonntag. Ich hocke in meinem möblierten Zimmer bei Frau Walloch auf der Nassauischen Straße und halte mit wenig Briketts und noch weniger Vergnügen den Kachelofen warm. Irgendwie bin ich hundsgemein allein. Was macht wohl Evi? Evi, meine immer noch unausgesprochene Liebe. Sie ist mit ihrem Bruder in Berlin, der auch zur Meisterschule, Abteilung Werbung, geht. Aber ein Semester höher als Evi und ich. Evi hat auch gleich zwei Freundinnen gefunden, während ich mich mit Freunden schwer tue.

Manchmal treffe ich mich mit dem Bundeswehr-Schmidt, der nach dem ersten Semester gehen musste und jetzt Strickmaschinen verkauft. Ein etwas einfältiger Mensch, der versucht, fortwährend gut gelaunt zu sein und immer wissen will, ob ich mit Evi schon im Bett war. Dummerweise habe ich ihm was von meiner stummen Verehrung gesagt, die für ihn erst dann zählt, wenn ich Evi gelegt habe, wie er sich ausdrückt.

Das ärgert mich. Schließlich bin ich mit Evi schon einmal aus gewesen, war aber nicht in der Lage, mehr als nur den Komischen zu machen, dem manchmal ein Witzchen gelingt. Immerhin, sie hat sich auf dem Nachhauseweg bei mir eingehakt, und ich war glücklich. Evi hockt also mit ihrem Bruder oder ihren Freundinnen zusammen, trinkt Tee und steckt sich Weihnachtsplätzchen in den Mund. Ich würde gern mithocken, ohne Bruder oder Freundinnen. Die Plätzchen brauche ich auch nicht.

So aber starre ich in ein Buch, das ich an diesem Tag nicht lesen mag, rauche eine Zigarette gegen die Langeweile und denke über die fünf oder sechs Mark nach, die das Weihnachtsoratorium in Haus des Rundfunks an der Masurenallee kosten würde. 80 Pfennig Bahn kommen auch noch hinzu, zusammen mehr als ein Tagessatz zum Leben. Den Evangelisten singt Helmut Krebs, wahrscheinlich wieder so gut und krebsig wie vor einem Jahr in der Wuppertaler Stadthalle. Nur musste ich dort nichts bezahlen. Meine Mutter hatte die Karten gekauft. Mein Preis war, sie zu begleiten.

Ich versuche, Evi zu vergessen, ziehe unter der Jacke und dem grauen Raglanmäntelchen ein weißes Hemd an, von Testorp wie Karton gestärkt und gebügelt, und fahre mit U- und S-Bahn zur Masurenallee. Viel zu früh. Die Kasse hat noch nicht geöffnet. Trotzdem steht schon eine Schlange vor dem Guckloch. Das ist mir zu blöde oder ein Zeichen, dass ich das Geld für eine Currywurst mit Bier und trübe Gedanken an Evi ausgeben soll. Vielleicht doch nicht?

Immer mehr Menschen kommen in die Vorhalle, viele festlich angezogen und alle mit einem Blick, als würde bei der heutigen Aufführung ein Wunder geschehen. Das steckt an. Ich stelle mich an das Ende der Schlange, obwohl sie durch mein Zögern noch gewachsen ist. Sie wird kürzer, aber nicht schnell genug. Die Saalklingel hat schon einmal zum Hinsetzen gerufen. Und immer noch stehen vier Leute vor mir. Hinter mir haben alle aufgegeben. Jemand schneidet die ersten beiden ab, weil er noch ganz schnell zwei Karten zurückgibt.

„Das ist die letzte, fünf Mark bitte", sagt die Frau im Guckloch und hält sie dem Mädchen hin, das vorn steht. „Ostgeld geht nicht", tönt das Guckloch, als das Mädchen einen DDR-Ausweis und fünf Ostmark auf das Zahlbrett legt. „Aber wieso?" Frage ich mich auch. Wer aus Ostberlin kommt, kann bei allen kulturellen Veranstaltungen gegen Vorlage des Ausweises eins zu eins mit Ostmark bezahlen, statt vorher eins zu fünf in D-Mark umzutauschen. Ich versuche, um den Vordermann herum, das Gesicht des Mädchens zu sehen. Ein liebes Gesicht, fast so wie das von

Angela aus Witten, die ich sehr verehrt habe, bevor ich nach Berlin ging. Nur ist es etwas jünger, etwa 23, und noch feiner. Hilft aber nichts. Das Guckloch will D-Mark. Und das Mädchen fragt noch einmal und verzweifelt: „Wieso?" „Weil diese Veranstaltung nicht gefördert wird." „Gut, dann zahle ich eins zu fünf, also 25 Ostmark." Das Guckloch bleibt gnadenlos: „Ich kann kein Ostgeld annehmen."

Ich überlege schon, ob ich das Mädchen gleich ansprechen und trösten soll – wir werden schließlich übrig bleiben – da passiert etwas Unerwartetes. „Geben Sie mir Ihr Ostgeld, ich tausche es Ihnen um", sagt mein Vordermann, der jetzt an der Reihe wäre. „Das machen Sie wirklich? Vielen Dank, ich danke Ihnen", sagt Angela aus Ostberlin.

Das wars dann, lieber Helmut Krebs. Während die beiden ihr Geld tauschen, gehe ich zur großen Ausgangstür. Es hat bereits zum dritten Mal geklingelt, und hinter mir werden die ersten Saaltüren geschlossen. Plötzlich kommt ein gehetzter Mensch auf mich zu: „Brauchen Sie eine Karte?"

Ohne nachzudenken sage ich: „Ja, aber geben Sie die bitte dem Herrn, der da drüben bei der jungen Frau steht. Der hat sie vor mir verdient." „Wenn Sie meinen", sagt der Mensch mit der kostbaren Karte und läuft weiter. Ich bin traurig, fühle mich aber gut. Eben noch hatte mich die Hilfsbereitschaft meines Vordermanns beschämt. Jetzt kann ich das Konzert, das ich nicht gehört habe, als anständiger Mensch verlassen.

„Ich habe eine Karte für Sie." Vor mir steht ein Mann, der Pförtner vielleicht. „Wie bitte?" „Ja, ein Freund hat sie gerade vorbeigebracht. Er muss woandershin." Ich suche mein Geld. „Nein, sie kostet nichts." „Sie kostet nichts? Wieso?" „Ich habe Sie beobachtet und gesehen, wie Sie dem anderen Herrn zu einer Karte verholfen haben, die Sie ohne weiteres für sich haben konnten. Das hat mir gefallen. Weil ich für die Karte nichts bezahlt habe, müssen Sie auch nichts bezahlen. Schnell, gehen Sie. Sie schaffen es noch."

Alle Saaltüren sind schon geschlossen. Doch auf ein Zeichen des Pförtners hin tritt eine Ordnerin vor die Mitteltür und öffnet sie einen Spalt breit, so dass ich durchrutschen kann. Ich suche und finde meine Reihe – die vierte, also eine von den besten – arbeite mich halb stürzend zum Sitz durch – ein wunderbarer Mittelplatz – und noch beim Hinsetzen leiten die Pauken das „Jauchzet, frohlocket" ein. Im Sitzen befreie ich mich von meinem Raglanmäntelchen und als der Chor einsetzt, wische ich mit dem Handrücken eine Träne ab. Haben die reinströmenden Leute nicht nach einem Wunder ausgesehen? Es ist geschehen, wenn auch sehr klein und von niemandem bemerkt.

Berlin, im März 1961: Die nächtlichen Besuche einer lispelnden Kornflasche.

Mein Zimmer liegt in der dritten Etage eines teilzerbombten Altbaus, der vor acht Jahren lieblos wieder hergerichtet wurde, Nassauische Straße 36. Der ungefähr zwölf Quadratmeter große Raum ist Teil einer Riesenwohnung, wie sie um die Jahrhundertwende in besseren Wohngegenden üblich waren: großer Salon, sechs Zimmer, riesige Küche mit monströsem Holzfeuerherd und auf dem Gang ein winziges Bad. Frau Walloch, die Vermieterin, ist ungefähr 50 Jahre alt, hat zwei Söhne von sechzehn und achtzehn und bewohnt den Salon. Wo ihr Mann geblieben ist, weiß ich nicht. Wenn sie mich manchmal zum Tee einlädt als Gesprächspartner gegen ihre Langeweile, reden wir über Politik, Kunst oder Musik. Gleitet das Gespräch in persönliche Bereiche ab, die zu einer Frage nach ihrem Mann führen könnte, weicht sie aus oder hat dringend etwas zu erledigen.

Mein Zimmer ist ein Schlauch, aber äußerst gemütlich. Neben der Tür ein großer weißer Kachelofen, dann ein kleiner Tisch mit drei Stühlen und ein alter Kleiderschrank. Gegenüber das Bett, daran anschließend ein Sekretär mit Schreibplatte, auf dem Boden leicht abgelaufene, aber echte Teppiche. An den Wänden vier von mir selbst gemalte Bilder, teils Aquarell, teils Plakatfarbe. Frau Walloch meint, ich hätte mich beim Malen auffällig an Klee und Miro orientiert, was zweifellos stimmt. Die beiden sind meine Lieblinge und nach einer recht umfangreichen Klee-Ausstellung in der Nationalgalerie ist Paul für mich ohnehin der größte. Mag sein, dass ich hier unter dem Einfluss meiner Mutter stehe, die Klee Anfang der Dreißigerjahre in Düsseldorf kennengelernt hat. Aber ich muss ja nicht alles ablehnen, was von ihr kommt.

Das Zimmer ist 20 Mark teurer als das bei Frau Weisgerber in der Steglitzer Wulfstraße. Ich muss auch im Winter Briketts für den Kachelofen kaufen, was meinen Etat zusätzlich schmälert. Doch ich habe gelernt, die Briketts in Zeitungspapier einzuwickeln. So bildet die Glut einen Block, der erst allmählich auseinanderfällt und länger die Wärme behält.

Am wichtigsten ist für mich der Sekretär. Sein grünes Tuch, erst geringfügig abgeschabt, animiert mich zum Schreiben auf der alten Schreibmaschine, die ich mir von Frau Walloch ausgeliehen habe. Manchmal Gedichte, manchmal komische Geschichten, die ich mir ausdenke. Das meiste werfe ich wieder weg, weil ich beim späteren Lesen unzufrieden bin. Mir ist klar, dass ich noch sehr, sehr lange üben muss. Die Werbetexte, die ich für die Meisterschule schreibe, fallen mir erheblich leichter. Dafür gibt es Kriterien, die ich begreife. Ob meine anderen Schreibversuche gut sind, weiß ich nicht. Ich hätte auch kaum den Mut, sie jemandem zu zeigen, der etwas von Literatur versteht.

Es gibt zwei weitere Untermieter. Den langen dünnen Jürgen und Herrn Schneider. Jürgen ist um die dreißig, bewohnt ein Zimmer neben dem Salon und wartet darauf, sechs Wochen in Moabit einzusitzen. Er ist, wie er mir erzählt hat, als Kurier für Hehlerware missbraucht worden, wurde erwischt und verdonnert. Manchmal glaube ich ihm, manchmal auch nicht. Er lebt von Gelegenheitsarbeiten, Tomatenmark und Spaghetti, das halbe Pfund zu 28 Pfennig. Jedenfalls hat er sich in der großen Küche noch nie etwas anderes gekocht.

Herr Schneider ist um die vierzig und haust neben dem Bad in einer etwa sechs Quadratmeter großen Kammer, die er mit Macht verkommen lässt. Wenn er die Tür öffnet, strömt entweder Schnapsgeruch heraus oder säuerlicher Muff. Er ist vor drei Jahren aus Ostberlin gekommen, um seine Karriere als Schauspieler und Rundfunksprecher zu besseren Bedingungen fortzusetzen. Die offenen Arme, die er sich als Bruder aus dem Osten erhofft hatte, suchte er vergebens. Und dies, obwohl er, wie er sagt, sogar bei Brecht im Theater am Schiffbauerdamm aufgetreten ist.

Seitdem hängt er an der Flasche. Die restlichen Chancen, die er nicht hatte, nahm ihm eine Treppenstufe, an der er sich die beiden mittleren Schneidezähne ausschlug. Den linken allerdings nur zur Hälfte, was dazu führt, dass der verkannte Rundfunksprecher in nasses Lispeln verfällt und mit entsprechender Schnapsration fast so spricht wie der Onkel und der Kellner in Wolfgang Borcherts „Schischyphusch". (In dieser Erzählung haben der Onkel von Wolfgang Borchert und ein Kellner den gleichen Sprachfehler, was sie sich gegenseitig zuerst sehr übel nehmen.)

Jetzt überbrückt Herr Schneider die Zeit bis zur Rückkehr ins Theaterleben mit dem Schreiben von Gedichten. Er ist ein armer Hund mit einer guten Seele, aber schlechten Lebensumständen. Nachts wird er bisweilen etwas lästig. Sobald er die übliche Flasche Korn geleert hat, füllt sich sein Kopf mit freier Lyrik, die er nicht nur zu Papier bringt, sondern auch unbedingt vorlesen möchte.

Weil sein Zimmer dem meinen genau gegenüberliegt, bin ich das Opfer, am liebsten zwischen eins und drei nach Mitternacht: „Ich weiß, ich störe sie. Aber ich habe soeben ein Gedicht zu Ende geschrieben und möchte unbedingt wissen, ob es Ihnen gefällt und was Sie davon halten." Dann trägt er die wirren Gedanken einer Kornflasche vor und schaut mich erwartungsvoll an: „Sie können mir ruhig sagen, dass es nicht gut ist. Ich kann damit leben. Aber ich möchte es wissen."

Meistens bin ich hellwach, und weil ich nicht unhöflich sein will, lasse ich mich auf ein hoffentlich kurzes Gespräch ein. Die Folge ist, dass er rasch in sein Rattenloch läuft, mit einer Reserveflasche Korn zurückkommt und mir einmal mehr einen Schluck für mein Zahnputzglas anbietet. Er möchte mich zum trinkenden Verbündeten machen, der bereit ist, länger zuzuhören. Doch mir graust vor Fusel. Mit achtzehn habe ich einmal aus Verzweiflung und Protest eine halbe Flasche Dornkaat in mich reingeschüttet, mir alle Innereien aus dem Leib gekotzt und seitdem nie wieder einen Schnaps angerührt.

Wenn wir über sein neues Werk gesprochen haben, schildert er mir regelmäßig seine wunderbare Zukunft: „Ich warte nur darauf, dass meine Zähne wieder in Ordnung sind. Mit meiner Lücke habe ich bei keinem Theater eine Chance. Ich werde mich einen Monat lang mit Rollensprechen, Nachrichtenlesen und Textimprovisationen vorbereiten. Vielleicht sollte ich auch meine Gedichte vortragen?" „Ich weiß zwar nicht, wie das Vorsprechen abläuft. Aber die Gedichte wären etwas zu viel." „Na gut, wenn Sie das sagen. Wollen Sie vielleicht doch einen Schluck?" „Nein, ich möchte jetzt schlafen." „Selbstverständlich. Und ich bitte vielmals um Entschuldigung, dass ich Sie belästigt habe."

Seit drei Monaten bin ich sein nächtliches Publikum. Im Winter wäre ich abweisender gewesen. Aber jetzt im Mai macht mir der Besuch des Alkohols in Form des Schriftstellers nur manchmal was aus, wenn ich selbst einen kleinen Rausch habe. Den hole ich mir mit zwei Flaschen Bier in der Currywurstbude auf der Berliner Straße und zwei Mollen in der nahen Eckkneipe.

Die Wurst-Holzhütte wird von einer Mutter mit Drang zum Höheren und ihrer ungefähr 20 Jahre alten Tochter bewirtschaftet. Bei meinem fünften oder sechsten Besuch wechselten wir zum ersten Mal Worte, die über das Bestellen und Bezahlen hinausgingen. Die Mutter wollte unbedingt wissen, was ich denn so mache und ob ich vielleicht Student sei. „Nicht ganz. Ich bin Studierender an der Meisterschule für Grafik, Druck und Werbung. Das ist so etwas wie eine Fachhochschule, also keine Universität." Weil beide zwischen Fachhochschule und Uni keinen Unterschied sahen, bin ich seither der Herr Student und bekomme manchmal eine zweite Currywurst gratis. Ich werde die Tochter trotzdem nicht heiraten.

Die Eckkneipe ist rechtschaffen schmuddelig und wird überwiegend von Berufstrinkern besucht. Das stört mich nicht weiter, weil die Beleuchtung sehr schlecht ist und die beiden Biere aus der Currywurstbude wirken. Außerdem ist die Musikbox sehr laut eingestellt und spielt auf Wunsch zweier Stammgäste entweder „Wir wollen niemals auseinandergehen" oder „Itsy Bitsy Teenie Weenie Honolulu-Strand-Bikini", einen anderen Hit des Jahres. So werden die vom Rauch speckigen Wände auch akustisch zugedeckt.

Seit vier Wochen ist der Schriftsteller ein neuer Mensch. Er hat Arbeit bei Osram gefunden, wo er Glühlampen eindreht oder einpackt oder als Ausschuss zertrümmert. Als Erstes ließ er die feuchte Zahnlücke schließen, was ihn sichtlich aufrichtete. Er machte sogar vereinzelte Versuche, seine Kammer zu säubern.

Vor drei Tagen schleppte er eine große Grundig-Kiste die Treppe hoch und ich fragte mich, ob sie mit Schnapsflaschen gefüllt war oder gewaschene Unterwäsche für seinen Neubeginn enthielt. Er war sehr aufgeregt und bat mich, beim Auspacken zuzuschauen, weil der Karton etwas sehr Wichtiges enthielt: Ein Tonbandgerät. Jedoch nicht das Volksgerät von Grundig. Sondern das SL-Modell für über 600 Mark mit vielen Tasten, Knöpfen und vielen noch zu zahlenden Raten. „Was wollen Sie denn damit?" „Meine Sprache kontrollieren. Ich bin aus der Übung und meine neuen Zähne machen mir Schwierigkeiten. Ich glaube, dass ich manchmal lispele, weil ich mit der Zungenspitze anstoße. Ich muss lernen, mit den neuen Zähnen zu sprechen. Ich muss überhaupt lernen zu sprechen."

Eine Woche lang habe ich nichts von ihm gesehen, dafür umso mehr gehört. Jetzt bittet er mich in seine Kammer, die überraschend aufgeräumt wirkt, dicht an einer leichten Sauberkeit. „Ich werde Ihnen jetzt den Mark Anton vorspielen. So, wie ich ihn vor einer Woche gesprochen habe. Und dann eine Aufnahme von heute. Sie werden sich wundern und nicht mehr fragen, warum ich mir das teure Gerät gekauft habe."

Er legt den Finger auf die Starttaste, und in dieser Sekunde ertönen im Hof die Pfeifen eines Leierkastens. Wenig später kommt eine Stimme hinzu, Gesang vermutlich. Ich kann nur hoffen, dass niemand aus Wut statt der eingewickelten Groschen eine schwere Spardose auf den Sänger wirft. Sein Vortrag ist schlecht aus tiefer Überzeugung und schmerzhaft für alle, die ihr Fenster geöffnet haben. Sogar für den Schriftsteller. Er vergisst die angekündigte Hörprobe, stellt das Tonbandgerät aufs Fensterbrett, lässt das Mikrofon in den Hinterhof baumeln und drückt die Aufnahmetaste.

Der Sänger hat seinen Vortrag beendet und sammelt die sehr vereinzelten Groschen auf, die zu ihm runtergeworfen wurden. Er wickelt sie aus dem Papier, wirft sie in eine Blechdose und schiebt die Drehorgel an, um den Hof zu verlassen. In diesem Moment dreht der Schriftsteller sein Tonband auf maximale Lautstärke, und der Hof wird ein zweites Mal erfüllt vom heiseren Pfeifen der Drehorgel und vom krächzenden Gesang. Der Sänger erstarrt. Erst allmählich blickt er sich um, vorsichtig, ängstlich. Weil er keine Erklärung findet, prüft er das Instrument, sieht aber ein, dass es ohne Kurbel keinen Ton von sich geben kann.

Was geht hier vor sich? Ein derart verspätetes Echo, das kann nicht sein.

Er sucht den grauen Putz der Häuserfassaden nach einen geöffneten Fenster ab, aus dem möglicherweise ein Mensch schaut, der seinen Gesang erwidert, findet aber niemanden. Dann richtet er den fragenden Blick auf die Wolken. Vielleicht ist sein Gesang bis in den Himmel vorgedrungen und von der Dreifaltigkeit samt Engelschar mit bestem Dank zurückgeschickt worden. Ich kann mir lebhaft vorstellen, dass die dort oben lieber einen Choral von Bach hören als den Gesang eines Berliner Beniamino Gigli und die gequälten Pfeifen einer Drehorgel.

Der Schriftsteller beschließt, die Situation zu entschärfen: „Das waren sie selbst", ruft er runter zum Sänger, „ich habe alles mit meinem Tonband aufgenommen und wieder abgespielt." Vergebens, der Mann bleibt ratlos. Vielleicht versteht er nichts, weil die Worte nicht bis nach unten dringen. Oder er will nichts verstehen. Nach seinen Erfahrungen ist es unmöglich, dass ein Echo aus einem einzelnen Fenster kommt. Kopfschüttelnd schiebt er den Leierkasten zum nächsten Innenhof, im guten Glauben, dass dort kein weiteres Rätsel auf ihn wartet.

Rogaška Slatina, im Herbst 2006: Früher oder später sind alle Beziehungen ruiniert, auch meine.

Seit März 2002 lebte Ika nur noch in Angst, egal ob ich zwei der drei Wochen gar nichts trank oder mich bereits am Nachmittag zu „Spiro" schlich. Wir waren in Berlin gewesen zur jährlichen Großveranstaltung unseres feinen Reklamevereins. An den ersten beiden Tagen übte ich kontrolliertes Trinken, was mir auch gelang. Ich wollte als Jurymitglied einigermaßen ernst genommen werden und musste am Freitagabend beim Empfang im Springer-Haus vor 400 Werbern meine übliche launige Rede halten.

Der Applaus war freundlich und anhaltend, verdiente aber eine Belohnung. Bis zum Sonntagnachmittag, als wir zurück in München waren, ließ ich keine Gelegenheit aus, mich saufend zu beloben. Weil wir kaum etwas gefrühstückt hatten, holte Ika eine große Tüte mit leckeren Scheußlichkeiten von McDonald's. Dabei auch matschige Fritten. Aber nicht matschig genug. Eins der Stäbchen schwemmte ich mit einem großen Schluck Wein in die Luftröhre, verlor das Bewusstsein und kippte nach hinten, wobei meine Gesichtsfarbe allmählich ins Bläuliche überging. Ika rief voller Panik sämtliche Notrufnummern an. Glücklicherweise war im

500 Meter entfernten Rotkreuzhaus ein Rettungswagen mit Notarzt in Wartestellung: „Bringen Sie ihn in Seitenlage und öffnen sie alle Türen, damit wir nicht läuten müssen und ohne Verzögerung zu ihm durchkommen."

Sie holten mich zurück zu den Atmenden und als ich wieder bei Bewusstsein war, befand ich mich in einem Überwachungsraum des Klinikums Bogenhausen. Hier wollte ich ums Verrecken nicht bleiben, verließ das Bett und begann mit einer jungen Ärztin einen endlosen Disput über die Rückkehr in meine Hofwohnung. Doch nicht, um mich hier ins Bett zu legen, sondern, um weiter zu Herry zu gehen, der um diese Zeit sein Lokal öffnete.

Nach einer halben Stunde gab die Ärztin auf und willigte ein, jedoch unter der Bedingung, dass Ika mich abholen würde. Barfuß und im Schlafanzug hätte ich die Klinik ohnehin nicht verlassen können. 20 Minuten später saß ich glücklich in Ikas Golf. Die Absicht, bei Herry meine Wiederauferstehung zu zelebrieren, schob sie wütend beiseite: „Wenn du das machst, fahre ich dich zurück nach Bogenhausen. Oder ich setze dich auf die Straße."

Ich habe ihr viel, sehr viel angetan. Wut auf Ika hatte ich häufiger. Hass aber habe ich nie empfunden. Auch nicht als Gegenreaktion, wenn sie mir von ihrem auf mich erzählte. Tatsächlich war Ika hochgradig co-abhängig. Und ich tat alles, damit sie immer tiefer in die Unfreiheit rutschte. Dreimal in den vergangen Jahren zelebrierte ich in Hotels das Probesterben, ähnlich wie Nicolas Cage in „Leaving Las Vegas". Meine Helferin hieß aber nicht Elisabeth Shue, sondern Ika Bratuscha.

1997 setzte sie sich mit ihren Rheumahänden in ihren kleinen Peugeot (ohne Servolenkung), um mich aus dem Frankfurter Hotel Arabella zu schleppen, wo ich einige Male die Minibar ausgesoffen hatte. Im Jahr 2000, während meiner Millennium-Krise, hing ich im Düsseldorfer Parkhotel für mehrere Tage an der Grappaflasche, ehe Ika zur Rettung angereist kam. 2003 sammelten sich im Zimmer 536 des Berliner Hotels Esplanade die leeren Champagnerflaschen. Ich hatte in den letzten drei Jahren beim New-Economy-Hype knapp ein Drittel meiner Lebensversicherung an der Börse verloren. Da kam es auf das Geld für die Weinbrause auch nicht mehr an.

Jetzt will Ika mir sogar die Hälfte der Rente abgeben, die sie möglicherweise in der nächsten Zeit aufgrund ihrer Polyarthritis bekommt. Danke, nicht einmal halb verhungert in der Gosse würde ich etwas davon annehmen. Ich müsste schon hochgradig schizophren sein oder dement bis zur geistigen Existenzlosigkeit. Genauso wenig würde ich mir von Heike oder meinem Bruder Geld geben lassen. Diese Erniedrigung wüsste ich zu verhindern. Von irgendwo bekäme ich die nötigen Distraneurin schon her, um dem Elend ein Ende zu setzen.

Das scheint mir ein passabler Ausweg ins Nichts. Aufgeschnittene Pulsadern sind mir nicht sicher genug. Für die Kugel durch den Mund bin ich zu feige. Und in einen eisigen Fluss zu springen, brächte ich noch weniger fertig, als auf einen Fernsehturm zu steigen. Dagegen sind Distraneurin ab 40 Stück aufwärts eine sichere und saubere Angelegenheit. Am besten in irgendeiner Absteige in Polen, ohne Papiere. Und in Klamotten, die keinen Hinweis auf meine Herkunft geben.

Ika hatte zu oft erlebt, wie ich zum besoffenen Wrack wurde, zum selbstgefälligen Arschloch, Zerstörer unserer Existenz. Manchmal hatte ich ein schlechtes Gewissen, weil ich sie mit meiner Sauferei zur aggressiven, unzufriedenen und verzweifelten Frau gemacht habe. Als wir uns kennenlernten, wusste sie zwar, dass ich süchtig bin. Aber ihre Liebe machte sie blind: „Ich, Ika, kann ihn retten, vom bösen Zwang befreien." Alle Co-Abhängigen leben mit dieser Hoffnung. Anderenfalls würden sie die Ängste, Enttäuschungen und Demütigungen nicht ertragen.

In den ersten Jahren unseres Zusammenlebens nahmen wir uns beide zurück. Ich mit dem Saufen, Ika mit dem Frustauskotzen. Sexuell stimmte ohnehin alles. Aber nach und nach sackte ich ab. Mir wurde immer häufiger bewusst, dass ich in meinem Beruf ein Auslaufmodell war. Und je mehr ich auf die sechzig zuging, desto größer wurde meine Angst, auf dem Abstellgleis zu landen. Tatsächlich hatte ich von 1994 bis 1999 Erfolge wie selten. Aber ich konnte sie nicht ertragen, musste sie zerstören, um später sagen zu können: „Nicht die anderen haben mich abgeschoben, ich selbst wollte nicht mehr."

Ika, die nach all den Jahren nicht nur co-abhängig war, sondern sich auch beruflich an mich gebunden hatte, war glücklich und zufrieden, solange ich funktionierte. Wenn ich mich aber wieder meinem Todfreund zuwandte, geriet sie in einen Teufelskreis. Sie musste die Aufträge retten, die uns über Wasser hielten, fühlte sich als Krankenschwester, Gefängniswärterin, Opfer und hatte fortwährend Existenzängste. Die waren schon vor unserem Zusammenleben in ihr gewesen. Nur weniger massiv.

Ich war für sie der „große Siemes", der jederzeit Aufträge ranschaffen konnte, wenn er nicht saufen würde. Sie aber hatte, um unsere Arbeit durchzuziehen, fast alle Kontakte abgebrochen. Daraus wurde zwangsläufig eine Projektion. Wieder und wieder machte sie mich zum saufenden Zerstörer, der jede gemeinsame Initiative lähmte. Dass ein Texter über fünfzig in der Reklamebranche tot ist, auch wenn er sich einen gewissen Ruf erarbeitet hat, wollte nicht in ihren Kopf.

Es war schon ein Wunder gewesen, dass mich einige Kunden noch bis 2003 haben wollten. Texter jenseits der sechzig gibt es nur auf dem Sondermüll oder in der Klapse. Im günstigsten Fall bringen sie sich um. Einige haben zwar vorher das Glück, Chefs in der selbst gegründeten Agentur zu werden, gehen aber häufig Pleite oder werden von den Gründungspartnern kaltgestellt. In keiner anderen Branche wird so erbarmungslos gestochen, gehackt, kaputtgemacht. Die Kleinen müssen als Praktikanten ausbluten, bis sie wie tote Hühnerleiber aussortiert werden. Weiter oben verbünden sich die skrupellosen Inhaber gegen den oder die Partner mit Restidealen. Einer der ekligsten Fälle als Beispiel: Der Rausschmiss eines kreativen Kollegen durch seinen Partner und dessen Ehefrau, die per Vertragsschlenker mit ins Boot gekommen war. Was für den kreativen Partner zunächst wie eine stille Teilhaberschaft ausgesehen hatte, entwickelte sich zum tödlichen Dolch.

Ich hatte mich seit 26 Jahren aus dem Schlamm der Agenturen rausgehalten. Doch weil er von den Auftraggebern verursacht wird, schwappt er auch rüber in kleine Büros wie das unsere. Und wer wartete hinter dem großen Ficus in unserem Besprechungsraum geduldig auf die nächste Schlammwelle? Mein Todfreund.

München, im August 1994: Mein Todfreund wäre der ideale Politiker.

„Ich möchte mit dir über Glück sprechen, dein Glück!" „Du, ausgerechnet du, willst mit mir über Glück sprechen?" Ich stelle die Frage wütend, aber auch ängstlich. Wie ist es meinem Todfreund gelungen, dem Gefängnis zu entkommen, das ich um ihn herumgebaut habe. Dem Beton meiner Abstinenz, der Stahltür meiner inneren Ruhe, der Verriegelung durch meine Zuversicht. Vor allem aber: Wann hat er die Mauern überwunden, die ihn vor *mir* schützen sollten. „Du fragst dich, warum ich wieder neben dir stehe, obwohl du mich in das sicherste Verlies der Welt geschickt hast? Du weißt die Antwort."

Es ist wahr. Als ich gestern Nachmittag vorbei an „Spiro" zum Bäcker lief, habe ich durch die Fenster in den Gastraum geschaut, um herauszufinden, wer von der trinkenden Meute bereits an der Theke saß. Es waren zwei Männer, die ich von hinten nicht erkennen konnte, und mir schauderte beim Gedanken, dort auch hocken zu müssen. Doch was beunruhigte mich mehr? Die Vorstellung, am frühen Nachmittag im Halbdunkel zu sitzen, in dem die gefüllten Biergläser wie langsam verlöschende Lampen wirkten? Oder das Gefühl, keinen vertrauten Mitsäufer zu sehen, auf den ich getroffen wäre, wenn ich den Weg zum Bäcker unterbrochen hätte? Mein Todfreund musste keine übernatürlichen Kräfte entwickeln, um der Gefangenschaft zu entkommen. Meine Gedanken hatten ihm die Zellentür geöffnet.

„Du passt zum Glück der Menschen wie Hitler zum Frieden." „Ein guter Vergleich. Friede ist ohne Krieg nicht möglich. Glück wird erst durch Unglück erlebbar. Und das Gute ist der Bruder des Bösen." „Willst du mir sagen, dass ich ohne dich nicht glücklich gewesen bin?" „Das nicht. Es gab in deinem Leben Momente, in denen du Glücksgefühle hattest, sogar sehr intensive, obwohl ich weit weg von dir war. Aber du konntest sie nicht lange ertragen. Schon der Gedanke an immerwährendes Glück hätte dich wahnsinnig gemacht." „Woher willst du das wissen?" „Nicht ich weiß es, sondern du weißt es. Wie alle Menschen es wissen. Eine Welt, die vom Glück oder besser vom Glücksgefühl beherrscht wird, würde die Menschheit in den gemeinschaftlichen Suizid treiben. Permanentes Glück bedeutet ein Leben ohne Hoffnung und Ängste, ohne Zweifel und Erkenntnisse, tödlicher Stillstand, Leere. Das absolute Nichts."

„Wenn ich an die Qualen denke, die du mir bereitet hast, kommt mir das Nichts wie ein Segen vor." „Du sprichst vom Tod." „Nein, von der Befreiung." „Wärst du ohne mich frei? Vordergründig, ja. Vielleicht sogar über mehrere Jahre. Aber irgendwann könntest du sie nicht mehr genießen, deine Freiheit. Du würdest mich rufen, wie du es immer getan hast, um dem ewigen Glück zu entkommen." „Ich habe fast acht Jahre lang ein zufriedenes, vielleicht sogar glückliches Leben ohne dich geführt." „Immerhin, du bist ehrlich, weil du sagst: vielleicht." „Ich streiche dieses Wort." „Das kannst du gerne tun, aber es bleibt als Kontur zurück. Was hat Heike gesagt, als ihr später über diese zehn Jahre gesprochen habt? Dass sie sich manchmal gewünscht hat, du würdest wieder trinken. Weil du verschlossen und unzugänglich warst. Ein psychischer Zombie." „Das ist deine Lesart. Ich hatte zwar einen Schutzwall um mich herum gebaut, war aber frei wie selten zuvor." „Das Leben hinter einer Mauer nennst du frei? Was für ein Wahnsinn. Denke an die Anonymen Alkoholiker. Jeden Morgen sagen sie sich, wie glücklich sie sind, weil sie sich von mir lösen konnten. Tatsächlich sind sie Gefangene, eingesperrt in den Gedanken, nicht mehr zu trinken. Du hast selbst gesagt, dass sie dir oft vorgekommen sind wie Leute, die sich am Trockensein berauschen statt am Alkohol."

„Das ist wahr. Aber es hilft ihnen zu überleben." „Überleben? Nein, das ist kein Leben. Sie sind nur noch da, sie existieren. Mehr nicht." „Viele von ihnen sind glücklich." „Glücklich? Wie glücklich kann ein Mensch sein, wenn er nur noch dafür lebt, falsch, wenn er nur noch existiert, um sich sagen zu können, wunderbar, ich trinke nicht mehr?" „Ich weiß es nicht." „Du weißt es sehr wohl. Denke mal zurück an deine größten Glücksmomente. Die meisten, ja alle hast du mir zu verdanken." „Als ich unter unsäglich Ängsten und mit zitternden Knien in den Keller gegangen bin, um zwei Flaschen von dem widerlichen Rheinhessen hochzuholen, das soll ein Glücksmoment gewesen sein?" „Es war die Vorbereitung eines Glücksmoments: Wie ich mich als wärmende Erlösung in dir breitgemacht habe. Erst unmerklich und du dich fragen musstest, wann wirkt der Dreck endlich. Dann aber kroch ich in deinen Magen, in die Glieder bis hoch zu deinem Gehirn. Und alles in dir wurde weich. War das nicht die höchste Form des Glücks?"

„Eine vorübergehende Befreiung von den Qualen, mit denen du mich zuvor beschenkt hattest." „Eben. Ohne die Qualen hättest du nicht spüren können, wie wunderbar es ist, frei von ihnen zu sein. Ein Vorgang, den du ständig wiederholen kannst …" „… bis zum Exitus." „Ja, bis zum Exitus. Und jetzt frage dich bitte einmal, wer lebt intensiver? Der fromme, abstinente Bürger in seiner Doppelhaushälfte? Oder du, der du dir immer wieder den großem Moment der Erlösung schenken kannst?"

„Doppelhaushälften oder Einfamilienhäuser mit ziselierten Vorgärten sind mir ein Gräuel. Aber oft beneide ich die Menschen, die dort leben. Sie haben sich eine eigene, friedliche Welt geschaffen." „Friedlich? Weißt du, wie viel Hass hinter den Hecken und Wolkenstores lauert? Hass auf den Nachbarn, den Partner, die Kinder. Aber nach außen strömen nur Harmonie und Beschaulichkeit." „Das habe ich anders erlebt." „Gewiss doch, Theaterstücke mit dem Titel ‚Die Verlogenheit der menschlichem Eintracht'." „Ich weiß, du kannst es nicht ertragen, dass Menschen mit sich und ihrem Leben zufrieden sind." „Ich? Du hast das Problem, du bekommst Ausschlag, wenn du an ein selbstgefälliges Leben ohne Zweifel, ohne Höhen und Tiefen denkst."

„Auf die Tiefen kann ich verzichten." „Muss ich mich dauernd wiederholen? Willst du nicht begreifen, dass du ohne Tiefen keine Höhen erleben kannst. Hast du vergessen, wie es dir in Haar erging." „Oh nein, ich erinnere mich noch genau an das Leiden, die Erniedrigungen und die Unmenschlichkeit." „Sie haben dir zum größten Glücksmoment in deinem Leben verholfen. Als du endlich die beiden Tabletten bekamst und alle Ängste und undefinierbaren Schmerzen aus deinem Körper wichen. Warst du je so glücklich in den Armen einer Frau? Oder beim Orgasmus? Oder auf der Bühne, als du deine lächerlichen Werbepreise in Empfang nehmen durftest?" „Ich war befreit, konnte mich fallen lassen in einen Zustand der körperlichen Erlösung. Mag sein, dass ich mich in gewisser Weise glücklich fühlte. Aber mit dem wahren Glück hatte das nichts zu tun." „Und wie sähe das dann aus?" „Ibiza 1961, Basel 1973, München 1974, Berlin 1980, Hydra 1987, Cannes 1990, Kreta 1995, Venedig 1997." „Fällt dir nichts auf an deiner Aufzählung?" „Ich weiß, du willst mir sagen, dass ich mein Glück fast nie an dem Ort gefunden habe, an dem ich gerade lebte. Das ist normales menschliches Verhalten. Die Jahre in deiner gewohnten Umgebung lässt du vorbeiziehen. Die Tage oder Wochen in fremden Städten und Ländern prägen sich ein."

„Nicht viele, wenn du all deine Reisen zusammenzählst. Das Glück während deiner Entzüge aber ist dir hundertmal gegenwärtiger. Herdecke, Martinus-Krankenhaus, Haar, Tönisstein, Bogenhausen, Hornberg – von diesen Reisen hast du fast jeden einzelnen Tag in Erinnerung. Kannst du das von den Venedig-Ausflügen auch sagen, die dir angeblich so viel bedeutet haben?" „Ja, das kann ich." „Lüg mich nicht an. Doch selbst, wenn du die Wahrheit sagen würdest, müsstest du zugeben, dass deine wunderbaren Reiseerlebnisse ein Nichts waren im Vergleich zu den Höhen, die du mit mir erlebt hast." „Was willst du mir verkaufen? Neuen Horror?" „Der Horror ist nur ein kleiner Teil. Du nimmst ihn nur übermächtig wahr. Denke an die Leichtigkeit, die dich erfasst, wenn du mich nach drei Monaten der Belanglosigkeit, die du Abstinenz nennst, wieder zu dir lässt." „Der Morgen danach ist mir gegenwärtiger."

„Ja, jetzt vielleicht, weil du Distanz zu mir halten willst. Aber wenn ich in dir bin, bist du selig und vergisst, dass ich manchmal böse zu dir bin. Das kommt später. Heute ist heute, sagst du dir zu Recht, und heute ist ein schöner Tag." „Du sprichst von Minuten." „Es sind Stunden, wenn auch nur ein paar. Aber sie machen dich frei von allen Zwängen und Ängsten. Du kannst träumen, deine Gedanken wandern lassen. Und du bist dir näher als in jeder Phase deiner Trockenheit."

Ein sinnloser Dialog, der sich über Stunden hinziehen wird, wenn ich ihn nicht beende. Ich muss meinen Todfreund zurückschicken in sein Verlies. Aber wie? Seine Verheißungen nagen. Wann bin ich mir näher? Im Schwebezustand der ersten Biere? Im folgenden Leid? Oder in den Glücksphasen, die ich aufgezählt habe? Sind sie in Wahrheit nicht trügerische Selbstzufriedenheit wie die abstoßende Selbstgerechtigkeit der Trockenpropheten in den AA-Gruppen?

Ich werde wütend, wenn ich einen Besoffenen sehe, der stinkt, grölt, die Welt um sich herum beschimpft und mich dann auch noch nach Kleingeld fragt. Doch die stillen Trinker, die auf dem Pflaster hocken und wortlos um Geldstücke für ihre Erlösung flehen, erzeugen in mir Mitgefühl und Trauer. Ihnen gebe ich die zwei Mark für das trügerische Glück. Als ich das vor zwei Jahren in einer AA-Gruppe erzählte, wurde ich von den trockenen Hardlinern wie ein Verräter in die Zange genommen. Das sei keine Hilfe, kein Mitgefühl. Mein Verhalten würde diese Menschen nur noch tiefer ins Unglück stürzen.

Aber sind diese armen Schweine in ihrer grausamen Hilflosigkeit nicht ehrlicher als die bigotten AA-Leierkästen mit ihrem Spruch von der wunderbaren Gruppe, die ihnen die Augen geöffnet hat? Ich weiß, diese Gedanken lassen meinem Todfreund noch näher an mich herankommen. Aber nur, wenn ich ihm Auge in Auge gegenüberstehe, kann ich ihn in seine Zelle zurückschicken.

Ich glaube nicht an die zwölf Schritte der AA. Vor allem nicht an den ersten, der sagt, dass ich dem Alkohol gegenüber machtlos bin. Ich bin auch nicht vorbehaltlos bereit, meinen Charakterfehler von Gott beseitigen zu lassen. Ist Alkoholsucht ein Charakterfehler? Und wurde er mir von Gott – so es ihn gibt – in die Wiege gelegt?

Es ist an der Zeit, dass nicht nur die Ärzte, sondern auch wir, die Betroffenen, die gesammelten Thesen und Heilslehren überdenken. Mein Todfreund ist raffiniert und einfallsreich bis zum Gehtnichtmehr. Wenn ich ihm gegenüber kapituliere, was viele Selbsthilfegruppen als Voraussetzung für ein Leben in Trockenheit ansehen, wird er mich besetzen. Und wenn ich darauf warte, dass Gott ihn in die Schranken weist und mich von meiner Sucht befreit, wird er mich durchdringen wie einen Malariakranken, der keine Medikamente einnimmt.

Was die AA-Gründer Bill und Bob in ihren Abstinenz-Katechismus geschrieben haben, mag vor 70 Jahren gut und nützlich gewesen sein. Vielen Mitgliedern der AA-Gemeinde hilft es auch heute noch zu überleben. Doch unser Todfreund geht mit der Zeit. Er klinkt sich in Stresssituationen ein, die erst in den letzten Jahrzehnten entstanden sind. Er weiß, dass unser wachsendes Wissen zu neuen Zweifeln führt und bietet sich als Berater an. Er nutzt Depressionen als Zugangscode, um Programme in unserem Bewusstsein zu installieren. Er bedient sich der Medien und erzählt von prominenten Vorbildsäufern. Und er hat sich selbst verfeinert, kommt nicht mehr als Gesöff der Armen und Verlorenen daher. Sondern als Premiumbier, biologischer Weingenuss, gesellschaftsfähiger Longdrink oder Vertreter der mediterranen Lebensart.

Kapitulation bedeutet Unterwerfung. Ich muss meinen Todfreund bekämpfen und besiegen. Andernfalls werde ich auch als trockener Alkoholiker von ihm beherrscht: Ich muss ihm jeden Tag huldigen, indem ich mir sage, wie schön es ist, dass ich nicht trinke. Ich muss meine Gedanken überprüfen, inwieweit sie nass oder trocken sind. Ich muss Lebensmitteletiketten nach Fallen absuchen, meine Wege um Kneipen und Gaststätten herumleiten. Ich muss die Gesellschaft von Freunden meiden, die mit Alkohol umgehen können und nicht einsehen, warum sie in meiner Gegenwart darauf verzichten sollen. Und ich muss die Gruppen larmoyanter und bigotter Abstinenzler besuchen, weil ich – wie viele Therapeuten plappern – sonst keine Chance habe, trocken zu bleiben. Nein, das ist kein Leben, sondern eine niedere Existenz, selbst auferlegte Unfreiheit. Ich werde kämpfen und habe auch die Kraft dazu. „Du hast keine Chance, heute nicht, morgen nicht und vielleicht in aller Zukunft nicht", sage ich zu meinen Todfreund, „verpiss dich!"

Eine Minute später.

„Er hat mich zurückgeschickt in mein Verließ, so glaubt er. In Wahrheit ist er vor mir geflohen. Den Kampf, den er gegen mich führen will, gibt es nicht, kann es nicht geben. Er müsste ihn nicht gegen mich, sondern gegen sich selbst führen und gewinnen. Denn ich bin er. Und er ist ich.

Sein Bemühen, in mir einen anderen, seinen Todfreund, zu sehen, ist Flucht vor der Erkenntnis, dass es keine Erkenntnis gibt. Ich bin für ihn so unbegreifbar wie Gott für alle gläubigen und ungläubigen Menschen. Die einen verneinen die Existenz Gottes, ohne sich bewusst zu sein, dass sie ihn dadurch bestätigen. Die anderen versuchen, seine Existenz zu begreifen, indem sie ihn blind verehren und sich ihm so unterwerfen. Beide haben das gleiche Problem. Sie fühlen, dass sie Teil eines großen Ganzen sind, wissen aber nicht welcher, sie kennen nicht die Bedeutung, die ihnen in diesem Gefüge zukommt: ‚Bin ich eine von Milliarden menschlichen Ameisen, getrieben von einem unberechenbaren System unbekannter Mächte? Oder bildet mein Ich den Mittelpunkt des großen Ganzen, mehr noch, wurde die Welt um mich herum allein für mich erschaffen – so, wie sie für jeden Menschen erschaffen wurde?‘ Der Süchtige stellt sich vor allem letztere Frage.

Weil der Mensch keine Antworten auf diese Fragen findet – denn es gibt sie nicht – sucht er nach Bildern. Sie helfen ihm, das Nichts, die fehlenden Antworten zu füllen. Alle Weltanschauungen und Religionen beruhen auf Bildern, sie werden gemacht, um Gott aus dem Nichts in eine begreifbare Welt zu führen. Sonnengott oder Regengott sind begreifbar, weil es Sonne und Regen gibt. Die Weltreligionen werden begreifbar durch die Geschichten in heiligen Büchern, durch Kirchen, Tempel und Moscheen und durch Rituale und Verbote. Und der Säufer kann sich nur begreifen und ertragen, indem er den Alkoholiker in sich zu einem anderen macht – zum Teufel, Mister Hyde oder Todfreund.

Dabei vergisst er, dass beide, sein angeblich gutes Ich und sein süchtiger Ableger von ein und derselben Macht geschaffen wurden, mithin eine Einheit sind. Wäre der Trinker in der Lage, mich als Teufel oder Todfreund aus seinem Ich zu entfernen, herauszuschneiden wie ein Karzinom, er würde verkümmern. Sein Leben hätte keinen Sinn mehr. Weder könnte er sich an mir berauschen, noch die vermeintliche Freiheit spüren, von mir losgekommen zu ein. Er stünde nackt vor der quälenden Frage: ‚Wer bin ich im Weltgefüge?‘

Ich gebe ihm eine Antwort. Mit mir kann er träumen, in andere, bessere Welten wandern, ungehemmt lieben und hassen und sich sogar vorstellen, dass er im Jenseits weitersaufen kann. Und ohne mich fühlt er ähnlich: ‚Ich bin rein und geläutert. Jeder Tag ist ein Geschenk für mich. Und wenn es einen Gott gibt, wird er mich zu sich nehmen, weil ich dem Teufel entsagt habe.‘

Ich, der Todfreund, meinetwegen auch Teufel, bin die wahre, die ehrliche Religion. Ich verspreche den Menschen nicht ewigen Frieden und Glückseligkeit, sondern mache ihnen bewusst, dass Wohlgefühl und innere Zufriedenheit nur geliehen und vergänglich sind. Ich nenne ihnen immer wieder den Preis, den sie bezahlen müssen, wenn sie sich mir bedingungslos hingeben: Kotzen, Zittern, qualvolle Ängste, Schmerzen und Tod. Propheten und Heilslehrer aber, ob Christus, Mohammed, Buddha oder Ishvara, versprechen nur das Gute – vorausgesetzt, die Menschen unterwerfen sich ihren Lehren. Erdbeben, Hungersnöte, Überschwemmungen und Feuersbrünste haben in ihren Verheißungen nur Platz als Prüfungen auf dem Weg ins Nirwana.

Eine wunderbare Lüge. Das große Ganze, die Allmacht, meinetwegen auch Gott, treiben ihre Spielchen mit den Menschen. So, wie Kinder aus Lust an der Zerstörung mit einem Stock in einen Ameisenhaufen stechen, lässt Gott die Erde beben oder Länder überfluten. Ohne Warnung. Ohne Erklärung. Ich aber sage den Menschen, warum sie leiden und sterben müssen. Das Gute wird nur erlebbar durch das Böse, die Euphorie des Rausches durch den Absturz. Ich bin der wahre, der ehrliche Gott."

Hydra, im Juni 1987: Die griechische Dreierbande und die Kunst, sich ohne Worte zu verstehen.

Wir nennen sie Queen und sie ist die schönste Katze, die ich je gesehen habe. Elfenbeinfarbenes Fell, große grüne Augen mit einem natürlichen Eyeliner, langer schlanker Hals und schmaler Körper auf hohen Beinen. Sie hat einen Bruder, ähnlich gelungen, aber weit von ihrer Noblesse entfernt.

Wenn wir an dem kleinen Steinhaus vorbeikommen, vor dem sie sitzt, und bewundernd stehenbleiben, richtet sie sich auf zu einer Pose, die sie noch eleganter erscheinen lässt. Sie weiß, dass die anderen Katzen auf Hydra an ihre Schönheit nicht heranreichen. Darum stellt sie sich zur Schau wie Claudia Schiffer auf dem Laufsteg, nur dass sie nicht gar so blöd ist.

Auf Hydra, der Seefahrerinsel 40 Kilometer südwestlich von Athen, gibt es mehr Katzen als Einwohner, ich schätze über 3000. Die meisten sind arme Zausel ohne ein Zuhause. Aber sie werden geduldet.

Heike und ich haben uns für drei Wochen in ein ehemaliges Kapitänshaus einquartiert, in bevorzugter Hanglage über dem Hafen. Es ist sogar auf den 1000-Drachmen-Scheinen abgebildet. Herr Pitsos aus München, von dem wir das Gemäuer gemietet haben, ist direkter Nachfolger des Erbauers. Der war allerdings mehr Pirat als Kapitän.

Zum Haus gehören zwei große, übereinanderliegende Terrassen. Die untere mit üppigen Oleandersträuchern, die obere mit einer drei Meter hohen Mauer, an der auf voller Breite Bougainvilleen hochranken. Jeden Morgen nach dem Frühstück lasse ich die Farben auf mich wirken, erst das zarte Rosarot der Oleanderblüten, dann das satte, laute Lilarot der Bougainvilleen.

Es ist ein wunderbarer Urlaub, vielleicht der bisher schönste meines Lebens. Wir sitzen auf der oberen Terrasse, ich lesend in der prallen Sonne, Heike strickend im leichten Schatten. Obwohl vier Meter voneinander entfernt, sind wir dicht zusammen. Und obwohl wir manchmal eine halbe Stunde lang nichts sagen, treffen sich unsere Gedanken. Dieses stumme Verstehen ist für mich höchste Harmonie. Nichts wird zerredet oder totgeschwätzt. Jeder darf sein, wie er ist. Und jeder ist der andere.

Wir haben fünf Mitbewohner. Zwei Schildkröten und drei Katzen, die in einem alten Gerätehäuschen an der unteren Terrasse schlafen und im Freien leben. Manchmal mit uns auf den Terrassen, manchmal mit den Kollegen ohne festen Wohnsitz auf leeren Grundstücken. Ihr Essen bekommen sie von Kathy, einer Engländerin im kleineren Kapitänshaus nebenan.

Wenige Minuten nachdem wir angekommen waren und unsere Sachen eingeräumt hatten, erschienen sie in geziemender Entfernung zum Antrittsbesuch. Die ältere Katze mit dem zerwühlten Tigerfell als Vorhut, ihr ockerfarbener Sohn und die schwarz auf weiß gefleckte Tochter als Gefolge. Offenbar waren sie mit uns einverstanden. An den folgenden Tagen kamen sie immer näher, vor allem dann, wenn wir uns in der Küche befanden. Sie blieben jedoch artig im Türrahmen stehen, weil Herr Pitsos ihnen erklärt hatte, dass die Küche verbotenes Terrain ist.

Bald kannten wir sie fast so gut wie sie uns und wir gaben ihnen Namen. Die Mutter, die häufiger ihren ockerfarbenen Sohn anknurrte, nannten wir demzufolge Knurrchen. Die Tochter, die uns stark an Menschen mit Opfersyndrom erinnerte, war für uns Minka. Und der Sohn, der leicht einfältig auf uns wirkte, bekam den Namen Rufus.

Heike hatte schnell herausgefunden, dass Knurrchen wieder Mutter geworden war und ihre Kinder an einem geheimen Ort versteckt hielt.

Nach den Malzeiten entfernte sie sich regelmäßig von ihren erwachsenen Nachkommen und lief über eine hohe Mauer zu einem Versteck, das wir nicht kannten.

Wenn sie Mutter ist, braucht sie etwas Besseres als das muffelnde Fertigfutter, sagte ich mir am fünften Tag unseres Aufenthalts. Beim einzigen Lebensmittelhändler auf Hydra hatte ich im Kühlregal Kimas gesehen, Rindergehacktes, nicht zu fett und auch sonst einwandfrei aussehend. Das würde Knurrchen gut tun und sie in die Lage versetzen, die Kinder ordentlich durchzufüttern. Ich kaufte gleich einen Zwei-Kilo-Block. Aus der Hälfte würden wir Buletten mit Rosmarin machen, das auf der oberen Terrasse gedieh wie Unkraut im Gemüsegarten.

Als ich mit der aufgetauten Masse auf der Terrasse erschien, witterten die Katzen den Duft des Kimas wie Haie das Blut eines verletzten Touristen. Innerhalb weniger Sekunden standen vor mir drei hungrige Haustiger mit hoch aufgerichteten, zitternden Schwänzen. Rufus, der sich ein bisschen zu weit vorgewagt hatte, bekam von Knurrchen sofort was auf die Nase. Minka hielt sich etwas im Hintergrund, das rechte Vorderbein angehoben mit schlapp runterhängender Pfote, gelähmt, gebrochen oder verkrüppelt – auf jeden Fall so, dass sensible Touristen unweigerlich zum Taschentuch greifen mussten.

Es war unmöglich, alle drei Katzen gleichzeitig zu füttern. Sobald wir Rufus ein Portiönchen zukommen lassen wollten, wurde er von Knurrchen zur Seite geschubst und er war dumm genug, sich das gefallen zu lassen. Wenn wir vor der erbarmungswürdigen Minka einen Bissen ablegten, schnappte ihr die Mutter die Köstlichkeit weg. Erst als sie gesättigt schien – für sich selbst und die versteckten Kinder – gewährte sie den anderen Zugang zum Festessen.

Nach wenigen Stunden tauchten sie wieder auf, wissend, dass sich ein erklecklicher Kimas-Rest im Kühlschrank befand. Es fiel uns nicht leicht, hart zu bleiben. Jede der Katzen beherrschte ihre Rolle perfekt bis in die kleinste Bewegung – so, als gäbe es auf der Insel eine Falckenberg-Schule oder ein Max-Reinhardt-Seminar für Pfotentiere.

Kathy, die Haupternährerin, war leicht ungehalten, weil ihre Schützlinge nun das sorgsam portionierte Dosenfutter verachteten. Den Grund kannte sie von Vormietern des Pitsos-Hauses: Germans haben ein Herz für griechische Katzen. Mit ihnen können sie kommunizieren, ohne ein Wort der Landessprache zu kennen. Hungrige Blicke sind das Esperanto aller domestizierten Tierarten.

Nicht nur das Haus mit seinen wunderbaren Terrassen, auch die Insel ist ein Traum für mich. Eine Exklave ohne Autos und Motorräder, vom Müllwagen einmal abgesehen. Seit Jahrhunderten sind hier Esel die Karren. Heute ersetzen sie Taxis, Lieferwagen und private Pkw. Ich mag die Grautiere. Sie haben unendlichen Langmut, sind aber im Herzen Revoluzzer.

Als einer von ihnen nach unserer Ankunft die beiden Koffer aufgebürdet bekam, um sie mehrere Hundert Treppenstufen hochzuschleppen, wollte ich dem Esel-Taxi-Treiber sofort den Auftrag entziehen. Wie konnte das Tier mit seinen dünnen Beinchen die Last hochschleppen, ohne zusammenzubrechen? Doch der Mann beruhigte uns. Unser Gepäck wog ein Drittel dessen, was deutsche Touristen normalerweise mit sich herumtragen lassen. Besonders weibliche über vierzig.

Die ausgewetzten Treppenstufen zwickten in meine dünnen, untrainierten Waden. Umso mehr, als sich der Esel nicht im Geringsten unserem Tempo anpasste. Dafür konnten wir am Ziel über den Hafen hinweg aufs Meer schauen und sehen, wie sich das Flying-Dolphin-Boot, das uns hergebracht hatte, aus dem Wasser hob und auf den Rückweg nach Athen machte.

Weil die Tür des Kapitänshauses sehr alt war, brauchte ich recht lange, um zu begreifen, dass uns Herr Pitsos zwar den passenden Schlüssel gegeben hatte, aber keinen passenden Hinweis zu dessen Verwendung. Das Schloss musste nach links geöffnet werden. Und bevor ein rechtsdenkender Deutscher solches begreift, vergehen mehrere, mitunter laute Minuten.

Das Haus ist groß (über zwei Terrassen) und kühl. Beides Vorzüge, die wir nachts besonders zu schätzen wissen. Als wir ankamen, waren die Temperaturen noch bayerisch frisch. Inzwischen hat sich heiße Luft aus Nordafrika über die Insel gelegt und bewegt sich kaum noch von der Stelle.

Dank unserer hitzebedingten Faulheit, aber auch, weil es außer den Katzen, Eseln und einem umtriebigen Popen nichts Besonderes zu sehen gibt, folgen wir einem wunderbar langweiligen Tageslauf. Nach dem Aufstehen steige ich die 378 Stufen runter zum Bäcker am Hafen (ich habe sie inzwischen gezählt), kaufe das geschmacklich matte, aber frische Weißbrot, lasse mir vom Lebensmittelhändler ein paar Scheiben von seinem einzigen Schinken abschneiden und bringe vom kleinen Markt Nespoli und Tomaten mit. Manchmal auch Tomaten und Nespoli. Die Fütterung der Raubtiere findet vor dem Frühstück statt, weil wir sonst keine Ruhe haben. Anschließend laufen wir zu den Fischerbooten am Hafen, die ihren ärmlichen Fang längst verkauft haben.

Von hier aus gibt es drei Möglichkeiten. Wir gehen zwei Kilometer am Meer entlang nach Westen zu der kleinen Sandbucht mit dem einzigen Hotel, das nach Reisekatalog aussieht. (Weitere Betonkästen haben die Inselväter verboten.) Oder wir laufen über den von dürren Kiefern gesäumten Weg nach Osten zur Bucht mit den Steinterrassen und den ersten Badenden. Das aber wäre ein Vorgriff auf den späten Nachmittag, wenn wir gleichfalls ins Wasser gehen.

Also gehen wir zurück ins Kapitänshaus. Oder wir steigen die stufigen Gassen hoch bis hinter die letzten Häuser. Sie sind nur noch halb so groß wie die in Hafennähe, jedoch alle mit winzigen, überaus gepflegten Vorgärten. Eins der Häuser steht leer und jedes Mal überlege ich mir, ob ich es nicht kaufen und per Faxanbindung nur noch hier arbeiten soll. Dann aber denke ich an den Winter und das vergleichsweise teure Heineken-Bier, mit dem ich – da mache ich mir nichts vor – die dunklen Nächte aufhellen werde. Ich bin schließlich nicht Leonhard Cohen, der in den Sechzigern vier Jahre auf Hydra lebte und trotz winterlicher Tristesse die Bücher „The Favourite Game" und „Beautiful Losers" schrieb. Gelesen habe ich keins von beiden, aber der zweite Titel gefällt mir besser.

Hinter den Häusern ist nichts außer Felsen mit Arealen von trockenen Gräsern. Hin und wieder ein Strauch, der gegen alle Naturgesetze ankämpft. Es gab mal eine stattliche Anzahl von Bäumen. Die aber wurden von 1821 bis 1830, als die Griechen ihre türkischen Besatzer zurück an den Bosporus schickten, zu Kriegsschiffen verarbeitet. Die Hydranten, wie ich die Einheimischen nenne, waren ausgezeichnete Kapitäne und trieben ihren türkischen Kollegen regelmäßig die Tränen in die Augen – soweit sich diese noch über dem Wasser befanden.

Zwischen dem felsigen Geröll führt ein steiler Weg zu einem Kloster wenig unterhalb eines 600 Meter hohen Berggipfels. Offenbar ist es für besonders belastbare Mönche gemacht. Ich kann mir nicht vorstellen, dass da oben irgendetwas wächst. Von einem Brunnen können die frommen

Männer auch nur träumen. Weil sie ihrem Gelübde nach selbst zum Esel werden müssen, dürfen sie bei 60 Grad in der Sonne als Tragemönche regelmäßig Buße tun.

Gegen Mittag, wenn wir über den Hafen zurück zu den Katzen gehen, ist die Ereignislosigkeit des Morgens dem Gewusel von Inselbesuchern gewichen. Ein Kreuzfahrtschiff, das alle interessanten Inseln in der Ägäis abfährt, hat um die 400 Touristen ausgespuckt. Überwiegend Japaner und Koreaner, die schnatternd die Stufen der Gassen erklimmen, um relativ unbeeindruckt umzukehren.

Anschließend belagern sie die Schmuckgeschäfte, die sich im östlichen Hafenbogen an die Restaurants und Cafés anschließen. Edelmetalle werden in Griechenland deutlich weniger besteuert als in den meisten anderen Ländern. Darum ist das überwiegend freudlose Design der Schmuckstücke bedeutungslos. Der günstige Goldpreis macht selbst den hässlichsten Seejungfrau-Anhänger schön. Den Glückskauf feiern die Inselgäste in einem der Hafenrestaurants mit Fischspezialitäten, die frittiert werden bis zur Unkenntlichkeit. Dass die original griechischen Goldbrassen auf ihren Tellern von weither kommen, weil die Fischer in der Ägäis bis vor zehn Jahren mit Sprengladungen gearbeitet haben, wissen und schmecken sie nicht.

Das Essen auf Hydra ist auch sonst nicht so, dass es sich lohnen würde, dafür eine kurze oder gar längere Schiffsreise zu unternehmen. Die meisten Tavernen füllen am Vormittag die flachen Wannen mit Gemüse, Fleisch, Kartoffeln und bisweilen auch Gewürzen. Dort verbleiben die Zutaten erst kochend, dann kontinuierlich brodelnd bis zur Dunkelheit, häufig bedeckt von einer tomatigen Ölschicht.

So ist das in allen griechischen Ferienorten, habe ich mir sagen lassen, und es entspricht nicht im Geringsten der Vielfalt der griechischen Küche. Für mich kein Grund zu Klage. Ich mag matschiges Essen. Wenn ich in Deutschland in eine normale Gaststätte gehe, muss ich den Gourmet auch vor der Eingangstür ablegen. Außerdem haben die ewigen Koch- und Bratzeiten historische Gründe: Kühlgeräte fanden erst Anfang der Sechzigerjahre Einzug in griechische Tavernen. Bis dahin half gegen die Keime, die aus der Wärme kamen, nur Hitze.

Ich habe nichts gegen die Inseltouristen, bin schließlich selber einer, lediglich unter besseren Voraussetzungen. Aber wir müssen uns nicht unter sie mischen und suchen darum rasch die Stufen zu unserer Hangvilla.

Fast immer mit einem kleinen Umweg am Haus der Queen vorbei. Auch in der Mittagshitze zelebriert sie ihre Schönheit, im Schatten zwar, doch majestätisch aufgerichtet. Ihr Bruder schläft derweil ein wenig.

Bevor wir uns zum stummen Dialog auf die Terrasse setzen, mache ich aus den vorzüglichen Tomaten mit vorzüglichen Zwiebeln einen großen Salat. Manchmal mit Schafskäse in kleinen Mengen, weil schwere Speisen in der Sonne noch schwerer werden. Gegen halb fünf, bevor der wunderbare Friede zu drücken beginnt, gehen wir gemeinsam zur Badebucht mit den Steinterrassen. Oder ich steige, meist noch halb benommen, runter zum Hafen, um das Eintreffen der „Süddeutschen Zeitung" abzuwarten. Immer eine halbe Stunde zu früh. Tatsächlich geht es mir um den bequemen Aussichtsstuhl vor dem Hafencafé. Und um das Heineken-Bier, das den Stuhl noch bequemer macht.

Wenn ich die „Süddeutsche" im Laden für jeden und alles abgeholt habe, kehre ich zurück zum Stuhl und zu einem zweiten Heineken. Das steigt dermaßen in den Kopf, dass ich nur die Überschriften lese, die Zeitung beiseitelege und selig aufs Meer schaue.

Gestern versuchte ein Segelboot, mit seltsamen Verrenkungen einen Liegeplatz an der Hafenmauer zu erreichen, und es gelang ihm tatsächlich, ohne Havarie anzulegen. Was danach kam, erinnerte mich sehr an Lion Feuchtwanger, der in seinem Buch „Erfolg" die Bayern gern als einfachen, erdverhafteten Volksstamm bezeichnet. Nacheinander entwankten sieben krebsrote Hobbysegler dem Boot, alle Mitte dreißig und jeder mit einer Bierdose in der Hand. Offenbar hatten sie beim letzten Stopp einen günstigen Textilhändler gefunden, denn alle trugen blaue lappige Shorts, die unterhalb der ausladenden Bäuche befestigt waren. Aufgrund ihrer Physiognomie hatte ich gleich einen Verdacht, der sich bestätigte, sobald sie festen Boden unter den Füßen hatten. Sie sprachen lupenreines Bayerisch.

Gegen halb sieben kommt Heike und setzt sich zu mir. Sie sieht das Heineken, weiß, dass es nicht das Erste ist, sagt aber nichts. Sie ist sich sicher, dass diese vermeintlichen Rückfälle nicht gefährlich sind, zumindest nicht während der Ferienwochen. Vor drei Jahren auf Formentera war es ähnlich. Ich hatte kein Bedürfnis und erst recht keinen inneren Druck, mehr zu trinken als zwei Biere am Nachmittag und eins am Abend oder umgekehrt. Die Sonne, das Meer, die Ruhe, der Walkman mit Vivaldi, das

Lesen, das Radfahren, das Haus ohne Hotelbar, in das wir uns eingemietet hatten – das alles erzeugte in mir eine große Gelassenheit. München, meine Arbeit, die Existenzängste und die Ansprüche an mich selbst waren Jahre entfernt und ohne Bedeutung.

So fühle ich mich auch auf Hydra. Umso mehr, als kein anderer, vertrauter Mensch dabei ist. Nicht, dass ich Freunde während unserer Urlaube als Belastung oder gar störend empfunden hätte. Es war mein schlechtes Gewissen, das in mir zu Hause eine leise, aber permanente Spannung erzeugte. Von 1968 bis Ende 1972 war ich kein guter Partner gewesen, sondern ein saufender fremder Mann. Und seit 1983, als ich schleichend wieder die Gewohnheiten der längst verdrängten Jahre annahm, schäme ich mich für die alte, erneut aufkeimende Schwäche. Selbst dann, wenn ich sie während der Ferien unter Kontrolle habe. Mein trockenes Verhalten ist die Vorderseite. Mein nasses Denken, das zum Glück die anderen nicht wahrnehmen können, die Rückseite. Hier auf Hydra aber bin ich frei wie nie. Heike spürt das und weiß, dass mich diese Freiheit zufrieden und sicher macht.

So ab sieben abends machen wir uns auf dem Weg zum kleinen Fischrestaurant, das in der Bucht hinter der Badebucht liegt. Hier gibt es nicht nur Rotbarben aus heimischen Fang. Sie werden auch gebraten statt frittiert. Und zwar so, dass vom Fleisch noch etwas übrig bleibt. Manchmal leiste ich mir statt Bier eine Weinschorle. Sie passt besser zum Sonnenball, der sich ab halb neun erstaunlich schnell auf das Meer zubewegt. Vor dem Eintauchen bleibt er jedoch für einige Minuten über der Wasserlinie stehen, so scheint es mir, damit wir ihn angemessen bewundern können.

Auf dem Rückweg durch die tintenblaue Dunkelheit müssen wir ständig hoch zu den Sternen schauen. Sie sind so hell, als wären sie an eine große Lichtmaschine angeschlossen, und so nah, als könnten sie jeden Moment die Erde berühren. Sie wirken auf mich gütig und tröstend, während die Sterne über München kaltlichtige Sparlampen in weiter Ferne sind.

Vorgestern brauchte ich diesen Trost. Auf dem Gehsteig der breiten Gasse, die vom Markt zu den 378 Stufen führt, lag eine sterbende schwarze Katze. Sie atmete noch schwach, doch um sie herum schwärmten bereits fette gierige Fliegen, um sie anzufressen und ihre Eier in dem toten Körper abzulegen. Außer einer tiefen Traurigkeit spürte ich ein unbändige Wut: Was ist das für ein Monster, dieser sogenannte Gott, wenn er nicht einmal dieses arme Tier in Ruhe sterben lassen kann? Ich halte ihn für einen ausgemachten Sadisten, der sich an verhungernden Kindern, gefolterten Häftlingen, verblutenden Soldaten und gequälten Katzen delektiert.

Nach diesem Erlebnis bekam unsere Dreierbande besonders viel Kimas, wobei ich erstaunt bemerkte, dass sich an Minka irgendetwas verändert hatte. Es dauerte ein bisschen, bis ich begriff: Bisher hatte sie ihre linke Pfote in die herzzerreißende Krüppelstellung erhoben. Nun war es die rechte, die zu Mitleid und zu einer Extraportion vom Gehackten aufforderte. Polyarthritis, Phantomschmerz oder schlicht und einfach Gier, die zu Vergesslichkeit führte? Auch ohne tiermedizinische Vorkenntnisse war meine Diagnose klar: Fressen macht vergessen. Die Bestätigung kam am nächsten Tag, als das Leiden in die linke Pfote zurückgekehrt war. Noch bleiben uns zwei Tage im Paradies für Sterbliche und mir ist bewusst, dass sich unsere Zeit auf Hydra in meiner Erinnerung festsetzen wird wie ein wunderbarer Traum. Doch ich wäre nicht ich selbst, wenn ich mir jede Bosheit verkneifen würde. Sie besteht in einem biologischen Wunder, dass ich heute Vormittag vollbracht habe.

Auf der unteren Terrasse befindet sich ein hübsches Zitronenbäumchen mit ebensolchen Früchten, die sehr zum Ernten auffordern. Während unseres Vorgesprächs in München hatte uns Frau Pitsos mehrmals gebeten, die schönen Stücke an den Zweigen zu lassen. Sie seien der ganze Stolz ihres Mannes. Das Gesträuch habe jahrelang im Siechtum gelebt und sei nur durch seine liebevolle Pflege wieder gesund und tragend geworden.

Selbstverständlich haben wir keine der Zitronen angerührt, nicht einmal begehrlich angeschaut. Doch irgendwie provozierte mich die Unantastbarkeit und ich sagte mir: „Wir dürfen die Früchte zwar nicht pflücken. Doch das verbietet uns nicht, sie zu ergänzen." Also kaufte ich auf dem kleinen Markt ein gutes Kilo saftige Orangen, besorgte mir im Laden für jeden und alles ein paar Meter grünen Draht und machte mich zum Pflanzenzüchter. Ich verankerte den Draht in den Orangen und hängte sie, die Farben und Entfernungen sorgfältig aufeinander abgestimmt, zu Herrn Pitsos' Lieblingen. Das Ergebnis ist überwältigend: Der erste Zweifrucht-Citrusbaum der Welt.

Leider kann ich Herrn Pitsos nicht beobachten, wenn er zwei Tage nach unserer Abreise aus München anreist, als Erstes den Zustand seines Baumkinds überprüft und das Staunen lernt.

Düsseldorf, im März 1963: Mit CLIN wird alles sauber wie durch einen Zauber.

Seit fünf Monaten bin ich hoffnungsfroher Jungtexter in der Troost Werbeagentur und habe mir schnell einen zwiespältigen Ruf erarbeitet. Für die einen bin ich das Jungtalent aus Berlin. Für die anderen ein kleines, größenwahnsinniges Arschloch, das die Regeln der Werbung und die Vorschriften der Agentur missachtet, zudem keinen Respekt vor der Erfahrung alter Hasen hat.

Es gibt zwei Leute, die mich ums Verrecken nicht ausstehen können. Die Kollegin und sauertöpfige Seniortexterin Frau Dr. Truhe. Und die Leiterin der Marktforschung, Frau Krüll, ebenfalls eine Frau Doktor. Wobei „Frau" leicht geschmeichelt ist.

Ich möchte ungern Streit mit der Dame haben. Frau Dr. Truhe sagte mir gleich am zweiten Tag: „Was Sie in Berlin auf ihrer Schule oder Hochschule gelernt haben, können Sie hier vergessen. Um gute Texte zu schreiben, brauchen Sie Jahre." Die Warnung war zugleich ein Hinweis auf ihr Alter. Mit ihren 45 bildet sie die Altersspitze in der Gruppe der neun Texter, vom Textchef Eduard Schmitz einmal abgesehen. Sie schreibt überwiegend Schaum für die Seife Fa.

Herr Dr. Krüll, wie ich die studierte Psychologin inzwischen nenne, hielt mich zunächst für einen Rohdiamanten, der noch geschliffen werden muss. Der aber trat ihr bei der ersten sich bietenden Gelegenheit auf die geistige Schuhgröße 46. Sie wollte ein Eau de Cologne für Männer „Tangens 100" oder „Sinus 100" nennen und erwartete besonders von mir als Mitglied der jungen, fortschrittlichen Generation Zustimmung. Mein Kommentar war nicht nur das Gegenteil, sondern auch bösartig: „Bei beiden Namen denke ich an ein Motoröl." Damit wurde ich vom Rohdiamanten zum Teerbrocken. Die Rache ließ nicht lange auf sich warten und führte zum irrwitzigsten Erfolg meiner noch nicht begonnenen Karriere.

Die Henkel-Werke hatten einen sogenannten Allzweckreiniger entwickelt, also einen Saubermacher für Geschirr, Ofenplatten, Fußböden, Fenster, Waschbecken, Füße und Zähne. Jetzt ging es nur noch darum, den deutschen Hausfrauen klarzumachen, dass alle anderen Spül-, Putz- und Reinigungsmittel sinnlos geworden sind. CLIN, so heißt das Seifengemisch, kann alles besser. Ein idealer Job, um einen vorlauten Jungtexter mal schön in die Zange zu nehmen.

Mein Glück: Ich durfte mit dem Grafiker Hüffelmann zusammenarbeiten, fachlich und menschlich ein Pfundskerl. Mein Pech: Alles, was wir vorschlugen, wurde auf der „Rampe" von Herrn Dr. Krüll beurteilt. Die „Rampe" ist ein großer Tisch im Konferenzraum, auf dem mittags alle Entwürfe der letzten 24 Stunden ausgelegt und von der Geschäftsleitung begutachtet werden, somit auch von Herrn Dr. Krüll. Der fand jede neue Anzeigenserie für CLIN unpassend, mäßig oder schrecklich, begründete aber die Ablehnungen mit halbwissenschaftlichen und sehr klug klingenden Argumenten.

Nach dem neunten Anlauf war nicht nur ich am Ende, sondern auch Hüff, wie wir ihn nennen. Schließlich muss jedes Anzeigensujet mit Zeichenstiften detailliert und eins zu eins gestrichelt werden. Hüff hat zwar einen Assistenten, doch der ist neu wie ich und braucht für einen Entwurf ungefähr so lange wie Tiepolo für ein Fresko in der Würzburger Residenz. Für mich gab es ein zusätzliches Problem: Ich musste den Ruf des genialen Neulings verteidigen. Das war schon in den letzten Monaten ein Problem gewesen und hatte mich immer öfter in die nahen „Ritterstuben" geführt.

Gleich in der ersten Woche lieferte ich eine Anzeigenüberschrift ab, die bis zum Agenturchef Hubert Troost vordrang. Für ein Fertigpüree schrieb ich „Oma stampft nicht mehr." Und als ich wenig später den Slogan dichtete „Aero Luft-Schokolade macht froh im Mund", wusste sogar Herr Goppel der Pförtner, dass jetzt ein Irrer in der Agentur arbeitete. Beide Vorschläge wurden nicht veröffentlicht, aber sie waren völlig anders als die bedeutungsschwangeren Sprüche, zu denen meine Kollegen gezwungen wurden. Die Luftschokolade wurde zum Beispiel mit dem Satz verkauft „Genussgewinn im leichten Sinn".

Die Folge meiner Erfolge war, dass ich bereits nach einem Monat unter einem selbst erzeugten Leistungsdruck stand. Niemand erwartet von einem 23-jährigen Jungtexter ein originelles Ei nach dem anderen. Mit einer Ausnahme: ich. Doch nichts plumpste aus meiner Schreibmaschine. Ich stierte die leere Seite an wie ein gefährliches Minenfeld und wenn ich endlich eine Idee hatte, wollten meine Finger nicht, denn der Kopf sagte: „Das ist nicht gut genug." Weil sich das ständig wiederholte, gab es nur einen Ausweg. Ich musste mich entkrampfen – entspannen.

Vor ein paar Tagen war ich abends mit Hüff in den „Ritterstuben" gewesen, zwei Häuser neben der Agentur. Dabei hatte ich im Schankraum eine versteckte Nische für Kartenspieler gesehen. Die kann, sagte ich mir, auch einem armen Texter nützlich sein, und beschloss, sie aufzusuchen. Problem: Es war erst 16 Uhr, also zwei Stunden vor Arbeitsende. Lösung: Ich ging zum Arzt, wie ich Herrn Goppel sagte, dem Pförtner mit dem absoluten Überblick. Und tatsächlich: Nach zwei Gläsern Bier war ich geheilt von Krampf und Spannung. Meine Texte waren zwar kaum besser, aber ich konnte sie jetzt ohne Hemmungen in die Maschine tippen.

In der Folgezeit ging ich am Nachmittag häufiger „zum Arzt". Und weil ich erfahren hatte, dass der gute Goppel gern mal ein Päckchen Reval in Empfang nimmt, hieß mein Arzt Dr. Reinhard Reval. Manchmal brachte ich aus der Kartenspielernische sogar einen neuen halbgenialen Spruch mit. Bei CLIN aber war nach der neunten Kampagne absolute Funkstille.

Ich machte einen letzten Versuch, indem ich gar nicht erst zurück in die Agentur ging, sondern fünf Bier lang sitzen blieb. Dann nahm ich meinen Stift und schrieb auf das Blatt den besoffenen Zweizeiler: „Mit Clin wird alles sauber wie durch einen Zauber."

„Dein Arztbesuch hat aber lange gedauert", grinste Hüff am nächsten Morgen. Er war klug und erfahren genug, meine ständigen Praxisbesuche richtig einzuschätzen. „Kann sein, aber ich habe jetzt was für CLIN, dass der Hexe Krüll gefallen würde. Aber das können wir uns nicht antun." „Lass mal sehen." „Nee." „Willst du Ärger?" Ich zeigte ihm das Blatt mit dem gequetschten Zweizeiler und bekam leichten Ausschlag an den Fingern. „Wunderbar, das machen wir." Er verwandelte die CLIN-Flasche in einen Zauberstab, der einen Kreis von Glitzersternen hinter sich her zieht. Im Hintergrund blitzblanke Geschirrstapel, Küchenplatten, Bäder oder Fußböden – eine grässliche Reihenhauskampagne.

Doch der Zauber wirkte. Herr Dr. Krüll ließ sich zur Bemerkung hinreißen: „Ja, das ist es." Und der Alte, wie Hubert Troost genannt wird, nickte zustimmend. Mir war klar, dass er die Anzeigen genauso schrecklich fand wie ich, doch es ging ihm allein darum, die lästige Sache endlich vom Tisch zu haben.

Die Herren bei Henkel fanden den Sauberzauber auch wunderbar. Und ich bekam endlich, was ich als Gernegroß in den Augen einiger Kollegen verdient hatte: Eine Kampagne, für die ich mich schämen musste.

Rogaška Slatina, im August 2005: Die freilaufenden Bademäntel vom Zdraviliški trg.

Was mir lange unvorstellbar erschien, ist geschehen: Ich habe mein schönes Büro in München verlassen und lebe jetzt überwiegend in einem slowenischen Kurort, 42 Kilometer südwestlich von Maribor, sechs Kilometer vor der Grenze nach Kroatien. Es begann vor drei Jahren, als ich anfing, aus einer Laune heraus, auf Silbersachen bei Ebay zu bieten. Wie der Erstbesucher einer Spielbank hatte ich Glück und ergatterte ein wunderbares 54-teiliges Silberbesteck in Baguetteform für 65 Euro plus sieben Euro Versandkosten. Bald darauf war ich Besitzer eines Art-déco-Kaffeesets, nannte zwei nachgemachte Jugendstil-Leuchter mein eigen und bot erfolgreich auf zwei Reservebestecke.

Irgendwann überkam mich die Idee, in München einen kleinen Laden aufzumachen, als neue Existenz. Ika und ich hatten nur noch einen größeren Schmuckkunden und den Betreiber zweier Seniorenheime, dessen Honorare gerade fürs Telefon reichten. Der Schmuckkunde, das war sicher, würde sich spätestens in einem Jahr von uns zurückziehen. Danach säßen wir nur noch auf Kosten und müssten in ein paar Jahren Sozialhilfe beantragen.

Der Laden in München war ein schöner, aber unrealistischer Traum. In einer einigermaßen guten Lage hätte er mit Heizung, Telefon, Steuerberater und ein bisschen Werbung um die 3500 Euro pro Monat gekostet. Die waren für einen Neuling mit alten Silbersachen nicht reinzuholen.

Als wir uns einmal mehr in Kostrivnica (Slowenien) befanden, wo Ika vor 53 Jahren im Gasthaus der Großeltern zur Welt gekommen war, bot sich im nahen Kurort Rogaška Slatina die Möglichkeit, einen kleinen Laden zu mieten, direkt am Kurgarten. Kosten: 200 Euro pro Monat. Eine Gelegenheit, die uns gar nicht erst zum Nachdenken brachte. Wir würden den Kurgästen Silberwaren, böhmischen Strassschmuck, alte Gläser, Parfumflacons und andere Kleinteile anbieten. Zwar kein Weg zum Reichtum, aber die Chance, ein bescheidenes Leben zu führen, ohne massiv auf unsere Lebensversicherungen zurückgreifen zu müssen.

Eine Bleibe für uns gab es schon. Ika hatte von einem spielsüchtigen Kroaten eine runtergekommene Wohnung in einem 190 Jahre alten Gemäuer aus der k.-u.-k.-Zeit gekauft und von ihrem Bruder perfekt ausbauen lassen. Sie befand sich im gleichen Haus wie der kleine Laden, lag allerdings nicht zum Kurpark, sondern nach hinten mit Blick auf eine grüne Anhöhe. Ursprünglich sollte sie Ferienwohnung sein, weshalb Ika aus den 68 Quadratmetern einen wunderbar großen Raum zum Leben, eine geräumige Küche mit Essecke und ein Bad machte. Ein verhängnisvoller Grundriss, wie sich später zeigen sollte.

Die ersten Wochen in Rogaška Slatina waren mühsam, aber vielversprechend. Mühsam, weil wir die 35 Umzugskartons, die sich im Laufe meiner dreijährigen Einkaufsrallye mit Waren gefüllt hatten, auf dem Speicher ihres älteren Bruders Heini auspacken mussten. Hitze wie im Bratrohr, schlechte Beleuchtung, stickige Luft und chaotische Ordnung in den Kartons. Erschwerend kam hinzu, dass ich bis zu unserer Übersiedelung am 16. Juni den Abschied entweder gefeiert oder betrauert hatte, was aufs Gleiche hinauskam: Suff.

Die 1800 Teile mussten sorgfältig registriert und ausgezeichnet werden. Selbst die kleinste Glasfliege für drei Euro. Der absolute Wahnsinn. Kein Antiquitätenladen lässt alle Verkäufe über die Bücher laufen. Weder in Deutschland und erst recht nicht in Slowenien. Aber Ika als Angstmensch rechnete damit, dass mindestens dreimal im Jahr ein böser Prüfer vorbeikommen würde. Geldstrafe drohte, vielleicht sogar Gefängnis.

Sie hatte den Laden sparsam, aber äußerst geschmackvoll eingerichtet. Schon beim Einräumen kamen die ersten Kurgäste zur Besichtigung. Eine ältere Dame aus Russland wollte unbedingt eine Zuckerschütte aus Silber kaufen, was problematisch war, weil wir offiziell erst in zwei Wochen aufmachen durften. Sie flehte uns förmlich an, sprach in traurigem Russisch von einer alten Frau, die sich nichts sehnlicher wünscht als die Zuckerschütte. So kamen wir zu unserer ersten Einnahme.

Nach der Eröffnung am 1. Juli lief das Geschäft überraschend gut an. Auch der August war sehr zufriedenstellend. Im Moment aber befinden wir uns im Septemberloch, was mir Zeit gibt, mich etwas intensiver mit meinem neuen Heimatort zu befassen.

Vor Kurzem wurde auf Ljubljana TV1 ein Film über Rogaška Slatina gezeigt. Im Mittelpunkt standen aber nicht der ehrwürdige Kurgarten, die restaurierten Hotels und unser schöner kleiner Laden. Das Kamerateam hatte bewusst Häuser aufgenommen, die langsam verrotten: Das Ausflugslokal Bellevue, das frühere Hotel Soca und das rosarote Triester Haus an der neuen Promenade. Zugegeben, das sind Spekulationsobjekte in den Händen einer Ortsmafia, die längst hätten renoviert werden müssen. Irgendwann fallen sie zusammen und sind für immer verloren. Das ändert aber nichts an den Leistungen der Gemeinde Rogaška Slatina.

Als ich vor 13 Jahren zum ersten Mal hierherkam, war überall noch postkommunistische Tristesse zu sehen. Grau war damals die vorherrschende Farbe. Dass überhaupt Gäste kamen, lag am vorzüglichen Heilwasser. Inzwischen ist das Kurbad lebendig und hübsch geworden. Das verdient Bewunderung. Ich kenne ähnliche Orte in der ehemaligen DDR, die seit 1990 ständig mit Millionen aus dem Westen gefüttert wurden und tot sind wie ein aufwendig renovierter Friedhof. Rogaška Slatina musste fast alle Gelder selbst aufbringen. Vielleicht ist das der Grund, warum der Ort lebt, statt sich dem Trübsal hinzugeben.

Außerdem handelt es sich um ein Kurbad mit Besonderheiten. Eine begegnet mir auf Schritt und Tritt: der freilaufende Bademantel. Viele Hotelgäste lieben das weiße Kleidungsstück so sehr, dass sie es nur noch zum Schlafengehen ausziehen. Sie spazieren damit durch den Kurgarten, setzen sich damit in die Cafés und gehen als Weißröcke einkaufen. Vor allem dicke Menschen lieben das Frottee, weil es ihre Formen besser zur Geltung bringt. Je dicker der Inhalt, desto offener wird der Mantel getragen. Zum Glück nur von Männern. Wenn ich mir vorstelle, Hella von Sinnen oder Angela Merkel kämen auf die Idee, in Rogaška ... ist stelle es mir lieber nicht vor.

An bestimmten Tagen laufen so viele Bademäntel herum, dass sich Kurgäste in normaler Kleidung fragen, ob sie richtig angezogen sind. Manche Gäste setzen sich damit sogar zum Nachmittagskonzert in den großen Kristallsaal des Grandhotels und hoffen, dass die Musiker eine Melodie aus der Operette „Im weißen Rössl" spielen. So käme es zu einer wunderbaren Übereinstimmung von Kleidung und Musik.

Grundsätzlich gibt es vier Arten von Kurgästen, deren Eigenarten im Wesentlichen auf die Nationalität zurückzuführen sind. Die wenigen deutschen Kurgäste verhalten sich ruhig und sind in der Regel unzufrieden. Es stört sie, dass die italienischen Gäste ohne Alkohol laut und fröhlich sein können. Auch die österreichischen Gäste sind überwiegend missmutig, weil sie in ihrer ehemaligen Kolonie nicht mehr alles zum halben Preis bekommen. Russische Gäste sind unbefangen, selbstsicher, aber erstaunlich kultiviert. Sie entsprechen überhaupt nicht dem Bild, das der „Stern" vor Kurzem von den primitiven Urlaubern aus Russland gezeichnet hat. Die Italiener, weit in der Überzahl, gelten als Erfinder des freilaufenden Bademantels. Gegen Abend jedoch besinnen sich die Damen auf ihre Herkunft und legen elegante Kleidung an. Ihre Männer sind häufig dick und bleiben bequem gekleidet. Tagsüber liegen sie mit ihren roten Bäuchen auf einer der Hotelwiesen. Meistens führen sie fortdauernde Telefongespräche auf ihren Handys. Nach Möglichkeit laut, damit jeder hört, was für wichtige Menschen sie sind.

Auch die Bewohner von Rogaška Slatina haben sich zu einem besonderen Menschenschlag entwickelt. Wie viele Slowenen teilen sie die große Liebe zur Musik. Ich kenne keine Gaststätte und kein Café ohne Wumtatum aus dem Radio. Bitte schön laut, damit der Gast möglichst wenig vom Essen schmeckt. Am beliebtesten sind slowenische Musiksender mit vielen Werbeunterbrechungen. Wenn die Gäste Glück haben, erfahren sie bereits beim Essen, welches Abführmittel sie hinterher brauchen.

Im Schwimmbad der Therme hat die Radiomusik sogar zu einer neuen Erfindung geführt: dem Disco Bazen. Aus acht Lautsprechern dröhnt ein buntes Musikprogramm, von Slavko Avsenik bis Heavy Metal. Die Badegäste haben demnach beides: Badefreuden und Tages-Disco. Das gibt es in keinem anderen Urlaubsland. Im Gegenteil, die meisten Mittelmeerländer haben laute Musik an Stränden und in Freibädern verboten.

Hervorzuheben sind die einfache Küche und das übersichtliche Angebot an frischen Lebensmitteln. Wozu brauchen die Bewohner seltsame Kräuter wie Dill, Estragon oder gar Basilikum, wenn der Eigengeschmack von Fleisch und Gemüse völlig ausreicht? Theoretisch gäbe es sogar wunderbares Lammfleisch und köstliche Steaks von gesunden und BSE-freien Kühen. Aber warum sollen sich Menschen, die mit Pizza und Schweinefleisch aufgewachsen sind, nach Jahren der Gewöhnung umstellen?

Interessant ist auch die kommunikative Art von Bankgeschäften. Während es in fast allen EU-Ländern für monatliche Zahlungen Daueraufträge gibt, müssen die Gelder bei den hiesigen Banken bar eingezahlt werden. Das führt dazu, dass sich am Monatsanfang vor den Bankschaltern lange Schlangen bilden: Die Menschen haben endlich Gelegenheit, wieder miteinander zu sprechen.

Ich gebe zu, dass ich als perfektionswütiger Deutscher mit bestimmten Verhaltensweisen Probleme habe. Handwerker zum Beispiel sind noch konsequenter als ihre Kollegen in Bayern. Wenn sie nicht wollen, dann wollen sie nicht. Und es kommt sehr oft vor, dass sie nicht wollen.

Aber es gibt etwas, dass mich für diese Unzulänglichkeiten immer wieder entschädigt: Die Herzlichkeit der Menschen. Wenn ich die Bewohner von Rogaška Slatina mit denen in München vergleiche, sehe ich auf der einen Seite mürrische Mienen mit runterhängenden Mundwinkeln. Und auf der anderen Seite offene und freundliche Gesichter von Leuten, die zwar weniger haben, aber damit zufrieden sind. Das beginnt schon bei den Kindern.

Ende Juli kamen mir auf dem Weg zur Bank plötzlich mehrere schnatternde und quietschende Kindergarten- und Schülergruppen entgegen, allesamt mit farbigen Schirmmützen. Ein Bild voller Fröhlichkeit, wie ich es in München noch nie gesehen habe. Später erfuhr ich, dass die Gruppen unterwegs waren, um den Beginn der großen Ferien zu feiern.

Wann immer ich ins Central Café oder in die Kavarna Atems gehe, werde ich von engagierten jungen Leuten mit freundlichen Gesichtern bedient. (Die Mädchen sind zudem ausgesprochen hübsch.) Genauso die Mitarbeiter in den Geschäften. Ich habe schon dreimal vergessen, im Supermarkt Mercator das Obst zu wiegen. In München wäre ich dafür mit

Pfirsichkernen gesteinigt worden. Hier aber haben die Kassiererinnen Verständnis für den Deutschen, der glaubt, an der Kasse sei eine Wiegefläche, die das Gewicht automatisch anzeigt.

Es gibt vieles, was Rogaška für mich lebenswert macht. Der Ort ist umgeben von üppigen Laubwäldern. Edo vom Hotel Sava macht die besten Cremeschnitten von ganz Slowenien, das Restaurant Bohor die beste Pizza. Überall gibt es kleine Weinberge, die einen überraschend guten Riesling liefern. Sauvignon auch. Der Kurgarten ist wunderbar gepflegt mit üppigen Blumen. Ein Illy-Cappuccino kostet gerade mal 90 Cent. Heimisches Obst und Gemüse schmecken wunderbar und sind von Haus aus biologisch, weil die Kleinbauern kein Geld für chemische Hämmer haben. Und mein Nachbar Hubert Pozarnik erzählt die ältesten Witze der Welt. Sogar auf Deutsch. Noch werde ich nach vier Wochen unruhig und fahre nach München, für echte oder vorgeschobene Termine.

München, im November 2005: Vergangenheit günstig abzugeben.

Es ist mir erneut gelungen, meine Hoffnungen, Träume und mich selbst zu zerstören. Diesmal mit einer gewissen Endgültigkeit. Auslöser war mein Büro in der Widenmayerstraße, Münchens zweitbeste Adresse. Hier habe ich 29 Jahre lang alle Höhen und Niederungen meiner Säuferexistenz durchlebt. Es liegt im Hochparterre des Hauses Nummer 12 – einem repräsentativen, aber unprotzigen Altbau, der um 1910 errichtet wurde. Zurzeit leben hier zehn Mietparteien, davon sechs der älteren Art, fast alle 25 Jahre und länger. Manchmal habe ich das Gefühl, diese Menschen sind längst mit den Räumen verwachsen und werden zu Kassettentüren oder Doppelglasfenstern, wenn sie ihre Wohnungen betreten.

Einer von ihnen ist Pierre, der bis heute seinen hilflosen und zugleich heldenhaften Kampf gegen ALS führt. Neben ihm lebt ein in sich gekehrter Journalist, darüber eine Familie, von der ich nur weiß, dass der Vater seit ewigen Zeiten BMW fährt. Und ganz oben drei jüngere Familien der Erbengemeinschaft, alle mit fröhlichen und für heutige Verhältnisse vielen Kindern. Es gibt noch zwei weitere sympathische Kinderpaare, jedoch mit ekligen New-Economy-Eltern, den Schaumkronen der IT-Gesellschaft.

Der Normalbürger erkennt sie nicht nur an der unterschwelligen Wichtigkeit, mit der sie sich bewegen. Sondern mehr noch am Geländewagen von Porsche.

Mein Büro war beides: Arbeitsplatz und Wohnung. Drei große Räume lagen zur Straße hin, mit Blick auf schöne große Bäume und die Isar. Das war der Teil zum Angeben. Drei kleine Räume zum Hof mit Dusche waren der Teil zum Wohnen.

Ich hatte die Büroräume sehr reduziert eingerichtet: Schwarze Schreibtische, Schränke aus verzinkten Locheisen mit schwarzen Kunststofftüren. Dazu ein paar Bilder, nicht aufgehängt, sondern auf dem Teppichboden stehend. Im größten Zimmer, dem Besprechungsraum, aber ein Stilbruch: Ein Mahagonitisch mit einer 134 mal 134 Zentimeter großen Platte, nicht ausgezogen, sondern am Stück. Drumherum sechs englische Regency-Stühle.

Weil sie im Schatten eine riesigen Ficus standen, der fast bis zur Decke reichte, wirkte das Ganze nicht piefig oder zwanghaft seriös. Die Möbel waren einfach da, vielleicht vom Vormieter übernommen oder von einem Verwandten geerbt. Der Tisch wurde immer wieder von Besuchern bewundert. Ich schätze, dass er mir die 4500 Mark, die ich für ihn ausgegeben habe, dreißigfach wieder eingebracht hat. Ich mochte ein Säufer sein, was viele Kunden, die mich besuchten, wussten. Aber einer mit Stil.

Als Ika 1994 den mittleren der drei Räume mietete, wurde die gesamte Einrichtung einer Säuberung unterzogen. Meine brutalen Eisenschränke mit dem vielen Schwarz mutierten in ein gebrochenes Feingrau der Marke USM Haller. Die Schreibtische wurden durch vier Zentimeter dicke verleimte Holzplatten ersetzt. Der Unterbau, gleichfalls USM Haller, in meinem Raum ausnahmsweise mit vier Säulenfüßen aus gebürstetem Edelstahl. Hinzu kamen helle und eigens für die Räume entwickelte Kastenregale unter den Fenstern und endlich eine Küche. Zwar Ikea, farblich aber fast identisch mit dem Feingrau der Haller-Schränke.

Manchmal vermisste ich das seelenverwandte Schwarz der alten Einrichtung. Weil aber alle Besucher sagten, das Büro sei durch Ikas Eingriffe mächtig aufgewertet, hörte ich auf, rückwärts zu denken.

Ich muss die Erinnerungen an mein verlorenes Büro aus gegebenem Anlass unterbrechen. Heute, am 22. Dezember 2005, haben Ika und ich in unserem kleinen Laden das schönste Geschäft unseres Lebens gemacht.

Es war gegen eins, und wir hatten laut Aushang schon geschlossen, aber die Ladentür war noch auf.

Plötzlich kam ein etwa elfjähriges Mädchen mit Ballonmütze herein und fragte, ob es sich bitte umschauen dürfe. „Wir haben leider geschlossen, aber du darfst dir gern alles ansehen." Das Mädchen verschwand und kam nach wenigen Sekunden in Begleitung von fünf weiteren Ballonmützen zurück, allesamt mit neugierigen Gesichtern darunter. Sie suchten ein Geschenk für ihre Lehrerin, das höchstens 2000 Tolar kosten durfte, etwa 8,80 Euro.

Die kleinen böhmischen Parfumflacons, die Porzellandosen und die Schmuckdosen mit den dicken Glassteinen, die den 8,80 Euro am nächsten waren, fanden sie zu bunt. Aber einen roten kleinen Strass-Schmetterling, den mochten sie. Leider war er zu teuer und auch nicht rosa, was viel besser zur Lehrerin gepasst hätte. Doch als Ika den Preis auf 2000 SIT senkte, nahmen sie das Rot gemeinsam in Kauf.

Nun fehlte noch eine angemessene Verpackung. Am besten eine Schachtel, die wir in unserem Laden leider nicht haben. Das nahmen sie uns aber nicht weiter übel. Sie würden einen kleinen Geschenkkarton in der Papirnica kaufen, zum Blumenladen bringen und dort das Flattertier verpacken lassen. Ika machte einen Vorschlag: „Ich packe den Schmetterling in Seidenpapier mit einer schönen Schleife drumherum und obendrauf kommt unser Fidelio-Stempel." Die Mädchen konnten sich das zunächst nicht vorstellen und schauten konzentriert zu, wie der Papillon im knisternden Weiß verschwand und mit der gleichfalls weißen Satinschleife aufgewertet wurde.

Sie nickten sich gegenseitig zu und begannen zu tuscheln. Dann legte eines der Mädchen ein gemischtes Bündel Tolar-Scheine auf den Tisch, offenbar der Geschenkfonds, den die sechs Anteilseignerinnen in Noten von 20 bis 200 Tolar zusammengetragen hatten. Ika zählte nach: „Das sind 2300, also 300 zu viel." „Nein, nein", widersprachen die Mädchen gemeinsam, „Sie haben uns so viel Geld nachgelassen und die schöne Verpackung gemacht, das müssen sie jetzt nehmen." Als sie zufrieden und nicht ohne Stolz unseren Laden verließen, versuchte es Ika noch einmal: „Ich brauche die 300 Tolar wirklich nicht, nehmt sie doch wieder mit und kauft euch etwas dafür." Es blieb beim entschiedenen Nein. Hätten sie die 300 Tolar wieder an sich genommen, wäre das Geschenk für sie hundertmal weniger Wert, ja, beinahe bedeutungslos geworden.

Geiz war für sie nicht geil, wie es in Deutschland von den Saturn-Läden ausgerufen wird. Sondern eine Respektlosigkeit ihrer Lehrerin gegenüber. Ganz anders unsere erwachsenen Kunden: Jeder Italiener, Kroate, Deutsche oder Österreicher würde die 300 Tolar wieder einstecken, was weitgehend hypothetisch ist. Sie hätten nie und nimmer 300 Tolar aus Gründen des Respekts vor sich selbst zu viel bezahlt. Allenfalls die Russen, die bei uns kaufen. Sie sind ganz anders als ihr Ruf: höflich, großzügig und meist auch gebildet.

Ich kehre zurück zu meinem Büro. Es war immer nur eine „Äußerlichkeit" gewesen, wie Ulrike abschätzig zu sagen pflegte. Aber eine extrem wichtige. Der relativ elegante Rahmen schützte mich vor der Verwahrlosung. Das schöne Haus, die teure Lage, der Blick auf die Isar und schließlich die Einrichtung, auch die eigene vor Ikas Eingriff, waren Aufforderung, mich nach meinen Abstürzen wieder aus dem Sumpf zu ziehen. „In dieser Umgebung darfst du nicht verkommen", sagte ich mir. Ich bin sicher, hätte ich meine Eskapaden in einer mit Flaschen vollgestellten Bruchbude beenden müssen, ich wäre nie 65 Jahre alt geworden.

Wenn ein Alkoholiker vom Partner aufgegeben und verlassen wird, ist das für ihn die Hölle. Muss er sich zusätzlich von seinen intakten Äußerlichkeiten trennen, also von der Wohnung oder dem Haus, die ihn bisher geschützt haben, ist das sein Untergang.

Ich habe also mein Überleben nicht nur Ika, Heike und meinem Hass auf Ulrike zu verdanken. Sondern dem Glück, dass ich das Büro so lange halten konnte. Diesen Halt, der immer noch als Fluchtpunkt diente, musste ich jetzt aufgeben. Meine Wohnung würde uns je nach Finanzlage noch ein oder zwei Jahre bleiben. Aber sie konnte mir keinen Schutz bieten. Im Gegenteil: Dunkel und zum Hof hin war sie immer wieder „das Loch" gewesen, wie Ulrike sagte. Hier durchlebte ich die Endphasen meiner Abstürze.

Am liebsten hätte ich alle Gegenstände aus dem Büro verschenkt oder weggeworfen, bis auf die Teile, die ein bisschen Geld bringen würden. Die Vergangenheit amputieren wie einen Arm. Keine Dias, Entwürfe, Textordner oder VHS-Kassetten, die in Rogaška Slatina als faulende Finger nach rückwärts weisen würden. Keine Fotos, die 10 oder 20 Jahre alte Geschichten von Erfolgen erzählen, die ich immer wieder zerstören musste. Am allerwenigsten aber die künstlerischen Versuche aus meiner Trockenzeit. Oft hatten Besucher gesagt: „Davon müssen Sie unbedingt mehr machen." Doch das Lob war für mich Antrieb zum Saufen. Ich hatte wieder etwas, das ich kaputtmachen konnte.

Weil ich viele Bücher, Bilder und Kleinmöbel loswerden wollte, hatte ich eine Anzeige in der Reklamefachzeitschrift „Werben & Verkaufen" untergebracht. Ika hielt das für teuren Schwachsinn und beschimpfte mich entsprechend. Erst als sie erfuhr, dass die Anzeige kostenlos als Seitenstreifen neben meiner regelmäßigen W & V-Kolumne erscheinen sollte, beruhigte sie sich. Gleichzeitig schickte ich den Text der Anzeige per Mail an alle größeren Werbeagenturen in München und bot die besonders wertvollen Teile zusätzlich in der „Süddeutschen Zeitung" an.

Ich war sicher: Am Verkaufstermin, dem ersten Samstag im November, würde unablässig die Büroklingel läuten, weil mindestens 50 Interessenten darauf warteten, die Gegenstände eines ehedem bekannten Werbetexters zu kaufen. Doch der Zulauf war ähnlich wie in der Komödie „Der Raub der Sabinerinnen". Der Impressario und seine Frau erwarten einen Strom von Zuschauern, und als nach langem Warten sogar ein zweiter kommt, jubelt er: „Da strömt noch einer."

Kurzum, die Verkaufsaktion, die ich so hoffnungsfroh vorbereitet hatte, war ein Reinfall. Ich wertete sie als persönliche Missachtung, ja, Beleidigung, und suchte Trost. Erst bei „Spiro", dem Griechen. Dann bei „Herry" beziehungsweise dem „Bertrams" und dessen widerlichen Wirtsleuten, die inzwischen mein zweites Wohnzimmer besetzt hatten. Die nächsten zwei Wochen waren nur noch dumpfes Chaos mit krankhafter Selbstüberschätzung. Ich kümmerte mich um nichts, überließ den Auszug und alle damit verbundenen Arbeiten Ika und ihrem Bruder Christian, pumpte mich mit Alkohol und Distraneurin voll und versäumte, mich auf zwei wichtige Seminare vorzubereiten, die ich Ende November vor den Werbeleuten einer großen Versicherung halten sollte. Meine letzte Chance, noch einmal einen großen Kunden zu gewinnen.

Ika redete verzweifelt auf mich ein, ich möge die Termine doch bitte verschieben. In meiner Verfassung würde ich mich zur traurigen Gestalt machen und die Seminare direkt in die Katastrophe führen. Umsonst. Stattdessen bildete ich mir ein, ich könne dank mangelnder Vorbereitung einen besonders spontanen Vortrag liefern: „Wenn ich mir nichts vorher ansehe, kann ich reagieren wie ein Versicherungskunde, der die hässlichen Prospekte mit der hölzernen Sprache zum ersten Mal sieht."

Also stellte ich mich hin vor 28 mäßig interessierte Zuhörer, allesamt frustriert. Jeder von ihnen hatte in seinen Träumen das Zeug zum Chef einer großen Kreativagentur gehabt. Jetzt waren sie als kleine Werber in einer Versicherung gelandet. Nach zwei Stunden brach der Oberwerber das Seminar ab. Er wollte seinen Mitarbeitern nicht länger zumuten, dass ein alter aggressiver Sack alles, aber auch alles, zerstörte, was sie sich mühsam an Prospekten und Anzeigen abgerungen hatten.

Die Sachen waren in der Tat zum Heulen: keine Idee, gestelzte Versicherungssprache, verschränkte Grafik, alles rettungslos überladen. Ohne Restalkohol und Tabletten hätte ich vermutlich Kreide gefressen und wäre die Analyse sanft angegangen. Ich bin mir aber nicht sicher, ob ich das sechs Stunden durchgehalten hätte – ständig 28 graue und beleidigte Gesichter vor Augen.

Als ich das Versicherungsgebäude verließ, machte ich mir schwere Vorwürfe, war aber erleichtert, die Gesichter nicht mehr sehen zu müssen. In der nächsten sich bietenden Gaststätte trank ich genussvoll drei Seminar-Gedecke, bestehend aus Bier und Averna.

Berlin, im Juli 2007: Endlich weiß ich, wie es ist, wenn dich ein Besoffener zuquatscht.

Seit einer Woche bekomme ich Anrufe von Jan, einem schreibenden Sauf-kollegen, den ich vor einem Jahr im Jüdischen Krankenhaus kennenge-lernt habe. Seine Frau ist nicht zu Hause, sie hatte gerade eine schwierige, aber gut verlaufende Knieoperation. Er hockt derweil in der Schreibstube seiner Reihenhauswohnung, fühlt grausame Einsamkeit, haut sich mit Wodka voll und terrorisiert die Menschen um sich herum mit Telefonaten. In der Nacht, am frühen Morgen, zum Mittag, abends und zwischen-durch. Bevorzugtes Opfer bin ich. Vor allem nachts klingelt er mich aus meinem dünnen Schlaf und erzählt mir immer wieder den gleichen Schwachsinn. Wenn ich nicht irgendwann auflege, dauert sein Leidgesang eine Stunde und länger.

Gestern habe ich durchblicken lassen, dass ich nicht mehr bereit bin, stundenlange Kreisgespräche mit ihm zu führen über seine gute Frau Heiderose, Studienaufenthalte in Venedig, Gefangenschaft im DDR-Knast. Danach wieder Studien in Venedig, Gefangenschaft im DDR-Knast und seine Heiderose. Zwischendurch etwas Krankenhaus und wieder DDR-Knast, Venedig und Heiderose. Weil die Andeutungen nicht halfen, wurde ich deutlicher: „Ich bin nicht dein Therapeut, nicht deine geduldige Schwester und erst recht nicht deine Spucktüte." Er sei maßlos enttäuscht, sagte er. Beleidigt, erwiderte ich. Heute habe ich ihm diese Mail geschickt:

„Lieber Jan, gestern warst Du vollkommen clean, hast Du jedenfalls behauptet. Das ist ungefähr so, als würdest Du sagen, die DDR war eine Demokratie. Ich glaube keinem Alkoholiker. Am wenigsten mir selbst. Darum kann ich mich abgrenzen. Wenn Deine Anrufe zur Belastung werden, wenn ich mir sagen muss: ‚Hoffentlich lässt er mich heute in Ruhe', reagiere ich nicht wie ein Co-Abhängiger. Sondern wie ein trockener Alkoholiker. Der kennt das Geheule im Suff und die Unsicherheit nach dem Suff. Ich bin gerade dabei, letztere zu überwinden. Allein. Wenn ich mich dabei an andere hänge, wälze ich mein Problem wieder ab.

Wir Alkoholiker sind gnadenlose Egoisten. Im Suff sind wir krank: ‚Bitte hilf mir!' Hinterher sind wir verwundet: ‚Seid bitte lieb zu mir. Ich bin noch sehr schwach.' Und alle haben eine Rechtfertigung vor sich selbst. Deine ist zwar tragisch. Du setzt sie aber genauso ein wie andere den schlagenden Vater, die trinkende Mutter oder ich die Feuernacht in Remscheid, wo wir eingesperrt waren. Oder das Lager in Viernau, gebaut für Transporte Richtung Polen, die ich mir selbst einrede.

Wenn ich trocken bin, sind diese Erlebnisse gegenstandslos. Im Suff werden sie zum randvoll gefüllten Jammerbecken. Kein anderer Säufer hat ein ähnliches Schicksal vorzuweisen. Die saufen grundsätzlich aus lächerlichen, zum Teil sogar nichtigen Gründen. Wir aber sind die großen Tragöden, die Opfer aller Opfer. Das sagen sich auch Typen, denen die Frau abgehauen ist, weil sie es nicht mehr ausgehalten hat. Oder die besoffen einen Menschen totgefahren haben.

Was ist eigentlich mit denen, die zehn Jahre lang in Bautzen einsitzen mussten und nicht saufen? Oder mit denen, die als Kinder in der Hamburger Feuerhölle über glühenden Asphalt laufen und über verkohlte Leichen steigen mussten, ohne diese Erlebnisse in Alkohol ertränken zu müssen? Sind wir andere, sensiblere Menschen? Wie falsch! Unsere vermeintliche Sensibilität fließt beim Saufen durch die Speiseröhre in die Blase. Wir pissen sie aus.

Mit dem Alkohol sind alle Menschen gleich. Jeder hat durch den Nebel hindurch Wut auf sich selbst. Wir reagieren nur unterschiedlich, je nach Vorleben und Erziehung: Aggression gegen andere oder Opferrolle. Tatsächlich sind wir weder auserwählt noch Dreck. Einfach krank, schwach und manchmal sehr dumm.

Wenn Du Dein Alleinsein nicht aushältst, schreibe, sieh fern, renne durch den Park, geh ins Kino und sieh Dir ‚Die Hard IV‘ an. Oder besauf Dich bis zum Kehrpunkt. Aber quäle nicht die Menschen um Dich herum mit Litaneien. Du sagst mir, Dein Zimmer sei Zelle, die Dich gefangen hält. Wie damals. Wer hindert Dich, sie zu verlassen? Allein der Wodka. Du und er, ihr seid jetzt die Gefangenenwärter, die Stasileute.

Ich habe Dir immer gesagt, ich helfe Dir, wenn Du im Arsch bist. Das bleibt. Als Quatschtüte für stundenlange Krisengespräche im Kreis stehe ich nicht zur Verfügung. Ich bin darum kein bisschen beleidigt, wenn Du mir sagst: ‚Ich rufe Dich nie, nie, nie mehr an.‘ Im Gegenteil, ich bin erleichtert. Wenn Du wieder klar im Kopf bist, wirst Du vieles besser verstehen. Dich und auch mich. Ich wünsche Dir die Kraft, zu Dir zurückzukommen.“

Eine Woche später ist Jan wieder einigermaßen trocken und schickt mir diese Mail: „Lieber Reinhard, hier nur – vielleicht vorerst – ein paar Worte zu Deinem Protestbrief. Du hast ja so was von keine Ahnung, dass es erschreckend ist. In Bautzen II konntest Du saufen bis zum umfallen (ich war ja da). Feuernächte haben Leute zu schwersten Trinkern gemacht … usw. usf. Jeder Alkoholiker ist ein anderer und geht anders damit um. Der Effekt ist ähnlich. Wenn Dich mein Gequatsche gestört hat, warum hast Du es nicht nach Sekunden unterbrochen? Ich Idiot habe hinter Dir her telefoniert, Mails geschickt etc. Du machst nur Saufpausen, ich versuche da herauszukommen. (Vor der letzten Episode war ich acht Jahre trocken.) Alle diese Telefonate haben mir geholfen, letztlich Hilfe zu organisieren.

Das war der Sinn der ganzen Aktion, auch wenn es zum Teil Gequatsche und Herumlügereien waren, was in der Natur der Sache liegt. War mit Jürgen Freitag in einer Gruppe. Hat geholfen. Du bist der Obertheoretiker und kannst Dir nicht länger als drei bis vier Wochen helfen. Also belehre nicht Menschen, die es gut mit Dir meinen. Was Du da theoretisierst, weiß ich besser. Gruß, Jan“

Erst ärgere ich mich, ziemlich sogar. Aber dann wird mir klar, dass ich mich selbst erlebt habe. Nicht in der Mail, die ist hilflose Rechtfertigung. Seine ewigen Telefonate mit den weinerlichen Monologen, die sind der Spiegel. Auch ich habe früher Gott und die Welt angerufen.

Bejammere mein Schicksal. Krame Kindheitserlebnisse aus, die ich im klaren Kopf als Saufursache vehement ablehne. Mache mich fertig als Versager, Nichtskönner. Zwischendurch wieder Größenwahn, Arroganz, kranke Eitelkeiten.

Vielleicht nerve ich die Menschen um mich herum nicht so häufig und nicht so lange. Aber nur deshalb, weil ich mich schneller zuschütte und nach einer Stunde platt bin. Es ist schlimm, welcher Schwachsinn aus einem Hirn rauskommt, das nüchtern einigermaßen klar und logisch denken kann. Und das Erschreckende: Es ist nicht mein Todfreund, der die gequirlte Kacke erzählt. Das bin ich, das kommt aus mir. Der Todfreund bringt mich nur dazu, alles zu überdrehen, zu verfälschen, mich und die anderen zu belügen. Dafür gibt es keine Entschuldigung. Ich kann nur die Menschen, die ich gequält habe, um Verzeihung bitten. Und mir zugleich sagen: Sollte ich je wieder abrutschen, werde ich rechtzeitig den Telefonstecker rausziehen und notfalls das Sprechteil im Spülbecken mit heißem Wasser übergießen. Danke, Jan.

Zwischen Hannover und Düsseldorf, im Juli 1973: Warum man im Speisewagen der Bundesbahn keine Suppe essen sollte.

Zum ersten Mal in meinem Leben sitze ich im Speisewagen des TEE ohne Bier auf dem gelbgrauen Kunstfaserpolster. Die braune Flüssigkeit, die von der Deutschen Bundesbahn als Kaffee ausgegeben wird, ist zwar zum Speien, enthält aber keinen Alkohol. Das ist entscheidend. Seit meinem Horrortrip im Martinus-Krankenhaus ist er für mich nicht mehr existent. Der brutale Entzug mit Atosil und sonst nichts hat ihn aus meinem Kopf vertrieben.

Bis Düsseldorf sind es noch zwei Stunden. Ich denke nach. Über den Wahnwitz, den ich heute beim Reiseveranstalter TS (Touropa-Scharnow) erlebt habe. Über meine neue Arbeit. Über die letzten acht Monate. Über Heike, über meine Familie. Über mich.

Das letzte zuerst. Ich bin heute Morgen nach Hannover gefahren, um von einem klugen Ehepaar möglichst viel über Hongkong zu erfahren. Die beiden sind halbprofessionelle Reisende und wissen mehr über die TS-Reiseziele als die Experten und Katalogmacher der Ferienfirma. Es geht um eine neue, unglaublich lange Textanzeige für Reisen in die Kronkolonie. Thailand, Bali und Brasilien habe ich bereits aus der hohlen Hand erledigt: Mit Rumblättern in Reiseführern, Katalogen anderer Veranstalter und klugen Büchern von Reiseschriftstellern.

Wenn nötig, ersetze ich Informationen durch Mutmaßungen. Bisher ohne böse Leserbriefe, allerdings mit einem kleinen Eklat. Zu Thailand hatte ich mir einen Gast ausgedacht, der fast nie das komfortable TS-Hotelzimmer benutzt, sondern lieber die sogenannten Badehäuser frequentiert. Sein Zimmer sucht er nur zweimal auf. Einmal, um seinen Fotoapparat zu holen. Zum zweiten Mal, weil er zusätzliche Bath für sein Badevergnügen braucht.

Durch diesen unmissverständlichen Hinweis waren nicht nur die Badehäuser, sondern auch andere Dinge am dampfen. Eifrige Redakteure hatten die Anzeige gewissenhaft gelesen und völlig richtig interpretiert. Hier wagte ein Reiseveranstalter zu sagen, was längst bekannt war: Thailandreisen dienen nicht nur der kulturellen, sondern auch der sexuellen Fortbildung. Nicht umsonst haben die Pan-Am-Jets Richtung Bangkok den Beinamen Tripper-Clipper.

Eine Rundfunkredaktion übte sofort Empörung: Deutsche Unzucht im fernen Asien, Verkehr mit Abhängigen, Import von ansteckenden Krankheiten. Wo bleiben die deutschen Tugenden? Die Bigotterie drang vor bis in die TS-Zentrale. Darum das Briefinggespräch in Hannover. Die nächsten Anzeigen sollten frei sein von allen eindeutigen Zweideutigkeiten.

Während des Gesprächs mit dem Reise-Ehepaar platzte der oberste TS-Mann herein und hielt mir die Druckvorlage der Bali-Anzeige unter die Nase, die in zwei Wochen erscheinen sollte. Um den ewig langen Text zu portionieren, hatte ich acht Zwischenüberschriften eingebaut. Die vorletzte bezog sich auf das Verbrennen Verstorbener und die bunten Feste, die dazu gefeiert werden. Für die Balinesen ist das Totenfeuer der erste Schritt auf dem Weg zu einer neuen Existenzform. Also hatte ich den vorletzten Absatz sachlich korrekt überschrieben: „Hurra, hurra, der Opa brennt!" „Das geht zu weit, das müssen Sie ändern, Herr Siemes. Wir hatten schon genug Ärger mit Ihrer Thailand-Geschichte und möchten keinen neuen." Ich dachte kurz nach und machte einen schlechten Scherz: „Wir könnten schreiben ‚Hurra, hurra, der Großvater brennt!'" „Gut, damit kann ich leben." Werbung ist eine wundersame Branche.

Meine Gedanken sind zurück im TEE. Ich sehe mehr, höre mehr, rieche mehr und schmecke mehr als in den letzten zwei Jahren. Vieles muss ich neu lernen. Klar und laut genug zu sprechen. Mich aufrecht und bewusst zu bewegen. Oder mich zu wehren, wenn mir jemand krumm kommt. Mein Ego, im Halbsuff laut und aufgeblasen, ist noch sehr dünn.

Die Kellnerin hat eine Ochsenschwanzsuppe auf die Kunstfaserdecke gestellt. Habe ich mir gegen den Hunger kommen lassen, der früher vom Bier verdrängt wurde. Die braune Flüssigkeit in der Tasse stinkt. Ich probiere trotzdem, zwinge mich zu einem zweiten Löffel und schiebe die Tasse möglichst weit weg. Die Kellnerin hat das gesehen: „Ist mit der Suppe etwas nicht in Ordnung?" „Doch, sie ist in Ordnung, ich habe aber keinen Hunger mehr", hätte ich beinahe gesagt. Im gleichen Moment frage ich mich: „Wer bin ich ohne Alkohol? Ein Mäuschen, ein verklemmter Eckenkriecher, ein auf 63 Kilo runtergefallenes Nichts?"

„Die Suppe schmeckt wie Scheiße!" Köpfe drehen sich in meine Richtung. „Wie bitte?" „Das, was ich gerade gesagt habe, die Suppe schmeckt wie Scheiße!" Verwirrt trägt sie die Tasse in die Kombüsenküche. Der Chefkellner kommt: „Sie haben meiner Kollegin gesagt, mit der Suppe sei etwas nicht in Ordnung?" „Ja, ich habe gesagt, sie schmeckt wie Scheiße."

Die Köpfe haben sich wieder zu mir gedreht. Diesmal alle, die meine Worte hören können. In einige Gesichtern leichtes Grinsen. „Aber hören Sie mal, die Deutsche Bundesbahn verkauft jeden Tag an die 4000 Portionen von dieser Suppe." „Umso schlimmer." „Außerdem kommt sie in Dosen von einem renommierten Hersteller." „Scheiße kann man auch in Dosen packen." Die Gesichter grinsen nicht mehr, sondern lachen. „Na gut, dann müssen Sie sich bei der DSG-Zentrale in Frankfurt beschweren. Sie wird Ihnen auch den Kaufpreis erstatten." „Zu viel der Ehre für die Pampe."

Ich zahle, gebe der Kellnerin ein reichlich überhöhtes Trinkgeld, was sie endgültig verwirrt, gehe zurück in mein Abteil und bin glücklich. Ich kann auch ohne Alkohol ein böser und guter Mensch sein.